한 번에 합격,
자격증은 이기적

이렇게
기막힌
적중률

자격증 독학, 어렵지 않다!
수험생 합격 전담마크

이기적 스터디 카페

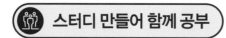 스터디 만들어 함께 공부

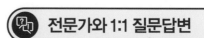 전문가와 1:1 질문답변

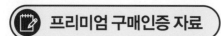 프리미엄 구매인증 자료

 365일 진행되는 이벤트

이기적 스터디 카페

인증만 하면, **고퀄리티 강의가 무료!**

100% 무료 강의

STEP **1**
이기적
홈페이지
접속하기

>

STEP **2**
무료동영상
게시판에서
과목 선택하기

>

STEP **3**
ISBN 코드
입력 & 단어
인증하기

>

STEP **4**
이기적이 준비한
명품 강의로
본격 학습하기

영진닷컴 이기적 🔍

1년 365일
이기적이 쏜다!

365일 진행되는 이벤트에 참여하고 다양한 혜택을 누리세요.

EVENT ❶

기출문제 복원

- 이기적 독자 수험생 대상
- 응시일로부터 7일 이내 시험만 가능
- 스터디 카페의 링크 클릭하여 제보

이벤트 자세히 보기 ▶

EVENT ❷

합격 후기 작성

- 이기적 스터디 카페의 가이드 준수
- 네이버 카페 또는 개인 SNS에 등록 후
  이기적 스터디 카페에 인증

이벤트 자세히 보기 ▶

EVENT ❸

온라인 서점 리뷰

- 온라인 서점 구매자 대상
- 한줄평 또는 텍스트 & 포토리뷰 작성 후
  이기적 스터디 카페에 인증

이벤트 자세히 보기 ▶

EVENT ❹

정오표 제보

- 이름, 연락처 필수 기재
- 도서명, 페이지, 수정사항 작성
- book2@youngjin.com으로 제보

이벤트 자세히 보기 ▶

N Pay
네이버페이
포인트 쿠폰
20,000원

영진닷컴 쇼핑몰
30,000원

- N페이 포인트 5,000~20,000원 지급
- 영진닷컴 쇼핑몰 30,000원 적립
- 30,000원 미만의 영진닷컴 도서 증정

※ 이벤트별 혜택은 변경될 수 있으므로 자세한 내용은 해당 QR을 참고하세요.

이기적 크루를 찾습니다!

WANTED

저자 · 강사 · 감수자 · 베타테스터 상시 모집

저자 · 강사

- **분야** 수험서 전 분야
  수험서 집필 혹은 동영상 강의 촬영
- **요건** 관련 강사, 유튜버, 블로거 우대
- **혜택** 이기적 수험서 저자 · 강사 자격
  집필 경력 증명서 발급

감수자

- **분야** 수험서 전 분야
- **요건** 관련 전문 지식 보유자
- **혜택** 소정의 감수료
  도서 내 감수자 이름 기재
  저자 모집 시 우대(우수 감수자)

베타테스터

- **분야** 수험서 전 분야
- **요건** 관련 수험생, 전공자, 교사/강사
- **혜택** 활동 인증서 & 참여 도서 1권
  영진닷컴 쇼핑몰 30,000원 적립
  스타벅스 기프티콘(우수 활동자)
  백화점 상품권 100,000원(우수 테스터)

◀ 모집 공고 자세히 보기

이메일 문의하기 ✉ book2@youngjin.com

기억나는 문제 제보하고 N페이 포인트 받자!

기출 복원 EVENT

성명	이기적	수험번호	2 0 2 4 1 1 1 3

Q. 응시한 시험 문제를 기억나는 대로 적어주세요!

①365일 진행되는 이벤트   ②참여자 100% 당첨   ③우수 참여자는 N페이 포인트까지

영진닷컴 쇼핑몰

30,000원

N Pay

네이버페이
포인트 쿠폰   **20,000원**

적중률 100% 도서를 만들어주신 여러분을 위한 감사의 선물을 준비했어요.

신청자격 이기적 수험서로 공부하고 시험에 응시한 모든 독자님

참여방법 이기적 스터디 카페의 이벤트 페이지를 통해 문제를 제보해 주세요.
※ 응시일로부터 7일 이내의 시험 복원만 인정됩니다.

유의사항 중복, 누락, 허위 문제를 제보한 경우 이벤트 대상에서 제외됩니다.

참여혜택 영진닷컴 쇼핑몰 30,000원 적립
정성껏 제보해 주신 분께 N페이 포인트 5,000~20,000원 차등 지급

이벤트 페이지 확인하기 ▶

누구나 작성만 하면 100% 포인트 지급
합격 후기 EVENT

이기적과 함께 합격했다면,
합격썰 풀고 네이버페이 포인트 받아가자!

합격 후기
작성 시
100%
지급

네이버페이
포인트 쿠폰

25,000원

카페 합격 후기 이벤트

이기적 스터디 카페에
합격 후기 작성하고 5,000원 받기!

5,000원
네이버 포인트 지급

▲ 자세히 보기

블로그 합격 후기 이벤트

개인 블로그에
합격 후기 작성하고 20,000원 받기!

20,000원
네이버 포인트 지급

▲ 자세히 보기

- 자세한 참여 방법은 QR코드 또는 이기적 스터디 카페 '합격 후기 이벤트' 게시판을 확인해 주세요.
- 이벤트에 참여한 후기는 추후 마케팅 용도로 활용될 수 있습니다.
- 이벤트 혜택은 추후 변동될 수 있습니다.

이기적 스터디 카페 🔍

시험 환경 100% 재현!

CBT 온라인 문제집

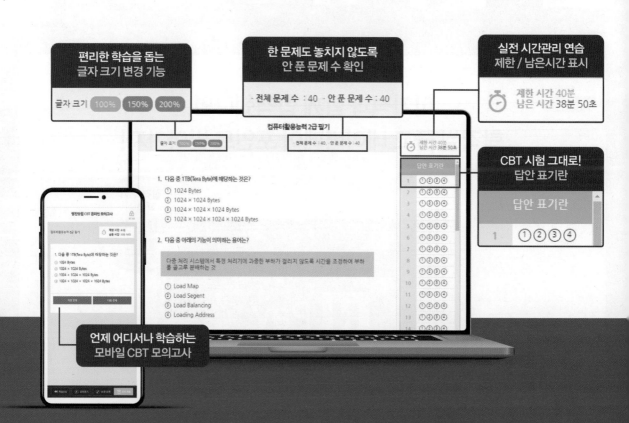

편리한 학습을 돕는 글자 크기 변경 기능

글자 크기 100% 150% 200%

한 문제도 놓치지 않도록 안 푼 문제 수 확인

· 전체 문제 수 : 40 · 안 푼 문제 수 : 40

실전 시간관리 연습 제한 / 남은시간 표시

제한 시간 40분
남은 시간 38분 50초

CBT 시험 그대로! 답안 표기란

답안 표기란

1 ① ② ③ ④

언제 어디서나 학습하는 모바일 CBT 모의고사

이용 방법

STEP 1
이기적 CBT
cbt.youngjin.com
접속

STEP 2
과목 선택 후
제한시간 안에
풀이

STEP 3
답안 제출하고
합격 여부
확인

STEP 4
틀린 문제는
꼼꼼한 해설로
복습

이기적 CBT 🔍

이렇게
기막힌
적중률

전기기능사 필기
이론서+기출문제집

"이" 한 권으로 합격의 "기적"을 경험하세요!

YoungJin.com Y.
영진닷컴

전기기능사 필기

요점정리

이재일 저

YoungJin.com **Y.**
영진닷컴

◆ 자유전자 : 자유롭게 움직이는 전자(−성질)

◆ 대전 : 전기를 띄게(가지게) 되는 현상
 • +대전 : 자유전자가 부족
 • −대전 : 자유전자가 과잉

◆ 전류

$$I = \frac{Q}{t}[A]$$

 • $Q[C]$: 전하
 • $t[Sec]$: 시간

◆ 전압

$$V = \frac{W}{Q}[V]$$

 • $Q[C]$: 전하
 • $W[J]$: 에너지

◆ 저항

$$R = \frac{\rho l}{A}[\Omega]$$

 • $A[m^2]$: 면적
 • $q[X \cdot m]$: 고유저항
 • $l[m]$: 길이

◆ 고유저항

$$\rho = \frac{RA}{l}[\Omega \cdot m]$$

◆ 저항의 역수

컨덕턴스 $G = \frac{1}{R}[\mho]$

◆ 고유저항의 역수

전도율(=도전율) $\sigma = \frac{1}{\rho}[\mho/m]$

◆ 도전율이 큰 순서

은 〉 구리 〉 금 〉 알루미늄

◆ 옴의 법칙

$I = \dfrac{V}{R}$: 도체에 흐르는 전류 I는 전압 V에 비례하고, 저항 R에 반비례한다.

 • $R = \dfrac{V}{I}$
 • $V = IR$

◆ 저항의 직렬접속
 • 합성저항
  $R_T = R_1 + R_2$

 • 서로 다른 저항이 3개 이상일 때 합성저항
  $R_T = R_1 + R_2 + R_3$

 • 동일한 저항 n개를 직렬접속 시 합성저항
  $R_T = nR$

 • 전압 V_1, V_2 구하기
  $V = IR$
  $V_1 = IR_1$
  $V_2 = IR_2$

 • 전압 분배의 법칙
  $$V_1 = \frac{R_2}{R_1 + R_2} \times V$$
  $$V_2 = \frac{R_2}{R_1 + R_2} \times V$$

◆ 저항의 병렬접속
 • 합성저항
  $$R_T = \frac{R_1 R_2}{R_1 + R_2}$$

 • 서로 다른 저항이 3개 이상일 때 합성저항
  $$R_T = \frac{R_1 \times R_2 \times R_3}{(R_1 \times R_2) + (R_1 \times R_3) + (R_2 \times R_3)}$$
  $$R_T = \frac{1}{G_1 + G_2 + G_3} = \frac{1}{\frac{1}{R_2} + \frac{1}{R_1} + \frac{1}{R_3}}$$

 • 동일한 저항 n개를 직렬접속 시 합성저항
  $$R_T = \frac{R}{n}$$

• 전류 I_1, I_2 구하기

$$I = \frac{V}{R}$$

$$I_1 = \frac{V}{R_1}$$

$$I_2 = \frac{V}{R_2}$$

• 전류 분배의 법칙

$$I_1 = \frac{R_2}{R_1 + R_2} \times I$$

$$I_2 = \frac{R_1}{R_1 + R_2} \times I$$

◆ 길이를 n배 늘리면 저항은 n^2배

(단, 체적이 일정 또는 길이를 n배, 단면적은 $\frac{1}{n}$배)

◆ 키르히호프 제1법칙(=키르히호프 전류 법칙)

임의의 한 점에서 유입되는 전류의 합은 유출되는 전류의 합과 같다.

◆ 키르히호프 제2법칙(=키르히호프 전압 법칙)

임의의 폐회로에서 기전력의 합은 전압강하의 합과 같다.

◆ 전지의 직렬접속

$$I = \frac{nE}{nr + R}$$

◆ 전지의 병렬접속

$$I = \frac{E}{\frac{r}{n} + R}$$

◆ 전력 $P[W]$

$$P = VI = I^2R = \frac{V^2}{R}$$

◆ 전력량 $W[J](=[W \cdot s])$

$$W = Pt = VIt = I^2Rt = \frac{V^2}{R}t$$

◆ 줄의 법칙 : 전류의 발열 작용, 열량 $H[Cal]$

$$H = 0.24pt = 0.24VIt = 0.24I^2Rt = 0.24\frac{V^2}{R}t$$

◆ 배율기 : 전압계 → 직렬

분류기 : 전류계 → 병렬

◆ 휘트스톤 브리지 회로

브리지 평형 : 마주 보는 변의 곱은 서로 같다.

$$\therefore PR = QX$$

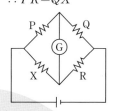

◆ 패러데이 법칙(전기화학)

석출량은 화학당량(K)에 비례하고, 전기량(Q)에 비례한다.

$$W[g] = K \cdot Q = K \cdot It$$

◆ 납(연)축전지 : (+)극에서 수소 발생

• 양극(+) : pbO_2(이산화납)
• 음극(−) : pb(납)
• 전해액 : H_2SO_4(묽은황산)
• 방전 시 양극과 음극 : $pbSO_4$(황산납)

◆ 국부작용과 분극작용

• 국부작용 : 불순물로 인한 기전력 감소
  방지 : 수은도금
• 분극작용 : 수소기체로 인한 기전력 감소
  방지 : 감극제 사용

◆ 제백 효과

서로 다른 두 금속, 온도차, 열전온도계에 사용

◆ 펠티에 효과

서로 다른 두 금속, 열의 흡수, 발생, 전자냉동고, 전자온풍기에 사용

◆ 톰슨 효과

동일한 두 금속, 열의 흡수, 발생

◆ 제3금속의 법칙

A, B, C, 세 금속

◆ 유전율 $\varepsilon[F/m]$

$\varepsilon = \varepsilon_0 \times \varepsilon_s$

• ε_0(공기 중 유전율)$=8.855 \times 10^{-12}$
• ε_0(비유전율)$=$공기 중, 진공 중은 무조건 1

◆ 쿨롱의 법칙

두 전하 사이에 작용하는 힘은 두 전하의 곱에 비례하고
거리의 제곱에 반비례한다.

$$F = \frac{1}{4\pi\varepsilon} \cdot \frac{Q_1 \cdot Q_2}{r^2} \propto Q_1 Q_2 \propto \frac{1}{r^2}$$
$$= 9 \times 10^9 \cdot \frac{Q_1 \cdot Q_2}{r^2}$$
$$= K \cdot \frac{Q_1 \cdot Q_2}{r^2}[N]$$

◆ 전계의 세기(= 전기장의 세기) $E[V/m]$

$$E = \frac{1}{4\pi\varepsilon} \cdot \frac{Q}{r^2}$$
$$= 9 \times 10^9 \cdot \frac{Q}{r^2}$$
$$= K \cdot \frac{Q}{r^2}$$

◆ 전위 $V[V]$

$$V = \frac{1}{4\pi\varepsilon} \cdot \frac{Q}{r}$$
$$= 9 \times 10^9 \cdot \frac{Q}{r}$$
$$= K \cdot \frac{Q}{r}$$

◆ 전기력선의 성질

• 전기력선은 양전하에서 음전하로 끝난다.
• 전기력선은 높은 곳에서 낮은 곳으로 흐른다.
• 전기력선은 등전위면과 직교한다.
• 전기력선은 서로 교차하지 않는다.
• 전기력선은 내부에는 존재하지 않는다.
• 전기력선수 $= \frac{Q}{\varepsilon}$개(공기 중은 $\frac{Q}{\varepsilon_0}$개)

◆ 전속밀도 $D[C/m^2]$

$$D = \frac{Q}{A} = \varepsilon E$$

◆ $Q = CV$(전계), $Q =$(전기)

◆ 정전용량(=콘덴서=커패시턴스) $C[F]$

$$C = \frac{Q}{V} = \frac{\varepsilon A}{d(\ell)}$$

◆ 콘덴서에서 축적 에너지

$$W = \frac{1}{2}CV^2 = \frac{1}{2}QV$$

◆ 콘덴서의 직렬접속

• 합성정전용량
$$C_T = \frac{C_1 \times C_2}{C_1 + C_2}$$

• 서로 다른 정전용량이 3개 이상일 때 합성정전용량
$$C_T = \frac{C_1 \times C_2 \times C_3}{(C_1 \times C_2) + (C_1 \times C_3) + (C_2 \times C_3)}$$
$$C_T = \frac{1}{\frac{1}{C_1} + \frac{1}{C_2} + \frac{1}{C_3}}$$

• 동일한 정전용량 n개를 직렬접속 시 합성정전용량
$$C_T = \frac{C}{n}$$

• 전압 V_1, V_2 구하기
$$V = \frac{Q}{C}$$
$$V_1 = \frac{Q}{C_1}$$
$$V_2 = \frac{Q}{C_2}$$

• 전압분배의 법칙
$$V_1 = \frac{C_2}{C_1 + C_2} \times V$$
$$V_2 = \frac{C_1}{C_1 + C_2} \times V$$

◆ 콘덴서의 병렬접속

• 합성정전용량
$C_T = C_1 + C_2$

• 서로 다른 정전용량이 3개 이상일 때 합성정전용량
$C_T = C_1 + C_2 + C_3$

• 동일한 정전용량 n개를 직렬접속 시 합성정전용량
$C_T = nC$

• 전하 Q_1, Q_2 구하기
$Q = CV$
$Q_1 = C_1 V$
$Q_2 = C_2 V$

• 전하분배의 법칙
$Q_1 = \dfrac{C_1}{C_1 + C_2} \times Q$
$Q_2 = \dfrac{C_2}{C_1 + C_2} \times Q$

◆ 콘덴서의 종류

• 가변콘덴서 : 용량이 변화, 바리콘
• 마일러콘덴서 : 원통형, 절연저항이 양호
• 마이카콘덴서 : 절연저항이 높고 우수, 표준콘덴서
• 세라믹콘덴서 : 산화티탄, 가성비 우수, 가장 많이 사용
• 전해콘덴서 : 극성이 있음, 교류 불가

◆ 강자성체 : $\mu_s \gg 1$

• 자화(자석화)가 잘 되는 물질
• 자기차폐에 좋은 물질
• 철, 니켈, 코발트, 망간

◆ 상자성체 : $\mu_s > 1$

• 쉽게 자화되지 않는 물질(어렵게 자화되는 물질)
• 백금, 산소, 알루미늄

◆ 반자성체(역자성체) : $\mu_s < 1$

• 자화가 되지 않는 물질
• 금, 은, 동, 안티몬

◆ 투자율 $\mu[H/m]$

• $\mu = \mu_0 \times \mu_s$
• μ_0(공기 중 투자율)$= 4\pi \times 10^{-7}$
• μ_s(비투자율)=공기 중, 진공 중은 무조건 1

◆ 쿨롱의 법칙

두 자극 사이에 작용하는 힘은 두 자극의 세기의 곱에 비례하고 거리의 제곱에 반비례한다.

$F = \dfrac{1}{4\pi\mu} \cdot \dfrac{m_1 \cdot m_2}{r^2} \propto m_1 m_2 \propto \dfrac{1}{r^2}$

$= 6.33 \times 10^4 \cdot \dfrac{m_1 \cdot m_2}{r^2}$

$= K \cdot \dfrac{m_1 \cdot m_2}{r^2}[N]$

◆ 자계의 세기(=자기장의 세기) H[AT/m]

$H = \dfrac{1}{4\pi\mu} \cdot \dfrac{m}{r^2}$

$= 6.33 \times 10^4 \cdot \dfrac{m}{r^2}$

$= K \cdot \dfrac{m}{r^2}$

◆ 자위 U

$U = \dfrac{1}{4\pi\mu} \cdot \dfrac{m}{r}$

$= 6.33 \times 10^4 \cdot \dfrac{m}{r}$

$= K \cdot \dfrac{m}{r}$

◆ 자기력선의 성질

자기력선은 N극에서 S극으로 끝난다.
자기력선은 서로 교차하지 않는다.
자기력선수$= \dfrac{m}{\mu}$개(공기 중은 $\dfrac{m}{\mu_0}$개)

◆ 자속밀도 B[Wb/m^2]

$B = \dfrac{\varnothing}{A} = \mu H$

◆ 앙페르의 오른나사 법칙(암페어 오른손 법칙) :
전류에 의한 자기장(자계)의 방향

◆ 비오 사바르의 법칙

• 전류와 자장의 세기(자계의 세기)와의 관계
• $dH = \dfrac{I \cdot dl}{4\pi r^2}\sin\theta$

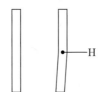

◆ 자계의 세기 구하기

• 무한장 직선

$$H = \frac{I}{2\pi r}$$

• 원형 코일

$$H = \frac{NI}{2r} = \frac{I}{2r}$$

• 환상 솔레노이드(=자로)

$$H = \frac{NI}{l} = \frac{NI}{2\pi r}$$

• 무한장 솔레노이드

$$H = nI$$

n : 단위 길이당(1m당) 권선수

∴ 솔레노이드 내부자계는 평등자계이고, 외부자계는 "0"이다.

◆ 자기저항 $R = \frac{l}{\mu A} [AT/Wb]$

◆ 플레밍의 오른손 법칙(우수 법칙)

발전기(운동)에서 유도기전력의 방향

$$e = Blv\sin\theta$$

• 엄지 : 운동(v : 속도)
• 검지 : 자기장(B) − N극에서 S극 방향
• 중지 : 유도기전력의 방향

◆ 플레밍의 왼손 법칙 : 전동기

자장(자계) 내에서 전류가 흐르는 도선이 받는 힘(미연방 수사국 FBI로 암기)

$$F = BIl\sin\theta$$

• 엄지(F) : 힘(전자력)
• 검지(B) : 자기장
• 중지(I) : 전류

◆ 평행도선

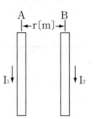

$$E = \frac{2I_1 \cdot I_2}{r} \times 10^{-7}$$

• 전류가 같은 방향 : 흡인력
• 전류가 반대 방향 : 반발력
 (왕복도체=왕복도선)

◆ 패러데이 법칙 : 유도기전력의 크기

$$e = \frac{d\phi}{dt} = L\frac{di}{dt}$$

∴ $LI = N\Phi$

◆ 렌츠의 법칙 : 유도기전력의 방향을 나타내는 법칙

$e = -N\dfrac{d\phi}{dt}$에서 (−)는 자속의 변화를 방해하는 방향

◆ 인덕턴스(=코일) L[H]

$$L = \frac{N\varnothing}{I}$$

◆ 환상철심 자기인덕턴스 L[H]

$$L = \frac{N\varnothing}{I} = \frac{NBA}{I} = \frac{N\mu HA}{I}$$

$$= \frac{\dfrac{N\mu NIA}{l}}{I} = \frac{N^2\mu A}{l}$$

자속밀도 $B[wb/m^2] = \dfrac{\varnothing}{A} = \mu H$

환상솔레노이드의 자계의 세기

$$H[AT/m] = \frac{NI}{2\pi r} = \frac{NI}{l}$$

◆ 상호인덕턴스 M

$$L=\frac{N_1\varnothing}{I_2}=K\sqrt{L_1L_2}$$

◆ 결합계수 $K=\dfrac{M}{\sqrt{L_1L_2}}$

· $0 \le K \le 1$
· M : 상호인덕턴스
· $L_1,\ L_2$: 자체인덕턴스

◆ 가동결합(같은 방향)

$$L=L_1+L_2+2M$$

◆ 차동결합(반대 방향)

$$L=L_1+L_2-2M$$

◆ 서로 직교

$$k=M=0$$

· k : 결합계수
· M : 상호인덕턴스

◆ 히스테리시스 곡선(=B-H 곡선)

· 가로축(횡축) : H(자계의 세기=자장의 세기)
· 세로축(종축) : B(자속밀도)
· 가로축(횡축)과 만나는 점 : H_c(보자력)
· 세로축(종축)과 만나는 점 : B_r(잔류자기=잔류자속밀도)

◆ 정현파(사인파) : 교류의 파형

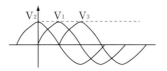

$v_1=V_m\sin\omega t$
$v_2=V_m\sin(\omega t+\theta)$
$v_3=V_m\sin(\omega t-\theta)$

· v : 순시값
· V_m : 최대값
· 평균값 $V_a=\dfrac{2V_m}{\pi}=0.637V_m$
· 실효값 $V=\dfrac{V_m}{\sqrt{2}}=0.707V_m$

◆ L만의 회로

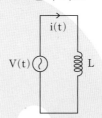

· 코일의 저항(=유도 리액턴스)
$X_L[\Omega]=wL=2\pi fL$
· 전류 구하기
$I=\dfrac{V}{X_L}=\dfrac{V}{\omega L}=\dfrac{V}{2\pi fL}$
· 위상차 θ
전류가 전압보다 $\dfrac{\pi}{2}(90°)$만큼 느리다.

◆ C만의 회로

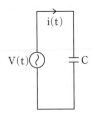

- 콘덴서의 저항(=용량 리액턴스)

$$X_c[\Omega]=\frac{1}{\omega C}=\frac{1}{2\pi f C}$$

- 전류 구하기

$$I=\frac{V}{X_c}=\frac{V}{\frac{1}{\omega C}}=\frac{V}{\frac{1}{2\pi f C}}=\omega CV=2\pi f CV$$

- 위상차 θ

전류가 전압보다 $\frac{\pi}{2}(90°)$만큼 빠르다.

◆ 임피던스 $Z[\Omega]$

교류회로의 총 저항 성분
실수부와 허수부로 구성된 저항

- RL직렬

$$Z=R+jX_L=R+jwL$$
$$|Z|=\sqrt{R^2+(wL)^2}$$

- RC직렬

$$Z=R-jX_c=R-j\frac{1}{wC}$$
$$|Z|=\sqrt{R^2+X_c{}^2}$$

- RLC직렬

$$Z=R+j(X_L-X_c)=R+j(wL-\frac{1}{wC})$$
$$|Z|=\sqrt{R^2+(X_L-X_c)^2}$$

- RC병렬

$$Y=\frac{1}{R}+jwC$$
$$Z=\frac{1}{Y}=\frac{1}{\frac{1}{R}+jwC}=\frac{1}{\sqrt{\frac{1}{R}+(wC)^2}}$$

◆ 어드미턴스

$$Y[\mho]=\frac{1}{Z}=G+jB$$

- $G[\mho]=\frac{1}{R}$: 컨덕턴스

- $B=\frac{1}{X}$: 서셉턴스

◆ 직렬공진

- $wL=\frac{1}{wC}(w^2LC=1)$
- 허수부$=0(Z=R)$
- 임피던스 최소=전류 최대
- 공진주파수 $f_r=\frac{1}{2\pi\sqrt{LC}}$
- 선택도(=첨예도=전압확대비) $Q=\frac{1}{R}\sqrt{\frac{L}{C}}$

◆ 병렬공진

합성전류 최소$(I=0)$

◆ 시정수(시상수)

- RL직렬의 시정수(시상수) $\tau=\frac{L}{R}[s]$
- RC직렬의 시정수(시상수) $\tau=RC[s]$

◆ 피상전력

전기기기 용량을 표시하는 전력

$$P_a=VI[VA]=I^2Z=\frac{V^2}{Z}$$

◆ 유효전력(=소비전력=평균전력)

$$P=VI\cos\theta[W]=I^2R=\frac{V^2}{R}$$

◆ 무효전력

$$P_r=VI\sin\theta[Var]=I^2X=\frac{V^2}{X}$$

◆ 역률(유효율)

$$\cos\theta=\frac{R}{Z}=\frac{R}{\sqrt{R^2+X^2}}(직렬)$$
$$=\frac{유효분}{전체분}=\frac{R}{P_a}=\frac{유효전력}{피상전력}=\frac{P}{VI}$$

◆ 최대전력 전달(전송) 조건

내부저항 = 외부저항$(r=R)$

$$\therefore P_{max}=\frac{V^2}{4r}=\frac{V^2}{4R}$$

◆ Y결선(=성형결선=스타결선)

• $V_L=\sqrt{3}V_P\angle30°=\frac{\pi}{6}$

• $I_L=I_P$

◆ △결선(=삼각결선=환상결선)

• $V_L=V_P$

• $I_L=\sqrt{3}I_P\angle-30°$

◆ V결선

• $P_v=\sqrt{3}P$(P : 변압기 1대 용량)

• 출력비$=\dfrac{P_v}{P_\triangle}=\dfrac{\sqrt{3}P}{3P}=0.577(57.7\%)$

• 이용률$=\dfrac{\sqrt{3}P}{2P}=0.866(86.6\%)$

◆ 2전력계법

$P=P_1+P_2$

◆ 3전력계법

$P=P_1+P_2+P_3$

◆ 비정현파(비사인파)

• 구성 : 직류분 + 기본파 + 고조파

• 무수히 많은 주파수 성분을 가짐

• 푸리에 급수(전개, 분석, 해석, 정리)

◆ 파고율$=\dfrac{최대값}{실효값}$

◆ 파형률$=\dfrac{실효값}{평균값}$

◆ 비정현파 실효값

각 고조파의 실효값의 제곱의 합의 제곱근

$$=\sqrt{V_1^2+V_2^2+V_3^2+\cdots}$$

◆ 왜형률

$\dfrac{각\ 고조파의\ 실효값}{기본파의\ 실효값}=\dfrac{\sqrt{V_1^2+V_2^2+V_3^2+\cdots}}{V_1}$

정현파의 왜형률은 "0"이다.

2 과목 전기기기

◆ 플레밍의 오른손 법칙

• F : 힘

• B : 자기력선속

• E : 기전력

◆ 직류기 3대 요소

• 계자(고정자) : 자속 생성

• 전기자(회전자) : 기전력 유기

• 정류자 : 교류 → 직류

◆ 브러시 : 전기자권선과 외부회로의 연결

◆ 전기자권선법 : 고상권, 폐로권, 2층권, 중권(병렬권, $a=P$, 대전류), 파권(직렬권, $a=2$, 고전압)

◆ 유기기전력(유도기전력)

$$E=\frac{PZ\varnothing N}{60a}=K\varnothing N$$

• a : 병렬회로수

• Z : 도체수

• P : 극수

• N : 회전수

• $\varnothing$: 자속수

◆ 전기자 반작용

전기자전류에 의하여 주 자속이 감소하는 현상

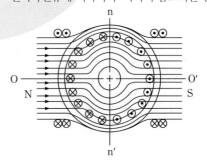

◆ 전기자 반작용의 영향 : 주자속이 감소, 중성축의 이동, 브러시 불꽃 발생

◆ 전기자 반작용 방지 대책

• 보상권선 설치 : 전기자권선과 반대 방향으로 설치

• 보극 설치

• 중성축의 이동

◆ 정류작용

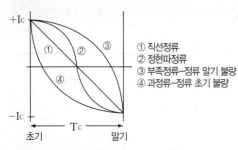

① 직선정류
② 정현파정류
③ 부족정류-정류 말기 불량
④ 과정류-정류 초기 불량

◆ 직류발전기의 종류

• 타여자 발전기 : 다른 직류 전원 필요
• 자여자 발전기 : 잔류자기 필요
• 분권식 발전기 : 전기자권선과 계자가 병렬로 연결
• 직권식 발전기 : 전기자권선과 계자가 직렬로 연결
• 가동 복권식 : 직권과 분권이 같은 방향으로 연결
• 차동 복권식 : 직권과 분권이 반대 방향으로 연결

◆ 타여자 발전기

• 유기기전력 $E = V + I_a R_a$
• 전류 $I_a = I$
  $I_f = \varnothing$

◆ 분권 발전기

• 유기기전력 $E = V + I_a R_a$
• 전류 $I_a = I_f + I$
• 분권 발전기 무부하 시 $I_a = I_f = \dfrac{V}{R_f}$, $I = 0$

◆ 직권 발전기

• 유기기전력 $E = V + I_a(R_a + R_s)$
• 전류 $I_a = I_f = I$

◆ 직류기의 특성곡선

• 무부하특성곡선 : 계자전류와 유기기전력의 관계
• 부하특성곡선 : 계자전류와 단자전압의 관계
• 외부특성곡선 : 부하전류와 단자전압의 관계

◆ 직류발전기의 병렬운전

• 정격 전압(단자전압) 및 극성이 같을 것
• 수하 특성일 것
• 직권 및 복권은 균압선 설치
(균압선 : 병렬운전을 안정운전하기 위하여)

◆ 플레밍의 왼손 법칙

• F : 힘
• B : 자기력선속
• I : 기전력

◆ 역기전력

$\downarrow E = V - I_a R_a$

◆ 속도변동률 & 기동토오크 : 직〉가〉타·분〉차

◆ 전동기의 속도

$N = K \times \dfrac{V - I_a R_a}{\varnothing}$

◆ 속도제어법

• 전압제어법 : 고효율, 80% 사용, 광범위 속도제어, 정토오크제어
  ― 초퍼제어 방식
  ― 일그너 방식(플라이휠 : 전압변동률↓)
  ― 워드 레오너드 방식(직병렬제어)
• 계자제어법 : 20% 사용, 정출력 제어
• 저항제어법 : 0% 사용, 효율 나쁨

◆ 직류전동기특성

• 타여자 전동기 : 정속도, 광범위한 속도제어
• 분권 전동기 : 정속도, 제철용 압연기, $T \propto I_A$
• 직권 전동기 : 변속도, 기동토오크 큼, 무부하 운전 금지, 전차&크레인 사용, $T \propto I_A^2$

◆ 손실 Pi

• 철손(고정손, 무부하손) P_i
  ― 히스테리시스손 $P_h = \sigma_h \dfrac{f}{100} B^2 m [w/kg]$ (규소강판)
  ― 와전류손(와류손) $P\sigma = \sigma\sigma(fBmt)^2 [w/kg]$ (성층철심)
• 동손(가변손) $P_c = I^2 R$
• 기계손 : 풍손
• 표유부하손 : 기타 손실

◆ 전압변동률

$\varepsilon = \dfrac{V_0 - V_n}{V_n} \times 100[\%]$

◆ 효율

• 실측효율$=\dfrac{출력}{입력}\times 100$

• 규약효율

   – 발전기 $\eta_G=\dfrac{출력}{출력+손실}\times 100$

   – 전동기 $\eta_M=\dfrac{입력-손실}{입력}\times 100$

◆ 토크 특성

$$T=0.975\times\dfrac{P[W]}{N}$$

$$T=975\times\dfrac{P[kW]}{N}$$

◆ 절연물 최고허용온도

Y	90
A	105
E	120
B	130
F	155
H	180
C	초과

◆ 동기발전기 동기속도

$$N_S=\dfrac{120f}{P}$$

◆ 동기발전기의 유도기전력

$$E=4.44Kf\omega\varnothing$$

◆ 동기발전기의 전기자권선법 : 집중권 & 분포권, 전절권 & 단절권

• 분포권 : 홈수가 2개 이상인 권선법, 코일을 분산
  (장점 : 파형이 좋고, 누설 이액턴스 감소, 과열 방지)
• 단절권 : 권선 간격이 자극 간격보다 작음
  (장점 : 파형이 좋아지고, 권선의 길이 축소(동손↓, 비용 절감)

◆ 3상 단락곡선 : 단락전류 I_s와 계자전류 I_f의 관계
  (직선인 이유 : 전기자반작용)

◆ 동기발전기의 전기자 반작용

• 전류가 전압과 동상일 때 : 교차자화작용, 횡축반작용

• 전류가 전압보다 $\dfrac{\pi}{2}$만큼 느릴 때

  : 감자작용, 직축반작용

• 전류가 전압보다 $\dfrac{\pi}{2}$만큼 빠를 때

  : 증자작용, 자화작용

◆ 단락전류의 제한

• 단락전류 I_s 제한 : 동기임피던스 Z_s
• 돌발 단락전류 제한 : 누설리액턴스 X_l
• 지속 단락전류 제한 : 동기리액턴스 X_s

◆ 동기발전기의 병렬운전

기전력의 파형이 같을 것		무효순환전류
기전력의 크기가 같을 것		무효순환전류
기전력의 주파수가 같을 것	다르면	난조 발생
기전력의 위상이 같을 것		동기화전류
기전력의 상회전이 같을 것		동기화검정등 점등

◆ 난조 발생의 원인(방지법 : 제동권선 설치)

• 원동기의 조속기 감도가 예민할 때
• 원동기에 고조파 토오크가 포함될 때
• 전기자 회로의 저항이 매우 큰 경우
• 부하가 맥동(진동)할 때

◆ 위상특성곡선 : 계자전류 I_f와 전기자전류 I_a의 관계

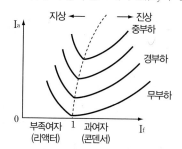

◆ 변압기의 기본원리 : 전자유도

◆ 변압기의 권수비

$$a = \frac{N_1}{N_2} \cdot \frac{V_1}{V_2} \cdot \frac{E_1}{E_2} \cdot \sqrt{\frac{Z_1}{Z_2}} \cdot \sqrt{\frac{R_1}{R_2}} \cdot \frac{I_2}{I_1}$$

◆ 변압기의 유기기전력

$$E = 4.44 f N_1 \varnothing$$

◆ 변압기유(절연유) 구비조건

- 점도가 낮을 것
- 유동성이 클 것
- 비열이 커서 냉각 효과가 클 것
- 인화점이 높고 응고점이 낮을 것
- 높은 온도에서 산화되지 않을 것
- 절연재료와 화학작용을 일으키지 않을 것

◆ 열화 방지

- 브리더
- 콘서베이터 설치
- 질소가스 봉입

◆ 변압기 내부고장보호

- 차동 계전기 : 전류차
- 비율 차동 계전기 : 전류차의 비율
- 브흐홀쯔 계전기 : 변압기 외함과 콘서베이터 사이에 설치

◆ 전압변동률

$$\varepsilon = \frac{V_{20} - V_{2n}}{V_{2n}} \times 100$$

$$\varepsilon = p\cos\theta + q\sin\theta$$

◆ 최대전압변동률

$$\varepsilon_{Max} = \sqrt{p^2 + q^2}$$

◆ 극성시험

- 감극성(극성 다름) : $V = V_1 - V_2$
- 가극성(극성 같음) : $V = V_1 + V_2$

◆ 변압기의 결선법

- $Y-Y$ 결선 : 중성점 접지 가능, 2가지 전압 사용
- $\triangle-\triangle$ 결선 : V 결선 가능, 중성점 접지 불가
- $Y-\triangle$ 결선 : 강압용
- $\triangle-Y$ 결선 : 승압용
- $V-V$ 결선 : 이용률 0.866, 출력비 0.577

◆ 3상-6상 변환 : 포크 결선

◆ 3상-2상 변환 : 스코트 결선, T 결선, 우드 브리지

◆ 계기용 변성기

- PT : 전압을 변성 전압계에 연결
- CT : 전류를 변성 전류계에 연결

◆ 유도전동기의 슬립

$$S = \frac{N_s - N}{N_s} \times 100$$

- 무부하 시 : $S = 0$
- 기동 시 : $S = 1$

◆ 회전속도

$$N = (1-S)N_s$$

◆ 2차 동손

$$P_{C2} = SP_2$$

◆ 기계적 출력

$$P_m = (1-S)P_2$$

◆ 비례추이

- 2차측에 외부저항을 삽입한 것
- 비례추이를 하면
  - 기동전류 작음
  - 기동토크 큼
  - 슬립 크고, 효율 낮음
  - 속도 작음
  - 최대 토크는 변하지 않음

◆ 원선도 그리기 : 저항, 무부하, 구속시험

◆ 유도전동기의 기동법

- 농형 유도전동기
  - 전전압기동법 : 5kW 이하에 사용
  - Y-△기동법 : 15kW 이하에 사용
  - 기동보상기법 : 15kW 초과에 사용
  - 리액터기동법
- 권선형 유도전동기
  - 2차 저항법

◆ 유도전동기의 속도제어법

• 주파수제어법
• 극수변환법
• 슬립제어법(2차 여자법)
• 전압제어

◆ 단상유도전동기(기동토크 큰 순서)

• 반〉반〉콘〉분〉셰
  반발기동형 → 반발유도형 → 콘덴서기동형 → 분상기
  동형 → 셰이딩코일형
• 역률이 좋다 = 콘덴서기동형

◆ 반도체

• P형 반도체(정공) : 3개의 불순물, 부족 전자, 억셉터
• N형 반도체(전자) : 5개의 불순물, 과잉 전자, 도너

◆ 정류회로

• 단상반파 : $0.45E_{AC}$
• 단상전파 : $0.9E_{AC}$
• 3상반파 : $1.17E_{AC}$
• 3상전파 : $1.35E_{AC}$

◆ 맥동주파수

• 단상반파 : f
• 단상전파 : 2f
• 3상반파 : 3f
• 3상전파 : 6f

◆ 다이리스터

• SCR : 단방향 3단자
• TRIAC : 양방향 3단자
• DIAC : 양방향 2단자
• GTO : 단방향 3단자(자기소호 가능)
• SCS : 단방향 4단자
• SSS : 양방향 2단자

◆ 전력 변환

• 인버터 : 직류 → 교류
• 컨버터 : 교류 → 직류
• 쵸퍼 : 직류 → 직류
• 사이클로 컨버터 : 교류 → 교류(주파수)

◆ 전선의 구비 조건

• 도전율이 크고, 기계적 강도가 클 것
• 신장률이 크고, 내구성이 있을 것
• 비중이 작고, 가선이 용이할 것
• 가격이 싸고, 쉽게 구할 수 있을 것

◆ 전선 굵기 결정 시 고려사항

• 허용 전류
• 전압 강하
• 기계적 강도

◆ 총소선수

N=3n(n+1)+1
• 1층 : 7
• 2층 : 19
• 3층 : 37
• 4층 : 61

◆ 절연전선의 종류

• OW : 옥외용 비닐절연전선
• DV : 인입용 비닐절연전선

◆ 케이블

• V : 비닐
• R : 고무
• C : 클로로플렌, 가교 폴리에틸렌
• E : 폴리에틸렌
• MI : 미네랄 인슐레이션 케이블

◆ 멀티탭 : 하나의 콘센트에 2~3개의 기구를 사용

◆ 테이블탭 : 코드의 길이가 짧을 때 연장

◆ 과전류 차단기 시설제한장소 : 접지, 중성선

◆ 3로 스위치

• 2개소 점멸에 이용, 2개소에 3로 스위치 2개 필요
• 전원은 2가닥, 스위치는 3가닥 전선이 필요

◆ 게이지

• 마이크로미터 : 전선의 굵기 및 철판 두께
• 와이어게이지 : 전선의 굵기
• 버니어캘리퍼스 : 어미자와 아들자로 구성, 안지름/바깥지름/깊이 측정 가능

◆ 와이어스트리퍼 : 전선의 피복을 벗김

◆ 토치램프 : 합성수지관의 가공(가스와 가솔린)

◆ 파이어포트 : 일종의 화로 납물을 만듦

◆ 클리퍼 : 굵은 전선을 절단

◆ 펌프플라이어 : 로크너트를 죌 때

◆ 프레셔툴 : 터미널을 압착시킬 때

◆ 벤더 및 히키 : 금속관 구부리기

◆ 파이프바이스 : 금속관 고정

◆ 파이프커터 : 금속관 절단

◆ 오스터 : 금속관 나사내기

◆ 녹아웃펀치 및 홀소 : 배전반 및 캐비닛 구멍 뚫기

◆ 파이프렌치 : 금속관 커플링 접속 시

◆ 리머 : 금속관 다듬기

◆ 드라이브이트 : 힐티총, 화약을 이용하여 콘크리트에 드라이브 핀을 박음

◆ 피시테이프 : 전선관에 전선을 넣을 때 사용하는 평각강철선

◆ 전선의 접속

• 접속 시 전기적 저항을 증가하지 말 것
• 접속 부위의 기계적 강도는 20% 이상 감소시키지 말 것(80% 이상 유지)
• 절연을 위해 테이핑 또는 와이어커넥터 사용

◆ 트위스트접속 : $6mm^2$ 이하의 가는 단선 직선접속

◆ 브리타니아접속 : $10mm^2$(3.2mm) 이상의 굵은 단선 직선접속

◆ 쥐꼬리접속 : 박스 내 가는 전선 접속(접속 후 와이어커넥터 사용)

◆ 테이프의 종류

• 면테이프 : 거즈테이프, 고무혼합물을 양면에 합침
• 고무테이프 : 표면에 고무풀 칠함, 적당한 격리물 넣음
• 비닐테이프 : 염화비닐콤파운드, 색상 다양
• 리노테이프 : 점착성 없음, 절연성, 내온성, 내우성 있음, 연피케이블에 사용
• 자기융착테이프 : 2배정도 늘여 감음, 비닐외장케이블, 클로로플렌 케이블 사용

◆ 애자 사용 공사

• 절연성, 난연성, 내수성
• OW, DV(인입용 비닐전선) 제외
• 저압과 고압이 가능한 공사
• 지지점 간격 : 2m(조영재면을 따라 시설)
• 전선 상호 간 간격 : 6cm
• 전선과 조영재 간 간격 : 2.5cm, 습기 4.5cm

◆ 합성수지관 공사

• 금속관에 비해 가볍고 부식 안 됨, 절연성 우수
• 기계적 충격이나 열에 약함
• 단면적의 1/3을 초과하지 않을 것
• 관 삽입 깊이는 외경의 1.2배
• 접착제 사용 시 0.8배까지 삽입 가능
• 합성수지관 1본의 길이 : 4M

◆ 금속관 공사

• 콘크리트 매입 시 두께 : 1.2mm
• 기타 노출 시는 1mm
• 단면적 1/3을 초과하지 않을 것
• 나사는 5번 감음(5턱)
• 후강전선관(두꺼운 관)
• 박강전선관(얇은 강전선관)
• 1본의 길이 : 3.66M

◆ 금속관 부품

- 로크너트 : 금속관과 박스 접속
- 링리듀서 : 녹아웃지름이 관보다 클 때
- 엔트런스캡 : 저압가공인입선, 빗물 침입 방지
- 터미널캡 : 저압가공인입선
- 유니언커플링 : 관이 고정된 금속관 상호
- 노멀밴드 : 매입 직각 굴곡 부분에 사용
- 유니버셜엘보 : 노출 직각으로 굽히는 곳에 사용

◆ 가요전선관

- 제2종 금속제가요전선관 사용
- 단, 두께가 0.8mm 이상이면 제1종도 사용 가능

◆ 가요전선관 부품

- 스플릿 커플링 : 가요전선관 + 가요전선관
- 플렉시블커플링 : 가요전선관 + 가요전선관
- 앵글박스커넥터 : 가요전선관 + 박스
- 스트레이트박스커넥터 : 가요전선관 + 박스
- 컴비네이션커플링 : 가요전선관 + 금속관

◆ 금속덕트

- 덕트에 넣는 전선 단면적의 합계
  - 덕트 내 단면적의 20% 이하까지 가능
  - 단, 제어회로용인 경우 50% 이하
- 종단부는 폐쇄(막아놔야 함)
- 덕트 판 두께 : 1.2mm

◆ 케이블 공사

- 연피 없다 : 5배
- 연피 있다 : 12배

◆ 전압의 종류

- 저압 : 직류 1500V 이하, 교류 1000V 이하
- 고압 : 저압을 넘어서고 7000V 이하
- 특고압 : 7000V 초과

◆ 지지점 간격

- 1m 이하 : 캡타이어 케이블, 가요전선관
- 1.5m 이하 : 합성수지관, 각종 몰드
- 2m 이하 : 금속관, 케이블, 애자 사용 공사, 라이팅덕트
- 3m 이하 : 금속덕트, 버스덕트
- 수직 6m 이하 : 케이블

◆ 모든 공사가 가능한 것 : 케이블, 금속관

◆ 폭연성 및 화약류 제외 가능한 것 : 합성수지관 (단 두께가 2mm 이상)

◆ 화약류 저장소에서 전기설비 시설

- 전기기계기구는 전폐형
- 금속관, 케이블공사 가능
- 개폐기 및 과전류차단기에서 화약류저장소까지는 케이블을 사용하여 지중으로 시설

◆ 접지

- 제1문자 : 전원과 대지의 관계
  - T : 직접
  - I : 임피던스
- 제2문자 : 노출도전부와 대지의 관계
  - T : 직접
  - N : 중성선
- 제3문자 : 중성선과 보호도체의 관계
  - S : 분리
  - C : 결합

◆ TNS

- 전원부는 접지되어 있고 간선의 중성선(N)과 보호도체(PE)를 분리해서 사용
- 보호도체를 접지도체로 사용

◆ TNC

- 간선의 중성선과 보호도체를 겸용하는 PEN도체를 사용
- 기기의 노출 도전 부분의 접지는 보호도체를 경유하여 전원부의 접지점에 접속

◆ TNCS : 전원부는 TN-C로 되어 있고 간선 계통의 일부에서 중성선과 보호도체를 분리하여 TN-S 계통으로 하는 방법

◆ TT : 보호도체를 전원으로부터 끌고 오지 않고 기기 자체에서 접지하여 사용

◆ IT : 전원부를 비접지로 하거나 임피던스를 통해서 접시시키는 방법

◆ 접지공사

• 접지극은 지하 0.75m 이상으로 매설
• 수도관로 : 3Ω 이하 접지극으로 사용 가능
• 철골 : 2Ω 이하 접지극으로 사용 가능

◆ 피뢰기(LA) : 이상전압으로부터 변압기 보호

◆ 피뢰기구비조건

• 충격방전 개시전압이 낮을 것
• 제한전압이 낮을 것
• 뇌전류 방전능력 클 것
• 속류 차단 확실히
• 반복동작 가능
• 내구성 있음

◆ 가공인입선 : 가공전선로 지지물로부터 다른 지지물을 거치지 아니하고 수용가 인입구에 이르는 가공전선

◆ 연접인입선 : 하나의 수용장소 인입선에서 분기하여 다른 지지물을 거치지 아니하고 다른 수용장소의 인입구에 이르는 전선

◆ 연접인입설 시설제한

• 분기 거리가 100m를 초과할 수 없음
• 폭 5m를 넘는 도로를 횡단할 수 없음
• 옥내를 관통할 수 없음
• 고압연접인입선은 시설할 수 없음

◆ 전주 깊이(허용 인장이 6.8 이하인 경우)

• 전주 길이가 15m 이하인 경우 : 전주 길이의 1/6 이상을 땅에 묻어야 함
• 전주 길이가 15m 초과인 경우 : 2.5m 이상을 땅에 묻어야 함

◆ 전주 깊이(허용 인장이 6.8 초과 9.8 이하) : +0.3m

◆ 지선

• 지선의 안전율 2.5 이상, 허용인장하중 4.31KN
• 소선 3가닥(3조) 이상 설치
• 2.6mm 이상 금속선이나 2mm 이상 아연도철선
• 도로 횡단 시 지표상 5m 이상
• 지중 및 지표상 30cm까지는 부식방지를 위해 아연도철봉을 씌움

◆ 지지물의 종류

• 목주
• 철근콘크리트주(CP주)
• 철주
• 철탑(철탑은 지선을 시설할 수 없음)

◆ 도로횡단 시

• 지표상 5m : 저압 가공인입선, 가공통신선, 지선, 도로를 따라서
• 위의 4개를 제외하고는 전부 지표상 6m
• 단, 철도 궤도 횡단 시 레일면상 6.5m

◆ 완금의 길이(단위는 mm)

전선조수	저압	고압	특고압
2조	900	1400	1800
3조	1400	1800	2400

◆ 차단기 종류

• ACB : 기중차단기(자연공기)
• ABB : 공기차단기(압축공기)
• VCB : 진공차단기(진공)
• OCB : 유입차단기(절연유)
• GCB : 가스차단기(SF6가스)
• MBB : 자기차단기(자기력)

◆ 조명기구 배광에 의한 분류

조명 방식	상	하
직접조명	0~10%	90~100%
반직접조명	10~40%	60~90%
전반확산조명	40~60%	40~60%
반간접조명	60~90%	10~40%
간접조명	90~100%	0~10%

◆ 광원의 높이

• 직접조명일 때

$H = \dfrac{2}{3}H_0$ (천장과 조명 사이 거리는 $\dfrac{H_0}{3}$)

• 간접조명일 때

$H = H_0$ (천장과 조명 사이 거리는 $\dfrac{H_0}{5}$)

H_0 : 작업면에서 천장까지의 높이

◆ 광원의 간격

• 광원 상호 간 : $S \leq 1.5H$

• 벽과 광원

  – 벽 사용 : $S_0 \leq \dfrac{H}{2}$

  – 벽 사용 안 함 : $S \leq \dfrac{H}{3}$

◆ 실지수

$$\dfrac{X \times Y}{H(X+Y)}$$

• X : 방의 가로

• Y : 방의 세로

• H : 작업면으로부터 광원 높이

차례

출제빈도에 따라 분류하였습니다.
- 상 : 반드시 보고 가야 하는 이론
- 중 : 보편적으로 다루어지는 이론
- 하 : 알고 가면 좋은 이론

▶ 표시된 부분은 동영상 강의가 제공됩니다.
이기적 홈페이지(license.youngjin.com)에 접속하여 시청하세요.

▶ 제공하는 동영상과 PDF 자료는 1판 1쇄 기준 2년간 유효합니다.
단, 출제기준안에 따라 동영상 내용은 변경될 수 있습니다.

이 책의 구성

꼼꼼하게 정리한 핵심이론

다년간 분석한 기출문제의 출제빈도와 시험 경향을 토대로
각 섹션마다 출제빈도를 상중하로 표시했습니다.

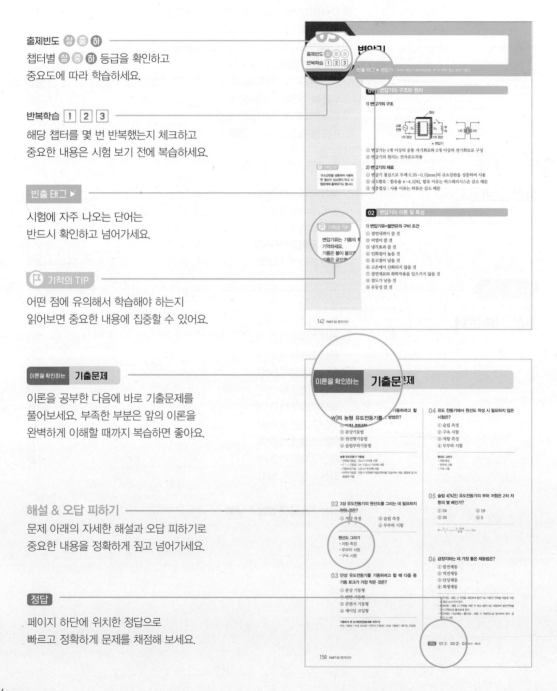

출제빈도 상 중 하
챕터별 상 중 하 등급을 확인하고
중요도에 따라 학습하세요.

반복학습 1 2 3
해당 챕터를 몇 번 반복했는지 체크하고
중요한 내용은 시험 보기 전에 복습하세요.

빈출 태그 ▶
시험에 자주 나오는 단어는
반드시 확인하고 넘어가세요.

기적의 TIP
어떤 점에 유의해서 학습해야 하는지
읽어보면 중요한 내용에 집중할 수 있어요.

이론을 확인하는 기출문제
이론을 공부한 다음에 바로 기출문제를
풀어보세요. 부족한 부분은 앞의 이론을
완벽하게 이해할 때까지 복습하면 좋아요.

해설 & 오답 피하기
문제 아래의 자세한 해설과 오답 피하기로
중요한 내용을 정확하게 짚고 넘어가세요.

정답
페이지 하단에 위치한 정답으로
빠르고 정확하게 문제를 채점해 보세요.

실전 모의고사

이론을 확실하게 공부했는지 확인해 보세요.
문제 아래의 해설로 내용을 복습하고 실력을
점검할 수 있습니다.

모의고사를 풀어본 날짜를 기입하고
시험을 보기 전까지 꾸준히 복습하세요.

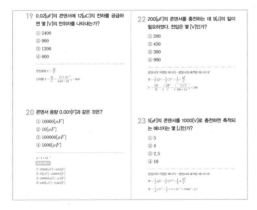

해설 & 정답

페이지 하단에 위치한 해설과 정답으로
빠르고 정확하게 문제를 채점해 보세요.

최신 기출문제

시험에서 가장 중요한 기출문제를 풀어보세
요. 실제 시험처럼 조용한 환경에서 실전 감
각을 익혀보세요.

시험이 시행된 날짜를 확인하고
가장 최신의 기출문제부터 풀어보세요.

해설 & 오답 피하기

문제의 해설과 오답 피하기를 통해 함정 문항과 자주
헷갈리는 내용을 확인할 수 있습니다.

시험의 모든 것

01 응시 자격 조건
- 기능사 응시 자격 확인
- 시행처 확인 필수

02 필기 원서 접수
- 큐넷(www.q-net.or.kr)에서 접수
- 접수 기간 확인해서 직접 신청

03 필기 시험 응시
- 수험표, 필기구, 신분증 지참
- CBT 시험으로 진행

04 합격자 발표
- 시험 종료 후 합격 여부 확인 가능
- 큐넷(www.q-net.or.kr)에서 발표

01 시행처

- 한국산업인력공단
- www.q-net.or.kr

시행처 바로가기	

02 시험 과목

필기	전기이론 전기기기 전기설비
실기	전기설비작업

03 검정 방법

필기	객관식 4지 택일형(60문항)
실기	작업형(4시간 30분 정도)

04 합격 기준

필기	100점 만점에 60점 이상
실기	100점 만점에 60점 이상

05 필기시험 출제기준

- 적용 기간 : 2024년 1월 1일~2026년 12월 31일
- 자격 찾기 : 국가기술자격 〉 전기.전자 〉 전기 〉
  전기기능사

출제기준 다운로드하기	

전기이론, 전기기기, 전기설비	• 전기의 성질과 전하에 의한 전기장 • 자기의 성질과 전류에 의한 자기장 • 전자력과 전자유도 • 직류회로 • 교류회로 • 전류의 열작용과 화학작용 • 변압기 • 직류기 • 유도전동기 • 동기기 • 정류기 및 제어기기 • 보호계전기 • 배선재료 및 공구 • 전선접속 • 배선설비공사 및 전선허용전류 계산 • 전선 및 기계기구의 보안공사 • 가공인입선 및 배전선공사 • 고압 및 저압 배전반공사 • 특수장소공사 • 전기응용시설공사

CBT 시험 가이드

CBT란?

CBT는 시험지와 필기구로 응시하는 일반 필기시험과 달리, 컴퓨터 화면으로 시험 문제를 확인하고 그에 따른 정답을 클릭하면 네트워크를 통하여 감독자 PC에 자동으로 수험자의 답안이 저장되는 방식의 시험입니다.
오른쪽 QR코드를 스캔해서 큐넷 CBT를 체험해 보세요!

큐넷 CBT
체험하기

CBT 필기시험 진행방식

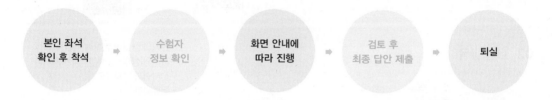

본인 좌석
확인 후 착석 → 수험자
정보 확인 → 화면 안내에
따라 진행 → 검토 후
최종 답안 제출 → 퇴실

CBT 응시 유의사항

- 수험자마다 문제가 모두 달라요. 문제은행에서 자동 출제됩니다!
- 답지는 따로 없어요!
- 문제를 다 풀면, 반드시 '제출' 버튼을 눌러야만 시험이 종료되어요!
- 시험 종료 안내방송이 따로 없어요.

FAQ

Q ▶ CBT 시험이 처음이에요! 시험 당일에는 어떤 것들을 준비해야 좋을까요?

A 시험 20분 전 도착을 목표로 출발하고 시험장에는 주차할 자리가 마땅하지 않은 경우가 많으므로, 대중교통을 이용하는 것을 추천합니다. 무사히 시험 장소에 도착했다면 수험자 입장 시간에 늦지 않게 시험실에 입실하고, 자신의 자리를 확인한 뒤 착석하세요.

Q ▶ 기존보다 더 어려워졌을까요?

A 시험 자체의 난이도 차이는 없지만, 랜덤으로 출제되는 CBT 시험 특성상 경우에 따라 유독 어려운 문제가 많이 출제될 수는 있습니다. 이러한 돌발 상황에 대비하기 위해 이기적 CBT 온라인 문제집으로 실제 시험과 동일한 환경에서 미리 연습해두세요.

CBT 진행 순서

좌석번호 확인
수험자 접속 대기 화면에서 본인의 좌석번호를 확인합니다.

수험자 정보 확인
시험 감독관이 수험자의 신분을 확인하는 단계입니다.
신분 확인이 끝나면 시험이 시작됩니다.

안내사항
시험 안내사항을 확인하고, 다음을 클릭합니다.

유의사항
시험과 관련된 유의사항을 확인합니다.

문제풀이 메뉴 설명
시험을 볼 때 필요한 메뉴에 대한 설명을 확인합니다.
메뉴를 이용해 글자 크기와 화면 배치를 조정할 수 있습니다.
남은 시간을 확인하며 답을 표기하고, 필요한 경우 아래의 계산기를 이용할 수 있습니다.

문제풀이 연습
시험 보기 전, 연습을 해 보는 단계입니다.
직접 시험 메뉴화면을 클릭하며, CBT가 어떻게 진행되는지 확인합니다.

시험 준비 완료
문제풀이 연습을 모두 마친 후 [시험 준비 완료] 버튼을 클릭하면 시험 감독관의 지시에 따라 시험이 시작됩니다.

시험 시작
시험이 시작되었습니다. 수험자분들은 제한 시간에 맞추어 문제풀이를 시작합니다.

답안 제출
시험을 완료하면 [답안 제출] 버튼을 클릭합니다. 답안을 수정하기 위해 시험화면으로 돌아가고 싶으면 [아니오] 버튼을 클릭합니다.

답안 제출 최종 확인
답안 제출 메뉴에서 [예] 버튼을 클릭하면, 수험자의 실수를 방지하기 위해 한 번 더 주의 문구가 나타납니다. 완벽히 시험 문제 풀이가 끝났다면 [예] 버튼을 클릭하여 최종 제출합니다.

합격 발표
CBT 시험이 모두 종료되면, 퇴실할 수 있습니다.

이제 완벽하게 CBT 필기시험에 대해 이해하셨나요?
그렇다면 이기적이 준비한 CBT 온라인 문제집으로 학습해 보세요!

이기적 온라인 문제집 : https://cbt.youngjin.com

이기적 CBT
바로가기

> **"이 책이 여러분에게 '난 할 수 있어!'라는
> 용기와 자신감을 심어주고,
> 전기 분야에 첫발을 내딛는 여러분의 도전을
> 진심으로 응원하는
> 따뜻한 동반자가 되길 바랍니다."**

전기기능사 자격증은 전기 분야의 시작점이자, 새로운 도약을 위한 첫걸음입니다. 이 책을 준비하며 저는 처음 전기를 접했던 제 모습을 떠올렸습니다. 인문계 고등학교 문과 출신으로 전기와는 전혀 접점이 없던 제가 처음 이 분야에 발을 들였을 때, 전기는 참 낯설고 어렵게 느껴졌습니다. 하지만 한 걸음씩 천천히 배우고 익히면서, 전기에 대한 두려움은 점차 자신감으로 바뀌었고, 결국 전기는 제 삶의 중요한 일부가 되었습니다.

이 책은 그런 저의 경험을 바탕으로 만들어졌습니다. 전기가 처음인 비전공자분들부터 이미 이 길을 걸어가고 있는 전공자분들까지, 모두가 부담 없이 공부하며 자신감을 얻을 수 있도록 친절하고 자세하게 내용을 구성했습니다. 기초부터 차근차근 다루며 시험에서 자주 출제되는 핵심 내용과 최신 출제 경향까지 반영했으니, 걱정하지 말고 이 책과 함께 첫걸음을 내디뎌 보세요.

저는 이 책이 단순히 시험 합격을 위한 도구에 그치지 않고, 전기라는 분야가 결코 어렵고 복잡한 것이 아니라는 점을 느낄 수 있는 계기가 되었으면 합니다. 여러분이 이 책을 통해 '전기? 생각보다 쉽네!'라고 느끼며, 전기 분야에서 자신감을 가지고 더 나아가길 바랍니다.

여러분의 도전과 노력이 아름다운 결실로 이어지길 진심으로 기원합니다. 이 책이 그 여정에 든든한 길잡이가 되기를 바랍니다.

저자 이재일

P A R T

01

전기이론

CHAPTER 01 직류회로

출제빈도 상 중 하
반복학습 1 2 3

빈출 태그 ▶ 저항, 고유저항의 역수, 옴의 법칙, 저항의 직렬접속, 저항의 병렬접속

01 전압과 전류

01 전기의 본질

1) 물질의 구성

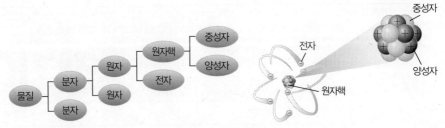

▲ 원자의 구조과 모형

① 원자의 구성 : 원자는 원자핵과 전자로 이루어져 있다.
② 원자는 중성 상태를 유지한다.
③ 원자핵의 구성 : 원자핵은 양(+)전기와 중성자로 구성되어 있다.
④ 전자의 구성 : 전자는 음(−)전기로 구성되어 있다.
⑤ 자유전자 : 원자핵의 구속에서 이탈하여 자유롭게 움직일 수 있는 전자를 의미한다.

2) 전기의 발생

대전	전기를 띄게 되는 현상
+대전	+전기를 띄게 되는 현상(자유전자가 부족)
−대전	−전기를 띄게 되는 현상(자유전자가 과잉)

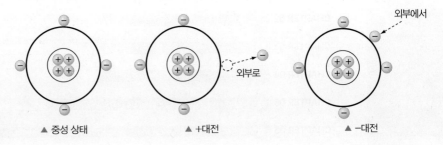

▲ 중성 상태   ▲ +대전   ▲ −대전

3) 전하와 전기량

① 전하란 어떤 물체가 대전되었을 때 물체가 가지는 전기를 의미한다.
② 전기량이란 전하가 가지는 전기의 양을 의미한다.

🅕 기적의 TIP

• 전기량의 기호 : Q
• 전기량의 단위 : [C] 쿨롱

02 전류와 저항 및 전압

1) 전류

① 전류란 전하의 이동, 전기의 흐름을 의미한다.
② 전류의 공식

$$I = \frac{Q}{t}$$

• Q : 전기량, [C] 쿨롱
• t : 시간, [sec] 세크(초)

🅕 기적의 TIP

• 전류의 기호 : I
• 전류의 단위 : [A] 암페어

2) 전압

① 전압과 전위

전위	전기회로에서 임의의 한 점의 전기적인 위치
전압	• 전기적인 에너지의 차이, 전기적인 압력의 차 • 두 점 사이의 전위의 차이(전위차)
전류	높은 전위에서 낮은 전위로의 흐름

② 전압의 공식

$$V = \frac{W}{Q}$$

• W : 에너지, [J] 줄
• Q : 전기량, [C] 쿨롱

🅕 기적의 TIP

• 전압의 기호 : V
• 전압의 단위 : [V] 볼트

3) 저항

① 저항이란 전류의 흐름을 방해하는 성질을 의미한다.
② 저항의 공식

$$R = \rho \frac{l}{A}$$

• ρ : 고유저항, [Ω·m] 옴미터
• l : 길이, [m] 미터
• A : 단면적, [m²] 제곱미터

🅕 기적의 TIP

• 저항의 기호 : R
• 저항의 단위 : [Ω] 옴

4) 고유저항

① 고유저항이란 어떤 물질이 가지고 있는 기본적인 저항이다.

② 고유저항의 공식

$$\rho = \frac{RA}{l}$$

5) 저항의 역수

① 저항의 역수는 전류가 흐르기 쉬운 정도를 나타낸다.

② 저항의 역수의 공식

$$G = \frac{1}{R}$$

6) 고유저항의 역수(도전율)

① 도전율, 전도율이라고 한다.

② 도전율은 전기가 도체에 흐르기 쉬운 정도, 도체에 전기가 흐르기 쉬운 정도를 나타낸다.

02 전기저항

01 옴의 법칙

① 옴의 법칙은 전류의 크기가 전압에 비례하고, 저항에 반비례한다는 법칙이다.

② 옴의 법칙의 공식

$$I = \frac{V}{R}[A]$$

• $R = \dfrac{V}{I}[\Omega]$

• $V = IR[V]$

02 저항의 접속

1) 저항의 직렬접속

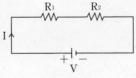

▲ 직렬접속 회로

① 직렬접속의 합성저항(R_T) : $R_T = R_1 + R_2$

② 서로 다른 저항이 3개 이상일 때의 합성저항 : $R_T = R_1 + R_2 + R_3$

③ 동일저항 n개를 직렬 접속할 때의 합성저항 : $R_T = nR$

④ V_1, V_2 구하기 : $I = \dfrac{V}{R}$ 에서

$$V = IR$$

직렬 접속 시 전류 일정

$$V_1 = I_1 R_1 = IR_1$$
$$V_2 = I_2 R_2 = IR_2$$

⑤ 전압분배의 법칙

$$V_1 = \frac{R_1}{R_1 + R_2} \cdot V$$
$$V_2 = \frac{R_2}{R_1 + R_2} \cdot V$$

기적의 TIP

V_1은 R_1에 걸리는 전압, V_2는 R_2에 걸리는 전압입니다.

2) 저항의 병렬접속

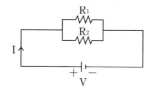

▲ 병렬접속 회로

① 병렬접속의 합성저항(R_T) : $R = \dfrac{R_1 \times R_2}{R_1 + R_2}$

② 서로 다른 저항이 3개 이상일 때, 합성저항 :

$$R_T = \frac{1}{\dfrac{1}{R_1} + \dfrac{1}{R_2} + \dfrac{1}{R_3}} = \frac{R_1 \times R_2 \times R_3}{(R_1 \times R_2) + (R_1 \times R_3) + (R_2 \times R_3)}$$

③ 동일저항 n개를 병렬접속할 때의 합성저항 : $R_T = \dfrac{R}{n}$

④ I_1, I_2 구하기 : $I = \dfrac{V}{R}$ 에서

병렬 접속 시 전압 일정

$$I_1 = \frac{V_1}{R_1} = \frac{V}{R_1}$$
$$I_2 = \frac{V_2}{R_2} = \frac{V}{R_2}$$

⑤ 전류분배의 법칙

$$I_1 = \frac{R_2}{R_1 + R_2} \cdot I$$
$$I_2 = \frac{R_1}{R_1 + R_2} \cdot I$$

기적의 TIP

$1/R_1 = G_1$
$1/R_2 = G_2$
$1/R_3 = G_3$
$G = G_1 + G_2 + G_3$

$G = 1/R$

기적의 TIP

I_1은 R_1에 걸리는 전류, I_2는 R_2에 걸리는 전류입니다.

3) 저항의 직렬 · 병렬접속

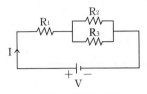

▲ 직렬 · 병렬접속 회로

① 직렬 · 병렬접속 회로의 합성저항(R_T) : $R_T = R_1 + \dfrac{R_2 \times R_3}{R_2 + R_3}$

기적의 TIP

직렬, 병렬 접속 시 병렬부터 계산하세요.

03 키르히호프의 법칙

1) 키르히호프의 제1 법칙(= 키르히호프의 전류 법칙)

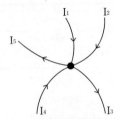

▲ 키르히호프 제1법칙

① 임의의 한점에서 유입되는 전류 합은 유출되는 전류 합과 같다.
② 키르히호프의 제1 법칙 예시
　위 회로에서,
　$I_1 + I_2 + I_4 = I_3 + I_5$
　$I_1 + I_2 + I_4 - I_3 - I_5 = 0$
　$\therefore \sum I = 0$

기적의 TIP

1. 전류 방향 확인
2. 기전력의 시작과 끝 확인
3. 같은 방향은 기전력 더하기, 다른 방향은 기전력 빼기

2) 키르히호프의 제2 법칙(= 키르히호프의 전압 법칙)

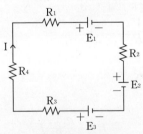

▲ 키르히호프 제2법칙

① 임의의 폐회로에서 기전력의 합은 전압강하의 합과 같다.
② 키르히호프의 제2 법칙 예시
　위 회로에서,
　$E_1 + E_2 - E_3 = I(R_1 + R_2 + R_3 + R_4)$

1) 전지의 직렬접속

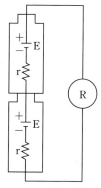

▲ 전지의 직렬접속 회로

위 회로에서,

$I = \dfrac{E}{R}$를 이용하여

$I = \dfrac{nE}{nr + R}$

2) 전지의 병렬접속

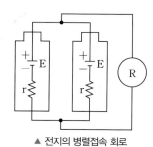

▲ 전지의 병렬접속 회로

위 회로에서,

$I = \dfrac{E}{R}$를 이용하여

$I = \dfrac{nE}{\dfrac{r}{n} + R}$

01 원자핵의 구속에서 이탈하여 자유롭게 움직일 수 있는 것은?

① 원자
② 자유전자
③ 양성자
④ 중성자

원자는 원자핵과 전자로 이루어져 있다. 이때 자유전자란 원자핵의 구속에서 이탈하여 자유롭게 움직일 수 있는 전자를 의미한다.

02 원자의 상태가 정상상태가 아니어서 전기를 띠게 되는 현상을 무엇이라 하는가?

① 대전
② 방전
③ 정전
④ 절전

자유전자가 부족하거나(+대전) 과잉이어서 (−대전) 전기를 띠는 현상을 대전이라고 한다.

03 어느 도체에 전하가 20[C]이 2초간 이동을 하였다 한다면 이때 도체에 흐르는 전류는 몇 [A]인가?

① 40[A]
② 0.1[A]
③ 10[A]
④ 2[A]

$I = \dfrac{Q}{t} = \dfrac{20}{2} = 10[A]$

04 25[A]의 전류가 30분간 어떤 도체에 흘렀다면, 이때 이 도체에 통과한 전하량은 몇 [C]인가?

① 750[C]
② 45000[C]
③ 1.2[C]
④ 72[C]

$I = \dfrac{Q}{t}, Q = I \cdot t = 25[A] \cdot 1800[sec] = 45000[C]$

05 어느 도체에 3600[C]의 전하가 이동하여 1[A]의 전류가 흘렀다면 전하가 이동한 시간은 몇 시간인가?

① 60시간
② 1시간
③ 10시간
④ 6시간

$I = \dfrac{Q}{t}, t = \dfrac{Q}{I} = \dfrac{3600}{1} = 3600[sec] = 1[hour]$

06 50[C]의 전기량이 이동하여 200[J]의 일을 하였을 때 전압은 몇 [V]인가?

① 0.25[V]
② 1000[V]
③ 4[V]
④ 5[V]

$V = \dfrac{W}{Q} = \dfrac{200}{50} = 4[V]$

정답 01② 02① 03③ 04② 05② 06③

07 25[C]의 전기량이 도체를 이동하면서 5[V]의 전위차가 발생하였을 때 이때 에너지는 몇 [J]인가?

① 0.2[J]

② 5[J]

③ 30[J]

④ 125[J]

$V = \dfrac{W}{Q}$, $W = V \cdot Q = 5[V] \cdot 25[C] = 125[J]$

08 10[V]의 전위차로 5분간 2[A]의 전류가 흘렀을 때 한 일은 몇 [J]인가?

① 100[J]

② 6000[J]

③ 1[J]

④ 600[J]

$V = \dfrac{W}{Q}$, $W = V \cdot Q = V \cdot I \cdot t = 10[V] \cdot 2[A] \cdot 300[sec] = 6000[J]$

09 5[V]의 전위차로 2[A]의 전류가 2분 동안 흘렀을 때 한 일은 몇 [J]인가?

① 1200[J]

② 200[J]

③ 2400[J]

④ 3600[J]

$V = \dfrac{W}{Q}$, $W = V \cdot Q = V \cdot I \cdot t = 5[V] \cdot 2[A] \cdot 120[sec] = 1200[J]$

10 1[kV]의 전위차로 전자가 가속운동을 한다고 하면 운동에너지는 몇 [J]인가?

① 1.602×10^{-19}

② 1.602×10^{-18}

③ 1.602×10^{-17}

④ 1.602×10^{-16}

전자 1개의 전하량 : $1.602 \times 10^{-19}[C]$

$V = \dfrac{W}{Q}$, $W = V \cdot Q = 1000[V] \cdot 1.602 \times 10^{-19}[C] = 1.602 \times 10^{-16}[J]$

11 다음 중 1[V]와 의미가 같은 것은?

① 1[C/Sec]

② 1[J/C]

③ 1[C/J]

④ 1[wb/m]

$V = \dfrac{W}{Q} \rightarrow [J/C]$

12 다음 중 저항의 설명으로 옳은 것은?

① 저항은 도체의 길이에 반비례하고, 단면적에 비례한다.

② 저항은 도체의 길이에 비례하고, 단면적에 비례한다.

③ 저항은 도체의 길이에 비례하고, 단면적에 반비례한다.

④ 저항은 도체의 길이에 반비례하고, 단면적에 반비례한다.

$R = \rho \dfrac{l}{A}$

길이(l)에 비례하고, 단면적(A)에 반비례한다.

13 어떤 도체의 길이가 1[m]일 때 저항의 값이 20[Ω]이었다. 이때 도체의 길이를 2배로 증가하였다고 하면 이때 저항의 값은 얼마인가? (단, 체적은 일정하다.)

① 20[Ω]

② 60[Ω]

③ 40[Ω]

④ 80[Ω]

체적이 일정 → $l \cdot A$의 값이 일정하다. l이 2배가 되므로, A는 $\frac{1}{2}$이 된다.

$$R_1 = \rho \frac{2l}{\frac{1}{2}A} = 4\rho \frac{l}{A} = 4 \cdot 20[\Omega]$$

14 어떤 도체의 길이를 3배로 증가시키고 단면적은 $\frac{1}{4}$로 했을 때 저항은 원래 저항보다 몇 배로 증가하는가?

① 3배

② 12배

③ 6배

④ 9배

$$R_1 = \rho \frac{3l}{\frac{1}{4}A} = 12\rho \frac{l}{A}$$

15 전선의 길이를 4배로 늘렸을 때, 처음의 저항값을 유지하기 위해서는 도선의 반지름을 어떻게 해야 하는가?

① 2배 증가시킨다.

② 4배 증가시킨다.

③ $\frac{1}{2}$ 감소시킨다.

④ $\frac{1}{4}$ 감소시킨다.

$R_1 = \rho \frac{4l}{4A} = \rho \frac{l}{A}$. $4A$가 되기 위해 도선의 반지름은 2배가 되어야 한다. ($A = \pi R^2$)

16 1[Ω · m]와 같은 것은?

① $10^6[\Omega \cdot mm^2/m]$

② $1[\mu\Omega \cdot cm]$

③ $10^4[\Omega \cdot cm]$

④ $10^4[\Omega \cdot mm]$

$1[mm^2/m] = (10^{-3}[m])^2/1[m] = 10^{-6}[m] \rightarrow 1[\Omega \cdot m] = 10^6[mm^2/m]$

오답 피하기

② $1[\mu\Omega] = 10^{-6}[\Omega]$, $1[cm] = 10^{-2}[m] \rightarrow 1[\Omega \cdot m] = 10^8[\mu\Omega \cdot cm]$

③ $1[cm] = 10^{-2}[m] \rightarrow 1[m] = 10^2[cm]$

④ $1[mm] = 10^{-3}[m] \rightarrow 1[m] = 10^3[m]$

17 전도율의 단위는?

① $[\Omega \cdot m]$

② $[\Omega/m]$

③ $[\mho/m]$

④ $[\mho \cdot m]$

- 도전율(전도율)의 기호 : σ
- 도전율(전도율)의 단위 : $[\mho/m]$ 모오 퍼 미터

18 전기의 전도율이 좋은 순서대로 나열한 것은?

① 은 → 구리 → 알루미늄 → 금

② 금 → 은 → 구리 → 알루미늄

③ 구리 → 금 → 은 → 알루미늄

④ 은 → 구리 → 금 → 알루미늄

주요 금속의 전도율 순서

은 〉 구리 〉 금 〉 알루미늄 〉 텅스텐 〉 아연 〉 니켈 〉 철 〉 백금 〉 주석 〉 납

19 옴의 법칙에 대한 설명으로 옳은 것은?

① 전류는 전압에 비례하고, 저항에 비례한다.
② 전류는 전압에 반비례하고, 저항에 반비례한다.
③ 전류는 전압에 비례하고, 저항에 반비례한다.
④ 전류는 전압에 반비례하고, 저항에 비례한다.

$I = \dfrac{V}{R}$, I는 V에 비례, R에 반비례한다.

20 어떤 저항 R에 전압 V를 가하니 전류 I가 흘렀을 때, 이 저항을 20% 감소시킨다면 전류는 처음으로부터 어떻게 변화하는가?

① 0.8[A]
② 1[A]
③ 1.25[A]
④ 0.6[A]

$I_1 = \dfrac{V}{0.8R} = 1.25$

21 어떤 회로에 저항이 20[Ω]이 있고, 이 회로에 100[V]의 전압이 걸려있을 때 이 회로에 흐르는 전류는 몇 [A]인가?

① 2000[A]
② 0.2[A]
③ 5[A]
④ 50[A]

$I = \dfrac{V}{R} = \dfrac{100}{20} = 5[A]$

22 100[V]에서 5[A]의 전류가 흐른 전열기에 120[V]의 전압을 가하면 이때 흐르는 전류는 몇 [A]인가?

① 4[A]
② 6[A]
③ 2[A]
④ 8[A]

$R = \dfrac{V}{I} = \dfrac{100}{5} = 20[Ω]$

$I = \dfrac{V}{R} = \dfrac{120}{20} = 6[A]$

23 컨덕턴스 G[Ω], 저항 R[Ω], 전류 I[A], 전압 V[V]일 때 G와 관계가 있는 공식은?

① $G = \dfrac{I}{V}$

② $G = \dfrac{V}{I}$

③ $G = IR$

④ $G = \dfrac{V}{R}$

G는 저항의 역수로 $G = \dfrac{1}{R}$이다. $R = \dfrac{V}{I}$이므로, $G = \dfrac{I}{V}$이다.

24 R₁이 2[Ω], R₂가 3[Ω], R₃가 5[Ω]인 3개의 저항을 직렬로 접속을 하였을 때 합성저항은?

① 8[Ω]
② 5[Ω]
③ 10[Ω]
④ 2.5[Ω]

직렬접속의 합성저항 : $R_1 + R_2 + R_3 = 2[Ω] + 3[Ω] + 5[Ω] = 10[Ω]$

25 저항 2[Ω]과 3[Ω]을 직렬로 접속하였을 때 합성 컨덕턴스는?

① 5[℧]

② 0.66[℧]

③ 1.5[℧]

④ 0.2[℧]

직렬접속의 합성저항 : $R_1 + R_2 = 2[\Omega] + 3[\Omega] = 5[\Omega]$
$G = \dfrac{1}{R} = 0.2[℧]$

26 저항 5[Ω], 10[Ω], 15[Ω]을 직렬로 접속하여 전압을 가하였더니, 10[Ω]의 저항 양단에 30[V]의 전압이 측정되었다면, 이 회로의 전전압은 몇 [V]인가?

① 90[V]

② 120[V]

③ 30[V]

④ 60[V]

저항의 직렬접속 시 전류는 일정하다.
$I_2 = \dfrac{V}{R_2} = \dfrac{30[A]}{10[\Omega]} = 3[A]$
$V_1 = IR_1 = 3[A] \times 5[\Omega] = 15[V]$
$V_2 = IR_2 = 3[A] \times 10[\Omega] = 30[V]$
$V_3 = IR_3 = 3[A] \times 15[\Omega] = 45[V]$
$V = V_1 + V_2 + V_3 = 15 + 30 + 45 = 90[V]$

27 2개의 저항 R_1, R_2를 병렬로 접속을 한다. 이때 합성저항은?

① $\dfrac{R_1}{R_1 + R_2}$

② $\dfrac{R_1 + R_2}{R_1 \cdot R_2}$

③ $\dfrac{R_1}{R_1 \cdot R_2}$

④ $\dfrac{R_1 \cdot R_2}{R_1 + R_2}$

병렬접속의 합성저항(R_T) : $R_T = \dfrac{R_1 \times R_2}{R_1 + R_2}$

28 20[Ω], 30[Ω], 60[Ω]의 저항을 병렬로 접속하고 여기에 60[V]의 전압을 가하였을 때 이 회로에 흐르는 전전류는 몇 [A]인가?

① 3[A]

② 60[A]

③ 6[A]

④ 30[A]

병렬접속 시 전압은 일정하다.
$I_1 = \dfrac{V}{R_1} = \dfrac{60[V]}{20[\Omega]} = 3[A]$
$I_2 = \dfrac{V}{R_2} = \dfrac{60[V]}{30[\Omega]} = 2[A]$
$I_3 = \dfrac{V}{R_3} = \dfrac{60[V]}{60[\Omega]} = 1[A]$
$I = I_1 + I_2 + I_3 = 3[A] + 2[A] + 1[A] = 6[A]$

29 그림과 같은 회로에서 합성저항은 몇 [Ω]인가?

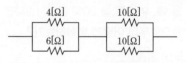

① 7.4[Ω]

② 6.6[Ω]

③ 8.7[Ω]

④ 9.4[Ω]

$\dfrac{R_1 \times R_2}{R_1 + R_2} + \dfrac{R}{n} = \dfrac{4 \times 6}{4 + 6} + \dfrac{10}{2} = 7.4[\Omega]$

30 다음 회로에서 합성저항은 몇 [Ω]인가?

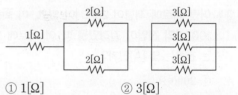

① 1[Ω]

② 3[Ω]

③ 2[Ω]

④ 4[Ω]

$R_1 + \dfrac{R_2}{n} + \dfrac{R_3}{n} = 1 + \dfrac{2}{2} + \dfrac{3}{3} = 3[\Omega]$

31 그림과 같은 a, b에서 본 합성저항은 몇 [Ω]인가?

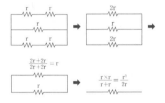

① $\dfrac{r}{2}[\Omega]$

② $r[\Omega]$

③ $\dfrac{3}{2}r[\Omega]$

④ $2r[\Omega]$

문제의 그림은 등가 변환 회로로 변환이 가능하다.

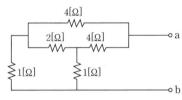

32 회로에서 a–b 단자 간의 합성저항은 몇 [Ω]인가?

① $1.5[\Omega]$

② $2[\Omega]$

③ $2.5[\Omega]$

④ $4[\Omega]$

문제의 그림을 등가회로로 변형을 하면 휘트스톤 브리지 회로로 변형이 되므로, 휘트스톤 평형의 조건을 이용하여 2[Ω]의 저항에는 전류가 흐르지 않음을 이용하여 저항의 합성저항은 5[Ω]이 2개임을 알 수 있으며, 병렬연결이기 때문에 정답은 2.5[Ω]이다.

33 그림과 같은 회로가 있고 저항값이 R₁〉R₂〉R₃〉R₄일 때 전류가 최소로 흐르는 저항은?

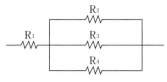

① R_1　　　　② R_2

③ R_3　　　　④ R_4

R_1은 직렬연결로 전체전류가 흘러 가장 큰 전류가 흐르고, 병렬로 연결된 저항 중 가장 큰 저항이 가장 적은 전류가 흐르기 때문에 R_2의 저항에 최소 전류가 흐른다.

34 그림과 같은 회로에서 a와 b의 단자 사이에 10[V]의 전압이 걸리고 있을 때 4[Ω]에 흐르는 전류는 몇 [A]인가?

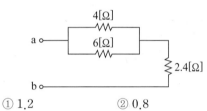

① 1.2　　　　② 0.8

③ 0.6　　　　④ 1

전체합성저항 : $R = \dfrac{4 \times 6}{4+6} + 2.4 = 4.8[\Omega]$

전체전류 : $I = \dfrac{V}{R} = \dfrac{10}{4.8} = 2[A]$

2.6[Ω]의 저항은 직렬연결이라 전체전류이기 때문에 무시하면,

$I_2 = \dfrac{R_1}{R_1 + R_2} \times I = \dfrac{6}{4+6} \times 2$

35 임의의 회로에 접속점에서 흘러들어오는 전류의 합은 흘러나가는 전류의 합과 같다라는 법칙은?

① 키르히호프의 제2 법칙
② 플레밍의 왼손 법칙
③ 키르히호프의 제1 법칙
④ 플레밍의 오른손 법칙

키르히호프의 제1 법칙(= 키르히호프의 전류 법칙) : 임의의 한점에서 유입되는 전류 합은 유출되는 전류의 합과 같다.

36 임의의 폐회로에서의 키르히호프의 제2 법칙을 올바르게 설명한 것은?

① 기전력의 합 = 저항의 합
② 기전력의 합 = 전압강하의 합
③ 기전력의 합 = 전류의 합
④ 전류의 합 = 저항강하의 합

키르히호프의 제2 법칙(= 키르히호프의 전압 법칙) : 임의의 폐회로에서 기전력의 합은 전압강하의 합과 같다.

37 기전력이 E, 내부저항이 r인 전지 n개를 직렬로 접속하고, 이것을 외부저항 R에 연결을 하였을 때 흐르는 전류는?

① $I = \dfrac{E}{nr + R}$

② $I = \dfrac{nE}{nr + R}$

③ $I = \dfrac{nE}{r + R}$

④ $I = \dfrac{E}{r + nR}$

$I = \dfrac{E}{R}$에서 직렬연결임에 따라 저항 R과 기전력 E는 n의 배수로 늘어난다.

기전력은 nE, 합성저항은 nr+R이 되어 $I = \dfrac{nE}{nr + R}$이다.

전류의 열작용과 화학작용

01 전류의 열작용

01 전력과 전기회로

1) 전력(Electric Power)

① 전력이란 단위 시간 동안 전기에너지가 할 수 있는 일의 양이다.

② 전력의 공식

$$P=VI=I^2R=\frac{V^2}{R}$$

> **기적의 TIP**
>
> • 전력의 기호 : P
> • 전력의 단위 : [W] 와트

2) 전력량

① 전력량이란 일정한 단위 시간 동안 사용한 전력의 양이다.

② 전력량의 공식

$$W=Pt=VIt=I^2Rt=\frac{V^2}{R}t$$

> **기적의 TIP**
>
> • 전력량의 기호 : W
> • 전력량의 단위 :
>   [J] 줄=[W·s] 와트세크

02 줄의 법칙

1) 열량

① 열량이란 전류에 의하여 작용하는 열의 양이다.

② 열량의 공식(= 줄의 법칙)

$$H=0.24W=0.24Pt=0.24VIt=0.24I^2Rt=0.24\frac{V^2}{R}t$$

• $1[J]=0.24[cal](H=0.24W)$
• $1[cal]=약\ 4.2[J]$

> **기적의 TIP**
>
> • 열량의 기호 : H
> • 열량의 단위 : [cal] 칼로리

03 전류와 전압 및 저항의 측정

1) 분류기(Shunt)

기적의 TIP

전류계와 부하의 연결은 직렬입니다.

① 전류계의 측정 범위를 넓히기 위하여 전류계와 병렬로 접속하는 저항기를 의미한다.

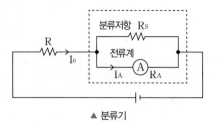

▲ 분류기

② 분류 공식

$$n=\frac{I_0}{I_A}=\left(1+\frac{R_A}{R_S}\right)$$

- n : 분류비
- I_0 : 회로에 실제 흐르는 전류(전원 전류)
- I_A : 전류계가 나타내는 전류
- R_S : 분류기의 저항
- R_A : 전류계의 내부 저항

③ 분류 저항 공식

$$R_S=\frac{R_A}{n-1}$$

2) 배율기(Multiplier)

기적의 TIP

전압계와 부하의 연결은 병렬입니다.

① 전압계의 측정 범위를 넓히기 위하여 전압계와 직렬로 접속하는 저항기를 의미한다.

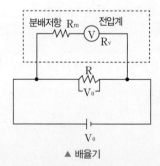

▲ 배율기

② 배율 공식

$$m=\frac{V_0}{V}=\left(1+\frac{R_m}{R_V}\right)$$

③ 배율 저항 공식

$$R_m=R_V(m-1)$$

3) 휘트스톤 브리지(Wheatstone Bridge)

① 브리지회로의 한 종류로 4개의 저항이 사각형의 형태를 이루며, 대각선을 연결하
는 브리지로 저항이나 전압계, 검류계를 사용한다. 일반적으로 알려지지 않은 저
항값을 측정하기 위해서 사용한다.

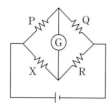

▲ 휘트스톤 브리지 회로

② 브리지 평형 : 검류계에 전류가 흐르지 않음
③ 브리지 평형 조건 : $PR = XQ$

기적의 TIP

브리지 평형의 조건은 '서로
마주보는 저항의 곱은 같다'
로 기억하세요.

02 전류의 화학작용

01 전기분해(Electrolysis)

① 산, 염기 및 염류 등 수용액에 직류를 통하여 전해액을 화학적으로 분해하여 양극
판, 음극판 위에 분해 생성물을 석출하는 현상이다.
② 황산구리의 전기분해 : $CuSO_4 \rightarrow Cu^{2+}$(음극)$+ SO_4^{2-}$(양극)
③ 전리 : 황산구리($CuSO_4$)가 물에 녹아 양이온과 음이온으로 분리되는 현상

02 패러데이의 법칙(Faraday's Law)

① 석출되는 물질량은 전기량에 비례, 화학당량에 비례한다.
② 패러데이의 법칙 기호 : w
③ 패러데이의 법칙 단위 : [g] 그램
④ 공식

$$w = kQ = kIt$$

⑤ 화학당량 $k = \dfrac{원자량}{원자가}$

03 전지의 종류

1) 1차 전지(Primary Cell)
① 재생이 불가능한 전지이다.
② 대표적으로 망간 전지가 있다.

2) 2차 전지(Secondary Cell)
① 외부에서 에너지를 주면 반응이 가역적이 되는 전지이다.
② 대표적으로 알칼리 전지가 있다.

기적의 TIP

시험에는 2차 전지의 대표로 니켈-카드뮴이 나올 수 있습니다.

3) 납축전지(Lead Storage Battery)
① 양극 : 이산화납(PbO_2)
② 음극 : 납(Pb)
③ 전해액 : 묽은 황산(H_2SO_4) 비중은 $1.23 \sim 1.26$으로 사용
④ 납축전지의 화학 방정식
- 충전 : $\underset{(양극)}{PbO_2} + 2H_2SO_4 + \underset{(음극)}{Pb}$
- 방전 : $\underset{(양극)}{PbSO_4} + 2H_2O + \underset{(음극)}{PbSO_4}$

04 전류의 화학작용

1) 국부작용
① 전지에 포함되어 있는 불순물에 의해 기전력을 감소시키는 현상이다.
② 방지대책 : 전극에 수은 도금

2) 분극작용
① 전지에 전류가 흐르면 양극에 수소가스가 발생해 수소기체에 의해 기전력을 감소시키는 현상이다.
② 방지대책 : 감극제 사용

3) 제백 효과(Seebeck Effect)
① 서로 다른 두 금속을 접속하고, 접속점에 서로 다른 온도차를 주면 회로에 열기전력을 일으키는 현상이다.

기적의 TIP

A, B 두 가지 금속이 나오면 제백 법칙이고, A, B, C 세 가지 금속이 나오면 제3금속 법칙입니다.

4) 펠티에 효과(Peltier Effect)
① 서로 다른 두 금속을 접속하고, 한쪽 금속에서 다른 쪽 금속에 전류를 흘리면 열의 발생 또는 흡수가 일어나는 현상이다.

5) 톰슨 효과(Thomson Effect)
① 동일한 두 금속을 접속하고, 막대기의 양 끝에 전위차가 가해지면 양 끝에 열의 발생 또는 흡수가 일어나는 현상이다.

01 전구 2개를 직렬 연결했을 때와 병렬 연결했을 때 옳은 것은?

① 직렬이 더 밝다.

② 병렬이 더 밝다.

③ 둘 다 밝기가 같다.

④ 직렬이 병렬보다 2배 더 밝다.

직렬접속 시 회로 전체의 저항은 늘어나(2R) 전류가 줄어들며 $\left(\frac{1}{2}I\right)$, 각 전구에는 절반의 전압이 분배된다. 따라서 각 전구는 단일 전구보다 $\frac{1}{4}$의 전력을 소모한다.

병렬접속 시 회로 전체의 저항은 줄어들어 $\left(\frac{1}{2}R\right)$ 전류가 증가하고(2I), 늘어난 전류는 두 전구에 절반씩 분배된다. 따라서 각 전구는 단일 전구와 동일한 전력을 소모한다.

02 220[V]용 100[W] 전구와 200[W] 전구를 직렬로 연결하여 220[V]의 전원을 연결하면?

① 두 전구의 밝기가 같다.

② 100[W]의 전구가 더 밝다.

③ 200[W]의 전구가 더 밝다.

④ 두 전구 모두 안 켜진다.

100[W] 전구의 저항은 200[W] 전구의 2배이다.

$P=\dfrac{V^2}{R}$, $R_{100}=\dfrac{V^2}{100[W]}$, $R_{200}=\dfrac{V^2}{200[W]}$

직렬접속 시 전류는 일정하고 저항이 클수록 더 큰 전압이 걸리므로 100[W] 전구가 200[W] 전구보다 더 많은 전력을 사용한다.

03 저항이 500[Ω]인 도체에 1[A]의 전류를 2분간 흘렸다면 발생하는 열량은 몇 [kcal]인가?

① 0.24

② 4.24

③ 14.4

④ 60

$H=0.24Pt=0.24VIt=0.24I^2Rt=0.24\dfrac{V^2}{R}t$
$=0.24\times1^2[A]\times500[\Omega]\times120[\sec]=14400[cal]$

04 저항 100[Ω]의 부하에서 10[kw]의 전력이 소비되었다면 이때 흐르는 전류는 몇 [A]인가?

① 10

② 2

③ 5

④ 1

전력 $P=VI=I^2R=\dfrac{V^2}{R}$

전류 $I=\dfrac{P}{V}=\sqrt{\dfrac{P}{R}}=\sqrt{\dfrac{10\times10^3}{100}}=10$

05 전류의 열작용과 관계가 있는 법칙은?

① 키르히호프의 법칙

② 플레밍의 법칙

③ 줄의 법칙

④ 전류의 옴의 법칙

줄의 법칙 : 열량이란 전류에 의하여 작용하는 열의 양이다.

정답 01② 02② 03③ 04① 05③

06 1[cal]는 약 몇 [J]인가?

① 0.24

② 0.4186

③ 2.4

④ 4.186

1[J]=0.24[cal]
1[cal]=약 4.186[J]

07 200[V]에서 1[kW]의 전력을 소비하는 전열기를 100[V]에서 사용하면 소비전력은 몇 [W]인가?

① 150

② 400

③ 250

④ 1000

전열기의 저항은 일정하므로
$R=\dfrac{V^2}{P}=\dfrac{200^2}{1000}=40[\Omega]$
$P=\dfrac{V^2}{R}=\dfrac{100^2}{40}=250[W]$

08 1[kWh]는 몇 [kcal]인가?

① 2400

② 4800

③ 8600

④ 860

$H=0.24Pt=0.24\times1\times3600=864[kcal]$

09 다음 중 전력량 1[J]과 같은 것은?

① 1[W·s]

② 1[cal]

③ 1[kg·m]

④ 1[N·m]

전력량 $W[J]=[W\cdot\sec]$
$W=Pt=VIt=I^2Rt=\dfrac{V^2}{r}t$

10 5마력을 와트[W] 단위로 환산하면?

① 1317[W]

② 17[W]

③ 3730[W]

④ 4300[W]

$I[HP]=746[W]$
$5\times746=3730[W]$

11 저항 300[Ω]의 부하에서 90[kW]의 전력이 소비되었다면 이때 흐른 전류는?

① 약 30[A]

② 약 300[A]

③ 약 17.3[A]

④ 약 3.3[A]

$P=VI=I^2R=\dfrac{V^2}{P}$
$I=\dfrac{P}{V}=\sqrt{\dfrac{P}{R}}$
$I=\sqrt{\dfrac{90\times10^3}{300}}=17.3[A]$

12 1.5[kW]의 전열기를 정격 상태에서 30분간 사용할 때의 발열량은 몇 [kcal]인가?

① 648
② 1290
③ 1500
④ 2700

$H=0.24Pt=0.24VIt=0.24I^2Rt=0.24\dfrac{V^2}{R}t$
$H=0.24Pt=0.24\times1.5\times30\times60=648[kcal]$

13 전압계의 측정 범위를 넓히기 위한 목적으로 전압계에 직렬로 접속하는 저항기를 무엇이라 하는가?

① 전위차계(potentiometer)
② 분압기(voltage divider)
③ 배율기(multiplier)
④ 분류기(shunt)

배율기 : 전압계의 측정 범위를 넓히기 위해 전압계와 직렬로 접속하는 저항기이다.

14 패러데이 법칙에서 전기분해에 의해서 석출되는 물질의 양은 전해액을 통과한 무엇과 비례하는가?

① 총 전류
② 총 전기량
③ 총 전해질
④ 총 전압

패러데이 법칙 : 전기분해에 의해서 석출되는 물질의 양은 전기량과 비례 화학당량과 비례한다.

15 "같은 전기량에 의해서 여러 가지 화합물이 전해될 때 석출되는 물질의 양은 그 물질의 화학당량에 비례한다."는 법칙은?

① 렌츠의 법칙
② 패러데이의 법칙
③ 앙페르의 법칙
④ 줄의 법칙

패러데이 법칙 : 전기분해에 의해서 석출되는 물질의 양은 전기량과 비례 화학당량과 비례한다.

16 패러데이 법칙과 관계없는 것은?

① 석출되는 물질의 양은 전류의 세기와 전기량의 곱으로 나타낸다.
② 화학당량이란 $\dfrac{원자량}{원자가}$ 을 말한다.
③ 전극에서 석출되는 물질의 양은 통과한 전기량에 비례한다.
④ 전해질이나 전극이 어떤 것이라도 같은 전기량이면 항상 같은 화학당량의 물질을 석출한다.

패러데이 법칙 : 전기분해에 의해서 석출되는 물질의 양은 전기량과 비례 화학당량과 비례한다.
$w=KQ=KIt$
화학당량 $K=\dfrac{원자량}{원자가}$

17 질산은을 전기분해할 때 직류 전류를 10시간 흘렸더니 음극에 120.7[g]의 은이 부착하였다. 이때의 전류는 약 몇 [A]인가? (단, 은의 전기화학당량 K=0.001118[g/c]이다.)

① 3
② 4
③ 1
④ 2

패러데이 법칙
$w=KQ=KIt$
$I=\dfrac{w}{Kt}=\dfrac{120.7}{0.001118\times10\times60\times60}=2.99[A]$

18 어떤 전압계의 측정 범위를 10배로 하자면 배율기의 저항을 전압계 내부저항의 몇 배로 하여야 하는가?

① 10

② 9

③ $\dfrac{1}{10}$

④ $\dfrac{1}{9}$

배율 $m : m = \dfrac{V_0}{V} = \left(1 + \dfrac{R_m}{R_v}\right)$

배율저항 $R_m : R_v(m-1)$

19 전압계 및 전류계의 측정 범위를 넓히기 위하여 사용하는 배율기와 분류기의 접속 방법은?

① 배율기는 전압계와 병렬접속, 분류기는 전류계와 직렬접속

② 배율기는 전압계와 직렬접속, 분류기는 전류계와 병렬접속

③ 배율기 및 분류기 모두 전압계와 전류계에 직렬접속

④ 배율기 및 분류기 모두 전압계와 전류계에 병렬접속

• 배율기는 전압계의 측정 범위를 넓히기 위해 전압계와 직렬로 접속하는 저항기이다.
• 분류기는 전류계의 측정 범위를 넓히기 위해 전류계와 병렬로 접속하는 저항기이다.

20 황산구리 용액에 10[A]의 전류를 60분간 흘린 경우 이때 석출되는 구리의 양은? (단, 구리의 전기 화학당량은 0.3293×10^{-3}임)

① 약 11.86[g]

② 약 1.97[g]

③ 약 5.93[g]

④ 약 7.82[g]

패러데이 법칙 $w = KQ = KIT$

$w = 0.3293 \times 10^{-3} \times 10 \times 60 \times 60 = 11.86[g]$

21 니켈의 원자가는 2이고 원자량은 58.70이다. 이때 화학당량의 값은 얼마인가?

① 29.35

② 60.70

③ 58.70

④ 117.4

패러데이 법칙 $w = KQ - KIT$

화학당량 $K = \dfrac{\text{원자량}}{\text{원자가}} = \dfrac{58.70}{2} = 29.35$

22 1차 전지로 가장 많이 사용되는 것은?

① 니켈-카드뮴전지

② 연료전지

③ 망간건전지

④ 납축전지

• 1차 전지 : 망간건전지
• 2차 전지 : 니켈-카드뮴전지

23 용량이 45[Ah]인 납축전지에서 3[A]의 전류를 연속하여 얻는다면 몇 시간 동안 이 축전지를 이용할 수 있는가?

① 30시간

② 10시간

③ 15시간

④ 45시간

축전지용량[Ah] $= It$

$t = \dfrac{\text{축전지용량}}{I} = \dfrac{45}{3} = 15[h]$

24 전지(battery)에 관한 사항이다. 감극제(de-polarizer)는 어떤 작용을 막기 위해 사용되는가?

① 순환전류
② 분극작용
③ 방전
④ 국부작용

분극작용이란, 전지에 전류가 흐르면 양극에 수소가스가 발생해 수소기체에 의해 기전력을 감소시키는 현상이며, 방지대책으로는 감극제 사용이 있다.

25 비스무트의 두 금속을 접속하여 여기에 전류를 통하면 줄열 외에 그 접점에서 열의 발생 또는 흡수가 일어난다. 이와 같은 현상은?

① 페르미 효과
② 펠티에 효과
③ 제벡 효과
④ 제3 금속의 법칙

펠티에 효과 : 서로 다른 두 금속을 접속하고, 한쪽 금속에서 다른 쪽 금속에 전류를 흘리면 열의 발생 또는 흡수가 일어나는 현상을 말한다.

26 종류가 다른 두 금속을 접합하여 폐회로를 만들고 두 접합점의 온도를 다르게 하면 이 폐회로에 기전력이 발생하여 전류가 흐르게 되는 현상을 지칭하는 것은?

① 톰슨 효과(Thomson effect)
② 제백 효과(Seebeck effect)
③ 줄의 법칙(Joule's law)
④ 펠티에 효과(Peltier effect)

제백 효과 : 서로 다른 두 금속을 접속하고, 접속점에 서로 다른 온도차를 주면 회로에 열기전력을 일으키는 현상을 말한다. 열전온도계에 사용된다.

전기의 성질과 전하에 의한 자기장

빈출 태그 ▶ 쿨롱의 법칙, 전계의 세기, 전기력선의 성질, 콘덴서의 접속

01 전기의 본질

1) 쿨롱의 법칙

① 전기력은 두 전하의 곱에 비례하고, 거리의 제곱에 반비례한다.

② 전기력의 공식

$$F = \frac{1}{4\pi\varepsilon} \times \frac{Q_1 Q_2}{r^2} = 9 \times 10^9 \times \frac{Q_1 Q_2}{r^2} = K \times \frac{Q_1 Q_2}{r^2}$$

• 유전율 $\varepsilon[F/m]$ 패럿퍼미터

• 전하 $Q[C]$쿨롱

2) 유전율

① 전기장이 얼마나 그 매질에 영향을 미치고, 영향을 받는지를 나타내는 물리적 단위이다.

② 유전율의 공식

$$\varepsilon = \varepsilon_0 \varepsilon_s$$

• 공기 중 유전율 $\varepsilon_0 = 8.855 \times 10^{-12}$

• 비유전율 ε_s＝공기 중, 진공 중이라는 말이 들어가면 무조건 1

3) 전기장의 세기(= 전계의 세기)

① 전기장 내에 전하를 놓았을 때 이 전하에 작용하는 힘의 크기를 단위 양전하 +1[C]에 대한 힘의 크기로 환산한 것을 전기장의 세기로 정한다.

② 전기장 세기의 공식

$$E = \frac{1}{4\pi\varepsilon} \times \frac{Q}{r^2} = 9 \times 10^9 \times \frac{Q}{r^2} = K \times \frac{Q}{r^2}$$

• 전기력 $F = QE$

• 전기장 세기 $E = \dfrac{Q}{F}$

4) 전위

① 전기적인 위치에너지

② 전위의 공식

$$V=\frac{1}{4\pi\varepsilon}\times\frac{Q}{r}=9\times10^{9}\times\frac{Q}{r}=K\times\frac{Q}{r}$$

- 전기장의 세기 $E=\dfrac{V}{r}$
- 전위 $V=Er$

기적의 TIP

• 전위의 기호 : V
• 전위의 단위 : [V] 볼트

5) 전기력선(Line of Electric Force)

① 전기장에 의해 정전기력이 작용하는 것을 설명하기 위한 가상으로 작용하는 선을 전기력선이라 한다.

② 전기력선의 성질

- 전기력선은 양(정)전하에서 시작하여 음(부)전하로 끝난다.
- 전기력선은 높은 곳에서 낮은 곳으로 흐른다.
- 전기력선은 도체 내부에는 존재하지 않는다.
- 전기력선은 등전위면과 수직교차한다.
- 전기력선은 서로 교차하지 않는다.
- 전기력선 총수는 $\dfrac{Q}{\varepsilon}$개다(단, 공기 중 전기력선 총수는 $\dfrac{Q}{\varepsilon_0}$개다).

기적의 TIP

가우스 정리는 전기력선의 총수를 구합니다.

6) 전속밀도(Dielectric Flux Density)

① 단위 면을 지나는 전속

② 전속밀도의 공식

$$D=\frac{Q}{A}=\frac{Q}{4\pi r^{2}}=\varepsilon E$$

기적의 TIP

• 전속밀도의 기호 : D
• 전속밀도의 단위 : $[C/m^{2}]$ 쿨롱퍼제곱미터

02 콘덴서

01 콘덴서의 종류

① 가변 콘덴서 : 용량이 변화하며, 바리콘이라고 불린다.

② 마일러 콘덴서 : 원통형으로 감아져 있으며, 절연저항이 양호하다.

③ 마이카 콘덴서 : 표준 콘덴서로 불리며, 절연저항이 높고 우수하다.

④ 세라믹 콘덴서 : 산화티탄 자기를 사용하며, 비유전율이 크고 가격 대비 성능이 우수하다.

⑤ 전해 콘덴서 : 극성을 가지고 있으며, 교류에 사용할 수 없다.

02 정전용량

1) 정전용량(= 커패시턴스)

① 콘덴서가 전하를 축적할 수 있는 능력을 표시하는 양이다.

② 정전용량의 공식

$$C = \frac{Q}{V}$$

2) 평행판 도체의 정전용량

① 정전용량 공식

$$C = \frac{\varepsilon A}{\ell}$$

② 정전용량을 크게 하는 방법

• 면적 증가
• 길이 감소
• 유전율 크게

3) 콘덴서의 축적된 에너지(= 콘덴서의 저장된 에너지)

① 콘덴서의 축적된 에너지 공식

$$W = \frac{1}{2}QV = \frac{1}{2}CV^2 = \frac{1}{2} \times \frac{Q^2}{C}$$

03 콘덴서의 접속

1) 콘덴서의 직렬접속

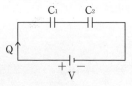

▲ 직렬접속 회로

① 직렬접속의 합성정전용량 : $C_T = \dfrac{C_1 \times C_2}{C_1 + C_2}$

② 서로 다른 정전용량이 3개 이상일 때의 합성정전용량 :

$$C_T = \frac{1}{\dfrac{1}{C_1} + \dfrac{1}{C_2} + \dfrac{1}{C_3}} = \frac{C_1 \times C_2 \times C_3}{(C_1 \times C_2) + (C_1 \times C_3) + (C_2 \times C_3)}$$

③ 동일정전용량 n개를 직렬 접속할 때의 합성정전용량 : $C_T = \dfrac{C}{n}$

④ V_1, V_2 구하기 : $C = \dfrac{Q}{V}$ 에서

$$V = \dfrac{Q}{C}$$

직렬접속 시 전하 일정

$$V_1 = \dfrac{Q_1}{C_1} = \dfrac{Q}{C_1}$$

$$V_2 = \dfrac{Q_2}{C_2} = \dfrac{Q}{C_2}$$

⑤ 전압분배의 법칙 : $V_1 = \dfrac{C_2}{C_1 + C_2} \cdot V$

$$V_2 = \dfrac{C_1}{C_1 + C_2} \cdot V$$

V_1은 C_1에 걸리는 전압, V_2는 C_2에 걸리는 전압입니다.

2) 콘덴서의 병렬접속

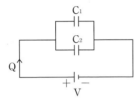

▲ 병렬접속 회로

① 병렬접속의 합성정전용량 : $C_T = C_1 + C_2$
② 서로 다른 정전용량이 3개 이상일 때, 합성정전용량 : $C_T = C_1 + C_2 + C_3$
③ 동일정전용량 n개를 병렬접속할 때의 합성정전용량 : $C_T = nC$
④ Q_1, Q_2 구하기

$C = \dfrac{Q}{V}$ 에서

직렬접속 시 전하 일정

$$Q_1 = C_1 V_1 = C_1 V$$

$$Q_2 = C_2 V_2 = C_2 V$$

⑤ 전하분배의 법칙

$$Q_1 = \dfrac{C_1}{C_1 + C_2} \cdot Q$$

$$Q_2 = \dfrac{C_1}{C_1 + C_2} \cdot Q$$

Q_1은 C_1에 걸리는 전하, Q_2는 C_2에 걸리는 전하입니다.

01 전하의 성질에 대한 설명 중 옳지 못한 것은?

① 전하는 가장 안전한 상태를 유지하려는 성질이 있다.

② 대전체의 영향으로 비대전체에 전기가 유도된다.

③ 낙뢰는 구름과 지면 사이에 모인 전기가 한꺼번에 방전되는 현상이다.

④ 같은 종류의 전하끼리는 흡인하고, 다른 종류의 전하끼리는 반발한다.

같은 종류의 전하끼리는 반발력이 작용하고, 다른 종류의 전하끼리는 흡인력이 작용한다.

02 유전율의 단위는?

① H/m   ② V/m

③ C/m^2 ④ F/m

---

① 투자율 : $\mu[H/m]$ 헨리퍼미터
② 전계의 세기 : $E[V/m]$ 볼트퍼미터
③ 전속밀도 : $D[C/m^2]$ 쿨롱퍼제곱미터
④ 유전율 : $\varepsilon[F/m]$ 패럿퍼미터

03 비유전율이 9인 물질의 유전율은 약 얼마인가?

① $80 \times 10^{-12}[F/m]$

② $80 \times 10^{-6}[F/m]$

③ $1 \times 10^{-6}[F/m]$

④ $1 \times 10^{-12}[F/m]$

유전율 $\varepsilon = \varepsilon_0 \varepsilon_s$
공기 중 유전율 $\varepsilon_0 = 8.855 \times 10^{-12}$
비유전율 $\varepsilon_s =$ 공기 중, 진공 중은 무조건 1
$\varepsilon = 8.855 \times 10^{-12} \times 9 = 80 \times 10^{-12}$

04 공기 중에 10[μC]과 20[μC]를 1[m] 간격으로 놓을 때 발생되는 정전기력[N]은?

① $2 \times 10^{-10}[N]$

② 1.8[N]

③ 200[N]

④ $98 \times 10^9[N]$

쿨롱의 법칙 : 전기력은 두 전하의 곱에 비례, 거리의 제곱에 반비례한다.
$$F = \frac{1}{4\pi\varepsilon} \times \frac{Q_1 Q_2}{r^2} = 9 \times 10^9 \times \frac{Q_1 Q_2}{r^2} = K \times \frac{Q_1 Q_2}{r^2}$$
$$F = 9 \times 10^9 \times \frac{10 \times 10^{-6} \times 20 \times 10^{-6}}{1^2} = 1.8$$

05 전하 및 전기력에 대한 설명으로 틀린 것은?

① 대전체의 전하를 없애려면 대전체와 대지를 도선으로 연결하면 된다.

② 두 전하 사이에 작용하는 전기력은 전하의 크기에 비례하고 두 전하 사이의 거리의 제곱에 반비례한다.

③ 전하에는 양(+)전하와 음(−)전하가 있다.

④ 비유전율이 큰 물질일수록 전기력은 커진다.

쿨롱의 법칙 : 전기력은 두 전하의 곱에 비례, 거리의 제곱에 반비례한다.
$$F = \frac{1}{4\pi\varepsilon} \times \frac{Q_1 Q_2}{r^2} = 9 \times 10^9 \times \frac{Q_1 Q_2}{r^2} = K \times \frac{Q_1 Q_2}{r^2}$$ 에서 유전율이 크면 전기력은 작아진다.

06 진공 중에서 비유전율 ε_s의 값은?

① 8.855×10^{-12}

② 1

③ 9×10^9

④ 6.33×10^4

유전율 $\varepsilon = \varepsilon_0 \varepsilon_s$
공기 중 유전율 $\varepsilon_0 = 8.855 \times 10^{-12}$
비유전율 $\varepsilon_s = $ 공기 중, 진공 중은 무조건 1

07 쿨롱의 법칙을 설명한 것으로 옳은 것은?

① 전기력은 두 전하의 곱에 비례, 거리의 제곱에 비례한다.

② 전기력은 두 전하의 곱에 반비례, 거리의 제곱에 비례한다.

③ 전기력은 두 전하의 곱에 비례, 거리의 제곱에 반비례한다.

④ 전기력은 두 전하의 곱에 반비례, 거리의 제곱에 반비례한다.

쿨롱의 법칙 : 전기력은 두 전하의 곱에 비례, 거리의 제곱에 반비례한다.
$$F = \frac{1}{4\pi\varepsilon} \times \frac{Q_1 Q_2}{r^2} = 9 \times 10^9 \times \frac{Q_1 Q_2}{r^2} = K \times \frac{Q_1 Q_2}{r^2}$$

08 공기 중에서 $3 \times 10^{-5}[C]$과 $8 \times 10^{-5}[C]$의 두 전하를 2[m]의 거리에 놓을 때 그 사이에 작용하는 힘은?

① 10.8[N]

② 2.7[N]

③ 24[N]

④ 5.4[N]

쿨롱의 법칙 : 전기력은 두 전하의 곱에 비례, 거리의 제곱에 반비례한다.
$$F = \frac{1}{4\pi\varepsilon} \times \frac{Q_1 Q_2}{r^2} = 9 \times 10^9 \times \frac{Q_1 Q_2}{r^2} = K \times \frac{Q_1 Q_2}{r^2}$$
$$F = 9 \times 10^9 \times \frac{3 \times 10^{-5} \times 8 \times 10^{-5}}{2^2} = 5.4$$

09 2개의 자극 사이에 작용하는 힘의 세기는 무엇에 반비례하는가?

① 전류의 크기

② 자극 간의 거리의 제곱

③ 자극의 세기

④ 전압의 크기

쿨롱의 법칙 : 전기력은 두 전하의 곱에 비례, 거리의 제곱에 반비례한다.
$$F = \frac{1}{4\pi\varepsilon} \times \frac{Q_1 Q_2}{r^2} = 9 \times 10^9 \times \frac{Q_1 Q_2}{r^2} = K \times \frac{Q_1 Q_2}{r^2}$$

10 전기장 중에 단위 정전하를 놓을 때 여기에 작용하는 힘과 같은 것은?

① 전하

② 전기장의 세기

③ 전위

④ 전속

전기장 내에 전하를 놓았을 때 이 전하에 작용하는 힘의 크기를 단위 양전하 $+1[C]$에 대한 힘의 크기로 환산한 것을 전기장의 세기로 정한다.

11 전기력선의 성질을 설명한 것으로 옳지 않은 것은?

① 전기력선의 방향은 전기장의 방향과 같으며, 전기력선의 밀도는 전기장의 크기와 같다.

② 전기력선은 도체 내부에 존재한다.

③ 전기력선은 등전위면에 수직으로 출입한다.

④ 전기력선은 양전하에서 음전하로 이동한다.

전기력선의 성질
• 전기력선은 양(정)전하에서 시작하여 음(부)전하로 끝난다.
• 전기력선은 높은 곳에서 낮은 곳으로 흐른다.
• 전기력선은 도체 내부에는 존재하지 않는다.
• 전기력선은 등전위면과 수직교차한다.
• 전기력선은 서로 교차하지 않는다.
• 전기력선 총수는 $\frac{Q}{\varepsilon}$개다(단, 공기 중 전기력선 총수는 $\frac{Q}{\varepsilon_0}$개다).

정답 06 ② 07 ③ 08 ④ 09 ② 10 ② 11 ②

12 유전율 ε의 유전체 내에 있는 전하 Q[C]에서 나오는 전기력선의 수는?

① Q

② $\dfrac{Q}{\varepsilon}$

③ $\dfrac{Q}{\varepsilon_0}$

④ $\dfrac{Q}{\varepsilon_s}$

전기력선 총수는 $\dfrac{Q}{\varepsilon}$개다(단, 공기 중 전기력선 총수는 $\dfrac{Q}{\varepsilon_0}$개다).

13 표면 전하밀도 σ[C/m²]로 대전된 도체 내부의 전속밀도는 몇 C/m²인가?

① 0

② σ

③ $\dfrac{E}{\varepsilon_0}$

④ $\varepsilon_0 E$

도체 내부에는 전하가 존재하지 않아, 전속밀도 역시 존재하지 않는다.

14 유전체 내에서 크기가 같고 극성이 반대인 한 쌍의 전하를 가지는 원자는?

① 원자

② 분극자

③ 전자

④ 쌍극자

쌍극자란, 크기가 같은 양의 전하와 음의 전하가 일정 거리만큼 떨어져 있는 전하 배열을 의미하며, 이중극자라고도 부른다.

15 전기력선의 성질을 설명한 것으로 옳지 않은 것은?

① 전기력선은 서로 교차하지 않는다.

② 전기력선은 도체의 내부에 존재하지 않는다.

③ 전기력선은 양전하에서 시작하여 음전하로 끝난다.

④ 같은 전기력선은 서로 흡입작용한다.

전기력선의 성질
• 전기력선은 양(정)전하에서 시작하여 음(부)전하로 끝난다.
• 전기력선은 높은 곳에서 낮은 곳으로 흐른다.
• 전기력선은 도체 내부에는 존재하지 않는다.
• 전기력선은 등전위면과 수직교차한다.
• 전기력선은 서로 교차하지 않는다.
• 전기력선 총수는 $\dfrac{Q}{\varepsilon}$개다(단, 공기 중 전기력선 총수는 $\dfrac{Q}{\varepsilon_0}$개다).

16 등전위면과 전기력선의 교차관계는?

① 60°로 교차한다.

② 45°로 교차한다.

③ 90°로 교차한다.

④ 교차하지 않는다.

전기력선은 등전위면과 수직교차한다.

17 1[μF]의 콘덴서에 100[V]의 전압을 가할 때 전하량은 몇 [C]인가?

① 1×10^{-8}

② 1×10^{-5}

③ 1×10^{-4}

④ 1×10^{-10}

정전용량 $C = \dfrac{Q}{V}$
전하량 $Q = CV = 1 \times 10^{-6} \times 100 = 1 \times 10^{-4}$

18 10^{-2}[F]의 콘덴서에 100[V]의 전압을 가할 때 충전되는 전하는 몇 [C]인가?

① 1
② 0.1
③ 1.5
④ 2

정전용량 $C=\dfrac{Q}{V}$

전하량 $Q=CV=10^{-2}\times100=1$

19 0.02[μF]의 콘덴서에 12[μC]의 전하를 공급하면 몇 [V]의 전위차를 나타내는가?

① 2400
② 900
③ 1200
④ 600

정전용량 $C=\dfrac{Q}{V}$

전하량 $V=\dfrac{Q}{C}=\dfrac{12\times10^{-6}}{0.02\times10^{-6}}=600$

20 콘덴서 용량 0.001[F]과 같은 것은?

① 10000[μF]
② 10[μF]
③ 100000[μF]
④ 1000[μF]

$\mu=1\times10^{-6}$

오답 피하기
① 10000[μF]=0.01[F]
② 10[μF]=0.00001[F]
③ 100000[μF]=0.1[F]
④ 1000[μF]=0.001[F]

21 어떤 콘덴서에 1000[V]의 전압을 가하였더니 5×10^{-3}[C]의 전하가 나왔을 때. 이 콘덴서의 용량은?

① 250[μF]
② 2.5[μF]
③ 5000[μF]
④ 5[μF]

정전용량 $C=\dfrac{Q}{V}=\dfrac{5\times10^{-3}}{1000}=5\times10^{-6}$

22 200[μF]의 콘덴서를 충전하는 데 9[J]의 일이 필요하였다. 전압은 몇 [V]인가?

① 200
② 450
③ 300
④ 900

콘덴서의 저장된 에너지=콘덴서의 축적된 에너지 W

$W=\dfrac{1}{2}QV=\dfrac{1}{2}CV^2=\dfrac{1}{2}\times\dfrac{Q^2}{C}$

$V=\dfrac{2W}{Q}=\sqrt{\dfrac{2W}{C}}=\sqrt{\dfrac{2\times9}{200\times10^{-6}}}=300$

23 5[μF]의 콘덴서를 1000[V]로 충전하면 축적되는 에너지는 몇 [J]인가?

① 5
② 4
③ 2.5
④ 10

콘덴서의 저장된 에너지=콘덴서의 축적된 에너지 W

$W=\dfrac{1}{2}QV=\dfrac{1}{2}CV^2=\dfrac{1}{2}\times\dfrac{Q^2}{C}$

$W=\dfrac{1}{2}CV^2=\dfrac{1}{2}\times5\times10^{-6}\times1000^2=2.5$

정답 18① 19④ 20④ 21④ 22③ 23③

24 콘덴서에 V[V]의 전압을 가해서 Q[C]의 전하를 충전할 때 저장되는 에너지는 몇 [J]인가?

① $2QV$ ② $2QV^2$

③ $\frac{1}{2}QV$ ④ $\frac{1}{2}QV^2$

콘덴서의 저장된 에너지=콘덴서의 축적된 에너지 W

$W = \frac{1}{2}QV = \frac{1}{2}CV^2 = \frac{1}{2} \times \frac{Q^2}{C}$

25 용량을 변화시킬 수 있는 콘덴서는?

① 바리콘
② 마일러 콘덴서
③ 전해 콘덴서
④ 세라믹 콘덴서

가변 콘덴서 : 용량이 변화하며, 바리콘이라고 불린다.

오답 피하기

· 마일러 콘덴서 : 원통형으로 감아져 있으며, 절연저항이 양호하다.
· 마이카 콘덴서 : 표준 콘덴서로 불리며, 절연저항이 높고 우수하다.
· 세라믹 콘덴서 : 산화티탄 자기를 사용하며, 비유전율이 크고 가격 대비 성능이 우수하다.
· 전해 콘덴서 : 극성을 가지고 있으며, 교류에 사용할 수 없다.

26 비유전율이 큰 산화티탄 등을 유전체로 사용한 것으로 극성이 없으며 가격에 비해 성능이 우수하여 널리 사용되고 있는 콘덴서의 종류는?

① 세라믹 콘덴서
② 마이카 콘덴서
③ 전해 콘덴서
④ 마일러 콘덴서

세라믹 콘덴서 : 산화티탄 자기를 사용하며, 비유전율이 크고 가격 대비 성능이 우수하다.

오답 피하기

· 가변 콘덴서 : 용량이 변화하며, 바리콘이라고 불린다.
· 마일러 콘덴서 : 원통형으로 감아져 있으며, 절연저항이 양호하다.
· 마이카 콘덴서 : 표준 콘덴서로 불리며, 절연저항이 높고 우수하다.
· 전해 콘덴서 : 극성을 가지고 있으며, 교류에 사용할 수 없다.

27 정전용량 C_1=120[μF], C_2=30[μF]가 직렬로 접속되었을 때의 합성정전용량은 몇 [μF]인가?

① 14   ② 50

③ 24   ④ 150

합성정전용량 $C_T = \frac{C_1 \times C_2}{C_1 + C_2} = \frac{120 \times 10^{-6} \times 30 \times 10^{-6}}{120 \times 10^{-6} + 30 \times 10^{-6}} = 24$

28 2[μF]과 3[μF]의 직렬회로에서 3[μF]의 양단에 60[V] 전압이 가해졌다면 이 회로의 전전기량은 몇 [μC]인가?

① 360   ② 180

③ 240   ④ 60

직렬접속 시 전하는 일정하다.
$Q = CV$
$Q_1 = C_1 V_1$
$Q_2 = C_2 V_2$
$Q = Q_1 = Q_2 = 3 \times 60 = 180[\mu C]$

29 두 콘덴서 C_1, C_2를 직렬접속하고 양단에 V[V]의 전압을 가할 때 C_1에 걸리는 전압은?

① $\frac{C_1}{C_1 + C_2}V[V]$

② $\frac{C_1 + C_2}{C_2}V[V]$

③ $\frac{C_1 + C_2}{C_1}V[V]$

④ $\frac{C_2}{C_1 + C_2}V[V]$

전압분배의 법칙

$V_1 = \frac{C_2}{C_1 + C_2} \times V$

$V_2 = \frac{C_1}{C_1 + C_2} \times V$

30 0.02[μF], 0.03[μF] 2개의 콘덴서를 병렬로 접속할 때의 합성용량은 몇 [μF]인가?

① 0.05 ② 0.012

③ 0.016 ④ 0.06

병렬접속 시 합성정전용량 $C_T = C_1 + C_2 = 0.02 + 0.03 = 0.05[\mu F]$

31 3[F]과 6[F]의 콘덴서를 병렬로 접속했을 때의 합성정전용량은 몇 [F]인가?

① 2 ② 9

③ 6 ④ 4

병렬접속 시 합성정전용량 $C_T = C_1 + C_2 = 3 + 6 = 9[F]$

32 두 콘덴서 C_1, C_2가 병렬로 접속되어 있을 때의 합성정전용량은 얼마인가?

① $C_1 + C_2$ ② $\dfrac{1}{C_1} + \dfrac{1}{C_2}$

③ $\dfrac{C_1 + C_2}{C_1 C_2}$ ④ $\dfrac{C_1 C_2}{C_1 + C_2}$

병렬접속 시 합성정전용량 $C_T = C_1 + C_2$

33 30[μF]과 40[μF]의 콘덴서를 병렬로 접속한 다음 100[V]의 전압을 가했을 때 전하량은 몇 [C]인가?

① $34 \times 10^{-4}[C]$

② $17 \times 10^{-4}[C]$

③ $56 \times 10^{-4}[C]$

④ $70 \times 10^{-4}[C]$

$C_T = C_1 + C_2 = 30 \times 10^{-6} + 40 \times 10^{-6} = 7 \times 10^{-5}$
$Q = CV = 7 \times 10^{-5} \times 100 = 7 \times 10^{-3} = 70 \times 10^{-4}$

34 1[μF], 3[μF], 6[μF]의 콘덴서 3개를 병렬로 연결할 때 합성정전용량은?

① $1.5[\mu F]$

② $10[\mu F]$

③ $18[\mu F]$

④ $5[\mu F]$

서로 다른 정전용량이 3개 이상 시 병렬접속의 합성정전용량
$C_T = C_1 + C_2 + C_3 = 1 + 3 + 9 = 10$

35 0.2[μF] 콘덴서와 0.1[μF] 콘덴서를 병렬 연결하여 40[V]의 전압을 가할 때 0.2[μF]에 축적되는 전하[μC]의 값은?

① 2 ② 4

③ 12 ④ 8

병렬접속 시 전압은 일정하다.
$C_T = C_1 + C_2 = 0.2 + 0.1 = 0.3$
$Q = CV = 0.3 \times 40 = 12$
전하분배의 법칙
$Q_1 = \dfrac{C_1}{C_1 + C_2} \times Q = \dfrac{0.2}{0.2 + 0.1} \times 12 = 8$

36 다음 중 콘덴서 접속법에 대한 설명으로 알맞은 것은?

① 직렬로 접속하면 용량이 커진다.
② 병렬로 접속하면 용량이 적어진다.
③ 직렬로 접속하면 용량이 적어진다.
④ 콘덴서는 직렬 접속만 가능하다.

직렬접속 시 합성정전용량 $C_T = \dfrac{C_1 \times C_2}{C_1 + C_1}$이기 때문에 직렬접속 할수록 콘덴서 용량은 적어진다.

정답 30 ① 31 ② 32 ① 33 ④ 34 ② 35 ④ 36 ③

37 그림과 같은 4개의 콘덴서를 직·병렬로 접속한 회로가 있다. 이 회로의 합성정전용량은?
(단, $C_1 = 2[\mu F]$, $C_2 = 4[\mu F]$, $C_3 = 3[\mu F]$, $C_4 = 1[\mu F]$,)

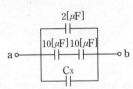

① $3[\mu F]$
② $2[\mu F]$
③ $1[\mu F]$
④ $4[\mu F]$

직렬접속 시 병렬부터 계산한다.
병렬의 합성정전용량 $C_T = C_3 + C_4 = 3 + 1 = 4$
직렬의 합성정전용량

$$C_T = \cfrac{1}{\cfrac{1}{C_1} + \cfrac{1}{C_2} + \cfrac{1}{\text{병렬}C_T}} = \cfrac{1}{\cfrac{1}{2} + \cfrac{1}{4} + \cfrac{1}{4}} = \frac{1}{1} = 1$$

38 그림에서 a–b 간의 합성정전용량은 10[μF]이다. C_x의 정전용량은?

2[μF]

10[μF] 10[μF]

a○———∥———∥——————○ b

C_x

① $4[\mu F]$
② $6[\mu F]$
③ $3[\mu F]$
④ $5[\mu F]$

직렬합성정전용량 $C_T = \dfrac{10 \times 10}{10 + 10} = \dfrac{10}{2} = 5$
병렬합성정전용량 $10 = 2 + 5 + C_x$
∴ $C_x = 3$

39 동일한 용량의 콘덴서 5개를 병렬로 접속하였을 때의 합성용량을 C_p라 하고, 5개를 직렬로 접속하였을 때의 합성용량을 C_s라 할 때 C_p와 C_s의 관계는?

① $C_p = 25C_s$
② $C_p = 5C_s$
③ $C_p = 50C_s$
④ $C_p = 10C_s$

동일 정전용량의 병렬접속 시 합성정전용량 $C_T = nC = 5C$
동일 정전용량의 직렬접속 시 합성정전용량 $C_T = \dfrac{C}{n} = \dfrac{C}{5}$
∴ 병렬이 직렬보다 25배 크다.

40 C_1, C_2를 직렬로 접속한 회로에 C_3을 병렬로 접속하였다. 이 회로의 합성정전용량[F]은?

① $C_3 + \cfrac{1}{\cfrac{1}{C_1} + \cfrac{1}{C_2}}$

② $C_1 + \cfrac{1}{\cfrac{1}{C_2} + \cfrac{1}{C_3}}$

③ $\dfrac{C_1 + C_2}{C_3}$

④ $C_1 + C_2 + \dfrac{1}{C_3}$

직렬접속 시 합성정전용량 $C_T = \cfrac{1}{\cfrac{1}{C_1} + \cfrac{1}{C_2}}$
병렬접속 시 합성정전용량 $C_T = C_1 + C_2$

자기의 성질과 전류에 의한 자기장

빈출 태그 ▶ 자성체의 종류, 쿨롱의 법칙, 자계의 세기, 비오-사바르의 법칙, 환상솔레노이드의 자계의 세기

01 자석에 의한 자기현상

01 자석의 자기작용

1) 자성체의 종류

① 강자성체 : 자기유도에 의해 강하게 자화되어 쉽게 자석이 되는 물질(예 니켈, 코발트, 철, 망간)

② 상자성체 : 강자성체와 같은 방향으로 자화되는 물질(예 백금, 산소, 알루미늄)

③ 반자성체 : 강자성체와 반대 방향으로 자화되는 물질(예 금, 은, 구리, 아연, 안티몬, 비스무트)

> **기적의 TIP**
>
> 강자성체의 종류는 '니코철 망'으로 외우고 앞글자만 문제의 보기에서 찾으면 됩니다.

2) 쿨롱의 법칙

① 자기력은 두 자하(두 자극의 세기)의 곱에 비례하고, 거리의 제곱에 반비례한다.

② 자기력의 공식

$$F = \frac{1}{4\pi\mu} \times \frac{m_1 m_2}{r^2} = 6.33 \times 10^4 \times \frac{m_1 m_2}{r^2} = K \times \frac{m_1 m_2}{r^2}$$

• 투자율 $\mu[H/m]$ 헨리퍼미터

• 자하(= 자극의 세기) $m[wb]$ 웨버

> **기적의 TIP**
>
> • 자기력 기호 : F
> • 자기력의 단위 : [N] 뉴턴

3) 투자율

① 자속이 통하기 쉬운 정도를 나타낸다.

② 투자율의 공식

$$\mu = \mu_0 \mu_s$$

• 공기 중 투자율 $\mu_0 = 4\pi \times 10^{-7}$

• 비투자율 $\mu_s =$ 공기 중, 진공 중이라는 말이 들어가면 무조건 1

> **기적의 TIP**
>
> • 투자율 기호 : μ 뮤
> • 투자율의 단위 : [H/m] 헨리퍼미터

4) 자기장의 세기(= 자계의 세기)

① 자기장 내에 자하를 놓았을 때 이 자하에 작용하는 힘의 크기를 단위 자하 +1[wb]에 대한 힘의 크기로 환산한 것을 자기장의 세기로 정한다.

② 자기장세기의 공식

$$H = \frac{1}{4\pi\mu} \times \frac{m}{r^2} = 6.33 \times 10^4 \times \frac{m}{r^2} = K \times \frac{m}{r^2}$$

• 자기력 F=mH

• 자기장세기 $H = \frac{F}{m}$

5) 자위

① 자기적인 위치에너지를 의미한다.

② 자위의 공식

$$U = \frac{1}{4\pi\mu} \times \frac{m}{r} = 6.33 \times 10^4 \times \frac{m}{r} = K \times \frac{m}{r}$$

• 자기장세기 $H = \frac{U}{r}$

• 자위 U=Hr

6) 자기력선(Line of Magnetic Force)

① 자기장에 의해 자기력이 작용하는 것을 설명하기 위한 가상으로 작용하는 선을 자기력선이라 한다.

② 자기력선의 성질

• 자기력선은 N극에서 시작하여 S극으로 끝난다.
• 자기력선은 자신은 수축하려는 성질이 있고, 같은 자기력선은 반발력이 작용한다.
• 자기장 내의 임의의 한점에서 자기력선 밀도는 그 점의 자기장세기를 나타낸다.
• 자기력선은 서로 교차하지 않는다.
• 자기력선 총수는 $\frac{m}{\mu}$개다(단, 공기 중 자기력선 총수는 $\frac{m}{\mu_0}$개다).

7) 자속밀도(Magnetic Flux Density)

① 수직인 단위 면적을 통과하는 자속

② 자속밀도의 공식

$$B = \frac{\phi}{A} \times \frac{\phi}{4\pi r^2} = \mu H$$

8) 자기모멘트

① 자기모멘트 공식

$$M = m\ell$$

🔲 기적의 TIP

· 자기모멘트의 기호 : M
· 자기모멘트의 단위 : $[wb \cdot m]$ 웨버미터

9) 회전력 또는 토크

① 회전력 공식

$$T = MH \sin\theta = m\ell H \sin\theta$$

🔲 기적의 TIP

· 회전력 기호 : T
· 회전력의 단위 : $[N \cdot m]$ 뉴턴미터

02 전계와 자기의 비교

전계	자계
전하 Q[C]	자하(=자극의 세기) m[wb]
전기력 $F = \dfrac{1}{4\pi\varepsilon} \times \dfrac{Q_1 Q_2}{r^2}$[N]	자기력 $F = \dfrac{1}{4\pi\mu} \times \dfrac{m_1 m_2}{r^2}$[N]
전기장의 세기 $E = \dfrac{1}{4\pi\varepsilon} \times \dfrac{Q}{r^2}$[V/m]	자기장의 세기 $H = \dfrac{1}{4\pi\mu} \times \dfrac{m}{r^2}$[AT/m]
전위 $V = \dfrac{1}{4\pi\varepsilon} \times \dfrac{Q}{r}$[V]	자위 $U = \dfrac{1}{4\pi\mu} \times \dfrac{m}{r}$[AT]
유전율 $\varepsilon = \varepsilon_0 \times \varepsilon_s$[F/m]	투자율 $\mu = \mu_0 \times \mu_s$[H/m]

02 전류에 의한 자기현상과 자기회로

1) 앙페르의 오른나사법칙 : 전류와 자기력의 방향

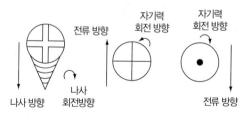

▲ 앙페르의 오른나사법칙

2) 비오-사바르의 법칙 : 전류와 자계의 세기

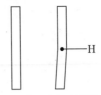

▲ 비오–사바르의 법칙

① 도체의 미소 부분 전류에 의해 발생되는 자기장의 세기를 알아내는 법칙이다.

② 비오— 사바르 법칙의 공식

$$\Delta H = \frac{I\,\Delta \mathscr{l} \sin\theta}{4\pi r^2}[AT/m]$$

3) 환상 솔레노이드의 자계의 세기

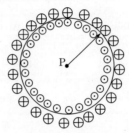

▲ 환상 솔레노이드의 자계의 세기

① 환상 솔레노이드의 자계의 세기 공식

$$H = \frac{NI}{2\pi r} = \frac{NI}{\mathscr{l}}\text{(자로)}$$

- N = 권선수
- I = 전류
- $\mathscr{l}$ = 길이

4) 원형 코일의 자계의 세기

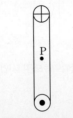

▲ 원형 코일의 자계의 세기

① 원형 코일의 자계의 세기 공식

$$H = \frac{NI}{2r}$$

- N = 권선수
- I = 전류
- r = 반지름

5) 무한장 직선의 자계의 세기

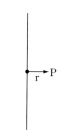

▲ 무한장 직선의 자계의 세기

① 무한장 직선의 자계의 세기 공식

$$H = \frac{I}{2\pi r}$$

- I = 전류

6) 무한장 솔레노이드의 자계의 세기

① 무한장 솔레노이드의 자계의 세기 공식

$$H = nI$$

- n = 단위길이(1m)당 감은 횟수

기적의 TIP

무한장 솔레노이드는 외부가 존재하지 않습니다.

7) 기자력

① 자속을 만드는 원동력이다.
② 기자력의 공식

$$F = NI$$

- N = 권선수
- I = 전류

기적의 TIP

- 기자력의 기호 : F
- 기자력의 단위 : [AT] 암페어턴

8) 자기저항

① 자속의 발생을 방해하는 저항이다.
② 자기저항의 공식

$$R = \frac{l}{\mu A} = \frac{F}{\phi} = \frac{NI}{\phi}$$

기적의 TIP

- 자기저항의 기호 : R
- 자기저항의 단위 : [AT/wb] 암페어턴퍼웨버

01 다음 물질 중 강자성체로만 짝지어진 것은?

① 철, 니켈, 아연, 망간

② 구리, 비스무트, 코발트, 망간

③ 철, 구리, 니켈, 아연

④ 철, 니켈, 코발트

- 강자성체 : 자기유도에 의해 강하게 자화되어 쉽게 자석이 되는 물질(예 니켈, 코발트, 철, 망간)
- 상자성체 : 강자성체와 같은 방향으로 자화되는 물질(예 백금, 산소, 알루미늄, 텅스텐)
- 반자성체 : 강자성체와 반대 방향으로 자화되는 물질(예 금, 은, 구리, 아연, 안티몬, 비스무트)

02 다음 중 반자성체는?

① 코발트   ② 니켈

③ 알루미늄   ④ 안티몬

- 강자성체 : 자기유도에 의해 강하게 자화되어 쉽게 자석이 되는 물질(예 니켈, 코발트, 철, 망간)
- 상자성체 : 강자성체와 같은 방향으로 자화되는 물질(예 백금, 산소, 알루미늄, 텅스텐)
- 반자성체 : 강자성체와 반대 방향으로 자화되는 물질(예 금, 은, 구리, 아연, 안티몬, 비스무트)

03 자석에 대한 성질을 설명한 것으로 옳지 못한 것은?

① 자극은 자석의 양 끝에서 가장 강하다.

② 자극이 가지는 자기량은 항상 N극이 강하다.

③ 자석에는 언제나 두 종류의 극성이 있다.

④ 같은 극성의 자석은 서로 반발하고, 다른 극성은 서로 흡인한다.

N극과 S극의 자기량은 같다.

04 강자성체의 투자율에 대한 설명이다. 옳은 것은?

① 투자율은 매질의 두께에 비례한다.

② 투자율은 자속밀도에 반비례한다.

③ 투자율이 큰 것은 자속이 통하기 어렵다.

④ 투자율은 자기장의 세기에 따라서 크기가 달라진다.

투자율 $\mu = \mu_0 \mu_s = \dfrac{B}{H}$

자속밀도 $B = \dfrac{\phi}{A} = \mu H$

05 자기장의 세기에 대한 설명이 잘못된 것은?

① 자속밀도에 투자율을 곱한 것과 같다.

② 단위 자극에 작용하는 힘과 같다.

③ 수직 단면의 자력선 밀도와 같다.

④ 단위 길이당 기자력과 같다.

쿨롱의 법칙 $F = \dfrac{1}{4\pi\mu} \times \dfrac{m_1 m_2}{r^2}$

$F = mH$

자기장의 세기 $H = \dfrac{1}{4\pi\mu} \times \dfrac{m}{r^2}$

자속밀도 $B = \dfrac{\phi}{A} = \mu H$

$\therefore H = \dfrac{B}{\mu}$

---

06 진공의 투자율 μ_0[H/m]는?

① $4\pi \times 10^{-7}$

② 8.55×10^{-12}

③ 6.33×10^{4}

④ 9×10^{9}

투자율 $\mu = \mu_0 \mu_s$

공기 중 투자율 $\mu_0 = 4\pi \times 10^{-7}$

비투자율 $\mu_s =$ 공기 중, 진공 중은 무조건 1

07 자기력선의 설명 중 맞는 것은?

① 자기력선은 자석의 S극에서 시작하여 N극에서 끝난다.

② 자기력선은 상호 간에 교차한다.

③ 자기력선을 자석의 N극에서 시작하여 S극에서 끝난다.

④ 자기력선은 가시적으로 보인다.

자기력선의 성질

• 자기력선은 N극에서 시작하여 S극으로 끝난다.

• 자기력선은 자신은 수축하려는 성질이 있고, 같은 자기력선은 반발력이 작용한다.

• 자기장 내의 임의의 한점에서 자기력선 밀도는 그 점의 자기장 세기를 나타낸다.

• 자기력선은 서로 교차하지 않는다.

• 자기력선 총수는 $\frac{m}{\mu}$개다(단, 공기 중 자기력선 총수는 $\frac{m}{\mu_0}$개).

08 공기 중 자기장의 세기 20[AT/m]인 곳에 8×10^{-3}[Wb]의 자극을 놓으면 작용하는 힘[N]은?

① 0.16

② 0.56

③ 0.43

④ 0.32

쿨롱의 법칙 $F = \frac{1}{4\pi\mu} \times \frac{m_1 m_2}{r^2}$

$F = mH = 20 \times 8 \times 10^{-3} = 0.16$

자기장의 세기 $H = \frac{1}{4\pi\mu} \times \frac{m}{r^2}$

09 어느 자기장에 의하여 생기는 자기장의 세기를 1/2로 하려면 자극으로부터의 거리를 몇 배로 하여야 하는가?

① $\sqrt{3}$배

② $\sqrt{2}$배

③ 3배

④ 2배

자기장의 세기 $H = \frac{1}{4\pi\mu} \times \frac{m}{r^2}$

$\frac{1}{r^2} = \frac{1}{\sqrt{2}^2} = \frac{1}{2}$

10 진공 속에서 1[m]의 거리를 두고 10^{-3}[Wb]와 10^{-5}[Wb]의 자극이 놓여 있다면 그 사이에 작용하는 힘[N]은?

① $4\pi \times 10^{-5}$

② 6.33×10^{-5}

③ $4\pi \times 10^{-4}$

④ 6.33×10^{-4}

쿨롱의 법칙 $F = \frac{1}{4\pi\mu} \times \frac{m_1 m_2}{r^2} = 6.33 \times 10^4 \times \frac{m_1 m_2}{r^2}$

$= 6.33 \times 10^4 \times \frac{10^{-3} \times 10^{-5}}{1^2} = 6.33 \times 10^{-4}$

11 공기 중 +1[Wb]의 자극에서 나오는 자력선의 수는 몇 개인가?

① 6.33×10^4

② 7.958×10^5

③ 8.855×10^3

④ 1.256×10^6

자기력선수 $\frac{m}{\mu}$(단, 공기 중은 $\frac{m}{\mu_0}) = \frac{m}{4\pi \times 10^{-7}}$

$= \frac{1}{4 \times 3.14 \times 10^{-7}} = 796178$

12 자극의 세기가 20[Wb]인 길이 15[cm]의 막대자석의 자기 모멘트는 몇 [Wb · m]인가?

① 0.45

② 1.5

③ 6.0

④ 3.0

자기모멘트 $M = ml = 20 \times 0.15 = 3$

13 공기 중에서 자기장의 세기가 100 [A/m]인 점에 8×10^{-2}[Wb]의 자극을 놓을 때 이 자극에 작용하는 자기력은[N]?

① 125

② 1250

③ 8×10^{-4}

④ 8

쿨롱의 법칙 $F = \frac{1}{4\pi\mu} \times \frac{m_1 m_2}{r^2}$

$F = mH = 100 \times 8 \times 10^{-2} = 8$

자기장의 세기 $H = \frac{1}{4\pi\mu} \times \frac{m}{r^2}$

14 전기와 자기의 요소를 서로 대칭되게 나타내지 않은 것은?

① 전계 – 자계

② 전속밀도 – 자기량

③ 유전율 – 투자율

④ 전속 – 자속

전속밀도 – 자속밀도

15 평균 길이 40[cm]의 환상 철심에 200회의 코일을 감고, 여기에 5[A]의 전류를 흘렸을 때 철심 내의 자기장의 세기는 몇 [AT/m]인가?

① 25×10^2[AT/m]

② 2.5×10^2[AT/m]

③ 200[AT/m]

④ 8000[AT/m]

환상솔레이노이드의 자계의 세기＝환상철심의 자계의 세기

$H = \frac{NI}{2\pi r} = \frac{NI}{\ell}$(자로＝길이)

길이로 주어졌기 때문에 $\frac{NI}{\ell} = \frac{200 \times 5}{0.4} = 2500$

16 무한장 직선 도체에 전류를 통했을 때 10[cm] 떨어진 점의 자계의 세기가 2[AT/m]라면 전류의 크기는 약 몇 [A]인가?

① 3.14

② 2.16

③ 2.84

④ 1.26

무한장직선의 자계의 세기 $H = \frac{I}{2\pi r}$

$\therefore I = 2\pi r H = 2 \times 3.14 \times 0.1 \times 2 = 1.256$

17 반지름 5[cm], 권수 100회인 원형 코일에 15[A]의 전류가 흐르면 코일 중심의 자장의 세기는 몇 [AT/m]인가?

① 750

② 15000

③ 3000

④ 22500

원형코일의 자계의 세기 $H = \frac{NI}{2r} = \frac{100 \times 15}{2 \times 0.05} = 15,000$

18 1[cm]당 권선수가 10인 무한 길이 솔레노이드에 1[A]의 전류가 흐르고 있을 때 솔레노이드 외부 자계의 세기[AT/m]는?

① 0
② 10
③ 100
④ 1000

솔레노이드 내부 자계는 평등 자계이고, 외부 자계는 0이다.

19 단위 길이당 권수 100회인 무한장 솔레노이드에 10[A]의 전류가 흐를 때 솔레노이드 내부의 자장[AT/m]은?

① 10
② 100
③ 1000
④ 10000

무한장솔레노이드의 자계의 세기 $H = nI = 1 \times 100 \times 10 = 1000$
n = 단위길이 당(1m) 감은 횟수

20 단면적 5[cm²], 길이 1[m], 비투자율 10^3인 환상 철심에 600회의 권선을 감고 이것에 0.5[A]의 전류를 흐르게 한 경우 자기력의 세기는?

① 100
② 200
③ 300
④ 400

환상솔레이노이드의 자계의 세기 = 환상철심의 자계의 세기
$H = \dfrac{NI}{2\pi r} = \dfrac{NI}{\ell}$ (자로 = 길이)
길이로 주어졌기 때문에 $\dfrac{NI}{\ell} = \dfrac{600 \times 0.5}{1} = 300$

21 다음 중 전류와 자장의 세기와의 관계는 어떤 법칙과 관계가 있는가?

① 비오 — 사바르의 법칙
② 플레밍의 왼손 법칙
③ 페러데이의 법칙
④ 앙페르의 오른나사 법칙

비오–사바르의 법칙 : 도체의 미소 부분 전류에 의해 발생되는 자기장의 세기를 알아내는 법칙이다.
$\Delta H = \dfrac{I \Delta \ell \sin\theta}{4\pi r^2}[AT/m]$

22 전류에 의해 만들어지는 자기장의 자기력선 방향을 간단하게 알아보는 법칙은?

① 플레밍의 오른손 법칙
② 앙페르의 오른손나사의 법칙
③ 플레밍의 왼손 법칙
④ 렌즈의 법칙

앙페르의 오른손나사의 법칙 : 전류와 자기장의 방향

23 다음 중 자기저항의 단위에 해당되는 것은?

① Ω
② AT/Wb
③ H/m
④ Wb/AT

$R = \dfrac{\ell}{\mu A} = \dfrac{F}{\phi} = \dfrac{NI}{\phi}[AT/wb]$ 암페어턴퍼웨버

24 물질에 따라 자석에 반발하는 물체를 무엇이라 하는가?

① 비자성체
② 상자성체
③ 가역성체
④ 반자성체

- 강자성체 : 자기유도에 의해 강하게 자화되어 쉽게 자석이 되는 물질(예 니켈, 코발트, 철, 망간)
- 상자성체 : 강자성체와 같은 방향으로 자화되는 물질(예 백금, 산소, 알루미늄, 텅스텐)
- 반자성체 : 강자성체와 반대 방향으로 자화되는 물질(예 금, 은, 구리, 아연, 안티몬, 비스무트)

25 다음 중 자기력선(line of magnetic force)에 대한 설명으로 옳지 않은 것은?

① 자석의 N극에서 시작하여 S극에서 끝난다.
② 자기장의 방향은 그 점을 통과하는 자기력선의 방향으로 표시한다.
③ 자기장의 크기는 그 점에 있어서의 자기력선의 밀도를 나타낸다.
④ 자기력선은 상호 간에 교차한다.

자기력선의 성질
- 자기력선은 N극에서 시작하여 S극으로 끝난다.
- 자기력선은 자신은 수축하려는 성질이 있고, 같은 자기력선은 반발력이 작용한다.
- 자기장 내의 임의의 한점에서 자기력선 밀도는 그 점의 자기장 세기를 나타낸다.
- 자기력선은 서로 교차하지 않는다.
- 자기력선 총수는 $\frac{m}{\mu}$개다(단, 공기 중 자기력선 총수는 $\frac{m}{\mu_0}$개다).

26 다음 중 자기장 내에서 같은 크기 m[wb]의 자극이 존재할 때 자기장의 세기가 가장 큰 물질은?

① 구리
② 페라이트
③ 초합금
④ 니켈

- 자기장의 세기 $H = \frac{1}{4\pi\mu} \times \frac{m}{r^2}$
- 투자율 $\mu = \mu_0\mu_s$
  - 강자성체 : $\mu_s \gg 1$ (예 니켈, 코발트, 철, 망간))
  - 상자성체 : $\mu_s > 1$ (예 백금, 산소, 알루미늄, 텅스텐)
  - 반자성체 : $\mu_s < 1$ (예 금, 은, 구리, 아연, 안티몬, 비스무트)
- 투자율이 작을수록 자기장의 세기가 크다.

27 공기 중 +1[Wb]의 자극에서 나오는 자력선의 수는 몇 개인가?

① 6.33×10^4
② 7.958×10^5
③ 8.855×10^3
④ 1.256×10^6

자기력선 수 $= \frac{m}{\mu}$(단, 공기 중은 $\frac{m}{\mu_0}$)
$= \frac{m}{4\pi \times 10^{-7}} = \frac{1}{4 \times 3.14 \times 10^{-7}} = 796,178$

28 진공 중에 두 자극 m_1, m_2를 r[m]의 거리에 놓았을 때 작용하는 힘 F의 식으로 옳은 것은?

① $F = 4\pi\mu_0 \times \frac{m_1 m_2}{r}[N]$

② $F = 4\pi\mu_0 \times \frac{m_1 m_2}{r^2}[N]$

③ $F = \frac{1}{4\pi\mu_0} \times \frac{m_1 m_2}{r}[N]$

④ $F = \frac{1}{4\pi\mu_0} \times \frac{m_1 m_2}{r^2}[N]$

클롱의 법칙
$F = \frac{1}{4\pi\mu_0} \times \frac{m_1 m_2}{r^2} = 6.33 \times 10^4 \times \frac{m_1 m_2}{r^2}$

29 자화력(자기장의 세기)을 표시하는 식과 관계가 되는 것은?

① NI

② $\mu I \ell$

③ $\dfrac{NI}{\mu}$

④ $\dfrac{NI}{\ell}$

자기장의 세기 $H = \dfrac{1}{4\pi\mu} \times \dfrac{m}{r^2}$

자속밀도 $B = \mu H$

∴ $H = \dfrac{B}{\mu}$

환상솔레노이드의 자기장의 세기 $H = \dfrac{NI}{2\pi r} = \dfrac{NI}{\ell}$

원형코일의 자기장의 세기 $H = \dfrac{NI}{2r}$

무한직선의 자기장의 세기 $H = \dfrac{I}{2\pi r}$

30 길이 5[cm]의 균일한 자로에 10회의 도선을 감고 1[A]의 전류를 흘릴 때 자로의 자장의 세기 [AT/m]는?

① 200

② 5

③ 50

④ 500

환상솔레노이드의 자계의 세기(= 환상철심의 자계의 세기)

$H = \dfrac{NI}{2\pi r} = \dfrac{NI}{\ell}$(자로 = 길이)

자로로 주어졌기 때문에 $\dfrac{NI}{\ell} = \dfrac{10 \times 1}{0.05} = 200$

31 환상솔레노이드 내부의 자기장의 세기에 관한 설명으로 옳은 것은?

① 자장의 세기는 권수, 전류, 평균 반지름과는 관계가 없다.

② 자장의 세기는 권수에 반비례한다.

③ 자장의 세기는 평균 반지름에 비례한다.

④ 자장의 세기는 전류에 비례한다.

환상솔레노이드의 자계의 세기(= 환상철심의 자계의 세기)

$H = \dfrac{NI}{2\pi r} = \dfrac{NI}{\ell}$(자로 = 길이)

32 전류에 의한 자기장의 세기를 구하는 비오-사바르의 법칙을 옳게 나타낸 것은?

① $\Delta H = \dfrac{r \Delta \ell \sin\theta}{4\pi r^2}$

② $\Delta H = \dfrac{r \Delta \ell^2 \sin\theta}{4\pi r^2}$

③ $\Delta H = \dfrac{I^2 \Delta \ell \sin\theta}{4\pi r^2}$

④ $\Delta H = \dfrac{I \Delta \ell \sin\theta}{4\pi r^2}$

비오−사바르의 법칙

도체의 미소 부분 전류에 의해 발생되는 자기장의 세기를 알아내는 법칙이다.

$\Delta H = \dfrac{I \Delta \ell \sin\theta}{4\pi r^2}[AT/m]$

33 자기회로의 길이 ℓ[m], 단면적 A[m^2], 투자율 [H/m]일 때 자기저항 R[AT/Wb]을 나타낸 것은?

① $R = \dfrac{\mu \ell}{A}[AT/wb]$

② $R = \dfrac{A}{\mu \ell}[AT/wb]$

③ $R = \dfrac{\mu A}{\ell}[AT/wb]$

④ $R = \dfrac{\ell}{\mu A}[AT/wb]$

$R = \dfrac{\ell}{\mu A} = \dfrac{F}{\varnothing} = \dfrac{NI}{\varnothing}[AT/wb]$암페어턴퍼웨버

전자력과 전자유도

빈출 태그 ▶ 플레밍의 왼손법칙, 평행도체에 작용하는 힘, 패러데이의 법칙, 자체 인덕턴스

01 전자력

1) 플레밍의 왼손 법칙 : 전동기의 회전 방향을 결정

① 플레밍의 왼손 법칙의 공식
- F = 힘(엄지)
- B = 자속밀도(검지)
- I = 전류(중지)

② 플레밍의 왼손 법칙을 활용한 힘의 공식

$$F = BI\ell\sin\theta$$

2) 평행도체의 작용하는 힘

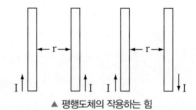

▲ 평행도체의 작용하는 힘

① 평행하는 두 도체에는 전류의 방향에 따라 힘이 작용한다.
- 전류가 같은 방향 : 흡인력
- 전류가 다른 방향(왕복도체) : 반발력

② 평행도체의 작용하는 힘의 공식

$$F = \frac{\mu_0 I_1 I_2}{2\pi r} = \frac{4\pi \times 10^{-7} I_1 I_2}{2\pi r} = \frac{2 \times 10^{-7} I_1 I_2}{r}$$

> **기적의 TIP**
> - 평행도체의 작용하는 힘의 기호 : F
> - 평행도체의 작용하는 힘의 단위 : [N/m] 뉴턴퍼미터

02 전자유도

1) 페러데이의 법칙 : 유도기전력의 크기

① 유도기전력의 크기는 단위시간 동안에 코일을 쇄교하는 자속의 변화량과 코일의 권수의 곱에 비례한다.

② 유도기전력의 공식

$$e = N \times \frac{\Delta\phi}{\Delta t} = L \times \frac{\Delta I}{\Delta t}$$

기적의 TIP

• 유도기전력의 기호 : e
• 유도기전력의 단위 : [V] 볼트

- $\Delta\phi$ = 자속의 변화량
- Δt = 시간의 변화량
- ΔI = 전류의 변화량
- N = 권선수
- L = 인덕턴스 = 코일

2) 렌츠의 법칙 : 유도기전력의 방향

① 유도기전력의 방향은 유도전류가 만든 자속을 방해하려는 방향이다.

② 렌츠의 법칙의 공식

$$e = -N \times \frac{\Delta\phi}{\Delta t} = -L \times \frac{\Delta I}{\Delta t}$$

- − = 방해하는 방향

3) 플레밍의 오른손 법칙 : 발전기의 유도기전력의 방향을 결정

① 플레밍의 오른손 법칙의 공식

- F = 힘(엄지)
- B = 자속밀도(검지)
- E = 기전력(중지)

② 플레밍의 오른손 법칙을 활용한 기전력의 공식

$$E = B\ell v \sin\theta$$

- v = 속도

1) 자체 인덕턴스

① 코일의 자체 유도능력의 정도를 나타내는 값이다.

② 자체 인덕턴스의 공식

$e = N \times \dfrac{\Delta\phi}{\Delta t} = L \times \dfrac{\Delta I}{\Delta t}$의 식을 이용하여 $N\phi = LI$를 활용하면

$$L - \frac{N\phi}{I}$$

③ 환상 솔레노이드의 자체 인덕턴스

$$L = \frac{N\phi}{I} = \frac{NBA}{I} = \frac{N\mu HA}{I} = \frac{\dfrac{N\mu NIA}{\ell}}{I} = \frac{N\mu NA}{\ell} = \frac{N^2\mu A}{\ell} = \frac{N^2\mu_0\mu_s A}{\ell}$$

• 자속밀도 $B = \dfrac{\phi}{A}$를 활용하여 $\phi = BA$로 변환 가능
• 자속밀도 $B = \mu H$를 활용하여 $B = \mu H$로 변환 가능
• 환상 솔레노이드의 자계의 세기 $H = \dfrac{NI}{\ell}$를 활용하여 $H = \dfrac{NI}{\ell}$로 변환 가능

2) 상호 인덕턴스

① 하나의 자기회로에 1차코일과 2차코일을 감고 1차코일에 전류를 변화시키면 2차 코일에도 전압이 발생하는 현상이다.

② 상호 인덕턴스의 공식−1

$$M = \frac{N_2\phi}{I_1} = \frac{N_1\phi}{I_2}$$

③ 상호인덕턴스의 공식−2

$$M = K \times \sqrt{L_1 \times L_2}$$

• K는 결합계수(두 인덕턱스의 접속이 얼마나 잘되는지의 정도)
• $K = 1$일 때는 누설자속이 없다.
• 결합계수 $K = \dfrac{M}{\sqrt{L_1 \times L_2}}$

3) 인덕턴스의 접속

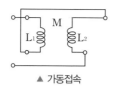

▲ 가동접속　　　　▲ 차동접속

① 가동접속 : 인덕턴스의 방향이 같은 방향이다.

$$L_T = L_1 + L_2 + 2M$$

② 차동접속 : 인덕턴스의 방향이 다른 방향이다.

$$L_T = L_1 + L_2 - 2M$$

4) 코일의 축적된 에너지(= 코일의 저장된 에너지)

① 코일의 축적된 에너지의 공식

$$W = \frac{1}{2}LI^2$$

기적의 TIP

• 코일의 축적된 에너지 기호 : W
• 코일의 축적된 에너지 단위 : [J] 줄

5) 히스테리시스의 곡선(= B-H 곡선)

종축=세로축=자속밀도 B

종축(세로축)과 만나는 점 = 잔류자기 B_r

횡축=가로축=자계의 세기 H

횡축(가로축)과 만나는 점 = 보자력 H_c

▲ 히스테리시스 곡선

01 자장 내에 있는 도체에 전류를 흘리면 힘(전자력)이 작용하는데, 이 힘의 방향은 어떤 법칙으로 정하는가?

① 플레밍의 오른손 법칙
② 앙페르의 오른나사 법칙
③ 렌츠의 법칙
④ 플레밍의 왼손 법칙

• 플레밍의 왼손 법칙의 공식
 − F : 힘(엄지)
 − B : 자속밀도(검지)
 − I : 전류(중지)
• 플레밍의 왼손 법칙을 활용한 힘의 공식 : $F = BIl\sin\theta$

02 평행한 두 도체에 같은 방향의 전류를 흘렸을 때 두 도체 사이에 작용하는 힘은 어떻게 되는가?

① 반발력이 작용한다.
② 흡인력이 작용한다.
③ 힘은 0이다.
④ $1/2\pi r$의 힘이 작용한다.

• 평행하는 두도체에는 전류의 방향에 따라 힘이 작용한다.
 − 전류가 같은 방향 : 흡인력
 − 전류가 다른 방향(왕복도체) : 반발력
• 평행도체의 작용하는 힘의 공식 :
 $F = \dfrac{\mu_0 I_1 I_2}{2\pi r} = \dfrac{4\pi \times 10^{-7} I_1 I_2}{2\pi r} = \dfrac{2 \times 10^{-7} I_1 I_2}{r}$

03 길이 10[cm]의 도선이 자속밀도 1[Wb/m²]의 평등 자장 안에서 자속과 수직 방향으로 3[s] 동안에 12[m] 이동하였다. 이때 유도되는 기전력은 몇 [V]인가?

① 0.1[V]
② 0.4[V]
③ 0.3[V]
④ 0.2[V]

• 플레밍의 오른손 법칙의 공식
 − F : 힘(엄지)
 − B : 자속밀도(검지)
 − E : 기전력(중지)
• 플레밍의 오른손 법칙을 활용한 기전력의 공식 : $E = Blv\sin\theta$
 − v : 속도
• $E = 1 \times 0.1 \times 4 \times \sin90° = 0.4$
 − 초당 속도여야 하기 때문에 3초 동안 12[m]=1초당 4[m]
 − 수직이기 때문에 $\sin90° = 1$

04 유도기전력은 자신의 발생원인이 되는 자속의 변화를 방해하려는 방향으로 발생한다. 이것을 유도기전력에 관한 무슨 법칙이라 하는가?

① 옴(Ohm)의 법칙
② 앙페르(Ampere)의 법칙
③ 쿨롱(Coulomb)의 법칙
④ 렌츠(Lenz)의 법칙

• 렌츠의 법칙 : 유도기전력의 방향은 유도전류가 만든 자속을 방해하려는 방향이다.
• 렌츠의 법칙의 공식 $e = -N \times \dfrac{\Delta\phi}{\Delta t} = -L \times \dfrac{\Delta I}{\Delta t}$
 − : 방해하는 방향을 나타냄

05 플레밍의 왼손 법칙에서 검지 손가락이 나타내는 것은?

① 힘
② 기전력
③ 자속밀도
④ 전류

- 플레밍의 왼손 법칙의 공식
  - F : 힘(엄지)
  - B : 자속밀도(검지)
  - I : 전류(중지)
- 플레밍의 왼손 법칙을 활용한 힘의 공식 : $F = BIl\sin\theta$

06 도체가 운동하여 자속을 끊었을 때 기전력의 방향을 알아내는 데 편리한 법칙은?

① 렌츠의 법칙
② 패러데이의 법칙
③ 플레밍의 왼손 법칙
④ 플레밍의 오른손 법칙

- 플레밍의 오른손 법칙의 공식
  - F : 힘(엄지)
  - B : 자속밀도(검지)
  - E : 기전력(중지)
- 플레밍의 오른손 법칙을 활용한 기전력의 공식 : $E = Blv\sin\theta$
  - v : 속도

07 그림과 같은 자극 사이에 있는 도체에 전류(I)가 흐를 때 힘은 어느 방향으로 작용하는가?

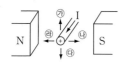

① ㉯
② ㉮
③ ㉭
④ ㉰

플레밍의 왼손 법칙의 공식
- F : 힘(엄지)
- B : 자속밀도(검지)
- I : 전류(중지)

08 50회 감은 코일과 쇄교하는 자속이 0.5[sec] 동안 0.1[Wb]에서 0.2[Wb]로 변화하였다면 기전력의 크기는?

① 5[V]
② 10[V]
③ 12[V]
④ 15[V]

유도기 전력 $e = N \times \dfrac{\Delta\phi}{\Delta t} = L \times \dfrac{\Delta I}{\Delta t}$

$e = 50 \times \dfrac{0.1}{0.5} = 10$

Δ는 '변화된'이라는 뜻이므로 0.1에서 0.2로 변화된 자속은 0.1임

09 10회 감은 코일에 지나가는 자속 1/100[sec] 동안에 0.3[Wb]에서 0.5[Wb]로 증가하였다면 유도기전력[V]은 얼마인가?

① 40   ② 10
③ 20   ④ 5

유도기 전력 $e = N \times \dfrac{\Delta\phi}{\Delta t} = L \times \dfrac{\Delta I}{\Delta t}$

$e = 10 \times \dfrac{0.02}{0.01} = 20$

10 권수가 200인 코일에서 0.1초 사이에 0.4[Wb]의 자속이 변화한다면, 코일에 발생되는 기전력은 얼마인가?

① 200
② 2000
③ 8
④ 800

유도기 전력 $e = N \times \dfrac{\Delta\phi}{\Delta t} = L \times \dfrac{\Delta I}{\Delta t}$

$e = 200 \times \dfrac{0.4}{0.1} = 800$

11 코일의 환상철심의 자체 인덕턴스(L)와 권수(N)의 관계로 옳은 것은?

① $L \propto N$

② $L \propto N^2$

③ $L \propto N^3$

④ $L \propto 1/N$

환상철심의 자체 인덕턴스

$$L = \frac{N\phi}{I} = \frac{NBA}{I} = \frac{N\mu HA}{I} = \frac{N\mu \frac{NIA}{\ell}}{I} = \frac{N\mu NA}{\ell} = \frac{N^2 \mu A}{\ell}$$

$$= \frac{N^2 \mu_0 \mu_s A}{\ell}$$

• 자속밀도 $B = \frac{\phi}{A}$를 활용하여 $\phi = BA$로 변환 가능

• 자속밀도 $B = \mu H$를 활용하여 $B = \mu H$로 변환 가능

• 환상 솔레노이드의 자계의 세기 $H = \frac{NI}{\ell}$를 활용하여 $H = \frac{NI}{\ell}$로 변환 가능

12 권수 200회의 코일에 5[A]의 전류가 흘러서 0.025[Wb]의 자속이 코일을 지난다고 하면, 이 코일의 자체 인덕턴스는 몇 [H]인가?

① 2

② 0.1

③ 0.5

④ 1

자체 인덕턴스 $e = N \times \frac{\Delta \phi}{\Delta t} = L \times \frac{\Delta I}{\Delta t}$의 식을 이용하여

$N\phi = LI$를 활용하면, $L = \frac{N\phi}{I} = \frac{200 \times 0.025}{5} = 1$

13 자체 인덕턴스 20[mH]의 코일에 20[A]의 전류를 흘릴 때 저장 에너지는 몇 [J]인가?

① 2

② 8

③ 6

④ 4

코일의 축적된 에너지 $W = \frac{1}{2}LI^2 = \frac{1}{2} \times 20 \times 10^{-3} \times 20^2 = 4$

14 자체 인덕턴스 40[mH]와 90[mH]인 두 개의 코일이 있다. 양 코일 사이에 누설자속이 없다고 하면 상호 인덕턴스는 몇 [mH]인가?

① 20

② 60

③ 50

④ 40

상호 인덕턴스 $M = \frac{N_2 \phi}{I_1} = \frac{N_1 \phi}{I_2}$

$M = K \times \sqrt{L_1 \times L_2} = \sqrt{40 \times 90} = 60$

결합계수 $K = \frac{M}{\sqrt{L_1 \times L_2}}$

누설자속이 없다.

$K = 1$

15 자체 인덕턴스 4[H]의 코일에 18[J]의 에너지가 저장되어 있다. 이때 코일에 흐르는 전류는 몇 [A]인가?

① 2

② 3

③ 6

④ 1

코일의 축적된 에너지 $W = \frac{1}{2}LI^2$

$I^2 = \frac{2W}{L}$

$I = \sqrt{\frac{2W}{L}} = \sqrt{\frac{2 \times 18}{4}} = 3$

16 권선수 50인 코일에 5[A]의 전류가 흘렀을 때 10^{-3}[Wb]의 자속이 코일 전체를 쇄교하였다면 이 코일의 자체 인덕턴스는 몇 [mH]인가?

① 40

② 20

③ 30

④ 10

자체 인덕턴스 $e = N \times \frac{\Delta \phi}{\Delta t} = L \times \frac{\Delta I}{\Delta t}$의 식을 이용하여

$N\phi = LI$를 활용하면, $L = \frac{N\phi}{I} = \frac{50 \times 10^{-3}}{5} = 0.01$

17 자체 인덕턴스 L_1, L_2, 상호 인덕턴스 M의 코일을 같은 방향으로 직렬 연결한 경우 합성 인덕턴스는?

① L_1+L_2

② L_1+L_2-2M

③ L_1+L_2-M

④ L_1+L_2+2M

- 가동접속
  - 인덕턴스의 방향이 같은 방향이다.
  - $L_T=L_1+L_2+2M$
- 차동접속
  - 인덕턴스의 방향이 다른 방향이다.
  - $L_T=L_1+L_2-2M$

18 두 코일이 있다. 한 코일에 매초 전류가 15[A]의 비율로 변할 때 다른 두 코일에 60[V]의 기전력이 발생하였다면, 두 코일의 상호 인덕턴스는 몇 [H]인가?

① 0.4

② 4.0

③ 2.5

④ 25

유도기 전력 $e=N\times\dfrac{\Delta\phi}{\Delta t}=L\times\dfrac{\Delta I}{\Delta t}$ 의 식을 이용하여

인덕턴스 L 대신에 상호 인덕턴스 M을 적용하면, $e=M\times\dfrac{\Delta I}{\Delta t}$

$\therefore\ M=\dfrac{\Delta t e}{\Delta I}=\dfrac{60}{15}=4$

19 그림과 같은 회로를 고주파 브리지로 인덕턴스를 측정하였더니 그림 (a)는 24[mH], 그림 (b)는 40[mH]이었다. 이 회로의 상호 인덕턴스 M은?

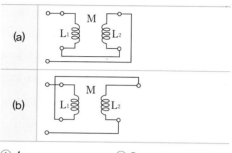

① 4

② 8

③ 2

④ 6

$(a)=L_1+L_2-2M=24[mH]$
$(b)=L_1+L_2+2M=40[mH]$
$(a)-(b)$의 차이는 $16[mH]$
$\therefore\ 4M=16$
$M=\dfrac{16}{4}=4$

20 자체 인덕턴스 20[mH]의 코일에 30[A]의 전류를 흘릴 때 저축되는 에너지는?

① 3

② 18

③ 1.5

④ 9

코일의 축적된 에너지 $W=\dfrac{1}{2}LI^2=\dfrac{1}{2}\times20\times10^{-3}\times30^2=9$

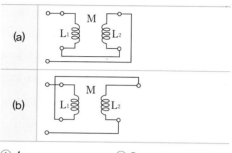

정답 17④ 18② 19① 20④

21 두 개의 자체 인덕턴스를 직렬로 접속하여 합성 인덕턴스를 측정하였더니 95[mH]이었다. 한쪽 인덕턴스를 반대로 접속하여 측정하였더니 합성 인덕턴스가 15[mH]로 되었다. 두 코일의 상호 인덕턴스는?

① 80   ② 160

③ 20   ④ 40

$L_1 + L_2 + 2M = 95[mH]$

$L_1 + L_2 - 2M = 15[mH]$

95−15의 차이는 $80[mH]$

∴ $4M = 80$

$M = \dfrac{80}{4} = 20$

22 단면적 4[cm²], 자기 통로의 평균 길이 50[cm], 코일 감은 횟수 1000회, 비투자율 2000인 환상 솔레노이드의 자체 인덕턴스는 몇 [H]인가? (단, 진공 중의 투자율은 $\mu_0 = 4\pi \times 10^{-7}$임)

① 약 20

② 약 2000

③ 약 2

④ 약 200

환상철심의 자체 인덕턴스

$L = \dfrac{N\phi}{I} = \dfrac{NBA}{I} = \dfrac{N\mu HA}{I} = \dfrac{N\mu \dfrac{NIA}{\ell}}{I} = \dfrac{N\mu NA}{\ell} = \dfrac{N^2 \mu A}{\ell}$

$= \dfrac{N^2 \mu_0 \mu_s A}{\ell} = \dfrac{1000^2 \times 4 \times 3.14 \times 10^{-7} \times 2000 \times 4^{-4}}{0.5} = 19.625$

단면적 $A[m^2]$ $4cm^2 = 4 \times 10^{-4}m$

- 자속밀도 $B = \dfrac{\phi}{A}$를 활용하여 $\phi = BA$로 변환 가능
- 자속밀도 $B = \mu H$를 활용하여 $B = \mu H$로 변환 가능
- 환상 솔레노이드의 자계의 세기 $H = \dfrac{NI}{\ell}$를 활용하여 $H = \dfrac{NI}{\ell}$로 변환 가능

23 히스테리시스 곡선이 횡축과 만나는 점의 값은 무엇을 나타내는가?

① 자속밀도

② 보자력

③ 자화력

④ 잔류자기

종축=세로축=자속밀도 B

종축(세로축)과 만나는 점 = 잔류자기 Br   횡축=가로축=자계의 세기 H

횡축(가로축)과 만나는 점 = 보자력 Hc

24 무한히 긴 평행의 두 직선이 있다. 이들 도선에 같은 방향으로 일정한 전류가 흐를 때 상호 간에 작용하는 힘은? (단, r은 두 도선 간의 거리이다.)

① 반발력이며 r이 클수록 커진다.

② 반발력이며 r이 클수록 작아진다.

③ 흡인력이며 r이 클수록 커진다.

④ 흡인력이며 r이 클수록 작아진다.

- 평행하는 두 도체에는 전류의 방향에 따라 힘이 작용한다.
  - 전류가 같은 방향 : 흡인력
  - 전류가 다른 방향(왕복도체) : 반발력
- 평행도체의 작용하는 힘의 공식

$F = \dfrac{\mu_0 I_1 I_2}{2\pi r} = \dfrac{4\pi \times 10^{-7} I_1 I_2}{2\pi r} = \dfrac{2 \times 10^{-7} I_1 I_2}{r}$

25 자속밀도 0.5[Wb/m²]의 자장 안에 자장과 직각으로 20[cm]의 도체를 놓고 이것에 10[A]의 전류를 흘릴 때 도체가 50[cm] 운동한 경우의 한 일은 몇 [J]인가?

① 1   ② 0.5

③ 1.5   ④ 5

플레밍의 왼손 법칙을 이용하여 힘은

$F = BI\ell \sin\theta$를 활용하면

$W = F \cdot r = BI\ell \sin\theta = 0.5 \times 10 \times 0.2 \times \sin 90° \times 0.5 = 0.5$

정답 21 ③ 22 ① 23 ② 24 ④ 25 ②

26 유도기전력은 자신의 발생원인이 되는 자속의 변화를 방해하려는 방향으로 발생한다. 이것을 유도기전력에 관한 무슨 법칙이라 하는가?

① 옴(Ohm)의 법칙
② 앙페르(Ampere)의 법칙
③ 쿨롱(Coulomb)의 법칙
④ 렌츠(Lenz)의 법칙

렌츠(Lenz)의 법칙
유도기전력의 방향은 유도전류가 만든 자속을 방해하려는 방향이다.
렌츠의 법칙의 공식 :
$$e = -N \times \frac{\Delta \varnothing}{\Delta t} = -L \times \frac{\Delta I}{\Delta t}$$
(−는 방해하는 방향을 나타냄)

27 플레밍의 왼손 법칙에서 엄지손가락이 뜻하는 것은?

① 기전력의 방향
② 자기력선속의 방향
③ 전류의 방향
④ 힘의 방향

플레밍의 왼손 법칙의 공식
F : 힘(엄지), B : 자속밀도(검지), I : 전류(중지)
플레밍의 왼손 법칙을 활용한 힘의 공식
$$F = BI\ell\sin\theta$$

28 공기 중에서 자속밀도 2[Wb/]의 평등자계 내에 5[A]의 전류가 흐르고 있는 길이 60[cm]의 직선도체를 자계의 방향에 대하여 60°의 각을 이루도록 놓았을 때 이 도체에 작용하는 힘은?

① 약 5.2
② 약 1.7
③ 약 8.6
④ 약 3.2

플레밍의 왼손 법칙을 활용한 힘의 공식
$$F = BI\ell\sin\theta = 2 \times 5 \times 0.6 \times \sin 60° = 5.196$$

29 자속밀도 B[WB/]가 되는 균등한 자계 내에 길이 의 도선을 자계에 수직인 방향으로 운동시킬 때 도선에 e[V]의 기전력이 발생한다면 이 도선의 속도[m/s]는?

① $B\ell e \sin\theta$
② $B\ell e \cos\theta$
③ $\dfrac{B\ell e \cos\theta}{e}$
④ $\dfrac{e}{B\ell \sin\theta}$

$$E = B\ell v \sin\theta$$
$$\therefore v = \frac{E}{B\ell \sin\theta}$$

30 유도기전력에 관계되는 사항으로 옳은 것은?

① 쇄교 자속의 1.6제곱에 비례한다.
② 쇄교 자속에 반비례한다.
③ 쇄교 자속의 시간의 변화에 비례한다.
④ 쇄교 자속에 비례한다.

유도기전력
$$e = N \times \frac{\Delta \varnothing}{\Delta t} = L \times \frac{\Delta I}{\Delta t}$$
Δ는 '변화된'이라는 뜻이므로 '변화된 자속'이라는 말이 들어가야 한다.

31 패러데이의 전자 유도 법칙에서 유도기전력의 크기는 코일을 지나는 (①)의 매초 변화량과 코일의 (②)에 비례한다. ①~②에 들어갈 알맞은 말로 올바르게 짝지은 것은?

① ① 전류, ② 권수
② ① 자속, ② 굵기
③ ① 전류, ② 굵기
④ ① 자속, ② 권수

유도기전력

$$e = N \times \frac{\Delta\varnothing}{\Delta t} = L \times \frac{\Delta I}{\Delta t}$$

• N : 코일의 권수
• $\Delta\varnothing$: 변화된 자속
• L : 인덕턴스=코일
• ΔI : 변화된 전류

32 자속의 변화에 의한 유도기전력의 방향 결정은?

① 앙페르의 법칙
② 줄의 법칙
③ 렌츠의 법칙
④ 페러데이의 법칙

렌츠(Lenz)의 법칙
유도기전력의 방향은 유도전류가 만든 자속을 방해하려는 방향이다.
렌츠의 법칙의 공식 :

$$e = -N \times \frac{\Delta\varnothing}{\Delta t} = -L \times \frac{\Delta I}{\Delta t}$$

(-는 방해하는 방향을 나타냄)

33 코일의 자체 인덕턴스(L)와 권수(N)의 관계로 옳은 것은?

① $L \propto N$
② $L \propto N^2$
③ $L \propto N^3$
④ $L \propto 1/N$

환상철심의 자체 인덕턴스

$$L = \frac{N\varnothing}{I} = \frac{NBA}{I} = \frac{N\mu HA}{I} = \frac{\dfrac{N\mu NIA}{l}}{I} = \frac{N\mu NA}{l}$$

$$= \frac{N^2\mu A}{l} = \frac{N^2\mu_0\mu_s A}{l}$$

• 자속밀도 $B = \dfrac{\varnothing}{A}$ 를 활용하여 $\varnothing = BA$로 변환 가능
• 자속밀도 $B = \mu H$를 활용하여 $B = \mu H$로 변환 가능
• 환상솔레노이드의 자계의 세기 $H = \dfrac{NI}{l}$ 를 활용하여 $H = \dfrac{NI}{l}$로 변환 가능

34 자기 인덕턴스에 축적되는 에너지에 대한 설명으로 가장 옳은 것은?

① 자기 인덕턴스 및 전류에 반비례한다.
② 자기 인덕턴스에 반비례하고 전류에 제곱에 반비례한다.
③ 자기 인덕턴스 및 전류에 비례한다.
④ 자기 인덕턴스에 비례하고 전류의 제곱에 비례한다.

코일의 축척된 에너지

$$W = \frac{1}{2}LI^2$$

정답 31④ 32③ 33② 34④

35 감은 횟수 200회의 코일 P와 300회의 코일 S를 가까이 놓고 P에 1[A]의 전류를 흘릴 때 S와 쇄교하는 자속이 4×10^{-4}[Wb]이었다면 이들 코일 사이의 상호 인덕턴스는?

① 0.12

② 0.012

③ 0.08

④ 0.8

상호인덕턴스 공식

$$M = \frac{N_2 \varnothing}{I_1} = \frac{N_1 \varnothing}{I_2} = \frac{300 \times 4 \times 10^{-4}}{1} = 0.12$$

$$M = K \times \sqrt{L_1 \times L_2}$$

결합계수 $K = \dfrac{M}{\sqrt{L_1 \times L_2}}$

누설자속이 없음 $K = 1$

36 히스테리시스 곡선이 종축과 만나는 점은?

① 포화자속

② 기자력

③ 잔류자기

④ 보자력

종축=세로축=자속밀도 B

종축(세로축)과 만나는 점 =잔류자기 B_r

황축=가로축=자계의 세기 H

황축(가로축)과 만나는 점 =보자력 H_c

교류회로

빈출 태그 ▶ 교류의 표시, 교류의 R–L–C 회로, R–L–C 직렬 및 병렬공진

01 정현파 교류회로

01 정현파 교류

▲ 정현파 교류

1) 교류의 용어

① 주기 t

• 교류의 파형이 1사이클 변화하는 데 걸린 시간

• $t = \dfrac{1}{f}[\text{sec}]$

② 주파수 f

• 1초 동안에 나온 파형의 수

• $f = \dfrac{1}{t}[Hz]$

③ 각속도 ω

• 각이 변하는 속도

• $\omega = 2\pi f$

2) 위상과 위상차

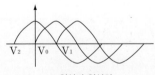

▲ 위상과 위상차

① $V_0 = V_m \sin\omega t$

② $V_1 = V_m \sin(\omega t - \theta)$

③ $V_2 = V_m \sin(\omega t + \theta)$

3) 교류의 표시

① 순시값 : 교류에서 순간순간 변화는 전류와 전압의 크기
- $i = I_m \sin \omega t [A]$
- $v = V_m \sin \omega t [V]$

② 실효값 : 교류에서 실제 사용하는 전류와 전압의 크기
- $I = \dfrac{I_m}{\sqrt{2}} = 0.707 I_m [A]$
- $V = \dfrac{V_m}{\sqrt{2}} = 0.707 V_m [V]$

③ 평균값 : 교류 파형의 반주기에 대한 전류와 전압의 평균 크기
- $I_a = \dfrac{2 I_m}{\pi} = 0.637 I_m [A]$
- $V_a = \dfrac{2 V_m}{\pi} = 0.637 V_m [V]$

④ 최대값 : 순시값 중 가장 큰 전류와 전압의 크기
- 실효값에서 최대값 구하기 : $I = \dfrac{I_m}{\sqrt{2}}$, $V = \dfrac{V_m}{\sqrt{2}}$

  $\therefore I_m = \sqrt{2} I [A]$, $V_m = \sqrt{2} V [V]$
- 평균값에서 최대값 구하기 : $I_a = \dfrac{2 I_m}{\pi}$, $V_a = \dfrac{2 V_m}{\pi}$

  $\therefore I_m = \dfrac{\pi I_a}{2} [A]$, $V_m = \dfrac{\pi V_a}{2} [V]$

02 교류의 R-L-C 회로

1) 저항 R만의 회로

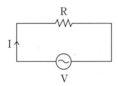

▲ 교류 저항만의 회로

① 전류 구하기 : $I = \dfrac{V}{R}$

② 전류와 전압의 위상 : 저항만의 회로일 때는 전류와 전압이 동상이다.

2) 코일 = 인덕턴스 L만의 회로

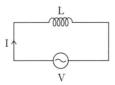

▲ 교류 인덕턴스만의 회로

① 인덕턴스의 저항 = 코일의 저항

유도리액턴스 : $X_L = \omega L = 2\pi f L$

② 전류 구하기 : $I = \dfrac{V}{X_L} = \dfrac{V}{\omega L} = \dfrac{V}{2\pi f L}$

③ 전류와 전압의 위상 : 전류가 전압보다 $\dfrac{2}{\pi}(90°)$만큼 느리다(뒤진다).

3) 콘덴서 = 커패시턴스 C만의 회로

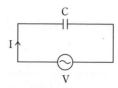

▲ 교류 콘덴서만의 회로

① 커패시턴스의 저항＝콘덴서의 저항

용량리액턴스 : $X_C = \dfrac{1}{\omega C} = \dfrac{1}{2\pi f C}$

② 전류 구하기 : $I = \dfrac{V}{X_C} = \dfrac{V}{\dfrac{1}{\omega C}} = \dfrac{V}{\dfrac{1}{2\pi f C}}$

$$\therefore I = \dfrac{V}{X_C} = \omega C V = 2\pi f C V$$

③ 전류와 전압의 위상 : 전류가 전압보다 $\dfrac{2}{\pi}(90°)$만큼 빠르다(앞선다).

4) 복소수

① 실수부와 허수부로 구성된 벡터량
② 복소수 공식

Z＝실수부＋허수부
$Z = R + jX$

③ 절대값 : $|Z| = \sqrt{R^2 + X^2}$

5) R–L 직렬

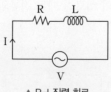

▲ R–L직렬 회로

① 합성저항 구하기 : 임피던스 Z

$$Z = 실수 + 허수$$
$$Z = R + jX_L = R + j\omega L$$

② 절대값 구하기 : $|Z| = \sqrt{R^2 + X_L^2} = \sqrt{R^2 + \omega L^2} = \sqrt{R^2 + 2\pi f L^2}$

③ 전류 구하기 : $I=\dfrac{V}{Z}$

계산 시는 $I=\dfrac{V}{|Z|}$로 계산하기

$$I=\dfrac{V}{|Z|}=\dfrac{V}{\sqrt{R^2+X_L{}^2}}=\dfrac{V}{\sqrt{R^2+\omega L^2}}=\dfrac{V}{\sqrt{R^2+2\pi fL^2}}$$

④ 전류와 전압의 위상 : 위상각

$$\theta=\tan^{-1}\times\dfrac{X_L}{R}=\tan^{-1}\times\dfrac{\omega L}{R}=\tan^{-1}\times\dfrac{2\pi fL}{R}$$

⑤ 역률 구하기 : $\cos\theta=\dfrac{R}{Z}$

계산 시는 $\cos\theta=\dfrac{R}{|Z|}=\dfrac{R}{\sqrt{R^2+X_L{}^2}}=\dfrac{R}{\sqrt{R^2+\omega L^2}}$

$$=\dfrac{R}{\sqrt{R^2+2\pi fL^2}}$$

> **기적의 TIP**
>
> R–L 직렬 회로에는 L이 들어가므로, 전류가 느리다 또는 전압이 빠르다로 시험에 출제됩니다.

6) R–C 직렬

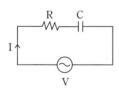

▲ R–C직렬 회로

① 합성저항 구하기 : 임피던스 Z

$$Z=실수-허수$$

$$Z=R-jX_c=R-j\dfrac{1}{\omega C}$$

② 절대값 구하기 : $|Z|=\sqrt{R^2+X_C{}^2}=\sqrt{R^2+\left(\dfrac{1}{\omega C}\right)^2}=\sqrt{R^2+\left(\dfrac{1}{2\pi fC}\right)^2}$

③ 전류 구하기 : $I=\dfrac{V}{Z}$

계산 시는 $I=\dfrac{V}{|Z|}$로 계산하기

$$I=\dfrac{V}{|Z|}=\dfrac{V}{\sqrt{R^2+X_C{}^2}}=\dfrac{V}{\sqrt{R^2+\left(\dfrac{1}{\omega C}\right)^2}}=\dfrac{V}{\sqrt{R^2+\left(\dfrac{1}{2\pi fC}\right)^2}}$$

④ 전류와 전압의 위상 : 위상각

$$\theta=\tan^{-1}\times\dfrac{X_C}{R}=\tan^{-1}\times\dfrac{\dfrac{1}{\omega C}}{R}=\tan^{-1}\times\dfrac{\dfrac{1}{2\pi fC}}{R}$$

$$\therefore\ \theta=\tan^{-1}\times\dfrac{X_C}{R}=\tan^{-1}\times\dfrac{1}{\omega CR}=\tan^{-1}\times\dfrac{1}{2\pi fCR}$$

> **기적의 TIP**
>
> R–C 직렬 회로에는 C가 들어가므로, 전류가 빠르다 또는 전압이 느리다로 시험에 출제됩니다.

⑤ 역률 구하기 : $\cos\theta = \dfrac{R}{Z}$

$$계산 시는 \cos\theta = \dfrac{R}{|Z|} = \dfrac{R}{\sqrt{R^2 + X_c{}^2}}$$

$$= \dfrac{R}{\sqrt{R^2 + \left(\dfrac{1}{\omega C}\right)^2}} = \dfrac{R}{\sqrt{R^2 + \left(\dfrac{1}{2\pi f C}\right)^2}}$$

7) R−L−C 직렬

▲ R−L−C 직렬 회로

① 합성저항 구하기 : 임피던스 Z

$$Z = 실수 + 허수 - 허수$$

$$Z = R + (jX_L - jX_c) = R + j(X_L - X_c) = R + j\left(\omega L - \dfrac{1}{\omega C}\right)$$

② 절대값 구하기 : $|Z| = \sqrt{R^2 + (X_L - X_C)^2}$

$$= \sqrt{R^2 + \left(\omega L - \dfrac{1}{\omega C}\right)^2} = \sqrt{R^2 + \left(2\pi f L - \dfrac{1}{2\pi f C}\right)^2}$$

③ 전류 구하기 : $I = \dfrac{V}{Z}$

$$계산 시는 I = \dfrac{V}{|Z|}로 계산하기$$

$$I = \dfrac{V}{|Z|} = \dfrac{V}{\sqrt{R^2 + (X_L - X_c)^2}}$$

$$= \dfrac{V}{\sqrt{R^2 + \left(\omega L - \dfrac{1}{\omega C}\right)^2}} = \dfrac{V}{\sqrt{R^2 + \left(2\pi f L - \dfrac{1}{2\pi f C}\right)^2}}$$

④ 전류와 전압의 위상 : 위상각

$$\theta = \tan^{-1} \times \dfrac{X_L - X_C}{R}$$

$$= \tan^{-1} \times \dfrac{\omega L - \dfrac{1}{\omega C}}{R} = \tan^{-1} \times \dfrac{2\pi f L - \dfrac{1}{2\pi f C}}{R}$$

⑤ 역률 구하기 : $\cos\theta = \dfrac{R}{Z}$

$$계산 시는 \cos\theta = \dfrac{R}{|Z|} = \dfrac{R}{\sqrt{R^2 + (X_L - X_C)^2}}$$

$$= \dfrac{R}{\sqrt{R^2 + \left(\omega L - \dfrac{1}{\omega C}\right)^2}} = \dfrac{R}{\sqrt{R^2 + \left(2\pi f L - \dfrac{1}{2\pi f C}\right)^2}}$$

8) R-L 병렬

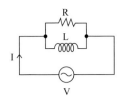

▲ R-L-병렬 회로

① 합성 어드미턴스 구하기 : 어드미턴스 Y

$$Y = 실수 - 허수$$

$$Y = \frac{1}{R} - j\frac{1}{X_L} = \frac{1}{R} - j\frac{1}{\omega L}$$

② 절대값 구하기 : $|Y| = \sqrt{\left(\frac{1}{R}\right)^2 + \left(\frac{1}{X_L}\right)^2} = \sqrt{\left(\frac{1}{R}\right)^2 + \left(\frac{1}{\omega L}\right)^2}$

$$= \sqrt{\left(\frac{1}{R}\right)^2 + \left(\frac{1}{2\pi f L}\right)^2}$$

③ 전류 구하기 : $I = YV$

계산 시는 $I = |Y|V$로 계산하기

$$I = \sqrt{\left(\frac{1}{R}\right)^2 + \left(\frac{1}{X_L}\right)^2}\,V = \sqrt{\left(\frac{1}{R}\right)^2 + \left(\frac{1}{\omega L}\right)^2}\,V$$

④ 전류와 전압의 위상 : 위상각

$$\theta = \tan^{-1} \times \frac{R}{X_L} = \tan^{-1} \times \frac{R}{\omega L}$$

⑤ 역률 구하기 : $\cos\theta = \dfrac{G}{Y}$

계산 시는 $\cos\theta = \dfrac{G}{|Y|}$

$$= \frac{\dfrac{1}{R}}{\sqrt{\left(\dfrac{1}{R}\right)^2 + \left(\dfrac{1}{X_L}\right)^2}} = \frac{\dfrac{1}{R}}{\sqrt{\left(\dfrac{1}{R}\right)^2 + \left(\dfrac{1}{\omega L}\right)^2}}$$

B 기적의 TIP

병렬은 직렬과 반대이기 때문에 부호도 반대입니다.

9) R-C 병렬

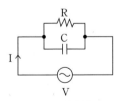

▲ R-C-병렬 회로

① 합성 어드미턴스 구하기 : 어드미턴스 Y

$$Y = 실수 + 허수$$

$$Y = \frac{1}{R} + j\frac{1}{X_C} = \frac{1}{R} + j\omega C$$

② 절대값 구하기 : $|Y| = \sqrt{\left(\frac{1}{R}\right)^2 + \left(\frac{1}{X_C}\right)^2} = \sqrt{\left(\frac{1}{R}\right)^2 + \omega C^2} = \sqrt{\left(\frac{1}{R}\right)^2 + 2\pi f C^2}$

B 기적의 TIP

병렬은 직렬과 반대이기 때문에 부호도 반대입니다.

③ 전류 구하기 : $I=YV$

계산 시는 $I=|Y|V$로 계산하기

$$I=\sqrt{\left(\frac{1}{R}\right)^2+\left(\frac{1}{X_C}\right)^2}\,V=\sqrt{\left(\frac{1}{R}\right)^2+\omega C^2}\,V$$

④ 전류와 전압의 위상 : 위상각

$$\theta=\tan^{-1}\times\omega CR$$

⑤ 역률 구하기 : $\cos\theta=\dfrac{G}{Y}$

계산 시는 $\cos\theta=\dfrac{G}{|Y|}$

$$=\frac{\dfrac{1}{R}}{\sqrt{\left(\dfrac{1}{R}\right)^2+\left(\dfrac{1}{X_C}\right)^2}}=\frac{\dfrac{1}{R}}{\sqrt{\left(\dfrac{1}{R}\right)^2+(\omega C)^2}}$$

10) R–L–C 병렬

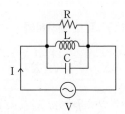

▲ R–L–C–병렬 회로

① 합성 어드미턴스 구하기 : 어드미턴스 Y

$$Y=실수+허수-허수$$

$$Y=\frac{1}{R}+j\left(\frac{1}{X_C}-\frac{1}{X_L}\right)=\frac{1}{R}+j\left(\omega C-\frac{1}{\omega L}\right)$$

② 절대값 구하기 : $|Y|=\sqrt{\left(\dfrac{1}{R}\right)^2+\left(\dfrac{1}{X_C}-\dfrac{1}{X_L}\right)^2}=\sqrt{\left(\dfrac{1}{R}\right)^2+\left(\omega C-\dfrac{1}{\omega L}\right)^2}$

$$=\sqrt{\left(\frac{1}{R}\right)^2+\left(2\pi fC-\frac{1}{2\pi fL}\right)^2}$$

③ 전류 구하기 : $I=YV$

계산 시는 $I=|Y|V$로 계산하기

$$I=\sqrt{\left(\frac{1}{R}\right)^2+\left(\frac{1}{X_C}-\frac{1}{X_L}\right)^2}\,V=\sqrt{\left(\frac{1}{R}\right)^2+\left(\omega C-\frac{1}{\omega L}\right)^2}\,V$$

④ 전류와 전압의 위상 : 위상각

$$\theta = \tan^{-1} \times \left(\omega C - \frac{1}{\omega L}\right) R$$

⑤ 역률 구하기 : $\cos\theta = \dfrac{G}{Y}$

계산시는 $\cos\theta = \dfrac{G}{|Y|}$

$$= \frac{\dfrac{1}{R}}{\sqrt{\left(\dfrac{1}{R}\right)^2 + \left(\dfrac{1}{X_C} - \dfrac{1}{X_L}\right)^2}}$$

$$= \frac{\dfrac{1}{R}}{\sqrt{\left(\dfrac{1}{R}\right)^2 + \left(\omega C - \dfrac{1}{\omega L}\right)^2}}$$

03 R–L–C 직렬 및 병렬의 공진회로

1) 직렬공진

① 직렬공진의 조건 : $\omega L = \dfrac{1}{\omega C}$

② 직렬공진의 특징
- 허수부$=0(Z=R)$
- 임피던스 최소$=$전류 최대
- 공진주파수 $f_x = \dfrac{1}{2\pi\sqrt{LC}}$
- 선택도$=$첨예도$=$전압확대비 $Q = \dfrac{1}{R}\sqrt{\dfrac{L}{C}}$

2) 병렬공진

① 병렬공진의 조건 : $\omega C = \dfrac{1}{\omega L}$

② 병렬공진의 특징
- 허수부$=0\left(Y = \dfrac{1}{R}\right)$
- 임피던스 최대$=$전류 최소
- 공진주파수 $f_r = \dfrac{1}{2\pi\sqrt{LC}}$

기적의 TIP

직렬은 임피던스로 계산하므로 임피던스가 최소임을 기억하세요.

기적의 TIP

병렬은 어드미턴스로 계산하므로 임피던스가 최대임을 기억하세요.

04 교류의 전력

1) 임피던스 부하의 전력
① 피상전력 : $P_a = VI[VA]$
② 유효전력 : $P = VI\cos\theta[W]$
③ 무효전력 : $P_r = VI\sin\theta[var]$

2) 역률
① $\cos\theta = \dfrac{P}{P_a} = \dfrac{유효전력}{피상전력}$

02 3상 교류회로

1) 대칭3상 교류의 조건
① 기전력의 크기가 같을 것
② 주파수가 같을 것
③ 파형이 같을 것
④ 위상차가 120°일 것

2) Y결선
① 상전압과 선전압의 관계 : 선간전압 V_L
　　　　　　　　　　　　상전압 V_P
　　　　　　　　　　　$V_L = \sqrt{3}V_P \angle 30°$
② 상전류와 선간전류의 관계 : 선간전류 I_L
　　　　　　　　　　　　상전류 I_P
　　　　　　　　　　　$I_L = I_P$

3) △결선
① 상전압과 선전압의 관계 : 선간전압 V_L
　　　　　　　　　　　　상전압 V_P
　　　　　　　　　　　$V_L = V_P$
② 상전류와 선간전류의 관계 : 선간전류 I_L
　　　　　　　　　　　　상전류 I_P
　　　　　　　　　　　$I_L = \sqrt{3}I_P \angle -30°$

4) $Y \leftrightarrow \triangle$ 변환

① $Y \rightarrow \triangle$ 변환 : $Z_\triangle = 3Z_Y$

② $\triangle \rightarrow Y$ 변환 : $Z_Y = \dfrac{1}{3}Z_\triangle$

5) V결선

① 출력 : $P = \sqrt{3}VI\cos\theta$

② 변압기 이용률 : $U = 0.866$

③ 변압기 출력비 : 출력비 $= 0.577$

6) 3상전력

① 피상전력 : $P_a = \sqrt{3}V_L I_L = 3V_P I_P$

② 유효전력 : $P = \sqrt{3}V_L I_L \cos\theta = 3V_P I_P \cos\theta$

③ 무효전력 : $P_r = \sqrt{3}V_L I_L \sin\theta = 3V_P I_P \sin\theta$

7) 전력계법

① 2전력계법 : $P = P_1 + P_2$

② 3전력계법 : $P = P_1 + P_2 + P_3$

03 비정현파 교류회로

1) 비정현파의 기본 구성

① 직류분

② 기본파

③ 고조파

2) 비정현파의 실효값

실효값 $= \sqrt{\text{각파의 실효값의 제곱근}}$

$V = \sqrt{V_0^2 + V_1^2 + V_2^2 + V_3^2 \cdots V_n^2}$

3) 일그러짐율

$\varepsilon = \dfrac{\text{각고조파의 실효값}}{\text{기본파의 실효값}}$

$\varepsilon = \dfrac{\sqrt{V_2^2 + V_3^2 + V_n^2}}{V_1}$

 기적의 TIP

• V_0 : 직류분
• V_1 : 기본파
• $V_2 \sim$: 2부터는 고조파

01 R-L 직렬회로의 시상수 T[s]는 어떻게 되는가?

① $\dfrac{R}{L}$

② $\dfrac{1}{RL}$

③ RL

④ $\dfrac{L}{R}$

R-L 직렬회로 시정수(시상수)$=\dfrac{L}{R}$

02 $R=3[\Omega]$, $\omega L=8[\Omega]$, $\dfrac{1}{\omega C}=4[\Omega]$인 RLC 직렬회로의 임피던스는 몇 [Ω]인가?

① 12.4

② 8.5

③ 5

④ 15

R-L-C 직렬
$Z=R+j(X_L-X_C)=R+j\left(\omega L-\dfrac{1}{\omega C}\right)$
$|Z|=\sqrt{R^2+\left(\omega L-\dfrac{1}{\omega C}\right)^2}=\sqrt{3^2+(8-4)^2}=5$

03 복소수 3+j4의 절대값은 얼마인가?

① 5　　　　　　② 4

③ 2　　　　　　④ 7

복소수
$Z=실수+허수=R+jX$
$|Z|=\sqrt{R^2+X^2}=\sqrt{3^2+4^2}=5$

04 일반적인 경우 교류를 사용하는 전기난로의 전압과 전류의 위상에 대한 설명으로 옳은 것은?

① 전류가 전압보다 60도 앞선다.

② 전압이 전류보다 90도 앞선다.

③ 전류가 전압보다 90도 앞선다.

④ 전압과 전류는 동상이다.

전기난로는 저항만의 회로이므로 저항만의 회로는 전압과 전류가 동상이다.

05 $i=I_m\sin\omega t[A]$인 교류의 실효값은?

① $\sqrt{2}I_m$　　　　　② $\dfrac{2}{\pi}I_m$

③ I_m　　　　　④ $\dfrac{I_m}{\sqrt{2}}$

전압의 실효값
$V=\dfrac{V_m}{\sqrt{2}}=0.707\times V_m$
전류의 실효값
$I=\dfrac{I_m}{\sqrt{2}}=0.707\times I_m$

06 자기 인덕턴스 10[mH]의 코일에 50[Hz], 314[V]의 교류 전압을 가했을 때 몇 [A]의 전류가 흐르는가? (단, 코일의 저항은 없는 것으로 하여, $\pi=3.14$로 계산)

① 10　　　　　　② 100

③ 62.8　　　　　④ 31.4

코일의 저항=유도리액턴스
$X_L=\omega L=2\pi f L$
전류 $I=\dfrac{V}{X_L}=\dfrac{V}{\omega L}=\dfrac{V}{2\pi f L}=\dfrac{314}{2\times3.14\times50\times10\times10^{-3}}=100$

정답 01④ 02③ 03① 04④ 05④ 06②

07 R=6[Ω], Xc=8[Ω]일 때 임피던스 Z=6-j8[Ω]으로 표시되는 것은 일반적으로 어떤 회로인가?

① RC 직렬회로
② RL 병렬회로
③ RC 병렬회로
④ RL 직렬회로

$R-L$직렬 : $Z=R+jX_L$
$R-C$직렬 : $Z=R-jX_C$
$R-L-C$직렬 : $Z=R+j(X_L-X_C)$

08 $e=100\sin\left(377t-\dfrac{\pi}{5}\right)[V]$의 파형의 주파수는 약 몇 [Hz]인가?

① 50　　　　② 80
③ 60　　　　④ 100

순시값 v
$v=V_m\sin\omega t$
$\omega=2\pi f$
$f=\dfrac{\omega}{2\pi}=\dfrac{377}{2\times3.14}=60$

09 R=10[Ω], C=318[μF]의 병렬회로에 주파수 f=60[Hz], 크기 V=200[V]의 사인파 전압을 가할 때 콘덴서에 흐르는 전류 Ic 값은 약 얼마인가?

① 41　　　　② 31
③ 24　　　　④ 55

콘덴서의 저항=용량리액턴스
$X_C=\dfrac{1}{\omega C}$
병렬접속 시 콘덴서만 흐르는 전류는
$I_C=V\times X_C=V\times\omega C=V\times2\pi fC=200\times2\times3.14\times60\times318\times10^{-6}$
$=24$

10 교류 100[V]의 최대값은 약 몇 [V]인가?

① 90
② 141
③ 111
④ 100

실효값 V
$V=\dfrac{V_m}{\sqrt{2}}=0.707\times V_m$
∴ 최대값 $V_m=\sqrt{2}V=\sqrt{2}\times100=141$

11 저항 4[Ω], 유도 리액턴스 8[Ω], 용량 리액턴스 5[Ω]이 직렬로 된 회로에서의 역률은?

① 0.6　　　　② 0.7
③ 0.8　　　　④ 0.5

$R-L-C$ 직렬
$|Z|=\sqrt{R^2+(X_L-X_C)^2}$
역률 $\cos\theta=\dfrac{R}{|Z|}=\dfrac{R}{|Z|}=\dfrac{4}{\sqrt{4^2+(8-5)^2}}=0.8$

12 교류회로에서 전압과 전류의 위상차를 θ[rad]이라 할 때 cosθ는 회로의 무엇인가?

① 전압 변동률
② 역률
③ 효율
④ 파형률

$\theta=$위상차
$\cos\theta=$역률
$\sin\theta=$무효율

13 주파수 100[Hz]의 주기는 몇 초인가?

① 0.05

② 0.02

③ 0.1

④ 0.01

주기 $T = \dfrac{1}{f} = \dfrac{1}{100} = 0.01$

주파수 $f = \dfrac{1}{T}$

14 10[Ω]의 저항회로에 $e = 100\sin\left(377t + \dfrac{\pi}{3}\right)$ [V]의 전압을 가했을 때 t=0에서의 순시전류는 몇 [A]인가?

① $5\sqrt{3}$

② 5

③ $5\sqrt{2}$

④ 10

$t = 0$일 때, $e = 100\sin\left(377t + \dfrac{\pi}{3}\right) = 100\sin\left(\dfrac{180}{3}\right) = 50\sqrt{3}$

$i = \dfrac{e}{R} = \dfrac{50\sqrt{3}}{10} = 5\sqrt{3}$

15 저항 3[Ω], 유도 리액턴스 4[Ω]의 직렬회로에 교류100[V]를 가할 때 흐르는 전류와 위상각은 얼마인가?

① 20[A], 53°

② 14.3[A], 53°

③ 20[A], 37°

④ 14.3[A], 37°

$I = \dfrac{V}{|Z|} = \dfrac{100}{\sqrt{3^2 + 4^2}} = 20$

$\theta = \tan^{-1}\dfrac{X_L}{R} = \tan^{-1}\dfrac{4}{3} = 53$

16 최대값 10[A]인 교류 전류의 평균값은 약 몇 [A]인가?

① 3.34

② 4.43

③ 5.65

④ 6.37

평균값 V_a

$V_a = \dfrac{2V_m}{\pi} = 0.637 \times V_m$

$V_a = \dfrac{2 \times 10}{3.13} = 6.37$

$V_a = 0.637 \times 10 = 6.37$

17 저항 5[Ω], 유도 리액턴스 30[Ω], 용량성 리액턴스 18[Ω]인 R−L−C 직렬회로에 130[V]의 교류를 가할 때 흐르는 전류[A]는?

① 10[A], 유도성

② 5.9[A], 용량성

③ 5.9[A], 유도성

④ 10[A], 용량성

$I = \dfrac{V}{|Z|} = \dfrac{V}{\sqrt{R^2 + (X_L - X_C)^2}} = \dfrac{130}{\sqrt{5^2 + (30 - 18)^2}} = 10$

$X_L - X_C = $ 큰 것의 성질을 따라감 X_L이 크므로 유도성

18 파형률은 어느 것인가?

① $\dfrac{평균값}{실효값}$

② $\dfrac{최대값}{실효값}$

③ $\dfrac{실효값}{평균값}$

④ $\dfrac{실효값}{최대값}$

파고율 $= \dfrac{최대값}{실효값}$

파형율 $= \dfrac{실효값}{평균값}$

정답 13 ④ 14 ① 15 ① 16 ④ 17 ① 18 ③

19 최대값이 V_m[V]인 사인파 교류에서 평균값 V_a [V] 값은?

① $0.637 \times V_m$

② $0.707 \times V_m$

③ $0.866 \times V_m$

④ $0.557 \times V_m$

평균값 V_d
$V_a = \dfrac{2V_m}{\pi} = 0.637 \times V_m$

20 $v = 100\sin\omega t + 100\cos\omega t$의 실효값 V는?

① 100

② 172

③ 141

④ 200

$V = \sqrt{V_1^2 + V_2^2} = \sqrt{\left(\dfrac{100}{\sqrt{2}}\right)^2 + \left(\dfrac{100}{\sqrt{2}}\right)^2} = 100$

21 교류회로에서 유효전력을 P, 무효전력을 P_r, 피상전력을 P_a이라 하면 역률($\cos\theta$)을 구하는 식은?

① $\dfrac{P}{P_a}$

② $\dfrac{P}{P_r}$

③ $\dfrac{P_a}{P}$

④ $\dfrac{P_r}{P}$

역률 $\cos\theta = \dfrac{P}{P_a}$

22 다음 중 콘덴서가 가지는 특성 및 기능으로 옳지 않은 것은?

① 상호 유도 작용의 특성이 있다.

② 전기를 저장하는 특성이 있다.

③ 직류 전류를 차단하고 교류 전류를 통과시키려는 목적으로 사용된다.

④ 공진 회로를 이루어 어느 특정한 주파수만을 취급하거나 통과시키는 곳 등에 사용된다.

상호유도 작용의 특성은 인덕턴스 코일의 특성, 콘덴서는 용량성의 특성을 가지고 있다.

23 R−L 직렬회로에서 전압과 전류의 위상차 θ는?

① ωRL

② $\dfrac{L}{R}$

③ $\dfrac{\omega L}{R}$

④ $\dfrac{R}{\omega L}$

$R-L$ 직렬 : $\theta = \tan^{-1}\dfrac{X_L}{R} = \tan^{-1}\dfrac{\omega L}{R}$

$R-C$ 직렬 : $\theta = \tan^{-1}\dfrac{X_C}{R} = \tan^{-1}\dfrac{\frac{1}{\omega C}}{R} = \theta = \tan^{-1}\dfrac{1}{\omega CR}$

$R-L-C$ 직렬 : $\theta = \tan^{-1}\dfrac{X_L - X_C}{R} = \tan^{-1}\dfrac{\omega L - \frac{1}{\omega C}}{R}$

24 어느 교류전압의 순시값이 $v = 311\sin(120\pi t)$ [V]라고 하면 이 전압의 실효값은 약 몇 [V]인가?

① 180[V]

② 440[V]

③ 220[V]

④ 622[V]

실효값 $V = \dfrac{V_m}{\sqrt{2}} = 0.707 V_m = 311 \times 0.707 = 220$

25 평균값이 220[V]인 교류전압의 최대값은 약 몇 [V]인가?

① 110[V]

② 381[V]

③ 346[V]

④ 691[V]

평균값 $V_a = \dfrac{2V_m}{\pi} = 0.637 V_m$

$\therefore V_m = \dfrac{\pi V_a}{2} = \dfrac{3.14 \times 220}{2} = 345.4$

26 어떤 회로에 $v = 200\sin\omega t$의 전압을 가했더니 $i = 50\sin\left(\omega t + \dfrac{\pi}{2}\right)$의 전류가 흘렀다. 이 회로는?

① 용량성 회로

② 임피던스 회로

③ 저항 회로

④ 유도성 회로

순시값의 기본식
전류 $i = I_m \sin\omega t$
전압 $v = V_m \sin\omega t$
$\omega t +$면 앞선다.
$\omega t -$면 뒤진다.

27 R=4[Ω], X=3[Ω]인 R-L-C 직렬회로에서 5[A]의 전류가 흘렀다면 이때의 전압은?

① 25[V]

② 125[V]

③ 15[V]

④ 20[V]

$V = I|Z| = I\sqrt{R^2 + (X_L - X_C)^2} = 5 \times \sqrt{4^2 + 3^2} = 25$

28 R=10[Ω], C=220[μF]의 병렬회로에 f=60[Hz] V=100[V]의 사인파의 전압을 가할 때 저항 R에 흐르는 전류[A]는?

① 10

② 0.45

③ 22

④ 6

$I_R = \dfrac{V}{R} = \dfrac{100}{10} = 10$

29 Z=2+j11[Ω], Z=4-j3[Ω]의 직렬회로에서 교류 전압 100[V]를 가할 때 합성 임피던스는?

① 10

② 14

③ 6

④ 8

실수는 실수끼리 허수는 허수끼리 계산
$2 + 4 = 6$
$11 - 3 = 8$
$Z = 6 + j8$
$|Z| = \sqrt{R^2 + X^2} = \sqrt{6^2 + 8^2} = 10$

30 전기저항 25[Ω]에 50[V]의 사인파 전압을 가할 때 전류의 순시값은? (단, 각속도 $\omega = 377$ rad/s이다.)

① $4\sqrt{2}\sin 377t[A]$

② $4\sin 377t[A]$

③ $2\sqrt{2}\sin 377t[A]$

④ $2\sin 377t[A]$

전압은 실효값으로 주어졌기 때문에 최대값으로 변환 필요
$V_m = \sqrt{2}V$
순시값 $i = I_m \sin\omega t = \dfrac{V_m}{R}\sin\omega t = \dfrac{\sqrt{2} \times 50}{25}\sin\omega t = \sqrt{2} \times 2\sin 377t$

정답 25 ③ 26 ① 27 ① 28 ① 29 ① 30 ③

31 각주파수 $\omega=100\pi$[rad/s]일 때 주파수 f[Hz]는 얼마인가?

① 60[Hz]

② 360[Hz]

③ 50[Hz]

④ 300[Hz]

각속도＝각주파수 ω
$\omega=2\pi f$
$f=\dfrac{\omega}{2\pi}=\dfrac{100\pi}{2\pi}=50$

32 임피던스 Z=6+j8[Ω]에서 컨덕턴스는?

① 0.1[℧]

② 1.0[℧]

③ 0.06[℧]

④ 0.08[℧]

$G=\dfrac{R}{R^2+X^2}=\dfrac{6}{6^2+8^2}=0.06$

33 최대값이 200[V]인 사인파교류의 평균값은?

① 약 127.3[V]

② 약 141.4[V]

③ 약 70.7[V]

④ 약 100[V]

평균값 $V_a=\dfrac{2V_m}{\pi}=0.637V_m=0.637\times200=127.3$

34 $v=V_m\sin(\omega t+30°)$[V], $i=I_m\sin(\omega t-30°)$[A]일 때 전압을 기준으로 할 때 전류의 위상차는?

① 30° 앞선다.

② 60° 뒤진다.

③ 60° 앞선다.

④ 30° 뒤진다.

$v=V_m\sin(\omega t+30°)$
$i=I_m\sin(\omega t-30°)$
전압을 기준으로 했을 때 전류는 전압보다 60° 뒤진다.

35 교류 기기나 교류 전원의 용량을 나타낼 때 사용되는 것과 그 단위가 바르게 나열된 것은?

① 피상전력[VA]

② 최대전력[Wh]

③ 유효전력[VAh]

④ 무효전력[W]

피상전력 $P_a=VI[VA]$
유효전력 $P=VI\cos\theta[W]$
무효전력 $P_r=VI\sin\theta[var]$

36 R–L–C 직렬공진 회로에서 최소가 되는 것은?

① 전류값

② 저항값

③ 전압값

④ 임피던스값

R–L–C **직렬공진**
• 허수부가 0이다($Z=R$).
• 임피던스 최소, 전류 최대
• 공진주파수 $f=\dfrac{1}{2\pi\sqrt{LC}}$

37 단상 전압 220[V]에 소형 전동기를 접속하였더니 2.5[A]의 전류가 흘렀다. 이때의 역률이 75[%]이었다. 이 전동기의 소비전력[W]은?

① 545.5[W]

② 714.5[W]

③ 187.5[W]

④ 412.5[W]

유효전력＝소비전력
$P = VI\cos\theta = 220 \times 2.5 \times 0.75 = 412.5$

38 정현파 교류의 왜형률(distortion factor)은?

① 0.2273

② 0.4834

③ 0

④ 0.1212

정현파는 왜형률(일그러짐율)이 없다.

39 저항 $R=15[\Omega]$, 자체 인덕턴스 $L=35[mH]$, 정전용량 $C=300[\mu F]$의 직렬회로에서 공진주파수 f_r는 약 몇 $[Hz]$인가?

① 40   ② 50

③ 60   ④ 70

직렬공진조건

$\omega L = \dfrac{1}{\omega C}, \omega\omega = \dfrac{1}{LC}$

$\omega^2 = \dfrac{1}{LC}, \omega = \dfrac{1}{\sqrt{LC}}$

$2\pi f = \dfrac{1}{\sqrt{LC}}, f = \dfrac{1}{2\pi\sqrt{LC}} = \dfrac{1}{2 \times 3.14 \times \sqrt{35 \times 10^{-3} \times 300 \times 10^{-6}}} = 50$

40 일반적으로 교류전압계의 지시값은?

① 최대값

② 순시값

③ 평균값

④ 실효값

실효값 : 실제 사용하는 값, 유효하는 값

41 어떤 회로에 50[V]의 전압을 가하니 $8+j6$의 전류가 흘렀다면 이 회로의 임피던스[Ω]는?

① $3-j4$

② $3+j4$

③ $4-j3$

④ $4+j3$

$Z = \dfrac{V}{I} = \dfrac{50}{8+j6} = \dfrac{50(8-j6)}{(8+j6)(8-j6)} = \dfrac{50(8-j6)}{8^2+6^2} = 4-j3$

42 R=10[Ω], $X_L=15[\Omega]$, $X_C=15[\Omega]$의 직렬회로에 100V의 교류전압을 인가할 때 흐르는 전류[A]는?

① 6   ② 8

③ 10   ④ 12

$R-L-C$ 직렬회로
$I = \dfrac{V}{|Z|} = \dfrac{V}{\sqrt{R^2+(X_L-X_C)^2}} = \dfrac{100}{\sqrt{10^2+(15-15)^2}} = 10$

정답 37④ 38③ 39② 40④ 41③ 42③

43 자체 인덕턴스가 0.01[H]인 코일에 100[V], 60[Hz]의 사인파 전압을 가할 때 유도 리액턴스는 약 몇 [Ω]인가?

① 3.77
② 6.28
③ 12.28
④ 37.68

유도리액턴스 $X_L = \omega L = 2\pi f L = 2 \times 3.14 \times 60 \times 0.01 = 3.768$

44 5[mH]의 코일에 220[V], 60[Hz]의 교류를 가할 때 전류는 약 몇 [A]인가?

① 43[A]
② 58[A]
③ 87[A]
④ 117[A]

$I_L = \dfrac{V}{X_L} = \dfrac{V}{\omega L} = \dfrac{V}{2\pi f L} = \dfrac{220}{2 \times 3.14 \times 60 \times 5 \times 10^{-3}} = 116.77\cdots$

45 $R = 6[\Omega]$, $X_C = 8[\Omega]$이 직렬로 접속된 회로에 I=10[A]의 전류가 흐른다면 전압[V]은?

① $60 + j80$
② $60 - j80$
③ $100 + j150$
④ $100 - j150$

$Z = R - jX_C = 6 - j8$
$V = IZ = 10 \times (6 - j8) = 60 - j80$

46 200[V], 40[W]의 형광등에 정격 전압이 가해졌을 때 형광등 회로에 흐르는 전류는 0.42[A]이다. 이 형광등의 역률[%]은?

① 37.5
② 47.6
③ 57.5
④ 67.5

피상전력 $P_a = VI = 200 \times 0.42 = 84[VA]$
유효전력 $P = VI\cos\theta$
$\cos\theta = \dfrac{P}{P_a} = \dfrac{40}{84} = 0.47 \times 100 = 47[\%]$

47 저항과 코일이 직렬 연결된 회로에서 직류 220[V]를 인가하면 20[A]의 전류가 흐르고, 교류 220[V]를 인가하면 10[A]의 전류가 흐른다. 이 코일의 리액터스[Ω]는?

① 약 19.05[Ω]
② 약 16.06[Ω]
③ 약 13.06[Ω]
④ 약 11.04[Ω]

직류는 주파수가 없다.
$R = \dfrac{V}{I} = \dfrac{220}{20} = 11$
$|Z| = \sqrt{R^2 + X_L^2}$
$I = \dfrac{V}{|Z|} = \dfrac{220}{\sqrt{11^2 + X_L^2}} = 10$
$\therefore X_L = 19.05$

48 100[V]의 교류 전원에 선풍기를 접속하고 입력과 전류를 측정하였더니 500[W], 7[A]였다. 이 선풍기의 역률은?

① 0.61
② 0.71
③ 0.81
④ 0.91

피상전력 $P_a = VI = 100 \times 7 = 700[VA]$
유효전력 $P = VI\cos\theta$
$\cos\theta = \dfrac{P}{P_a} = \dfrac{500}{700} = 0.71$

---

49 R-L-C 직렬회로에서 전압과 전류가 동상이 되기 위한 조건은?

① $L=C$

② $\omega LC=1$

③ $\omega^2 LC=1$

④ $(\omega LC)^2=1$

직렬공진조건

$\omega L=\dfrac{1}{\omega C}$

$\omega^2 LC=1$

50 임피던스 $Z_1=12+j16[\Omega]$과 $Z_2=8+j24[\Omega]$이 직렬로 접속된 회로에 전압 V=200[V]를 가할 때 이 회로에 흐르는 전류[A]는?

① 2.35[A]

② 4.47[A]

③ 6.02[A]

④ 10.25[A]

$Z=Z_1+Z_2$

실수는 실수끼리 허수는 허수끼리 계산

$12+8=20$

$j16+j24=j40$

$Z=20+j40$

$|Z|=\sqrt{20^2+40^2}$

$I=\dfrac{V}{|Z|}=\dfrac{200}{\sqrt{20^2+40^2}}=4.469\cdots$

51 $R=4[\Omega]$, $X_L=15[\Omega]$, $X_C=12[\Omega]$의 R-L-C인 직렬회로에 100[V]의 교류 전압을 가할 때 전류와 전압의 위상차는 약 얼마인가?

① 0°   ② 37°

③ 53°   ④ 90°

$\theta=\tan^{-1}\dfrac{허수}{실수}=\tan^{-1}\dfrac{X_L-X_C}{R}=\tan^{-1}\dfrac{3}{4}=36.8$

52 저항이 9[Ω]이고, 용량 리액턴스가 12[Ω]인 직렬회로의 임피던스[Ω]는?

① 3[Ω]

② 15[Ω]

③ 21[Ω]

④ 108[Ω]

$|Z|=\sqrt{R^2+X_C^2}=\sqrt{9^2+12^2}=15$

53 어떤 회로의 소자에 일정한 크기의 전압으로 주파수를 2배로 증가시켰더니 흐르는 전류의 크기가 1/2로 되었다. 이 소자의 종류는?

① 저항

② 코일

③ 콘덴서

④ 다이오드

코일만의 회로의 전류

$I=\dfrac{V}{X_L}=\dfrac{V}{\omega L}=\dfrac{V}{2\pi f L}$

∴ 주파수 증가 시 전류 감소

콘덴서만의 회로의 전류

$I=\dfrac{V}{X_C}=\dfrac{V}{\dfrac{1}{\omega C}}=\dfrac{V}{\dfrac{1}{2\pi f C}}=\omega CV=2\pi f CV$

∴ 주파수 증가 시 전류 증가

54 교류회로에서 무효전력의 단위는?

① W   ② VA

③ var   ④ V/m

피상전력 $P_a=VI[VA]$

유효전력 $P=VI\cos\theta[W]$

무효전력 $P_r=VI\sin\theta[var]$

정답 49③ 50② 51② 52② 53② 54③

55 교류 전력에서 일반적으로 전기기기의 용량을 표시하는 데 쓰이는 전력은?

① 피상전력

② 유효전력

③ 무료전력

④ 기전력

기기의 용량은 피상전력으로 쓰이며, 겉보기 전력이라고도 한다.

56 R=8[Ω], L=19.1[mH]의 직렬회로에 5[A]가 흐르고 있을 때 인덕턴스 L에 걸리는 단자 전압의 크기는 약 몇 [V]인가? (단, 주파수는 60Hz이다.)

① 12　　　　　② 25

③ 29　　　　　④ 36

$X_L = \omega L = 2\pi f L = 2 \times 3.14 \times 60 \times 19.1 \times 10^{-3} = 7.1$

$I_L = \dfrac{V}{X_L}$

$V = I_L \times X_L = 5 \times 7.1 = 35.5$

57 Y결선에서 각 상전압이 150[V]일 때 선간전압은 얼마인가?

① 100

② 150

③ 200

④ 260

Y결선 상전압과 선전압의 관계
선간전압 V_L
상전압 V_P
$V_L = \sqrt{3} V_P \angle 30°$
$V_L = \sqrt{3} \times 150 = 259.80\cdots$

58 3상교류회로에서 Y결선 시 선간전압과 상전압의 관계를 알맞게 표현한 것은?

① $V_L = V_P$

② $V_L = \dfrac{1}{\sqrt{3}} V_P$

③ $V_L = \sqrt{3} V_P$

④ $V_L = 3 V_P$

Y결선 상전압과 선전압의 관계
선간전압 V_L
상전압 V_P
$V_L = \sqrt{3} V_P \angle 30°$

59 3상 교류회로에서 Y결선 시 선간전류와 상전류의 관계를 알맞게 표현한 것은?

① $I_L = I_P$　　　② $I_L = \dfrac{1}{\sqrt{3}} I_P$

③ $I_L = \sqrt{3} I_P$　　④ $I_L = 3 I_P$

선간전류 I_L
상전류 I_P
$I_L = I_P$

60 선간전압 210[V], 선전류 10[A]의 Y결선 회로가 있다. 상전압과 상전류는 각각 약 얼마인가?

① 121[V], 10[A]

② 210[V], 10[A]

③ 121[V], 5.77[A]

④ 210[V], 5.77[A]

Y결선
선간전압 V_L
상전압 V_P
$V_L = \sqrt{3} V_P \angle 30°$
$V_P = \dfrac{V_L}{\sqrt{3}} = \dfrac{210}{\sqrt{3}} = 121.24\cdots$
선간전류 I_L
상전류 I_P
$I_L = I_P$
$10 = 10$

61 △결선에서 선전류가 $10\sqrt{3}$[A]이면 상전류는 몇 [A]인가?

① $10\sqrt{3}$ ② 10

③ 15   ④ 20

△결선
선간전류 I_L
상전류 I_P
$I_L = \sqrt{3}I_P \angle \; 30°$
$I_P = \dfrac{I_L}{\sqrt{3}} = \dfrac{10\sqrt{3}}{\sqrt{3}} = 10$

62 △결선시전간전압(V_L), 선간전류(I_L), 상전압(V_P), 상전류(I_L)의 관계식으로 옳은 것은?

① $V_L = V_P, \; I_L = I_P$

② $V_L = \sqrt{3}V_P, \; I_L = I_P$

③ $V_L = V_P, \; I_L = \sqrt{3}I_P$

④ $V_L = \sqrt{3}V_P, \; I_L = \sqrt{3}I_P$

△결선
선간전압 V_L
상전압 V_P
$V_L = V_P$
선간전류 I_L
상전류 I_P
$I_L = \sqrt{3}I_P \angle -30°$

63 평형 3상 교류회로의 Y회로로부터 △회로로 등가 변환하기 위해서는 어떻게 하여야 하는가?

① $Z_\Delta = 3Z_Y$

② $Z_\Delta = \dfrac{1}{3}Z_Y$

③ $Z_\Delta = \sqrt{3}Z_Y$

④ $Z_\Delta = \dfrac{1}{\sqrt{3}}Z_Y$

$Y \to \Delta$ 변환
$Z_\Delta = 3Z_Y$
$\Delta \to Y$ 변환
$Z_Y = \dfrac{1}{3}Z_\Delta$

64 3상 전원에서 한 상에 고장이 발생하였다. 이때 3상부하에 3상전력을 공급할 수 있는 결선 방법은?

① Y결선

② V결선

③ Δ결선

④ 단권결선

V결선 : △결선으로 운전 중, 3상 중 1상이 고장이 난 경우 2상으로 운전하여 3상 전력을 공급하는 방법

65 변압기 2대를 V결선했을 때의 이용률은 몇 [%]인가?

① 0.777

② 0.577

③ 0.666

④ 0.866

V결선의 이용률 = 0.866

66 어떤 3상 회로에서 선간전압이 200[V], 선전류가 25[A], 3상 전력이 7[kW]였다. 이때의 역률은?

① 46[%]

② 80[%]

③ 65[%]

④ 75[%]

피상전력 $P_a = 3V_P I_P = \sqrt{3}V_L I_L$
유효전력 $P = 3V_P I_P \cos\theta = \sqrt{3}V_L I_L \cos\theta$
역률 $\cos\theta = \dfrac{P}{P_a} = \dfrac{7000}{\sqrt{3} \times 200 \times 25} = 80$

67 2전력계법으로 3상 전력을 측정할 때 지시값이 $P_1 = 200[w]$. $P_2 = 200[w]$일 때 부하전력[W]은?

① 200

② 300

③ 400

④ 800

2전력계법

$P = P_1 + P_2$

$P = 200 + 200 = 400$

---

68 비정현파를 여러 개의 정현파의 합으로 표시한 방법은?

① 노튼의 정리

② 중첩의 정리

③ 밀만의 정리

④ 푸리에 정리

비정현파를 여러 개의 정현파의 합으로 표시한 방법 : 푸리에 정리, 해석

---

69 비사인파의 일반적인 구성이 아닌 것은?

① 기본파

② 직류분

③ 정현파

④ 고조파

비사인파 기본 구성 : 직류분 + 기본파 + 고조파

---

70 비정현파의 실효값을 나타낸 것은?

① $V = \sqrt{V_0^2 + V_1^2 + V_2^2 + V_3^2}$

② $V = \sqrt{V_1^2 + V_2^2 + V_3^2}$

③ $V = \sqrt{V_0^2 + V_2^2 + V_3^2}$

④ $V = \sqrt{V_2^2 + V_3^2}$

실효값 $= \sqrt{\text{각파의 실효값의 제곱근}}$

$V = \sqrt{V_0^2 + V_1^2 + V_2^2 + V_3^2 \cdots V_n^2}$

V_0 : 직류분

V_1 : 기본파

$V_{2 \sim n}$: $2 \sim n$ 고조파

---

71 $R[\Omega]$인 저항 3개가 △결선으로 되어 있는 것을 Y결선으로 변환하면 1상의 저항은 어떻게 되는가?

① $\frac{1}{3}R$

② $\frac{1}{3R}$

③ $3R$

④ R

$Y \to \Delta$ 변환

$Z_\Delta = 3Z_Y$

$\Delta \to Y$ 변환

$Z_Y = \frac{1}{3} Z_\Delta$

---

72 비사인파 교류회로의 전력에 대한 설명으로 옳은 것은?

① 전압의 제3고조파와 전류의 제3고조파 성분 사이에 소비전력이 발생한다.

② 전압의 제2고조파와 전류의 제3고조파 성분 사이에 소비전력이 발생한다.

③ 전압의 제3고조파와 전류의 제5고조파 성분 사이에 소비전력이 발생한다.

④ 전압의 제5고조파와 전류의 제7고조파 성분 사이에 소비전력이 발생한다.

비사인파 유효전력은 같은 고조파전압과 같은 고조파전류에 대한 대수합이다.

73 [VA]는 무엇의 단위인가?

① 유효전력

② 무효전력

③ 피상전력

④ 역률

피상전력 $P_a = VI[VA]$
유효전력 $P = VI\cos\theta[W]$
무효전력 $P_r = VI\sin\theta[var]$

74 변압기 2대를 V결선했을 때의 이용률은 몇 [%]인가?

① 57.7[%]

② 70.7[%]

③ 86.6[%]

④ 100[%]

V결선의 이용률=0.866
V결선의 출력비=0.577

75 2전력계법에 의해 평형 3상 전력을 측정하였더니 전력계가 각각 800[W], 400[W]를 지시하였다면, 이 부하의 전력은 몇 [W]인가?

① 600[W]

② 800[W]

③ 1200[W]

④ 1600[W]

2전력계법
$P = P_1 + P_2$
$P = 800 + 400 = 1200$

76 Y-Y 평형 회로에서 상전압 V_p가 100[V], 부하 z=8+6j[Ω]이면 선전류 I_L의 크기는 몇 A인가?

① 2

② 5

③ 7

④ 10

Y결선의 선간전압과 상전압관계
$V_L = \sqrt{3}V_P$
Y결선의 선간전류와 상전류관계
$I_L = I_P$
$|Z| = \sqrt{8^2 + 6^2} = 10$
$I_P = \dfrac{V_P}{|Z|} = \dfrac{100}{10} = 10$
$\therefore I_L = I_P = 10$

77 저항이 9[Ω]이고, 용량 리액턴스가 12[Ω]인 직렬 회로의 임피던스[Ω]는?

① 3 [Ω]

② 15 [Ω]

③ 21 [Ω]

④ 108 [Ω]

임피던스
$Z = R - jX_C = R - j\dfrac{1}{\omega C}$

$|Z| = \sqrt{R^2 + X_C^2} = \sqrt{R^2 + \left(\dfrac{1}{\omega C}\right)^2} = \sqrt{9^2 + 12^2} = 15$

78 단상전력계 2대를 사용하여 2전력계법으로 3상 전력을 측정하고자 한다. 두 전력계의 지시값이 각각 P_1, P_2(W)이었다. 3상 전력 P(W)를 구하는 식으로 옳은 것은?

① $P = \sqrt{3}(P_1 \times P_2)$

② $P = P_1 - P_2$

③ $P = P_1 \times P_2$

④ $P = P_1 + P_2$

2전력계법
$P = P_1 + P_2$

정답 73③ 74③ 75③ 76④ 77② 78④

빈출 태그 ▶ 직류발전기의 구조, 직류발전기의 종류, 직류전동기의 종류

01 직류기의 원리와 구조

01 직류발전기의 구조

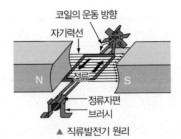

▲ 직류발전기 원리

1) 직류발전기의 3대 요소

① 계자 : 자속을 발생하는 부분

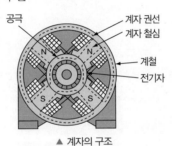

▲ 계자의 구조

② 전기자 : 자속을 끊어 기전력을 유기시키는 부분, 전기자 철심과 권선(코일)로 구성
③ 정류자 : 발생한 교류전기를 직류전기로 변환시킴

2) 전기자 권선법

① 환상권, 고상권

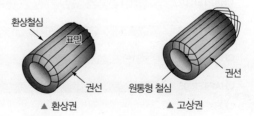

▲ 환상권   ▲ 고상권

② 개로권, 폐로권

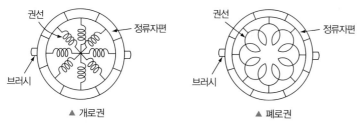

▲ 개로권

▲ 폐로권

③ 단층권, 이층권

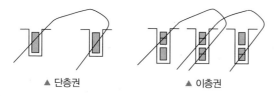

▲ 단층권

▲ 이층권

④ 중권 및 파권
⑤ 직류기는 고상권, 폐로권, 이층권, 중권, 파권을 채택하여 사용함

3) 중권과 파권의 비교

구분	중권(병렬권)	파권(직렬권)
병렬 회로 수	a=p(다중일 때 a=mp)	a=2
특징	균압환 필요	균압환 불필요
용도	저전압 대전류용	고전압 소전류용

4) 유도기전력

$$E = \frac{pZ\varnothing N}{60a} = K\varnothing N$$

- p : 극수
- Z : 도체수
- $\varnothing$: 자속수
- N : 회전수[rps]
- a : 병렬회로수

기적의 TIP

문제에서 N : 회전수는 [rpm]
으로 주어지기 때문에 초당
속도로 변환 필요

5) 전기자 반작용

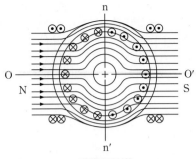

▲ 전기자 반작용

① 전기자 전류에 의하여 계자자속에 영향을 미치는 현상

② 전기자 반작용의 영향

• 주자속의 감소
• 중성축의 이동 : 회전 방향으로 이동(발전기), 회전 반대 방향으로 이동(전동기)
• 브러시에 불꽃 발생

③ 전기자 반작용 방지 대책

• 보상권선 설치 : 보상권선은 전기자권선의 전류 방향과 반대로 설치
• 보극 설치
• 중성축의 이동

기적의 TIP

전기자 반작용의 방지 대책 중 가장 유효한것은 보상권선의 설치이다.

6) 정류작용

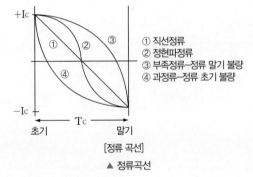

[정류 곡선]

▲ 정류곡선

① 직선정류
② 정현파정류
③ 부족정류–정류 말기 불량
④ 과정류–정류 초기 불량

① 직선정류 : 이상적인 정류, 완벽한 정류

② 정현파정류 : 양호한 정류

③ 부족정류 : 정류 말기에 전류 변화가 커서 브러시 후단에 불꽃 발생

④ 과정류 : 정류 초기에 전류 변화가 커서 브러시 전단에 불꽃 발생

⑤ 양호한 정류를 얻는 방법

• 저항정류 : 접촉저항이 큰 탄소브러시 사용
• 전압정류 : 리액턴스의 평균전압을 작게 하기 위해 보극을 설치

01 직류발전기의 종류

1) 타여자 발전기 : 계자와 전기자가 전기적으로 분리(계자에 외부전원을 공급)

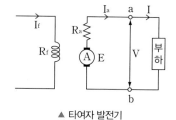

▲ 타여자 발전기

기적의 TIP

I_f : 계자전류[A]
R_f : 계자저항[Ω]
R_a : 전기자저항[Ω]
I_a : 전기자전류[A]
E : 유도기전력
　 ＝유기기전력[V]
V : 단자전압[V]
I : 부하전류[A]

① 전류식
- $I_f = \varnothing$
- $I_a = I$

② 유도기전력＝유기기전력
- $E = V + I_a R_a$

③ 단자전압
- $V = E - I_a R_a$

2) 분권발전기 : 계자와 전기자가 병렬로 연결, 잔류자기 필요

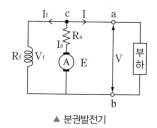

▲ 분권발전기

기적의 TIP

I_f : 계자전류[A]
R_f : 계자저항[Ω]
R_a : 전기자저항[Ω]
I_a : 전기자전류[A]
E : 유도기전력
　 ＝유기기전력[V]
V : 단자전압[V]
I : 부하전류[A]

① 전류식
- 부하 시
　$I_a = I_f + I$
- 무부하 시
　$I_a = I_f$
　$I_f = \dfrac{V}{R_f}$

② 유도기전력＝유기기전력
- $E = V + I_a R_a$

③ 단자전압
- $V = E - I_a R_a$

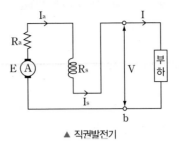

기적의 TIP

I_f : 계자전류[A]
R_f : 계자저항[Ω]
R_a : 전기자저항[Ω]
I_a : 전기자전류[A]
E : 유도기전력
　　＝유기기전력[V]
V : 단자전압[V]
I : 부하전류[A]

3) 직권발전기 : 계자와 전기자가 직렬로 연결, 잔류자기 필요

▲ 직권발전기

① 전류식
- 부하 시

$$I_a = I_s = I$$

② 유도기전력＝유기기전력
- $E = V + I_a(R_a + R_s)$

③ 단자전압
- $V = E - I_a(R_a + R_s)$

4) 복권발전기 : 직권발전기와 분권발전기가 혼합된 형태, 잔류자기 필요

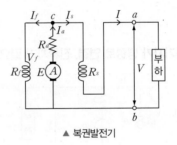

▲ 복권발전기

5) 발전기의 병렬운전

① 병렬운전 조건
- 각 발전기의 단자전압이 같을 것
- 극성이 일치할 것
- 외부 특성이 수하특성일 것
- 균압환 설치할 것(균압환은 직권과 복권만 설치)

6) 발전기의 특성곡선

① 무부하특성곡선 : 계자전류와 유도기전력(무부하단자전압)의 관계 곡선
② 부하특성곡선 : 계자전류와 단자전압의 관계 곡선
③ 외부특성곡선 : 부하전류와 단자전압의 관계 곡선

01 직류전동기의 종류

1) 타여자 전동기 : 계자와 전기자가 전기적으로 분리(계자에 외부전원을 공급)

① 전류식
- $I_f = \varnothing$
- $I = I_a$

② 역기기전력
- $\downarrow E = V - I_a R_a$

③ 단자전압
- $V = \downarrow E + I_a R_a$

2) 분권전동기 : 계자와 전기자가 병렬로 연결

① 전류식
- $I = I_f + I_a$

② 역기기전력＝유기기전력
- $\downarrow E = V - I_a R_a$

③ 단자전압
- $V = \downarrow E + I_a R_a$

3) 직권전동기

① 전류식
- $I = I_a = I_s$

② 역기기전력
- $\downarrow E = V - I_a(R_a + R_s)$

③ 단자전압
- $V = \downarrow E + I_a(R_a + R_s)$

4) 타여자전동기의 특성

① 속도 특성
- $E = \dfrac{pZ\varnothing N}{60a} = K\varnothing N$에서

  $N = K\dfrac{\downarrow E}{\varnothing} = K\dfrac{V - I_a R_a}{\varnothing}$[rpm]

② 특징
- 자속이 일정하고 전기자저항이 매우 작아 부하 변화에 전기자 전류가 변해도 정속도 특성을 가짐
- 계자전류가 0이 되면 속도가 급격히 상승하여 위험하므로 계자에 퓨즈를 넣으면 안 됨

5) 분권전동기의 특성

① 속도 특성

- $E = \dfrac{pZ \oslash N}{60a} = K \oslash N$ 에서

$N = K \dfrac{\downarrow E}{\oslash} = K \dfrac{V - I_a R_a}{\oslash}$ [rpm]

② 특징

- 타여자전동기와 거의 동일한 특성을 가짐
- 3상 유도전동기가 있어 별로 사용 안 함

6) 직권전동기의 특성

① 속도 특성

- $E = \dfrac{pZ \oslash N}{60a} = K \oslash N$ 에서

$N = K \dfrac{\downarrow E}{\oslash} = K \dfrac{V - I_a(R_a + R_s)}{\oslash}$ [rpm]

② 특징

- 부하에 따라 자속이 비례하여, 부하의 변화에 따라 속도가 반비례
- 무부하가 되면 회전속도가 급격히 상승하여 위험하므로 벨트 운전이나 무부하운전 금지
- 전기철도 및 크레인 전동차에 적합함

7) 직류기의 속도제어

① 전압제어 : 직류전압을 조정하여 속도를 제어(워드레오너드방식, 일그너방식, 초 퍼방식이 있음)

② 계자제어 : 자속을 조정하여 속도를 제어

- 자속이 증가하면 속도는 감소
- 자속이 감소하면 속도는 증가
- 계자전류가 증가하면 속도는 감소
- 계자전류가 감소하면 속도는 증가
- 계자저항이 증가하면 속도는 증가
- 계자저항이 감소하면 속도는 감소

③ 저항제어 : 전기자저항으로 속도를 제어(별로 사용하지 않음)

8) 직류기의 제동

① 발전제동 : 제동 시 전원을 개방하여 발전기로 이용한 전력을 제동용 저항에 열로 소비시켜 정지

② 회생제동 : 제동 시 전원을 개방 안 하고 발전기로 이용하여 발전전력을 다시 전원 으로 돌려보내 정지

③ 역전제동＝역상제동＝플러깅 : 제동 시 역회전으로 접속하여 정지. 급정지 시 사용

9) 직류전동기의 토크

- $T = 0.975 \times \dfrac{P[W]}{N(회전속도)}[\text{kg} \cdot \text{m}]$

- $T = 975 \times \dfrac{P[kW]}{N(회전속도)}[\text{kg} \cdot \text{m}]$

04 직류기의 손실 및 효율

1) 직류전동기의 손실

① 동손 P_c : 부하전류에 의한 손실
② 철손 P_i : 철심에서 생기는 히스테리시스손+와류손을 의미
- 히스테리시스손 P_h : 철심의 재질에 의해 생기는 손실 / 손실방지는 규소강판
- 와류손 P_e : 자속에 의해 철심의 맴돌이전류로 생기는 손실 / 손실방지는 성층철심
③ 기계손 : 회전시 생기는 마찰손, 풍손
④ 표유부하손 : 철손, 기계손, 동손을 제외한 손실

2) 효율

① 실측 효율 : 실제 측정한 효율

- $\eta = \dfrac{출력}{입력} \times 100[\%]$

② 규약 효율 : 규정된 방법에 의하여 각 손실을 측정 및 산출하여 효율을 계산하는 방법

- 발전기의 규약효율

  $\eta_G = \dfrac{출력}{출력 + 손실} \times 100[\%]$

- 전동기의 규약효율

  $\eta_m = \dfrac{입력 - 손실}{입력} \times 100[\%]$

3) 전압 변동율 및 속도 변동율

① 전압 변동율

- $\varepsilon = \dfrac{V_0 - V_n}{V_n} \times 100[\%]$

  V_n : 정격전압

  V_0 : 무부하전압

② 속도 변동율

- $\varepsilon = \dfrac{N_0 - N_n}{N_n} \times 100[\%]$

  N_n : 정격속도

  N_0 : 무부하속도

> **기적의 TIP**
>
> 출력 = 입력 − 손실
> 입력 = 출력 + 손실
> 발전기는 입력이 중요
> 전동기는 출력이 중요

01 직류 전동기의 회전 방향을 바꾸기 위해서는 어떻게 하면 되는가?

① 전원의 극성을 바꾼다.
② 발전기로 운전한다.
③ 차동복권을 가동복권으로 한다.
④ 전류의 방향이나 계자의 극성을 바꾸면 된다.

전류의 방향 및 계자의 극성을 바꾸면 되는데, 이때 둘 중 하나만 바꿔야 한다.

02 직류 발전기에서 계자 철심에 잔류자기가 없어도 발전을 할 수 있는 발전기는?

① 타여자 발전기
② 직권 발전기
③ 복권 발전기
④ 분권 발전기

타여자 발전기 : 계자와 전기자가 전기적으로 분리(계자에 외부전원을 공급)

03 보극이 없는 직류기의 운전 중 중성점의 위치가 변하지 않는 경우는?

① 과부하일 때
② 전부하일 때
③ 중부하일 때
④ 무부하일 때

• 전기자반작용 : 전기자전류로 인해 주자속에 영향을 미치는 현상
• 전기자반작용 영향 : 주자속 감소, 중성축 이동, 브러시에 불꽃 발생
• 부하가 없으면 중성축이 변화 안 함

04 10극의 직류 파권 발전기의 전기자 도체수 400, 매극의 자속수 0.02[wb], 회전수 600[rpm]일 때 기전력은 몇 [V]인가?

① 200
② 400
③ 380
④ 220

$$E = \frac{pZ\varnothing N}{60a} = \frac{10 \times 400 \times 0.02 \times 600}{60 \times 2} = 400$$
파권은 병렬회로수 2
속도의 단위는 [rps]라 $\frac{1}{60}$이 들어가야 함

05 플레밍(Fleming)의 오른손 법칙에 따르는 기전력이 발생하는 기기는?

① 용접기
② 전동기
③ 정류기
④ 발전기

플레밍의 오른손법칙의 원리로 발전기가 동작된다.

06 단중중권의 극수가 P인 직류기에서 전기자 병렬 회로 수 a는 어떻게 되는가?

① 극수 P와 무관하게 항상 2가 된다.
② 극수 P의 2배가 된다.
③ 극수 P와 같게 된다.
④ 극수 P의 3배가 된다.

중권의 병렬 회로 수 $a = p$(다중일 때는 $a = mp$)
파권의 병렬 회로 수 $a = 2$

정답 01④ 02① 03④ 04② 05④ 06③

07 직류발전기의 무부하특성곡선에 대한 설명으로 옳은 것은?

① 정격전류와 단자전압의 관계이다.
② 정격전류와 정격전압의 관계이다.
③ 계자전류와 유도기전력의 관계이다.
④ 계자전류와 정격전압의 관계이다.

발전기의 특성곡선
• 무부하특성곡선 : 유도기전력과 계자전류의 관계
• 부하특성곡선 : 단자전압과 계자전류의 관계
• 외부특성곡선 : 단자전압과 부하전류의 관계

08 직류기에서 전기자반작용을 방지하기 위한 보상권선의 전류 방향은 어떻게 되는가?

① 전기자권선의 전류 방향과 같다.
② 계자권선의 전류 방향과 같다.
③ 전기자권선의 전류 방향과 반대이다.
④ 계자전류의 방향과 반대이다.

전기자반작용 방지
보상권선 설치 : 계자에 설치(전기자권선의 전류 방향과 반대로 설치)

09 교류 동기 서보 모터에 비하여 효율이 훨씬 좋고 큰 토크를 발생하여 입력되는 각 전기신호에 따라 규정된 각도만큼씩 회전하며 회전자는 축 방향으로 자화된 영구자석으로서 보통 50개 정도의 톱니로 만들어져 있는 것은?

① 전기 동력계
② 직류 스태핑 모터
③ 유도 전동기
④ 동기 전동기

직류 스태핑 모터 : 각 전기신호에 따라 규정된 각도만큼씩 회전하며 회전자는 축 방향으로 자화된 영구자석으로서 톱니 형태로 만들어져 있음

10 8극 파권 직류발전기의 전기자권선의 병렬 회로수 a는 얼마로 하고 있는가?

① 1   ② 8
③ 6   ④ 2

중권의 병렬 회로 수 $a = p$(다중일 때는 $a = mp$)
파권의 병렬 회로 수 $a = 2$

11 복권 발전기의 병렬 운전을 안전하게 하기 위해서 두 발전기의 전기자와 직권 권선의 접촉점에 연결해야 하는 것은?

① 안정저항
② 집전환
③ 균압선
④ 브러시

직류발전기 병렬 운전 조건
• 각 발전기의 단자전압이 같을 것
• 극성이 일치할 것
• 외부 특성이 수하특성일 것
• 균압환(＝균압선) 설치할 것(균압환은 직권과 복권만 설치)

12 급정지하는 데 가장 좋은 제동법은?

① 발전제동
② 역전제동
③ 단상제동
④ 회생제동

• 발전제동 : 제동 시 전원을 개방하여 발전기로 이용한 전력을 제동용 저항에 열로 소비시켜 정지
• 회생제동 : 제동 시 전원을 개방 안 하고 발전기로 이용하여 발전전력을 다시 전원으로 돌려보내 정지
• 역전제동＝역상제동＝플러깅 : 제동 시 역회전으로 접속하여 정지. 급정지 시 사용

13 직류전동기의 규약효율을 표시하는 식은?

① $\dfrac{출력}{출력+손실}\times 100[\%]$

② $\dfrac{입력-손실}{입력}\times 100[\%]$

③ $\dfrac{출력}{입력}\times 100[\%]$

④ $\dfrac{입력}{출력+손실}\times 100[\%]$

발전기의 규약효율

$\eta_G = \dfrac{출력}{출력+손실}\times 100[\%]$

전동기의 규약효율

$\eta_m = \dfrac{입력-손실}{입력}\times 100[\%]$

14 전기자 전압을 전원전압으로 일정히 유지하고, 계자전류를 조정하여 자속 Φ[Wb]를 변환시킴으로써 속도를 제어하는 제어법은?

① 전압 제어법
② 전기자전압 제어법
③ 저항 제어법
④ 계자 제어법

계자 제어법 : 자속을 변환하여 속도를 조정

15 직류기에서 보극을 두는 가장 주된 목적은?

① 정류 작용을 돕고 전기자반작용을 약화시킨다.
② 전기자반작용을 크게 한다.
③ 기동 특성을 좋게 한다.
④ 전기자자속을 증가시킨다.

보극은 전기자반작용 방지에도 도움이 되지만 주된 용도는 전압정류를 위한 용도이다.

16 전기자 저항 0.1[Ω], 전기자 전류 104[A], 유도기전력 110.4[V]인 직류 분권 발전기의 단자 전압은 몇 [V]인가?

① 100
② 98
③ 102
④ 105

분권 발전기
유도기전력 $E=V+I_a R_a$
단자전압 $V=E-I_a R_a = 110.4 - 104\times 0.1 = 100$

17 직류발전기의 전압제어에 의한 속도제어가 아닌 것은?

① 워드레오너드 방식
② 회생제어
③ 쵸퍼 방식
④ 일그너 방식

• 전압제어 방식 : 워드레오너드, 쵸퍼, 일그너
• 회생제어는 정지를 시키기 위한 제어이다.

18 6극 전기자도체수 400, 매극 자속수 0.01[Wb], 회전수 600[rpm]인 파권 직류기의 유기기전력은 몇 [V]인가?

① 160
② 140
③ 120
④ 180

$E=\dfrac{pZ\varnothing N}{60a}=\dfrac{6\times 400\times 0.01\times 600}{60\times 2}=120$

파권은 병렬회로수 2

속도의 단위는 $[rps]$라 $\dfrac{1}{60}$이 들어가야 함

19 분권 발전기는 잔류자속에 의해서 잔류전압을 만들고 이때 여자전류가 잔류자속을 증가시키는 방향으로 흐르면, 여자전류가 점차 증가하면서 단자전압이 상승하게 된다. 이 현상을 무엇이라 하는가?

① 전압 확립
② 여자 조절
③ 보상 전압
④ 자기 포화

전압 확립 : 잔류자속에 의해 잔류전압이 만들어지고 여자전류의 증가에 따라 잔류자속이 증가하면서 단자전압이 상승하는 것

20 직류기에서 브러시의 역할은?

① 기전력 유도
② 전기자권선과 외부회로 접속
③ 정류 작용
④ 자속 생성

브러시 : 전기자권선과 외부회로(정류자)의 접속

21 유도기전력 110[V], 전기자 저항 및 계자 저항이 각각 0.05[Ω]인 직권 발전기가 있다. 부하전류가 100[A]이면, 단자전압[V]은?

① 95
② 110
③ 105
④ 100

직권 발전기
유도기전력 $E = V + I_a(R_a + R_s)$
단자전압 $V = E - I_a(R_a + R_s) = 110 - 100 \times (0.05 + 0.05) = 100$

22 직류 전동기의 출력이 50[kW], 회전수가 1800[rpm]일 때 토크는 약 몇 kg·m인가?

① 12
② 23
③ 31
④ 27

- $T = 0.975 \times \dfrac{P[W]}{N}[\text{kg} \cdot \text{m}]$
- $T = 975 \times \dfrac{P[kW]}{N(\text{회전속도})}[\text{kg} \cdot \text{m}] = 975 \times \dfrac{50}{1800} = 27$

23 워드레오너드 속도 제어는?

① 전압제어
② 계자제어
③ 저항제어
④ 직, 병렬제어

전압제어 방식 : 워드레오너드, 일그너, 쵸퍼

24 직류 복권전동기를 분권전동기로 사용하려면 어떻게 하여야 하는가?

① 직권계자를 단락시킨다.
② 부하단자를 단락시킨다.
③ 분권계자를 단락시킨다.
④ 전기자를 단락시킨다.

- 복권발전기 및 복권전동기 : 직권과 분권이 결합된 상태
- 복권을 분권으로 변환 : 직권계자를 단락시킴
- 복권을 직권으로 변환 : 분권계자를 개방시킴

25 철심에 권선을 감고 전류를 흘려서 공극(air gap)에 필요한 자속을 만드는 것은?

① 정류자
② 전기자
③ 회전자
④ 계자

계자 : 자속을 만들어주는 부분

26 다음 중 토크(회전력)의 단위는?

① [W]
② [rpm]
③ [N · m]
④ [N]

토크의 단위
$T[\text{kg} \cdot \text{m}]$
$1[\text{kg} \cdot \text{m}] = 9.8[\text{N} \cdot \text{m}]$

27 직류전동기의 속도 제어법에서 정출력 제어에 속하는 것은?

① 워드 레오나드 제어법
② 전기자 저항 제어법
③ 전압 제어법
④ 계자 제어법

계자 제어법 : 자속을 변환시켜 속도를 조정, 정출력 제어 및 세밀한 조정 가능

28 직류 발전기의 부하특성곡선은 다음 어느 것의 관계인가?

① 단자전압과 계자전류
② 단자전압과 부하전류
③ 부하전류와 여자전류
④ 부하전류와 유기기전력

발전기의 특성곡선
• 무부하특성곡선 : 유도기전력과 계자전류의 관계
• 부하특성곡선 : 단자전압과 계자전류의 관계
• 외부특성곡선 : 단자전압과 부하전류의 관계

29 다음 그림의 전동기는 어떤 전동기인가?

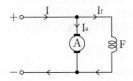

① 타여자 전동기
② 직권 전동기
③ 분권 전동기
④ 복권 전동기

분권 전동기 : 계자와 전기자가 병렬로 연결됨

30 정격전압 230[V], 정격전류 28[A]에서 직류전동기의 속도가 1680[rpm]이다. 무부하에서의 속도가 1733[rpm]이라고 할 때 속도 변동률[%]은 약 얼마인가?

① 4.6 ② 5.0
③ 6.1 ④ 3.2

$$\varepsilon = \frac{N_0 - N_n}{N_n} \times 100[\%] = \frac{1733 - 1680}{1680} \times 100[\%] = 3.2[\%]$$
N_n : 정격속도
N_0 : 무부하속도

정답 25 ④ 26 ③ 27 ④ 28 ① 29 ③ 30 ④

31 전기자 저항 0.1[Ω], 전기자 전류 80[A], 유도 기전력 110.4[V]인 직류 분권 발전기의 단자전압[V]은?

① 106

② 100

③ 102

④ 98

분권 발전기
유도기전력 $E = V + I_a R_a$
단자전압 $V = E - I_a R_a = 110 - 80 \times 0.1 = 102$

32 직류 직권 전동기에서 벨트를 걸고 운전하면 안 되는 가장 큰 이유는?

① 벨트가 벗어지면 위험 속도로 도달하므로

② 손실이 많아지므로

③ 벨트가 마멸 보수가 곤란하므로

④ 직결하지 않으면 속도 제어가 곤란하므로

직류 직권 전동기 특징
• 부하에 따라 자속이 비례하여, 부하의 변화에 따라 속도가 반비례
• 무부하 되면 회전속도가 급격히 상승하여 위험해 벨트운전이나 무부하운전 금지
• 전기철도 및 크레인 전동차에 적합함

33 직류기의 3대 요소가 아닌 것은?

① 공극

② 전기자

③ 계자

④ 정류자

직류발전기 3대 요소
• 계자 : 자속을 만들어줌
• 전기자 : 자속을 끊어 기전력을 유기
• 정류자 : 교류전기를 직류전기로 변환

34 정속도 및 가변속도 제어가 되는 전동기는?

① 분권기

② 가동 복권기

③ 차동 복권기

④ 직권기

직류전동기에서 정속도전동기에는 분권전동기와 타여자전동기가 있다.

35 직류전동기의 속도 제어 방법 중 속도 제어가 원활하고 정토크 제어가 되며 운전 효율이 좋은 것은?

① 직렬 저항 제어

② 계자 제어

③ 전압 제어

④ 병렬 저항 제어

전압제어 : 속도 제어 원활, 정토크 제어, 워드레오너드, 일그너, 쵸퍼 방식이 있음

36 그림과 같은 접속은 어떤 직류 전동기의 접속인가?

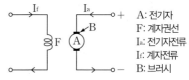

A: 전기자
F: 계자권선
I_a: 전기자전류
I_f: 계자전류
B: 브러시

① 타여자전동기

② 직권전동기

③ 분권전동기

④ 복권전동기

타여자전동기 : 계자와 전기자가 분리되고 계자에 외부전원 공급

37 정류자와 접속하여 전기자 권선과 외부 회로를 연결시켜 주는 것은?

① 브러시
② 계자
③ 전기자
④ 공극

브러시 : 전기자 권선과 외부 회로를 연결

38 직류 발전기를 정격전압 220[V]로 운전하다가 무부하로 운전하였더니, 단자 전압이 253[V]가 되었다. 이 발전기의 전압 변동률은 몇 [%]인가?

① 25
② 15
③ 35
④ 45

$$\varepsilon = \frac{V_0 - V_n}{V_n} \times 100[\%] = \frac{253 - 220}{220} \times 100 = 15[\%]$$

V_n : 정격전압
V_0 : 무부하전압

39 직류발전기를 정격속도, 정격부하전류에서 정격전압 V_n[V]이 발생하도록 한 다음, 계자 저항 및 회전 속도를 바꾸지 않고 무부하로 하였을 때의 단자전압을 V_0라 하면, 이 발전기의 전압 변동률 ε[%]는?

① $\frac{V_o - V_n}{V_o} \times 100\%$

② $\frac{V_n - V_o}{V_n} \times 100\%$

③ $\frac{V_o + V_n}{V_o} \times 100\%$

④ $\frac{V_o + V_n}{V_n} \times 100\%$

$$\varepsilon = \frac{V_0 - V_n}{V_n} \times 100[\%]$$

V_n : 정격전압
V_0 : 무부하전압

40 직류 발전기의 전기자 반작용의 영향이 아닌 것은?

① 중성축의 이동
② 절연 내력의 저하
③ 자속의 감소
④ 유도기전력의 저하

• 전기자 전류에 의하여 계자 자속에 영향을 미치는 현상
• 전기자 반작용의 영향
  – 주자속의 감소
  – 중성축의 이동 : 회전 방향으로 이동(발전기), 회전 반대 방향으로 이동(전동기)
  – 브러시에 불꽃 발생
• 전기자 반작용 방지 대책
  – 보상권선 설치 : 보상권선은 전기자권선의 전류 방향과 반대로 설치
  – 보극 설치
  – 중성축의 이동

41 분권 발전기의 회전 방향을 반대로 하면?

① 고전압이 발생한다.
② 전압이 유기된다.
③ 잔류자기가 소멸된다.
④ 발전기가 소손된다.

분권 발전기의 회전 방향을 반대로 하면 잔류자기가 소멸되어 발전기가 멈춘다.

42 전기기계의 철심을 성층하는 가장 적절한 이유는?

① 표유 부하손을 적게 하기 위하여
② 와류손을 적게 하기 위하여
③ 기계손을 적게 하기 위하여
④ 히스테리시스손을 적게 하기 위하여

철손 P_i : 철심에서 생기는 히스테리시스손+와류손을 의미
• 히스테리시스손 P_h : 철심의 재질에 의해 생기는 손실 / 손실방지는 규소강판
• 와류손 P_e : 자속에 의해 철심의 맴돌이전류로 생기는 손실 / 손실방지는 성층철심

정답 37① 38② 39② 40② 41③ 42②

43 직류 분권 전동기의 계자저항을 운전 중에 증가시키면 회전속도는?

① 변화 없다.　　　② 정지한다.
③ 감소한다.　　　④ 증가한다.

계자제어 : 자속을 조정하여 속도를 제어
- 자속이 증가하면 속도는 감소
- 자속이 감소하면 속도는 증가
- 계자전류가 증가하면 속도는 감소
- 계자전류가 감소하면 속도는 증가
- 계자저항이 증가하면 속도는 증가
- 계자저항이 감소하면 속도는 감소

44 분권 전동기에 대한 설명으로 옳지 않은 것은?

① 부하전류에 따른 속도 변화가 거의 없다.
② 계자회로에 퓨즈를 넣어서는 안 된다.
③ 계자권선과 전기자권선이 전원에 병렬로 접속되어 있다.
④ 토크는 전기자 전류의 자승에 비례한다.

- 분권 전동기 $T \propto I_a \propto \dfrac{I}{N}$
- 직권 전동기 $T \propto I_a{}^2 \propto \dfrac{I}{N^2}$

45 직류 발전기에 있어서 전기자 반작용이 생기는 요인이 되는 전류는?

① 계자 권선의 전류
② 규소 강판에 의한 전류
③ 동선에 의한 전류
④ 전기자 권선에 의한 전류

- 전기자 전류에 의하여 계자 자속에 영향을 미치는 현상
- 전기자 반작용의 영향
  - 주자속의 감소
  - 중성축의 이동 : 회전 방향으로 이동(발전기), 회전 반대 방향으로 이동 (전동기)
  - 브러시에 불꽃 발생
- 전기자 반작용 방지 대책
  - 보상권선 설치 : 보상권선은 전기자권선의 전류 방향과 반대로 설치
  - 보극 설치
  - 중성축의 이동

46 직류 전동기의 회전 방향을 바꾸려면?

① 계자 또는 전기자의 접속을 바꾼다.
② 차동복권을 가동복권으로 바꾼다.
③ 전기자전류의 방향과 계자전류의 방향을 동시에 바꾼다.
④ 발전기로 운전시킨다.

전류의 방향 및 계자의 극성을 바꾸면 되는데, 이때 둘 중 하나만 바꿔야 한다.

47 직류 발전기의 전기자 반작용의 영향에 대한 설명으로 틀린 것은?

① 브러시 사이에 불꽃을 발생시킨다.
② 주 자속이 찌그러지거나 감소된다.
③ 전기자전류에 의한 자속이 주자속에 영향을 준다.
④ 회전 방향과 반대 방향으로 중성축이 이동된다.

- 전기자 전류에 의하여 계자 자속에 영향을 미치는 현상
- 전기자 반작용의 영향
  - 주자속의 감소
  - 중성축의 이동 : 회전 방향으로 이동(발전기), 회전 반대 방향으로 이동 (전동기)
  - 브러시에 불꽃 발생
- 전기자 반작용 방지 대책
  - 보상권선 설치 : 보상권선은 전기자권선의 전류 방향과 반대로 설치
  - 보극 설치
  - 중성축의 이동

정답 43 ④　44 ④　45 ④　46 ①　47 ④

동기기

빈출 태그 ▶ 동기속도, 전기자권선법, 전기자반작용, 단락비, 동기발전기 병렬운전

01 동기기 원리와 구조

1) 동기발전기의 구조

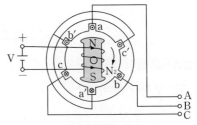

▲ 동기발전기 원리

① 고정자 : 전기자 권선을 지지하는 것

② 회전자 : 회전계자형과 회전전기자형이 있으나 회전계자형이 표준이다.

③ 회전계자형 : 전기자가 고정으로 계자가 회전하는 것

④ 회전전기자형 : 계자가 고정으로 전기자가 회전하는 것

⑤ 원통형＝비돌극형

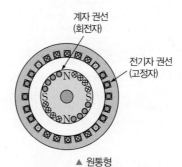

▲ 원통형

⑥ 돌극형＝철극형

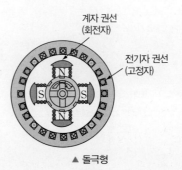

▲ 돌극형

2) 동기속도

① 동기발전기의 회전수를 말함

② $N_S = \dfrac{120f}{p}$

$\quad p = $ 극수
$\quad f = $ 주파수

3) 전기자 권선법

① 단절권

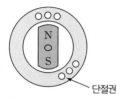

- 코일간격이 극간격보다 작은 것
- 단절비율 $\beta = \dfrac{\text{단절권의 코일간격}}{\text{전절권의 코일간격}} = \dfrac{\text{코일간격}}{\text{극간격}} = < 1$
- 단절계수 $K_p = \dfrac{\text{단절권의 합성기전력}}{\text{전절권의 합성기전력}} = \sin \dfrac{\beta \pi}{2}$
- 특징 : 고조파 제거하여 파형개선, 권선절약, 기전력이 단절 계수배 만큼 감소(단점)

② 전절권

- 코일간격이 극간격과 같은 것

▲ 전절권

③ 집중권

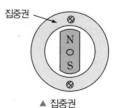

▲ 집중권

- 매극 · 매상의 코일을 1개의 슬롯에 집중하는 것

④ 분포권

- 매극 · 매상의 코일을 2개 이상의 슬롯에 분산하는 것

- 분포계수 $K_d = \dfrac{\text{분포권의 합성기전력}}{\text{집중의 합성기전력}}$

- 매극 · 매상당의 슬롯 수 $q = \dfrac{\text{총슬롯수}}{\text{극수} \times \text{상수}}$

- 기전력의 파형이 좋아짐, 전기자동손에 대한 열을 골고루 분포시켜 과열 방지

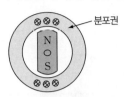

▲ 집중권 및 분포권

4) 유기기전력

① 한상의 유기기전력 $E = 4.44 K_w f N \varnothing [V]$

$$\text{권선계수 } K_w = K_p \times K_d$$
$$N = \text{권수} = \text{감은 횟수}$$

② 자속 $\varnothing = \dfrac{E}{4.44 K_w f N}$

$$E \propto \varnothing$$

$\varnothing$은 주파수와 권수의 곱에 반비례

5) 전기자 반작용

① 전기자전류에 의해 주자속의 영향을 미치는 현상

② 전류와 전압이 동상일 때 : 횡축반작용＝교차자화작용

③ 전류가 전압보다 $\dfrac{\pi}{2}$만큼 느릴 때(뒤질 때) : 감자작용＝직축반작용

④ 전류가 전압보다 $\dfrac{\pi}{2}$만큼 빠를 때(앞설 때) : 증자작용＝자화작용

02 동기발전기의 특성

1) 특성곡선

① 무부하특성곡선 : 유도기전력과 계자전류의 관계

② 부하특성곡선 : 단자전압과 계자전류의 관계

③ 외부특성곡선 : 단자전압과 부하전류의 관계

④ 3상단락곡선 : 계자전류와 단락전류의 관계(직선인 이유 : 전기자반작용)

2) 단락전류와 동기임피던스 및 퍼센트 동기임피던스

① 단락전류

$$I_s = \frac{E}{Z_s} = \frac{V}{\sqrt{3}Z_s}$$

$$I_s = \frac{100}{\%Z_s} \times I_n$$

② 동기임피던스

$$Z_s = \frac{E}{I_s} = \frac{E}{\sqrt{3}I_s}$$

$$Z_s = \frac{\%Z_s \times 10V^2}{P}$$

③ 퍼센트 동기임피던스

$$\%Z_s = \frac{I_p Z_s}{E} \times 100$$

$$\%Z_s = \frac{PZ_s}{10V^2} \times 100$$

$$\%Z_s = \frac{I_n}{I_s} \times 100$$

$$\%Z_s = \frac{1}{K_s} \times 100$$

3) 단락비

① 단락비의 크기는 기계의 특성을 나타내는 표준

② $I_s = \dfrac{100}{\%Z_s} \times I_n$에서 I_n을 양변으로 나누면

$$K_s = \frac{I_s}{I_n} = \frac{100}{\%Z_s}$$

③ 단락비가 큰 기계의 특징

- 퍼센트 동기임피던스가 작다.
- 동기임피던스가 작다.
- 전압강하가 작다.
- 전압변동률이 작다.
- 전기자 반작용이 작다.
- 공극이 크다.
- 설계 시 기계 규모가 커진다.
- 중량이 무겁다.
- 가격이 비싸진다.
- 안정도가 좋다.
- 과부하 내량이 크다.
- 송전선의 충전용량이 커진다.

④ 단락비가 작은 기계의 특징
- 퍼센트 동기임피던스가 크다.
- 전압강하가 크다.
- 전기자 반작용이 크다.
- 설계 시 기계 규모가 작아진다.
- 가격이 싸다.
- 과부하 내량이 작다.

- 동기임피던스가 크다.
- 전압변동률이 크다.
- 공극이 작다.
- 중량이 가볍다.
- 안정도가 나쁘다.
- 송전선의 충전용량이 작아진다.

4) 단란전류의 제한

① 돌발단락전류 제한 : 누설리액턴스
② 영구단락전류 제한 : 동기리액턴스

03 동기발전기의 병렬운전

1) 병렬 운전 조건

① 기전력의 파형이 같을 것. 다르면 무효순환전류가 흐름
② 기전력의 크기가 같을 것. 다르면 무효순환전류가 흐름
③ 기전력의 주파수가 같을 것. 다르면 난조가 발생
④ 기전력의 위상이 같을 것. 다르면 동기화전류(유효순환전류)가 흐름
⑤ 기전력의 상회전이 같을 것. 다르면 동기화검정등 점등

2) 난조 발생

① 부하가 갑자기 변하면 속도 재조정을 위한 진동이 발생하게 된다. 일반적으로는
   그 진폭이 점점 적어지나, 진동주기가 동기기의 고유진동에 가까워지면 공진작용
   으로 진동이 계속 증대하는 현상
② 발생하는 원인
- 조속기의 감도가 지나치게 예민한 경우
- 원동기에 고조파 토크가 포함된 경우
- 전기자 저항이 큰 경우
③ 난조 방지법

- 발전기에 제동권선을 설치한다(가장 좋은 방법).
- 원동기에 조속기가 너무 예민하지 않게 한다.
- 송전 계통을 연계하여 부하의 급변을 피한다.
- 회전자에 플라이 휠 효과를 준다.

04 동기전동기의 운전

1) 동기전동기의 원리

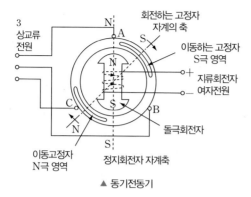

▲ 동기전동기

2) 동기전동기의 회전속도

① 회전속도 $N = N_s$

$$N = \frac{120f}{p}$$

기적의 TIP

N_s=120f/p

3) 동기전동기의 특징

① 정속도 전동기 → 압축기, 분쇄기, 송풍기에 사용
② 속도(회전수)를 조정할 수 없음
③ 기동 시 토크는 0
④ 역률이 조정 가능
⑤ 역률을 1로 운전 가능
⑥ 난조 발생의 우려가 있음
⑦ 여자용 직류전원 필요
⑧ 저속도 대용량기에 적합

4) 동기전동기의 전기자 반작용(발전기의 전기자 반작용과 반대)

① 전기자전류에 의해 주자속의 영향을 미치는 현상
② 전류와 전압이 동상일 때 : 횡축반작용＝교차자화작용
③ 전류가 전압보다 $\frac{\pi}{2}$ 만큼 느릴 때(뒤질 때) : 증자작용＝자화작용
④ 전류가 전압보다 $\frac{\pi}{2}$ 만큼 빠를 때(앞설 때) : 감자작용＝직축반작용

기적의 TIP

$\frac{\pi}{2}$ 는 90°입니다.

5) 위상특성곡선

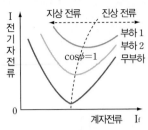

▲ 위상특성곡선

① 위상특선곡선은 V곡선이라고 불리고 전기자전류와 계자전류의 관계를 나타냄
- 부하 1 : 전부하＝중부하라고 불림
- 부하 2 : 1/2부하＝경부하라고 불림
- 부하 3 : 무부하라고 불림

② 곡선의 최저점(전기자 전류 최소)은 $\cos\theta=1$

③ 부하가 클수록 곡선은 위로 향함
- $\cos\theta=1$로 운전하다 계자전류를 증가시키면 → 전기자 전류 증가, 역률 앞섬
- $\cos\theta=1$로 운전하다 계자전류를 감소시키면 → 전기자 전류 증가, 역률 뒤짐

6) 동기 조상기

① 전압의 조정과 역률을 조정하기 위하여 무부하로 운전되는 동기전동기

② 동기 조상기의 역할
- 과여자로 운전하면 진상전류를 취하여 콘덴서로 작용
- 부족여자로 운전하면 지상전류를 취하여 리액터로 작용

7) 절연물의 최고허용온도

종별	Y종	A종	E종	B종	F종	H종	C종
최고허용온도	90°	105°	120°	130°	155°	180°	180° 초과

01 동기발전기의 권선을 분포권으로 사용하는 이유로 옳은 것은?

① 전기자 권선이 과열되어 소손되기 쉽다.
② 권선의 누설 리액턴스가 커진다.
③ 집중권에 비하여 합성 유기 전력이 높아진다.
④ 파형이 좋아진다.

분포권 사용 시 파형이 좋아지고 과열이 방지된다.

02 동기속도 1800[rpm], 주파수 60[Hz]인 동기발전기의 극수는 몇 극인가?

① 2
② 10
③ 8
④ 4

동기속도
$N_s = \dfrac{120f}{p}$
$\therefore p = \dfrac{120f}{N_s} = \dfrac{120 \times 60}{1800} = 4$

03 동기발전기의 무부하 포화곡선에 대한 설명으로 옳은 것은?

① 정격전류와 단자전압의 관계이다.
② 정격전류와 정격전압의 관계이다.
③ 계자전류와 유기기전력의 관계이다.
④ 계자전류와 정격전압의 관계이다.

• 무부하특성곡선 : 유도기전력과 계자전류의 관계
• 부하특성곡선 : 단자전압과 계자전류의 관계
• 외부특성곡선 : 단자전압과 부하전류의 관계
• 3상단락곡선 : 계자전류와 단락전류의 관계(직선인 이유 : 전기자반작용)

04 비돌극형 동기 발전기의 단자 전압을 V, 유기 기전력을 E, 동기 리액턴스를 X_s, 부하각을 δ라 하면 1상의 출력은?

① $\dfrac{E^2 V}{X_S} \sin\delta$

② $\dfrac{EV}{X_S} \sin\delta$

③ $\dfrac{E^2 V}{X_S} \cos\delta$

④ $\dfrac{EV}{X_S} \cos\delta$

1상 출력 $P_S = \dfrac{V \cdot E}{x_s} \times \sin\delta [W]$

05 단락비가 큰 동기기에 대한 설명으로 옳은 것은?

① 기계가 소형이다
② 안정도가 높다.
③ 전기자반작용이 크다.
④ 전압변동률이 크다.

단락비가 큰 기계의 특징
• 퍼센트 동기임피던스가 작다.
• 동기임피던스가 작다.
• 전압강하가 작다.
• 전압변동률이 작다.
• 전기자 반작용이 작다.
• 공극이 크다.
• 설계 시 기계 규모가 커진다.
• 중량이 무겁다.
• 가격이 비싸진다.
• 안정도가 좋다.
• 과부하 내량이 크다.
• 송전선의 충전용량이 커진다.

정답 01④ 02④ 03③ 04② 05②

06 A, B의 동기 발전기를 병렬 운전 중 A기의 부하 분담을 크게 하려면?

① A기의 계자를 증가
② A기의 속도를 증가
③ B기의 속도를 증가
④ B기의 계자를 증가

동기발전기 병렬 운전 중 자신의 기계의 부하분담을 크게 하려면 자신의 기계 속도를 증가시켜야 한다.

07 동기 전동기의 자기 기동에서 계자권선을 단락하는 이유는?

① 기동 권선으로 이용한다.
② 전기자 반작용을 방지한다.
③ 기동이 쉽다.
④ 고전압에 의한 절연파괴를 방지한다.

기동 시 계자권선을 단락시키면 고전압에 의한 절연파괴를 방지한다.

08 동기전동기 전기자 반작용에 대한 설명이다. 공급전압에 대한 앞선 전류의 전기자 반작용은?

① 편자 작용
② 감자 작용
③ 증자 작용
④ 교차 자화 작용

동기전동기의 전기자 반작용
· 전류와 전압이 동상일 때 : 횡축반작용 = 교차자화작용
· 전류가 전압보다 $\frac{\pi}{2}$ 만큼 느릴 때(뒤질 때) : 증자작용 = 자화작용
· 전류가 전압보다 $\frac{\pi}{2}$ 만큼 빠를 때(앞설 때) : 감자작용 = 직축반작용

09 그림은 동기기의 위상특성곡선을 나타낸 것이다. 전기자 전류가 가장 작게 흐를 때의 역률은?

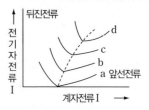

① 0.9(진상)
② 0
③ 0.9(지상)
④ 1

위상특성곡선 특징
· 위상특성곡선은 V곡선이라고 불리고 전기자전류와 계자전류의 관계를 나타냄
  － 부하 1 : 전부하 = 중부하라고 불림
  － 부하 2 : 1/2부하 = 경부하라고 불림
  － 부하 3 : 무부하라고 불림
· 곡선의 최저점(전기자 전류 최소)은 $\cos\theta = 1$
· 부하가 클수록 곡선은 위로 향함
  － $\cos\theta = 1$로 운전하다 계자전류를 증가시키면 → 전기자 전류 증가, 역률 앞섬
  － $\cos\theta = 1$로 운전하다 계자전류를 감소시키면 → 전기자 전류 증가, 역률 뒤짐

10 다음 중 토크(회전력)의 단위는?

① W
② N
③ rpm
④ N · m

$T = 0.975 \times \frac{P[W]}{N}[\text{kg} \cdot \text{m}]$
$1[\text{kg} \cdot \text{m}] = 9.8[\text{N} \cdot \text{m}]$

11 2극 3600[rpm]인 동기발전기와 병렬 운전하려는 12극 발전기의 회전수는?

① 1800[rpm]
② 3600[rpm]
③ 600[rpm]
④ 720[rpm]

$N_s = \frac{120f}{p}$
$f = \frac{pN_s}{120} = \frac{2 \times 3600}{120} = 60$
$N_s = \frac{120f}{p} = \frac{120 \times 60}{12} = 600$

정답 06② 07④ 08② 09④ 10④ 11③

12 동기전동기의 용도로 적합하지 않은 것은?

① 압축기　　　② 송풍기

③ 분쇄기　　　④ 크레인

동기전동기의 특징
• 정속도 전동기 → 압축기, 분쇄기, 송풍기에 사용
• 속도(회전수)를 조정할 수 없음
• 기동 시 토크는 0
• 역률이 조정 가능
• 역률을 1로 운전 가능
• 난조 발생의 우려가 있음
• 여자용 직류전원 필요
• 저속도 대용량기에 적합

13 8극 900[rpm]의 교류 발전기로 병렬 운전하는 극수 6의 동기발전기 회전수는?

① 1200[rpm]

② 1800[rpm]

③ 675[rpm]

④ 900[rpm]

$$N_s = \frac{120f}{p}$$
$$f = \frac{pN_s}{120} = \frac{8 \times 900}{120} = 60$$
$$N_s = \frac{120f}{p} = \frac{120 \times 60}{6} = 1200$$

14 3상 동기발전기를 병렬운전시키는 경우 고려하지 않아도 되는 조건은?

① 전압의파형이 같을 것

② 발생전압이 같을 것

③ 상회전 방향이 같을 것

④ 회전수가 같을 것

동기발전기 병렬 운전 조건
• 기전력의 파형이 같을 것. 다르면 무효순환전류가 흐름
• 기전력의 크기가 같을 것. 다르면 무효순환전류가 흐름
• 기전력의 주파수가 같을 것. 다르면 난조가 발생
• 기전력의 위상이 같을 것. 다르면 동기화전류(유효순환전류)가 흐름
• 기전력의 상회전이 같을 것. 다르면 동기화검정등 점등

15 동기조상기를 부족여자로 운전하면?

① 리액터로 작용

② 저항손의 보상

③ 콘덴서로 작용

④ 뒤진 역률 보상

동기조상기의 역할
• 과여자로 운전하면 진상전류를 취하여 콘덴서로 작용
• 부족여자로 운전하면 지상전류를 취하여 리액터로 작용

16 동기조상기가 전력용 콘덴서보다 우수한 점은 어느 것인가?

① 보수가 쉽다.

② 가격이 싸다.

③ 지상 역률을 얻는다.

④ 손실이 적다.

동기조상기는 전력용 콘덴서가 가지지 못하는 지상 역률을 연속적으로 가질 수 있다.

17 동기발전기의 역률 및 계자전류가 일정할 때 단자전압과 부하 전류와의 관계를 나타내는 곡선은?

① 토크 특성 곡선

② 단락 특성 곡선

③ 전압 특성 곡선

④ 외부 특성 곡선

• 무부하특성곡선 : 유도기전력과 계자전류의 관계
• 부하특성곡선 : 단자전압과 계자전류의 관계
• 외부특성곡선 : 단자전압과 부하전류의 관계
• 3상단락곡선 : 계자전류와 단락전류의 관계(직선인 이유 : 전기자반작용)

18 동기발전기를 회전계자형으로 하는 이유가 아닌 것은?

① 고전압에 견딜 수 있게 전기자 권선을 절연하기가 쉽다.
② 기계적으로 튼튼하게 만드는 데 용이하다.
③ 전기자가 고정되어 있지 않아 제작비용이 저렴하다.
④ 전기자 단사에 발생한 고전압을 슬립링 없이 간단하게 외부회로에 인가할 수 있다.

회전계자형은 전기자를 고정해두고 계자를 회전시키는 형태로, 중·대형기기에 일반적으로 사용된다.

19 주파수 60[Hz]를 내는 발전용 원동기인 터빈발전기의 최고 속도는 얼마인가?

① 1200
② 1800
③ 3600
④ 4200

동기속도
$N_s = \dfrac{120f}{P} = \dfrac{120 \times 60}{2} = 3600$
우리나라 발전기의 극수는 2극부터 시작한다.

20 6극 36슬롯 3상 동기발전기의 매극 매상당 슬롯수는?

① 5
② 4
③ 3
④ 2

매극 매상당 홈수(슬롯수)$= \dfrac{\text{홈수}}{\text{극수} \times \text{상수}} = \dfrac{36}{6 \times 3} = 2$

21 동기발전기의 전기자 반작용 현상이 아닌 것은?

① 직축반작용
② 횡축반작용
③ 포화작용
④ 자화작용

동기전동기의 전기자 반작용
• 전류와 전압이 동상일 때 : 횡축반작용=교차자화작용
• 전류가 전압보다 $\dfrac{\pi}{2}$ 만큼 느릴 때(뒤질 때) : 증자작용=자화작용
• 전류가 전압보다 $\dfrac{\pi}{2}$ 만큼 빠를 때(앞설 때) : 감자작용=직축반작용

22 동기발전기의 운전 시 필요한 조건이 아닌 것은?

① 기전력의 주파수가 같을 것
② 기전력의 파형이 다를 것
③ 기전력의 위상이 같을 것
④ 기전력의 크기가 같을 것

기전력의 파형이 같을 것		무효순환전류
기전력의 크기가 같을 것		무효순환전류
기전력의 주파수 같을 것	다르면	난조 발생
기전력의 위상이 같을 것		동기화전류
기전력의 상회전이 같을 것		동기화검정등점등

23 동기발전기의 병렬운전에서 기전력의 크기가 다를 경우 생기는 현상은?

① 무효순환전류가 흐른다.
② 동기화전류가 흐른다.
③ 난조가 발생한다.
④ 유효순환전류가 흐른다.

기전력의 파형이 같을 것		무효순환전류
기전력의 크기가 같을 것		무효순환전류
기전력의 주파수 같을 것	다르면	난조 발생
기전력의 위상이 같을 것		동기화전류
기전력의 상회전이 같을 것		동기화검정등점등

24 2대의 동기발전기가 병렬운전을 하고 있을 때 동기화 전류가 흐르는 경우는?

① 기전력의 크기의 차가 있을 때
② 기전력의 파형의 차가 있을 때
③ 기전력의 주파수의 차가 있을 때
④ 기전력의 위상에 차가 있을 때

기전력의 파형이 같을 것		무효순환전류
기전력의 크기가 같을 것		무효순환전류
기전력의 주파수 같을 것	다르면	난조 발생
기전력의 위상이 같을 것		동기화전류
기전력의 상회전이 같을 것		동기화검정등점등

25 동기전동기의 자기기동에서 계자권선을 단락하는 이유는?

① 기동권선으로 이용한다.
② 전기자반작용을 방지한다.
③ 고전압이 유도된다.
④ 기동이 쉽다.

동기전동기의 자기기동법
• 회전자 자극 표면에 기동권선을 설피하여 기동 시 농형유도전동기를 동작시켜 기동시키는 방법이다.
• 계자권선을 개방하고 전기자에 전원을 가하면 높은 전압이 유기되어 계자회로가 소손될 염려가 있어 단락시켜놓고 기동해야 한다.
• 전기자에 처음부터 전체 전압을 가하면 큰 기동전류가 흘러 전기자가 과열되거나 전압 강하가 심하게 발생하므로 전 전압의 30~50[%]로 기동해야 한다.
• 기동토크가 적어 무부하 또는 경부하로 기동시켜야 한다는 단점이 있다.

26 기동전동기로써 유도전동기를 사용하려고 한다. 동기전동기의 극수가 10극일 때 유도전동기의 극수는?

① 14극
② 12극
③ 10극
④ 8극

기동전동기로 유도전동기를 사용할 때는 동기속도 이상으로 운전해야 하므로 동기전동기보다 항상 2극이 작아야 한다.

01 변압기의 구조와 원리

1) 변압기의 구조

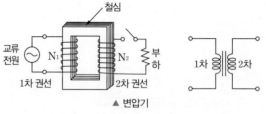

▲ 변압기

① 변압기는 1개 이상의 공통 자기회로와 2개 이상의 전기회로로 구성
② 변압기의 원리는 전자유도작용

2) 변압기의 재료

① 변압기 철심으로 두께 0.35~0.5[mm]의 규소강판을 성층하여 사용
② 규소함유 : 함유율 4~4.5[%], 함유 이유는 히스테리시스손 감소 때문
③ 성층철심 : 사용 이유는 와류손 감소 때문

> **기적의 TIP**
> '규소강판을 성층하여 사용하면 철손이 감소한다.'라고 시험문제에 출제되기도 합니다.

02 변압기의 이론 및 특성

1) 변압기유=절연유의 구비 조건

① 절연내력이 클 것
② 비열이 클 것
③ 냉각효과 클 것
④ 인화점이 높을 것
⑤ 응고점이 낮을 것
⑥ 고온에서 산화되지 않을 것
⑦ 절연재료와 화학작용을 일으키지 않을 것
⑧ 점도가 낮을 것
⑨ 유동성 클 것

> **기적의 TIP**
> 변압기유는 기름의 특성으로 기억하세요.
> 기름은 불이 붙으면 안 됨!
> 기름은 굳으면 안 됨!

2) 변압기유 열화 방지 대책

① 브리더 : 공기 중의 습기 흡수
② 콘서베이터 : 공기가 변압기의 외함 속으로 들어갈 수 없으므로 기름의 열화 방지
③ 질소 가스 봉입 : 콘서베이터 유면에 질소 가스 봉입

3) 변압기의 내부 고장보호

① 차동계전기 : 전류의 차를 이용하여 계전기 동작
② 비율차동계전기 : 전류 차의 비율을 이용하여 계전기 동작
③ 부흐홀츠 계전기 : 유증기를 검출하여 차단(변압기 주탱크와 콘서베이터 사이에 설치)

4) 변압기의 냉각 방식

① 건식 자냉식 : 공기에 의해 냉각하는 방식
② 건식 풍냉식 : 송풍기 등으로 강제 냉각하는 방식
③ 유입 자냉식 : 절연유의 열의 기름을 대류작용으로 이용해 냉각시키는 방식
④ 유입 풍냉식 : 변압기에 방열기를 설치해 냉각시키는 방식
⑤ 유입 송풍식 : 기름 펌프를 이용하여 외부에서 냉각시켜 다시 내부로 공급하는 방식

기적의 TIP

자냉식은 自가 들어가므로 자연적, 풍냉식은 風자가 들어가므로 인위적입니다.

5) 변압기의 유기기전력

① $E = 4.44 fN\varnothing = 4.44 fNBA$

기적의 TIP

자속밀도 B=ø/A
ø=BA로 변환

6) 권수비

① $a = \dfrac{N_1}{N_2} = \dfrac{V_1}{V_2} = \sqrt{\dfrac{R_1}{R_2}} = \sqrt{\dfrac{Z_1}{Z_2}} = \dfrac{I_2}{I_1}$

7) 1차 및 2차의 환산

① 1차를 2차로

$$a = \frac{N_1}{N_2} = \frac{V_1}{V_2} = \sqrt{\frac{R_1}{R_2}} = \sqrt{\frac{Z_1}{Z_2}} = \frac{I_2}{I_1}$$

$$N_2 = \frac{N_1}{a}$$

$$V_2 = \frac{V_1}{a}$$

$$R_2 = \frac{R_1}{a^2}$$

$$Z_2 = \frac{Z_1}{a^2}$$

$$I_2 = aI_1$$

기적의 TIP

권수비는 1차 나누기 2차로 기억하세요. 단, 전류는 2차 나누기 1차입니다.

② 2차를 1차로

$$a = \frac{N_1}{N_2} = \frac{V_1}{V_2} = \sqrt{\frac{R_1}{R_2}} = \sqrt{\frac{Z_1}{Z_2}} = \frac{I_2}{I_1}$$

$$N_1 = aN_2$$

$$V_1 = aV_2$$

$$R_1 = a^2 R_2$$

$$Z_1 = a^2 Z_2$$

$$I_1 = \frac{I_2}{a}$$

8) 변압기의 전압 변동율

① $\varepsilon = \dfrac{V_{20} - V_{2n}}{V_{2n}} \times 100[\%]$

V_{2n} : 2차 정격전압

V_{20} : 2차 무부하전압

② $\varepsilon = p\cos\theta + q\sin\theta[\%]$

p : % 저항강하

q : % 리액턴스강하

③ 퍼센트임피던스강하

$$\%Z = \varepsilon_{\max} = \sqrt{p^2 + q^2}$$

④ 단락전류

$$I_s = \frac{100}{\%Z} \times I_n$$

9) 변압기 손실

① 무부하손 = 철손

• 히스테리시스손 + 와류손으로 이루어짐

• $P_i = P_h + P_e$

② 히스테리스스손

• 철손의 약 80%의 비중을 차지

• $P_h = k_h f B_m^{1.6}$

③ 와류손

• 맴돌이 전류손이라고도 불림

• $P_e = k_e (tfB_m)^2$

03 변압기의 결선

1) 변압기의 극성

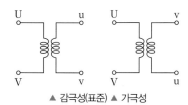

▲ 감극성(표준) ▲ 가극성

① 감극성 $V = V_1 - V_2$
② 가극성 $V = V_1 + V_2$
③ 우리나라 표준은 감극성

2) 단상 변압기의 3상 결선법

① $\triangle - \triangle$ 결선

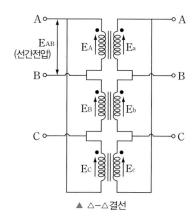

▲ $\triangle - \triangle$ 결선

- 선간전압과 상전압의 크기가 같고 동상
- 선전류는 상전류보다 $\sqrt{3}$배 크고 위상은 30 뒤짐
- 제3고조파가 발생 안 함
- 통신선에 유도장해 위험 없음
- 중성점접지를 못해 지락 사고 시 보호 곤란

② $Y - Y$ 결선

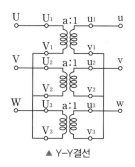

▲ Y-Y결선

기적의 TIP

△결선은 A-B-C가 다 남하고 연결됩니다.

기적의 TIP

Y결선은 A-B-C를 한 점으로 연결합니다.

- 선간전압은 상전압보다 $\sqrt{3}$크고 위상이 30 앞섬
- 선전류는 상전류와 크기가 같고 위상이 동상
- 중성점접지가 가능해 이상전압 방지
- 3고조파가 흘러 통신장애를 일으킴

③ $\triangle - Y$결선

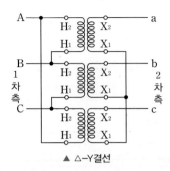

▲ $\triangle - Y$결선

- Y결선으로 중성점접지가 가능하여 이상전압 방지
- $\triangle$결선으로 3고조파가 적어 통신장애 없음
- 승압용으로 사용

④ $Y - \triangle$결선

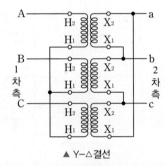

▲ $Y - \triangle$결선

- Y결선으로 중성점 접지 가능하여 이상전압 방지
- $\triangle$결선으로 3고조파가 적어 통신장애 없음
- 강압용으로 사용

⑤ $V - V$결선

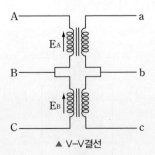

▲ $V - V$결선

- $\triangle - \triangle$결선에서 1대의 변압기 고장 시 2대의 변압기만으로 3상부하에 전력공급
- 설치 방법 간단하고 가격이 저렴
- 설비의 이용률이 86.6[%]로 저하
- $\triangle$결선에 비해 출력이 57.7[%]로 저하

3) 상수변환

① 3상교류를 2상으로 변환
- 스코트 $=T$ 결선
- 우드브리지 결선
- 메이어 결선

② 3상교류를 6상으로 변환
- 2차 2중 Y 결선
- 2차 2중 $\triangle$ 결선
- 대각 결선
- 포크 결선

04 변압기의 병렬운전

1) 병렬운전 조건

① 각 변압기의 극성이 같을 것(다르면 2차 권선에 매우 큰 순환전류가 흘러 권선 소손)
② 각 변압기의 권수가 같고 1차, 2차 정격 전압 같을 것(다르면 2차 권선에 순환전류가 흘러 권선 과열)
③ 각 변압기의 %Z가 같을 것(다르면 부하분담이 부적당해짐)
④ 각 변압기의 $\dfrac{r}{x}$ 비가 같을 것(다르면 위상차 발생으로 동손 증가)

2) 3상 변압기의 병렬운전 조건

① 병렬운전 결선 조건
　병렬운전 가능
　$\triangle - \triangle$ 와 $\triangle - \triangle$
　$Y - Y$ 와 $Y - Y$
　$Y - \triangle$ 와 $Y - \triangle$
　$\triangle - Y$ 와 $\triangle - Y$
　$\triangle - \triangle$ 와 $Y - Y$
　$\triangle - Y$ 와 $Y - \triangle$

② $\triangle$ 와 Y 가 짝수 개수만 가능

05 온도시험 및 변압기의 시험

1) 온도시험
① 실부하법
② 반환부하법 : 고압측에 임피던스 전압의 2배 가함
③ 단락시험법

2) 변압기의 시험
① 무부하 시험(개방시험) : 철손, 여자어드미턴스, 컨덕턴스, 서셉턴스, 여자전류, 철손전류 구함
② 단락시험(구속시험) : 동손, 임피던스와트, 임피던스볼트, 누설임피던스, 누설리 액턴스 구함

01 3상 변압기의 병렬운전 시 병렬운전이 불가능한 결선 조합은?

① $\triangle - \triangle$ 와 $Y - Y$

② $\triangle - Y$ 와 $\triangle - Y$

③ $\triangle - \triangle$ 와 $\triangle - Y$

④ $\triangle - \triangle$ 와 $\triangle - \triangle$

3상 변압기 병렬운전 결선 조건
$\triangle - \triangle$와 $\triangle - \triangle$
$Y - Y$와 $Y - Y$
$Y - \triangle$와 $Y - \triangle$
$\triangle - Y$와 $\triangle - Y$
$\triangle - \triangle$와 $Y - Y$
$\triangle - Y$와 $Y - \triangle$
$\triangle$와 Y가 짝수 개수만 가능

02 권수비 30의 변압기의 1차에 6600[V]를 가할 때 2차 전압은 몇 [V]인가?

① 420

② 380

③ 220

④ 660

$a = \dfrac{N_1}{N_2} = \dfrac{V_1}{V_2} = \sqrt{\dfrac{R_1}{R_2}} = \sqrt{\dfrac{Z_1}{Z_2}} = \dfrac{I_2}{I_1}$

$N_2 = \dfrac{N_1}{a}$

$V_2 = \dfrac{V_1}{a} = \dfrac{6600}{30} = 220$

$R_2 = \dfrac{R_1}{a^2}$

$Z_2 = \dfrac{Z_1}{a^2}$

$I_2 = aI_1$

03 다음 중 변압기의 원리와 가장 관계가 있는 것은?

① 편자 작용

② 표피 작용

③ 전기자 반작용

④ 전자유도 작용

변압기의 원리는 전자유도 작용이다.

04 변압기유로 쓰이는 절연유에 요구되는 성질이 아닌 것은?

① 절연재료 및 금속재료에 화학작용을 일으키지 않을 것

② 비열이 커 냉각 효과가 클 것

③ 점도가 클 것

④ 인화점이 높고 응고점이 낮을 것

변압기유 = 절연유의 구비 조건
• 절연내력이 클 것
• 비열이 클 것
• 냉각 효과가 클 것
• 인화점이 높을 것
• 응고점이 낮을 것
• 고온에서 산화되지 않을 것
• 절연재료와 화학작용을 일으키지 않을 것
• 점도가 낮을 것
• 유동성이 클 것

05 어느 변압기의 백분율 저항강하가 2[%], 리액턴스강하가 3[%]일 때 역률(지역률) 80[%]인 경우의 전압변동률은 몇 [%]인가?

① 0.2   ② 1.6

③ 3.4   ④ 1.8

$\varepsilon = p\cos\theta + q\sin\theta[\%]$
p : % 저항강하
q : % 리액턴스강하
$1 = \sqrt{\cos\theta^2 + \sin\theta^2}$
$\sin\theta = \sqrt{1^2 - \cos\theta^2} = \sqrt{1^2 - 0.8^2} = 0.6$
$\varepsilon = 2 \times 0.8 + 0.3 \times 0.6 = 3.4$

06 변압기 내부 고장 보호에 쓰이는 계전기로서 가장 적당한 것은?

① 역상 계전기
② 접지 계전기
③ 과전류 계전기
④ 차동 계전기

변압기 내부 고장 보호
• 차동 계전기 : 전류의 차를 이용하여 계전기 동작
• 비율차동 계전기 : 전류 차의 비율을 이용하여 계전기 동작
• 부흐홀츠 계전기 : 유증기를 검출하여 차단(변압기 주탱크와 콘서베이터 사이에 설치)

07 변압기유의 열화 방지와 관계가 가장 먼 것은?

① 브리더
② 부싱
③ 불활성 질소
④ 컨서베이터

변압기유 열화 방지
• 브리더 : 공기 중의 습기를 흡수
• 콘서베이터 : 공기가 변압기의 외함 속으로 들어갈 수 없기에 기름의 열화를 방지
• 질소 가스 봉입 : 콘서베이터 유면에 질소 가스 봉입

08 부흐홀츠 계전기의 설치 위치로 가장 적당한 곳은?

① 변압기 주탱크 내부
② 변압기 주탱크와 콘서베이터 사이
③ 변압기 고압측 부싱
④ 콘서베이터 내부

• 부흐홀츠 계전기 . 유증기를 검출하여 차단
• 부흐홀츠 계전기 설치 위치 : 변압기 주탱크와 콘서베이터 사이

09 변압기유가 구비해야 할 조건은?

① 응고점이 높을 것
② 인화점이 낮을 것
③ 절연 내력이 클 것
④ 비열이 작을 것

변압기유 = 절연유의 구비 조건
• 절연내력이 클 것
• 비열이 클 것
• 냉각 효과가 클 것
• 인화점이 높을 것
• 응고점이 낮을 것
• 고온에서 산화되지 않을 것
• 절연재료와 화학작용을 일으키지 않을 것
• 점도가 낮을 것
• 유동성이 클 것

10 1차 권수 3000, 2차 권수 100인 변압기에서 이 변압기의 전압비는 얼마인가?

① 20   ② 50

③ 40   ④ 30

$a = \dfrac{N_1}{N_2} = \dfrac{V_1}{V_2} = \sqrt{\dfrac{R_1}{R_2}} = \sqrt{\dfrac{Z_1}{Z_2}} = \dfrac{I_2}{I_1}$
$a = \dfrac{N_1}{N_2} = \dfrac{3000}{100} = 30$

11 다음 변압기의 냉각 방식 종류가 아닌 것은?

① 유입 예열식　　② 유입 자랭식

③ 건식 자랭식　　④ 유입 송유식

변압기 냉각방식
- 건식 자냉식 : 공기에 의해 냉각하는 방식
- 건식 풍냉식 : 송풍기 등으로 강제 냉각하는 방식
- 유입 자냉식 : 절연유의 열의 기름을 대류작용으로 이용해 냉각시키는 방식
- 유입 풍냉식 : 변압기에 방열기를 설치해 냉각시키는 방식
- 유입 송풍식 : 기름 펌프를 이용하여 외부에서 냉각시켜 다시 내부로 공급하는 방식

12 변압기의 콘서베이터의 사용 목적은?

① 일정한 유압의 유지

② 과부하로부터 변압기 보호

③ 변압 기름의 열화 방지

④ 냉각 장치의 효과를 높임

변압기유 열화 방지
- 브리더 : 공기 중의 습기를 흡수
- 콘서베이터 : 공기가 변압기의 외함 속으로 들어갈 수 없기에 기름의 열화를 방지
- 질소 가스 봉입 : 콘서베이터 유면에 질소 가스 봉입

13 변압기유로 쓰이는 절연유에 요구되는 성질이 아닌 것은?

① 절연재료 및 금속재료에 화학작용을 일으키지 않을 것

② 비열이 커 냉각 효과가 클 것

③ 점도가 클 것

④ 인화점이 높고 응고점이 낮을 것

변압기유＝절연유의 구비 조건
- 절연내력이 클 것
- 비열이 클 것
- 냉각 효과가 클 것
- 인화점이 높을 것
- 응고점이 낮을 것
- 고온에서 산화되지 않을 것
- 절연재료와 화학작용을 일으키지 않을 것
- 점도가 낮을 것
- 유동성이 클 것

14 변압기의 무부하시험, 단락시험에서 구할 수 없는 것은?

① 동손

② 전압 변동율

③ 철손

④ 절연내력

- 무부하시험(개방시험) : 철손, 여자어드미턴스, 컨덕턴스, 서셉턴스, 여자전류, 철손전류 구함
- 단락시험(구속시험) : 동손, 임피던스와트, 임피던스볼트, 누설임피던스, 누설리액턴스 구함

15 다음 중 변압기의 온도상승 시험법으로 가장 널리 사용되는 것은 어느 것인가?

① 실부하법

② 절연내역시험법

③ 반환부하법

④ 무부하시험법

온도시험
- 실부하법
- 반환부하법 : 고압측에 임피던스 전압의 2배 가함
- 단락시험법

16 부흐홀츠 계전기로 보호되는 기기는?

① 직류 발전기

② 변압기

③ 유도 전동기

④ 교류 발전기

- 부흐홀츠 계전기 : 유증기를 검출하여 차단
- 부흐홀츠 계전기 설치 위치 : 변압기 주탱크와 콘서베이터 사이

17 변압기유의 열화 방지를 위해 쓰이는 방법이 아닌 것은?

① 콘서베이터
② 브리더
③ 방열기
④ 질소 봉입

변압기유 열화 방지
• 브리더 : 공기 중의 습기를 흡수
• 콘서베이터 : 공기가 변압기의 외함속으로 들어갈 수 없기에 기름의 열화를 방지
• 질소 가스 봉입 : 콘서베이터 유면에 질소 가스 봉입

18 다음 중 변압기 무부하손의 대부분을 차지하는 것은?

① 철손
② 동손
③ 유전체손
④ 저항손

• 무부하시험(개방시험) : 철손, 여자어드미턴스, 컨덕턴스, 서셉턴스, 여자전류, 철손전류 구함
• 단락시험(구속시험) : 동손, 임피던스와트, 임피던스볼트, 누설임피던스, 누설리액턴스 구함

19 1차 전압 3300[V], 2차 전압 220[V]의 변압기의 권수비는 얼마인가?

① 220
② 15
③ 3300
④ 7260

$$a = \frac{N_1}{N_2} = \frac{V_1}{V_2} = \sqrt{\frac{R_1}{R_2}} = \sqrt{\frac{Z_1}{Z_2}} = \frac{I_2}{I_1}$$
$$a = \frac{V_1}{V_2} = \frac{3300}{220} = 15$$

20 변압기를 △−Y결선(delta−star connection)한 경우에 대한 설명으로 옳지 않은 것은?

① 제3고조파에 의한 장해가 적다.
② Y결선의 중성점을 접지할 수 있다.
③ 1차 선간전압 및 2차 선간전압의 위상차는 60°이다.
④ 1차 변전소의 승압용으로 사용된다.

• Y결선으로 중성점 접지가 가능하여 이상전압 방지
• △결선으로 3고조파가 적어 통신 장애 없음
• 승압용으로 사용

21 변압기 외함 내에 들어 있는 기름을 펌프를 이용하여 외부에 있는 냉각 장치로 보내서 냉각시킨 다음, 냉각된 기름을 다시 외함의 내부로 공급하는 방식으로, 냉각효과가 크기 때문에 30000[kVA] 이상의 대용량의 변압기에서 사용하는 냉각 방식은?

① 유입 풍냉식
② 건식 풍냉식
③ 유입 자냉식
④ 유입 송유식

변압기 냉각 방식
• 건식 자냉식 : 공기에 의해 냉각하는 방식
• 건식 풍냉식 : 송풍기 등으로 강제 냉각하는 방식
• 유입 자냉식 : 절연유의 열의 기름을 대류작용으로 이용해 냉각시키는 방식
• 유입 풍냉식 : 변압기에 방열기를 설치해 냉각시키는 방식
• 유입 송유식 : 기름 펌프를 이용하여 외부에서 냉각시켜 다시 내부로 공급하는 방식

22 △결선 변압기의 한 대가 고장으로 제거되어 V 결선으로 공급할 때 공급할 수 있는 전력은 고장 전 전력에 대하여 약 [%]인가?

① 57.7[%]

② 66.7[%]

③ 86.5[%]

④ 70.5[%]

V결선
- △ − △결선에서 1대의 변압기 고장 시 2대의 변압기만으로 3상부하에 전력 공급
- 설치 방법 간단하고 가격이 저렴
- 설비의 이용률이 86.6[%]로 저하
- △결선에 비해 출력이 57.7[%]로 저하

23 퍼센트 저항강하 3[%], 리액턴스강하 4[%]인 변압기의 최대 전압 변동률은?

① 1[%]

② 5[%]

③ 12[%]

④ 7[%]

$\varepsilon_{\max}=\sqrt{p^2+q^2}=\sqrt{3^2+4^2}=5[\%]$
p : % 저항강하
q : % 리액턴스강하

24 변압기의 부하전류 및 전압이 일정하고 주파수만 낮아지면?

① 철손이 감소한다.

② 동손이 감소한다.

③ 철손이 증가한다.

④ 동손이 증가한다.

$E=4.44fN\varnothing=4.44fNBA$
- 철손 $P_i=P_h+P_e$
- 히스테리시스손 $P_h=k_hfB_m^{1.6}$
- 와류손 $P_e=k_e(tfB_m)^2$ 전압이 일정 시 와류손은 주파수와 무관

25 변압기에서 퍼센트 저항강하 3[%], 리액턴스강하 4[%]일 때 역률 0.8(지상)에서의 전압 변동률은?

① 3.6[%]   ② 6.0[%]

③ 2.4[%]   ④ 4.8[%]

$\varepsilon=p\cos\theta+q\sin\theta[\%]$
p : % 저항강하
q : % 리액턴스강하
$1=\sqrt{\cos\theta^2+\sin\theta^2}$
$\sin\theta=\sqrt{1^2-\cos\theta^2}=\sqrt{1^2-0.8^2}=0.6$
$\varepsilon=3\times0.8+4\times0.6=4.8$

26 변압기 내부 고장 보호에 쓰이는 계전기로써 가장 알맞은 것은?

① 과전류 계전기

② 역상 계전기

③ 차동 계전기

④ 접지 계전기

변압기 내부 고장 보호
- 차동 계전기 : 전류의 차를 이용하여 계전기 동작
- 비율차동 계전기 : 전류 차의 비율을 이용하여 계전기 동작
- 부흐홀츠 계전기 : 유증기를 검출하여 차단(변압기 주탱크와 콘서베이터 사이에 설치)

27 고장에 의하여 생긴 불평형의 전류차가 평형 전류의 어떤 비율 이상으로 되었을 때 동작하는 것으로 변압기 내부 고장의 보호용으로 사용되는 계전기는?

① 비율차동 계전기

② 역상 계전기

③ 방향 계전기

④ 과전류 계전기

변압기 내부 고장 보호
- 차동 계전기 : 전류의 차를 이용하여 계전기 동작
- 비율차동 계전기 : 전류 차의 비율을 이용하여 계전기 동작
- 부흐홀츠 계전기 : 유증기를 검출하여 차단(변압기 주탱크와 콘서베이터 사이에 설치)

정답 22 ① 23 ② 24 ③ 25 ④ 26 ③ 27 ①

28 퍼센트 저항 강하 1.8[%] 및 퍼센트 리액턴스 강하 2[%]인 변압기가 있다. 부하의 역률이 1일 때의 전압 변동률은?

① 2.7 $[\%]$

② 1.8 $[\%]$

③ 2.0 $[\%]$

④ 3.8 $[\%]$

$\varepsilon = p\cos\theta + q\sin\theta [\%]$
p : % 저항강하
q : % 리액턴스강하
$1 = \sqrt{\cos\theta^2 + \sin\theta^2}$
$\sin\theta = \sqrt{1^2 - \cos\theta^2} = \sqrt{1^2 - 1^2} = 0$
$\varepsilon = 1.8 \times 1 + 2 \times 0 = 1.8$

29 일종의 전류 계전기로 보호 대상 설비에 유입되는 전류와 유출되는 전류의 차에 의해 동작하는 계전기는?

① 주파수 계전기

② 재폐로 계전기

③ 차동 계전기

④ 전류 계전기

변압기 내부 고장 보호
• 차동 계전기 : 전류의 차를 이용하여 계전기 동작
• 비율차동 계전기 : 전류 차의 비율을 이용하여 계전기 동작
• 부흐홀츠 계전기 : 유증기를 검출하여 차단(변압기 주탱크와 콘서베이터 사이에 설치)

30 권수비가 100인 변압기에 있어서 2차 측의 전류가 1000[A]일 때, 이것을 1차 측으로 환산하면?

① 9 $[A]$

② 6 $[A]$

③ 16 $[A]$

④ 10 $[A]$

$a = \dfrac{N_1}{N_2} = \dfrac{V_1}{V_2} = \sqrt{\dfrac{R_1}{R_2}} = \sqrt{\dfrac{Z_1}{Z_2}} = \dfrac{I_2}{I_1}$
$N_1 = aN_2$
$V_1 = aV_2$
$R_1 = a^2R_2$
$Z_1 = a^2Z_2$
$I_1 = \dfrac{I_2}{a} = \dfrac{1000}{100} = 10$

31 권수비 2, 2차 전압 100[V], 2차 전류 5[A], 2차 임피던스 20[Ω]인 변압기의 ㉠ 1차 환산 전압 및 ㉡ 1차 환산 임피던스는?

① ㉠ 50 $[V]$, ㉡ 5 $[\Omega]$

② ㉠ 50 $[V]$, ㉡ 10 $[\Omega]$

③ ㉠ 200 $[V]$, ㉡ 40 $[\Omega]$

④ ㉠ 200 $[V]$, ㉡ 80 $[\Omega]$

$a = \dfrac{N_1}{N_2} = \dfrac{V_1}{V_2} = \sqrt{\dfrac{R_1}{R_2}} = \sqrt{\dfrac{Z_1}{Z_2}} = \dfrac{I_2}{I_1}$
$N_1 = aN_2$
$V_1 = aV_2 = 2 \times 100 = 200$
$R_1 = a^2R_2$
$Z_1 = a^2Z_2 = 2^2 \times 20 = 80$
$I_1 = \dfrac{I_2}{a}$

유도전동기

빈출 태그 ▶ 3상 유도전동기 이론, 제동법, 단상 유도전동기

01 유도전동기의 원리와 구조

1) 유도전동기의 구조

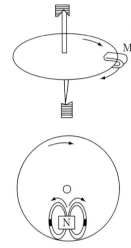

▲ 유도전동기 구조

① 유도전동기는 원판을 강한 자석의 중앙에 놓고 자석을 급속히 회전시키면 원판은 같은 방향이면서 자석보다는 느린 속도로 회전한다. 이것을 아라고 원판이라고 한다.

2) 3상 유도전동기의 이론

① 동기속도

• $N_s = \dfrac{120f}{p}$

② 슬립

• 동기속도와 회전자속도의 차에 대한 비

• $s = \dfrac{N_s - N}{N_s} \times 100[\%]$

• $0 < s < 1$: 정지 시(기동시) $s = 1$, 무부하 시 $s = 0$

③ 회전자속도

• $N = N_s - sN_s = (1-s)N_s$

> **기적의 TIP**
>
> 유도전동기 이론은 다른 내용과 연결이 되므로 꼭 기억하세요.

3) 기계적 출력

① 기계적 출력 $P_0=$ 2차 입력 P_2- 2차 동손 P_{c2}
② 슬립의 관계식 이용 $P_2 : P_{c2} : P_0=1 : s : (1-s)$

4) 전체 효율 및 2차 효율

① 전체 효율 $\eta=\dfrac{P_0}{P_1}$

② 2차 효율 $\eta=\dfrac{P_0}{P_2}=(1-s)$

5) 유도전동기의 기동법

① 농형 유도전동기 기동법
- 전전압기동법 : 5[kw] 이하에 사용
- $Y-\triangle$기동법 : 10~15[kw] 이하에 사용
- 기동보상기법 : 15[kw] 초과에 사용
- 리액터 기동법 : 전동기 전원에 직렬리액터를 연결하여 기동(중용량 및 대용량에 적합)

② 권선형 유도전동기 기동법 : 비례추이의 원리 이용

6) 동손

① $P_{c2}=sP_2$

7) 2차입력

$P_2=$ 1차 출력

8) 유도전동기의 원선도 그리기

- 저항 측정
- 무부하 시험
- 구속 시험

9) 유도전동기의 등가저항

① $R=\dfrac{1-s}{s}\times r_2$

1) 속도제어

① 1차 주파수 변환법
- 농형 유도전동기에 주로 사용
- 선박 추진용 전동기나 포트모터의 속도제어에 주로 사용
- $VVVF$개발로 PC와 조합하여 속도제어 가능

② 극수 변환법
- 농형 유도전동기에 사용
- 고정자 권선의 접속 방법을 변경하여 극수 조정

③ 종속법
- 2대의 권선형 유도전동기를 접속하여 전체 극수를 달리하여 속도를 제어
- 직렬종속 $P_1 + P_2$
- 차동종속 $P_1 - P_2$
- 병렬종속 $\dfrac{P_1 + P_2}{2}$

④ 2차여자법
- 권선형 유도전동기에서 주로 사용
- 2차 저항에 의해 생기는 전압강하분 전압을 2차 측 외부에서 슬립링을 통해 공급

⑤ 2차저항 제어법
- 권선형 유도전동기에 사용
- 비례추이를 응용한 것
- 저항을 조정하여 슬립을 변화시켜 속도를 제어
- 2차저항 증가 → 슬립 증가 → 속도 감소
- 2차저항 감소 → 슬립 감소 → 속도 증가

2) 제동법

① 발전제동 : 제동 시 전원을 개방하여 발전기로 이용한 전력을 제동용 저항에 열로 소비시켜 정지
② 회생제동 : 제동 시 전원을 개방 안 하고 발전기로 이용하여 발전전력을 다시 전원으로 돌려보내 정지
③ 역전제동(＝역상제동＝플러깅) : 제동 시 역회전으로 접속하여 정지. 급정지 시 사용

3) 단상 유도전동기

① 기동토크 큰 순서
- 반발 기동형 〉 반발 유도형 〉 콘덴서 기동형 〉 분상 기동형 〉 셰이딩 코일형
② 역률이 좋다＝콘덴서 기동형

기적의 TIP

기동토크가 큰 순서는 '반반 콘분셰'로 외우고, 기동토크가 작은 순서는 큰 순서의 반대입니다.

기적의 TIP

역률이 좋다는 무조건 콘덴서를 기억하세요.

01 50[kW]의 농형 유도전동기를 기동하려고 할 때, 다음 중 가장 적당한 기동 방법은?

① 기동보상기법
② 분상기동법
③ 권선형기동법
④ 슬립부하기동법

농형 유도전동기 기동법
· 전전압기동법 : 5[kw] 이하에 사용
· $Y-\triangle$기동법 : 10~15[kw] 이하에 사용
· 기동보상기법 : 15[kw] 초과에 사용
· 리액터기동법 : 전동기 전원에 직렬리액터를 연결하여 기동, 중용량 및 대용량에 적합

02 3상 유도전동기의 원선도를 그리는 데 필요하지 않은 것은?

① 저항 측정   ② 슬립 측정
③ 구속 시험   ④ 무부하 시험

원선도 그리기
· 저항 측정
· 무부하 시험
· 구속 시험

03 단상 유도전동기를 기동하려고 할 때 다음 중 기동 토크가 가장 작은 것은?

① 분상 기동형
② 반발 기동형
③ 콘덴서 기동형
④ 셰이딩 코일형

기동토크 큰 순서(반반콘분셰로 외우기)
반발 기동형 〉 반발 유도형 〉 콘덴서 기동형 〉 분상 기동형 〉 셰이딩 코일형

04 유도 전동기에서 원선도 작성 시 필요하지 않은 시험은?

① 슬립 측정
② 구속 시험
③ 저항 측정
④ 무부하 시험

원선도 그리기
· 저항 측정
· 무부하 시험
· 구속 시험

05 슬립 4[%]인 유도전동기의 부하 저항은 2차 저항의 몇 배인가?

① 24   ② 19
③ 20   ④ 5

$$R=\frac{1-s}{s} \times r_2 = \frac{1-0.04}{0.04} \times r_2 = 24r_2$$

06 급정지하는 데 가장 좋은 제동법은?

① 발전제동
② 역전제동
③ 단상제동
④ 회생제동

· 발전제동 : 제동 시 전원을 개방하여 발전기로 이용한 전력을 제동용 저항에 열로 소비시켜 정지
· 회생제동 : 제동 시 전원을 개방 안 하고 발전기로 이용하여 발전전력을 다시 전원으로 돌려보내 정지
· 역전제동(=역상제동=플러깅) : 제동 시 역회전으로 접속하여 정지. 급정지 시 사용

정답 01① 02② 03④ 04① 05① 06②

07 농형 유도전동기의 기동법이 아닌 것은?

① 기동보상기에 의한 기동법
② 리액터기동법
③ 2차 저항기법
④ $Y-\triangle$기동법

농형 유도전동기 기동법
• 전전압기동법 : 5[kw] 이하에 사용
• $Y-\triangle$기동법 : 10~15[kw] 이하에 사용
• 기동보상기법 : 15[kw] 초과에 사용
• 리액터기동법 : 전동기 전원에 직렬리액터를 연결하여 기동, 중용량 및 대용량에 적합

08 200[V], 50[Hz], 8극 15[KW]의 3상 유도전동기에서 전부하 회전수가 720[rpm]이면 이 전동기의 2차 효율은?

① 86
② 98
③ 96
④ 100

$\eta_2 = \dfrac{2차\ 출력}{2차\ 입력} = \dfrac{회전자속도}{동기속도} = \dfrac{720}{750} \times 100 = 96$

동기속도
$N_s = \dfrac{120f}{p} = \dfrac{120 \times 50}{8} = 750$

09 3상 유도전동기의 회전 방향을 바꾸기 위한 방법으로 가장 옳은 것은?

① 전동기에 가해지는 3개의 단자 중 어느 2개의 단자를 서로 바꾸어 준다.
② 전원의 주파수를 바꾼다.
③ $\triangle - Y$ 결선
④ 기동보상기를 사용한다.

유도전동기의 회전 방향을 바꾸기 위해서는 3개의 단자 중 어느 2개의 단자를 서로 바꿔준다.

10 다음 중 역률이 가장 좋은 단상 유도 전동기는?

① 콘덴서형 전동기
② 분산형 전동기
③ 반발형 전동기
④ 셰이딩 코일형

역률이 좋다=콘덴서 기동형

오답 피하기
• 기동토크 큰 순서(반반콘분세로 외우기) : 반발 기동형 〉 반발 유도형 〉 콘덴서 기동형 〉 분상 기동형 〉 셰이딩 코일형
• 기동토크 작은 순서(큰 순서와 반대로)

11 4극 60[Hz], 슬립 5[%]인 유도전동기의 회전수는 몇 [rpm]인가?

① 1836
② 1200
③ 1540
④ 1710

동기속도
$N_s = \dfrac{120f}{p} = \dfrac{120 \times 60}{40} = 1800$

슬립
$s = \dfrac{N_s - N}{N_s} \times 100[\%]$

회전속도
$N = N_s - sN_s = (1-s)N_s = 1800 - 0.05 \times 1800 = (1-0.05) \times 1800 = 1710$

12 효율 80[%], 출력 10[kW]일 때 입력은 몇 [kW]인가?

① 12.5
② 10
③ 7.5
④ 20

전체효율 $= \dfrac{출력}{입력}$

입력 $= \dfrac{출력}{전체효율} = \dfrac{10}{0.8} = 12.5$

13 유도전동기의 동기속도 N_S, 회전속도 N일 때 슬립은?

① $s = \dfrac{N_s - N}{N_s}$

② $s = \dfrac{N_s - N}{N}$

③ $s = \dfrac{N - N_s}{N}$

④ $s = \dfrac{N_s + N}{N}$

동기속도

$N_s = \dfrac{120f}{p}$

슬립

$s = \dfrac{N_s - N}{N_s} \times 100[\%]$

회전속도

$N = N_s - sN_s = (1-s)N_s$

14 다음 중 단상 유도전동기의 기동 방법에 따른 분류에 속하지 않는 것은?

① 저항 기동형
② 분상 기동형
③ 콘덴서 기동형
④ 셰이딩 코일형

기동토크 큰 순서(반반콘분셰로 외우기)
반발 기동형 〉 반발 유도형 〉 콘덴서 기동형 〉 분상 기동형 〉 셰이딩 코일형

15 3상 유도전동기의 회전 원리를 설명한 것 중 틀린 것은?

① 회전자의 회전속도가 증가할수록 슬립은 증가한다.
② 회전자의 회전속도가 증가할수록 도체를 관통하는 자속 수가 감소한다.
③ 부하를 회전시키기 위해서는 회전자의 속도는 농기속도 이하로 운선되어야 한다.
④ 3상 교류전압을 고정자에 공급하면 고정자 내부에서 회전 자기장이 발생된다.

동기속도

$N_s = \dfrac{120f}{p}$

슬립

$s = \dfrac{N_s - N}{N_s} \times 100[\%]$

회전속도

$N = N_s - sN_s = (1-s)N_s$

16 다음 중 유도 전동기의 속도 제어에서 사용되는 인버터장치의 약호는?

① $CVVF$
② $VVCF$
③ $VVVF$
④ $CVCF$

1차 주파수 변환법
• 농형 유도전동기에 주로 사용
• 선박 추진용 전동기나 포트모터의 속도제어에 주로 사용
• $VVVF$개발로 PC와 조합하여 속도제어 기능

17 회전수 1728[rpm]인 유도 전동기의 슬립[%]은?(단, 동기 속도는 1800[rpm]이다.)

① 2

② 3

③ 5

④ 4

동기속도

$N_s = \dfrac{120f}{p}$

슬립

$s = \dfrac{N_s - N}{N_s} \times 100[\%] = \dfrac{1800 \times 1728}{1800} \times 100 = 4$

회전속도

$N = N_s - sN_s = (1-s)N_s$

18 다음 중 단상 유도 전동기의 기동 방법 중 기동 토크가 가장 큰 것은?

① 반발 기동형

② 반발 유도형

③ 콘덴서 기동형

④ 분상 기동형

기동토크 큰 순서(반반콘분셰로 외우기)
반발 기동형 〉 반발 유도형 〉 콘덴서 기동형 〉 분상 기동형 〉 셰이딩 코일형

19 회전자 입력 10[KW], 슬립 4[%]인 3상 유도 전동기의 2차 동손은 몇 [KW]인가?

① 4.0

② 1.8

③ 0.4

④ 9.6

$P_{c2} = sP_2 = 0.04 \times 10 = 0.4$

20 6극이 60[Hz] 3상 유도 전동기의 동기속도는 몇 [rpm]인가?

① 1200

② 750

③ 200

④ 1800

동기속도

$N_s = \dfrac{120f}{p} = \dfrac{120 \times 60}{6} = 1200$

슬립

$s = \dfrac{N_s - N}{N_s} \times 100[\%]$

회전속도

$N = N_s - sN_s = (1-s)N_s$

21 4극의 3상 유도 전동기가 60[Hz]의 전원에 연결되어 4[%]의 슬립으로 회전할 때 회전수는 몇 [rpm]인가?

① 1650

② 1728

③ 1700

④ 1880

동기속도

$N_s = \dfrac{120f}{p} = \dfrac{120 \times 60}{4} = 1800$

슬립

$s = \dfrac{N_s - N}{N_s} \times 100[\%]$

회전속도

$N = N_s - sN_s = (1-s)N_s = 1800 - 0.04 \times 1800 = 1728$

17④ 18① 19③ 20① 21②

유도전동기 CHAPTER 04 **161**

22 다음 중 농형 유도 전동기의 기동법이 아닌 것은?

① $Y-\triangle$기동법

② 리액터기동법

③ 기동보상기법

④ 2차 저항법

농형 유도전동기 기동법
- 전전압기동법 : 5[kw] 이하에 사용
- $Y-\triangle$기동법 : 10~15[kw] 이하에 사용
- 기동보상기법 : 15[kw] 초과에 사용
- 리액터기동법 : 전동기 전원에 직렬리액터를 연결하여 기동, 중용량 및 대용량에 적합

23 4극 24홈 표준 농형 3상 유도 전동기의 매극 매상당의 홈수는?

① 6

② 2

③ 3

④ 1

매극 · 매상당 홈수 $= q = \dfrac{\text{전체홈수}}{\text{상극} \times \text{극수}} = \dfrac{24}{3 \times 4} = 2$

24 유도전동기의 무부하 시 슬립은 얼마인가?

① 4

② 1

③ 3

④ 0

슬립
- 동기속도와 회전자 속도의 차에 대한 비
- $s = \dfrac{N_s - N}{N_s} \times 100[\%]$
- $0 \langle s \langle 1$: 정지 시(기동 시) $s=1$, 무부하 시 $s=0$

25 4극 60[Hz], 200[kW]의 유도전동기의 전부하 슬립이 2.5[%]일 때 회전수는 몇 [rpm]인가?

① 1800

② 1755

③ 1600

④ 1965

동기속도
$N_s = \dfrac{120f}{p} = \dfrac{120 \times 60}{4} = 1800$
슬립
$s = \dfrac{N_s - N}{N_s} \times 100[\%]$
회전속도
$N = N_s - sN_s = (1-s)N_s = 1800 - 0.025 \times 1800 = 1755$

26 권선형에서 비례추이를 이용한 기동법은?

① $Y-\triangle$ 기동법

② 기동 보상기법

③ 2차 저항법

④ 리액터 기동법

2차 저항 제어법
- 권선형 유도전동기에 사용
- 비례추이를 응용한 것
- 저항을 조정하여 슬립을 변화시켜 속도를 제어

정류기 및 제어기기

빈출 태그 ▶ 정류회로, 맥동주파수, SCR, 사이리스터의 종류

01 정류용 반도체 소자

1) 원자의 구성요소

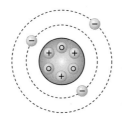

▲ 원자의 구조

① 원자핵 : 양성자와 중성자로 구성되어 있다.
- 양성자 : 원자핵을 구성하는 요소로 전기적으로 정(+)으로 정의된다.
  - 양성자 1개의 전기량 $e = +1.602 \times 10^{-19}$
  - 양성자 1개의 질량 : 1.6721×10^{-27}
- 중성자 : 원자핵을 구성하는 요소 전기적으로 중성으로 정의된다.
  - 중성자 1개의 전기량 : 0
  - 중성자 1개의 질량 : 양성자 1개의 질량과 동일
② 전자 : 원자핵의 중심을 원자핵 주변을 회전하고 있는 것. 전기적으로 부(−)로 정의된다.
- 전자 1개의 전기량 $e = -1.602 \times 10^{-19}$
- 전자 1개의 질량 : 9.10955×10^{-31}

2) 반도체의 종류

① 진성반도체
- 불순물이 없는 순수한 게르마늄(Ge)이나 실리콘(Si)과 같은 반도체이다.
- 원자의 위치가 규칙적이며 매우 안정되고, 전자가 궤도를 이탈하여 이동하기 어려운 상태이다.
- 평상시는 부도체와 같이 전자가 이동이 어려우나, 전기, 열, 빛 등 자극받으면 소수 전자가 튀어나와 이동하기 쉬운 전자가 된다.
② 불술문 반도체
- 진성 반도체에 약간의 불순물을 고루 섞으면 불순물의 원자가에 따라 전자가 남거나 부족하게 되므로 결합이 불안정하여 전자는 이동하기 쉬운 상태가 된다.

③ N형 반도체

- 4족(4가) 원소인 실리콘, 게르마늄 등 진성 반도체에 5족(5가) 원소인 안티몬(Sb), 비소(As), 인(P) 등을 첨가하여 전자가 남게(과잉전자)되는 반도체이다.
- 불순물을 도우너라고 한다.
- 과잉진자가 다수 개리어가 되고, 정공이 소수 캐리어가 된다.

④ P형 반도체

- 4족(4가) 원소인 실리콘, 게르마늄 등 진성 반도체에 3족(3가) 원소인 갈륨(Ga), 인듐(In), 붕소(B) 등을 첨가하여 전자가 부족(정공)하게 되는 반도체이다.
- 불순물을 억셉터라 한다.
- 정공이 다수 캐리어가 되고, 전자가 소수 캐리어가 된다.

02 정류회로의 특성

1) 정류회로

① 교류를 직류로 변환하는 것을 정류라고 한다. 주로 반도체 다이오드가 사용된다.

② 단상반파 정류 : $E_{dc}=0.45E_{ac}$

③ 단상전파 정류 : $E_{dc}=0.9E_{ac}$

④ 3상반파 정류 : $E_{dc}=1.17E_{ac}$

⑤ 3상전파 정류 : $E_{dc}=1.35E_{ac}$

2) 맥동 주파수

① 단상반파 : f

② 단상전파 : 2f

③ 3상반파 : 3f

④ 3상전파 : 6f

4) SCR(역저지 3단자 사이리스터 : 위상제어)

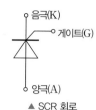

▲ SCR 회로

① A : 애노드(양극＋), k : 캐소드(음극－), G : 게이트로 이루어진다.

② PNP형과 NPN형 트랜지스터 2개를 사용한 것과 동일하다.

③ SCR을 통전하기 위해 맨 먼저 게이트에 전압을 걸어줘야 한다.

④ SCR은 일단 ON 상태가 되면 Gate 전류가 없어도 유지 전류가 어느 정도 흐르고 있어 ON 상태를 유지한다.

⑤ 턴 온
- 게이트에 전류를 흘린다(게이트 전류 증가 → 가장 바람직한 방법).
- 애노드에 (＋)의 전압을 인가하여 애노드 전류를 증가시킨다.
- 래칭 전류 이상이 되면 턴 온된다.
- 애노드에 인가하는 전압 상승률 작게 잡는다.

⑥ 턴 오프
- SCR을 턴 오프 하려면 애노드 전류를 유지 전류 이하로 낮춘다.
- 애노드(전원전압)의 극성을 부(－) 또는 0으로 한다.

⑦ SCR 특징
- 아크가 생기지 않아 열의 발생 적음
- 게이트 신호를 인가할 때부터 도통할 때까지의 시간이 짧음(턴 온 시간 짧음)
- 과전압에 약함(과전압 보호를 위해 여러 개를 직렬로 연결해 사용하면 방지)
- 병렬로 연결하면 과전류에 대한 보호 목적
- 3단자 소자
- 적은 게이트 신호로 대전력을 제어
- 도통상태에서 전류가 유지전류 이하면 바로 비도통 상태가 됨
- 게이트 전류로 통전전압 가변시킴
- 주전류 차단하려면 애노드 전압을 부 또는 0으로 함
- 게이트 전류의 위상각으로 통전 전류의 평균값을 제어시킴
- 역방향 내전압 큼
- 전력손실 적고, 고효율이며, 소형 경량, 수명이 긺

기적의 TIP

래칭 전류 : SCR이 확실히 턴 온 되기 위해 필요한 최소의 애노드 전류

기적의 TIP

유지 전류 : SCR을 도통 상태로 유지하기 위한 최소의 애노드 전류(래칭 전류보다 항상 작음)

04 사이리스터 응용회로

기적의 TIP

사이리스터의 종류는 방향과 몇 단자인지를 꼭 기억하세요

1) 사이리스터 종류

① SCR : 역저지 3단자(단방향 3단자)
② GTO : 게이트 턴오프 스위치, 역저지 3단자(단방향 3단자) 자기소호 가능
③ SUS : 단방향 3단자
④ SBS : 양방향 3단자
⑤ TRIAC : 양방향 3단자
⑥ DIAC : 양방향 2단자
⑦ SSS : 양방향 2단자
⑧ SCS : 단방향 4단자

05 제어기 및 제어장치

1) 전력 변환의 종류

① 교류를 직류로 변환 : 컨버터(순변환 장치)
② 직류를 교류로 변환 : 인버터(역변환 장치)
③ 교류를 교류로 변환 : 사이클로 컨버터(주파수 변환기)
④ 직류를 직류로 변환 : 초퍼

01 SCR 2개를 역병렬로 접속한 그림과 같은 기호의 명칭은?

① SCR
② GTO
③ TRIAC
④ UJT

사이리스터 종류
· SCR : 역저지 3단자(단방향 3단자)
· GTO : 게이트 턴오프 스위치, 역저지 3단자(단방향 3단자) 자기소호 가능
· SUS : 단방향 3단자
· SBS : 양방향 3단자
· TRIAC : 양방향 3단자
· DIAC : 양방향 2단자
· SSS : 양방향 2단자
· SCS : 단방향 4단자

02 다음 정류 방식 중에서 맥동 주파수가 가장 많고 맥동률이 가장 작은 정류 방식은?

① 단상 반파식
② 3상 전파식
③ 3상 반파식
④ 단상 전파식

맥동 주파수
· 단상반파 : f
· 단상전파 : 2f
· 3상반파 : 3f
· 3상전파 : 6f

03 교류 전압의 실효값이 200[V]일 때 단상 반파 정류에 의하여 발생하는 직류 전압의 평균값은 약 몇 [V]인가?

① 45
② 105
③ 90
④ 110

· 단상반파 정류 : $E_{dc}=0.45E_{ac}=0.45\times200=90$
· 단상전파 정류 : $E_{dc}=0.9E_{ac}$
· 3상반파 정류 : $E_{dc}=1.17E_{ac}$
· 3상전파 정류 : $E_{dc}=1.35E_{ac}$

04 다음 중 자기소호 제어용 소자는?

① SCR
② GTO
③ DIAC
④ TRIAC

사이리스터 종류
· SCR : 역저지 3단자(단방향 3단자)
· GTO : 게이트 턴오프 스위치, 역저지 3단자(단방향 3단자) 자기소호 가능
· SUS : 단방향 3단자
· SBS : 양방향 3단자
· TRIAC : 양방향 3단자
· DIAC : 양방향 2단자
· SSS : 양방향 2단자
· SCS : 단방향 4단자

05 단상반파 정류 회로의 전원 전압 200[V], 부하 저항이 10[Ω]이면 부하 전류는 약 몇 [A]인가?

① 4
② 13
③ 9
④ 18

단상반파 정류
$E_{dc}=0.45E_{ac}=0.45\times200=90$
$I_{dc}=\dfrac{E_{dc}}{R}=\dfrac{0.45E_{ac}}{R}=\dfrac{0.45\times200}{10}=9$

06 제어 정류기의 용도는?

① 교류 − 교류 변환
② 교류 − 직류 변환
③ 직류 − 교류 변환
④ 직류 − 직류 변환

정류회로 : 교류를 직류로 변환하는 것을 정류라고 한다. 주로 반도체 다이오드가 사용된다.

07 인버터의 스위칭 주기가 1[m · s]이면 주파수는 몇 [Hz]인가?

① 20
② 1000
③ 100
④ 60

주파수
$f=\dfrac{1}{T}=\dfrac{1}{1\times10^{-3}}=1000$
주기
$T=\dfrac{1}{f}$

08 반도체 사이리스터에 의한 전동기의 속도제어 중 주파수 제어는?

① 초퍼 제어
② 컨버터 제어
③ 인버터 제어
④ 브리지 정류 제어

• 교류를 직류로 변환 : 컨버터(순변환 장치)
• 직류를 교류로 변환 : 인버터(역변환 장치)
• 교류를 교류로 변환 : 사이클로 컨버터(주파수 변환기)
• 직류를 직류로 변환 : 초퍼

09 단상 전파정류 회로에서 $\alpha=60°$일 때 정류전압은 약 몇 [V]인가? (단, 전원측 실효값 전압은 100[V]이다.)

① 15   ② 45
③ 35   ④ 22

단상반파 정류
$E_{dc}=0.9E_{ac}\cos\alpha=0.9\times100\times\cos60°=45$
각도 있음, $\cos\theta$로 곱하기

10 반도체 내에서 정공은 어떻게 생성되는가?

① 확산용량
② 자유전자의 이동
③ 접합 불량
④ 결합전자의 이탈

N형 반도체
• 4족(4가) 원소인 실리콘, 게르마늄 등 진성 반도체에 5족(5가) 원소인 안티몬(Sb), 비소(As), 인(P) 등을 첨가하여 전자가 남게(과잉전자)되는 반도체
• 불순물을 도우너라고 함
• 과잉전자가 다수 캐리어가 되고, 정공이 소수 캐리어가 됨
P형 반도체
• 4족(4가) 원소인 실리콘, 게르마늄 등 진성 반도체에 3족(3가) 원소인 갈륨(Ga), 인듐(In), 붕소(B) 등을 첨가하여 전자가 부족(정공)하게 되는 반도체
• 불순물을 억셉터라 함
• 정공이 다수 캐리어가 되고, 전자가 소수 캐리어가 됨

정답 05 ③ 06 ② 07 ② 08 ③ 09 ② 10 ④

11 게이트(gate)에 신호를 가해야만 동작하는 소자는?

① MPS   ② SCR
③ UJT   ④ DIAC

SCR 특징
- 아크가 생기지 않아 열의 발생 적음
- 게이트 신호를 인가할 때부터 도통할 때까지의 시간이 짧음(턴 온 시간 짧음)
- 과전압에 약함(과전압 보호를 위해 여러 개를 직렬로 연결해 사용하면 방지)
- 병렬로 연결하면 과전류에 대한 보호 목적
- 3단자 소자
- 적은 게이트 신호로 대전력을 제어
- 도통상태에서 전류가 유지전류 이하면 바로 비도통 상태가 됨
- 게이트 전류로 통전전압 가변시킴
- 주전류 차단하려면 애노드 전압을 부 또는 0으로 함
- 게이트 전류의 위상각으로 통전 전류의 평균값을 제어시킴
- 역방향 내전압 큼
- 전력손실 적고, 고효율이며, 소형 경량, 수명이 긺

---

12 인버터의 용도로 가장 적합한 것은?

① 교류-직류변환
② 교류-증폭교류변환
③ 직류-교류변환
④ 직류-증폭직류변환

- 교류를 직류로 변환 : 컨버터(순변환 장치)
- 직류를 교류로 변환 : 인버터(역변환 장치)
- 교류를 교류로 변환 : 사이클로 컨버터(주파수 변환기)
- 직류를 직류로 변환 : 초퍼

---

13 다음 중 자기 소호 제어용 소자는?

① SCR   ② TRIAC
③ GTO   ④ DIAC

사이리스터 종류
- SCR : 역저지 3단자(단방향 3단자)
- GTO : 게이트 턴오프 스위치, 역저지 3단자(단방향 3단자) 자기소호 가능
- SUS : 단방향 3단자
- SBS : 양방향 3단자
- TRIAC : 양방향 3단자
- DIAC : 양방향 2단자
- SSS : 양방향 2단자
- SCS : 단방향 4단자

---

14 역저지 3단자에 속하는 것은 무엇인가?

① SCR   ② SSS
③ TRIAC   ④ SCS

사이리스터 종류
- SCR : 역저지 3단자(단방향 3단자)
- GTO : 게이트 턴오프 스위치, 역저지 3단자(단방향 3단자) 자기소호 가능
- SUS : 단방향 3단자
- SBS : 양방향 3단자
- TRIAC : 양방향 3단자
- DIAC : 양방향 2단자
- SSS : 양방향 2단자
- SCS : 단방향 4단자

---

15 직류를 교류로 변환하는 장치는 무엇인가?

① 순변환 장치
② 충전기
③ 정류기
④ 역변환 장치

- 교류를 직류로 변환 : 컨버터(순변환 장치)
- 직류를 교류로 변환 : 인버터(역변환 장치)
- 교류를 교류로 변환 : 사이클로 컨버터(주파수 변환기)
- 직류를 직류로 변환 : 초퍼

---

16 P형 반도체의 전기 전도의 주된 역할을 하는 반송자는?

① 불순물   ② 정공
③ 가전자   ④ 전자

N형 반도체
- 4족(4가) 원소인 실리콘, 게르마늄 등 진성 반도체에 5족(5가) 원소인 안티몬(Sb), 비소(As), 인(P) 등을 첨가하여 전자가 남게(과잉전자)되는 반도체
- 불순물을 도우너라고 함
- 과잉전자가 다수 캐리어가 되고, 정공이 소수 캐리어가 됨

P형 반도체
- 4족(4가) 원소인 실리콘, 게르마늄 등 진성 반도체에 3족(3가) 원소인 갈륨(Ga), 인듐(In), 붕소(B) 등을 첨가하여 전자가 부족(정공)하게 되는 반도체
- 불순물을 억셉터라 함
- 정공이 다수 캐리어가 되고, 전자가 소수 캐리어가 됨

---

17 SCR의 특성 중 적합하지 않은 것은?

① 정방향 및 역방향의 제어 특성이 있다.

② $pnpn$ 구조로 되어 있다.

③ 고속도 스위칭 작용을 할 수 있다.

④ 정류 작용을 할 수 있다.

SCR 특징
- 아크가 생기지 않아 열의 발생 적음
- 게이트 신호를 인가할 때부터 도통할 때까지의 시간이 짧음(턴 온 시간 짧음)
- 과전압에 약함(과전압 보호를 위해 여러 개를 직렬로 연결해 사용하면 방지)
- 병렬로 연결하면 과전류에 대한 보호 목적
- 3단자 소자
- 적은 게이트 신호로 대전력을 제어
- 도통상태에서 전류가 유지전류 이하면 바로 비도통 상태가 됨
- 게이트 전류로 통전전압 가변시킴
- 주전류 차단하려면 애노드 전압을 부 또는 0으로 함
- 게이트 전류의 위상각으로 통전 전류의 평균값을 제어시킴
- 역방향 내전압 큼
- 전력손실 적고, 고효율이며, 소형 경량, 수명이 깊

18 다음 중 반도체 정류 소자로 사용할 수 없는 것은?

① 실리콘

② 비스무트

③ 게르마늄

④ 산화구리

N형 반도체
- 4족(4가) 원소인 실리콘, 게르마늄 등 진성 반도체에 5족(5가) 원소인 안티몬(Sb), 비소(As), 인(P) 등을 첨가하여 전자가 남게(과잉전자)되는 반도체
- 불순물을 도우너라고 함
- 과잉전자가 다수 캐리어가 되고, 정공이 소수 캐리어가 됨

P형 반도체
- 4족(4가) 원소인 실리콘, 게르마늄 등 진성 반도체에 3족(3가) 원소인 갈륨(Ga), 인듐(In), 붕소(B) 등을 첨가하여 전자가 부족(정공)하게 되는 반도체
- 불순물을 억셉터라 함
- 정공이 다수 캐리어가 되고, 전자가 소수 캐리어가 됨

19 게이트(gate)에 신호를 가해야만 작동되는 소자는?

① MPS

② DIAC

③ SCR

④ UJT

SCR 특징
- 아크가 생기지 않아 열의 발생 적음
- 게이트 신호를 인가할 때부터 도통할 때까지의 시간이 짧음(턴 온 시간 짧음)
- 과전압에 약함(과전압 보호를 위해 여러 개를 직렬로 연결해 사용하면 방지)
- 병렬로 연결하면 과전류에 대한 보호 목적
- 3단자 소자
- 적은 게이트 신호로 대전력을 제어
- 도통상태에서 전류가 유지전류 이하면 바로 비도통 상태가 됨
- 게이트 전류로 통전전압 가변시킴
- 주전류 차단하려면 애노드 전압을 부 또는 0으로 함
- 게이트 전류의 위상각으로 통전 전류의 평균값을 제어시킴
- 역방향 내전압 큼
- 전력손실 적고, 고효율이며, 소형 경량, 수명이 깊

20 반파정류 회로에서 직류전압 100[V]를 얻는 데 필요한 변압기 2차 상전압은? (단, 부하는 순저항이며, 변압기 내 전압강하는 무시하고 정류기 내 전압강하는 5[V]로 한다.)

① 약 105[V]

② 약 100[V]

③ 약 222[V]

④ 약 233[V]

단상반파 정류

$E_{dc} = 0.45E_{ac}$

$E_{ac} = \dfrac{E_{dc}+e}{0.45} = \dfrac{100+5}{0.45} = 233$

PART

03

전기설비

배선재료 및 공구

빈출 태그 ▶ 전선의 구비조건, 단선과 연선, 콘센트와 플러그, 전기설비에 관련된 공구

01 전선 및 케이블

1) 전선의 구비조건
① 도전율이 클 것
② 기계적 강도가 클 것
③ 신장률이 클 것
④ 내구성이 있을 것
⑤ 비중(밀도)이 작을 것
⑥ 가선이 용이할 것
⑦ 가격이 저렴하고, 구입이 쉬울 것

2) 단선과 연선
① 단선 : 전선의 도체가 한 가닥으로 이루어진 전선
② 연선 : 여러 가닥의 소선을 꼬아 합쳐서 만든 전선
- 총소선수 : $N = 3n(n+1)+1$
  n : 중심소선 뺀 층 수
- 연선의 바깥지름 : $D = (2n+1)d$
  d : 소선의 지름

> 🔒 기적의 TIP
>
> 1층 : 7가닥
> 2층 : 19가닥
> 3층 : 37가닥
> 4층 : 61가닥

3) 전선의 종류와 용도
① 절연전선, 코드, 케이블로 나눌 수 있다.
② 절연전선의 종류 및 약호
- 기호 : OW / 명칭 : 옥외용 비닐절연 전선
- 기호 : DV2R / 명칭 : 인입용 비닐절연전선 2개 꼬임
- 기호 : DV3R / 명칭 : 인입용 비닐절연전선 3개 꼬임
③ 코드
- 전기기구에 접속하여 사용하는 이동용 전선으로 아주 얇은 동선을 원형 배치하여 절연 피복한 전선이다.
- 용도 : 가요성이 좋아 주로 가전제품에 사용되며, 특히 전기면도기, 헤어드라이기, 전기다리미 등에 적합하나, 기계적 강도가 약하여 일반적인 옥내배선용으로는 사용하지 못한다.

④ 케이블 : 전선을 1차로 절연하고, 2차로 외장한 전선이다.
- V : 비닐
- R : 고무
- B : 부틸
- N : 네온
- E : 폴리에틸렌
- C : 클로로플렌＝가교 폴리에틸렌

기적의 TIP

케이블은 기호로 외우고, 'VV = 비닐이라는 말이 2번 들어간 것'을 찾으면 됩니다.

02 배선재료

1) 개폐기

① 개폐기 설치 장소
- 부하전류의 개폐가 필요한 장소
- 인입구
- 퓨즈의 전원(퓨즈 교체 시 감전 방지)

② 개폐기의 종류
- 나이프스위치 : 베크라이트판 위에 고정된 칼과 칼받이의 접촉에 의해 전류의 흐름을 제어
- 커버나이프스위치 : 나이프스위치에 절연제 커버를 설치한 것
- 안전스위치 : 나이프스위치를 금속제 함 내부에 장치하고 외부에서 핸들을 조작하여 개폐하는 것
- 전자개폐기 : 전자석의 힘으로 개폐조작을 하는 전자접촉기와 과전류를 감지하는 열동계전기의 조합

2) 점멸 스위치

① 전등이나 소형 전기기구 등에 전류 흐름을 개폐하는 옥내배선기구

② 스위치의 종류
- 매입 텀블러 스위치 : 스위치박스에 고정하고 플레이트로 덮은 구조이며, 토클형과 파동형의 2종이 있음
- 연용 매입 텀블러 스위치 : 2, 3개를 연용하여 고정태에 조립하여 사용할 수 있으며, 표시램프나 콘센트와 조합하여 사용
- 버튼 스위치 : 버튼을 눌러서 점멸하는 것으로, 매입형과 노출형이 있음
- 코드 스위치 : 중간 스위치라고도 하며, 전기담요나 전기방석 등의 코드 중간에 사용
- 팬던트 스위치 : 형광등 또는 소형 전기기구의 코드 끝에 매달아 사용하는 스위치
- 일광 스위치 : 정원등, 방범등 및 가로등에서 주위의 밝기에 의하여 자동적으로 점멸하는 스위치

 기적의 TIP

타임 스위치는 일정 시간만 작동합니다.

3) 콘센트와 플러그

① 콘센트
- 전기기구의 플러그를 꽂아 사용하는 배선기구이다.
- 형태에 따라 노출형과 매입형이 있으며, 용도에 따라 방수형과 방폭형이 있다.

② 플러그
- 전기기구의 코드 끝에 접속하여 콘센트의 꽂아 사용하는 배선기구이다.
- 감전 예방을 위한 접지극이 있는 접지 플러그와 접지극이 없는 플러그가 있다.

③ 멀티탭
- 하나의 콘센트에 2~3개의 기구를 사용할 수 있다.

④ 테이블탭
- 코드의 길이가 짧을 때 연장하여 사용한다.

4) 과전류 차단기

① 전기회로에 큰 사고 전류가 흘렀을 때 자동적으로 회로를 차단하는 장치로 배선용 차단기와 퓨즈가 있다. 배선 및 접속기기의 파손을 막고 전기화재를 예방한다.

② 과전류 차단기 시설금지 장소
- 접지공사의 접지도체
- 다선식 선로의 중성선
- 변압기 중성점 접지공사를 한 저압가공선로의 접지측 전선
- 접지 및 중성선이라는 말이 들어가면 설치 못함

> **기적의 TIP**
>
> 과전류 차단기 시설금지는 '중성선', '접지'라는 말이 들어가면 안 됩니다.

③ 과전류 차단기의 정격용량
- 단상 : 정격차단용량＝정격차단전압×정격차단전류
- 3상 : 정격차단용량＝$\sqrt{3}$×정격차단전압×정격차단전류

④ 과전류 차단기로 저압전로에 사용되는 차단기 특성
- 산업용 배선차단기

정격전류의 구분	트립 동작시간	정격전류의 배수(모든 극에 통전)	
		부동작 전류	동작 전류
63[A] 이하	60분	1.05배	1.3배
63[A] 초과	120분	1.05배	1.3배

- 주택용 배선차단기(사람 접촉 가능성 있음)

정격전류의 구분	트립 동작시간	정격전류의 배수(모든 극에 통전)	
		부동작 전류	동작 전류
63[A] 이하	60분	1.13배	1.45배
63[A] 초과	120분	1.13배	1.45배

⑤ 과전류 차단기용 퓨즈
• 저압전로에 사용하는 퓨즈

정격전류의 구분	시간	정격전류의 배수	
		불용단 전류	용단전류
4[A] 이하	60분	1.5배	2.1배
4[A] 초과 16[A] 미만	60분	1.5배	1.9배
16[A] 초과 63[A] 이하	60분	1.25배	1.6배
63[A] 초과 160[A] 이하	120분	1.25배	1.6배
160[A] 초과 400[A] 이하	180분	1.25배	1.6배
400[A] 초과	240분	1.25배	1.6배

5) 누전차단기(ELB)

① 옥내배선회로에 누전이 발생했을 때 이를 감지하고, 자동적으로 회로를 차단하는 장치로서 감전사고 및 화재를 방지할 수 있는 장치이다.

② 설치대상
• 금속제 외함을 가지는 사용전압 50[V]를 초과하는 저압의 기계기구로서 사람이 쉽게 접촉할 우려가 있는 전로
• 주택의 인입구
• 특고압, 고압 또는 저압전로와 변압기에 의하여 결합되는 사용전압 400[V] 초과의 저압전로
• 발전기에서 공급하는 사용전압 400[V] 초과의 저압전로

③ 설치 예외 대상
• 기계기구를 발전소, 변전소, 개폐소 등에 시설하는 경우
• 기계기구를 건조한 곳에 시설하는 경우
• 대지전압 150[V] 이하인 기계기구를 물기가 있는 곳 이외에 시설하는 경우
• 이중절연구조의 기계기구를 시설하는 경우
• 절연변압기(2차측 300[V] 이하)의 부하측의 전로에 접지하지 않은 경우
• 기계기구가 고무, 합성수지, 기타 절연물로 피복된 경우
• 기계기구가 유도전동기의 2차측 전로에 접속되는 경우

03 전기설비에 관련된 공구

1) 게이지 : 측정공구

① 마이크로미터 : 전선의 굵기, 철판, 구리판 등의 두께를 측정한다.

② 와이어 게이지 : 전선의 굵기를 측정하는 것으로, 측정할 전선을 홈에 끼워서 맞는 곳의 숫자로 전선의 굵기를 측정한다.

③ 버니어 캘리퍼스 : 둥근 물건의 외경이나 파이프 등의 내경과 깊이를 측정한다.

2) 공구의 종류

① 펜치
- 전선의 절단, 전선의 접속, 전선 바인드 등에 사용하며, 전기공사에 필수적인 공구
- 펜치의 크기
  - 150[mm] : 소기구 전선접속
  - 175[mm] : 옥내 일반공사
  - 200[mm] : 옥외공사

② 와이어스트리퍼 : 절연전선의 피복을 벗기는 공구

③ 클리퍼 : 펜치로 자르기 힘든 굵은 전선을 절단하는 공구

④ 홀쏘 : 배전반 및 분전반에 구멍을 뚫을 때 사용

⑤ 녹아웃 펀치 : 홀쏘와 같은 용도로 배전반 및 분전반에 구멍을 뚫을 때 사용

⑥ 토치램프 : 가솔린용과 가스용이 있으며, 합성수지관의 가공에 열을 가할 때 사용

⑦ 파이어 포트 : 납땜 인두를 가열하거나 납땜 냄비를 올려 납물을 만드는 데 사용

⑧ 펌프플라이어 : 금속관 공사에서 로크너트를 죌 때 사용하거나 전선의 슬리브 접속 시에 사용

⑨ 프레셔 툴 : 솔더리스커넥터 또는 터미널을 압착시킴

⑩ 파이프벤더 : 금속관을 구부리는 공구

⑪ 히키 : 금속관을 구부리는 공구

⑫ 파이프 바이스 : 금속관을 절단 또는 금속관을 죌 때 금속관을 고정시키기 위해 사용

⑬ 파이프 커터 : 금속관을 절단할 때 사용

⑭ 오스터 : 금속관의 나사낼 때 사용

⑮ 리머 : 금속관을 다듬을 때 사용

⑯ 파이프 렌치 : 금속관 커플링을 접속할 때 커플링을 물고 죄는 공구

⑰ 드라이브 이트 : 힐티총이라고 불리고, 화약의 폭발력으로 콘크리트의 드라이브 핀을 박을 때 사용

⑱ 피쉬 테이프 : 전선관에 전선을 넣을 때 사용하는 평각 강철

🅑 기적의 TIP

전기설비는 공구에 관련된 문제도 많이 나오니 꼭 공구의 특징과 명칭을 기억해 두세요.

01 전선의 재료로서 구비해야 할 조건이 아닌 것은?

① 기계적 강도가 클 것
② 가요성이 풍부할 것
③ 고유저항이 클 것
④ 비중이 작을 것

전선의 구비조건
• 도전율이 클 것
• 기계적 강도가 클 것
• 신장률이 클 것
• 내구성이 있을 것
• 비중(밀도)이 작을 것
• 가선이 용이할 것
• 가격이 저렴하고, 구입이 쉬울 것

02 옥외용 비닐절연전선의 기호는?

① VV   ② OW
③ DV   ④ CV

절연전선의 종류 및 약호
• 기호 : OW / 명칭 : 옥외용 비닐절연 전선
• 기호 : DV2R / 명칭 : 인입용 비닐절연전선 2개 꼬임
• 기호 : DV3R / 명칭 : 인입용 비닐절연전선 3개 꼬임

03 인입용 비닐절연전선의 기호는?

① VV   ② OW
③ DV   ④ CV

절연전선의 종류 및 약호
• 기호 : OW / 명칭 : 옥외용 비닐절연 전선
• 기호 : DV2R / 명칭 : 인입용 비닐절연전선 2개 꼬임
• 기호 : DV3R / 명칭 : 인입용 비닐절연전선 3개 꼬임

04 저압 회로에 사용하는 비닐절연 비닐시스 케이블 기호로 맞는 것은?

① 0.6/1 kv CV
② 0.6/1 kv HFCO
③ 0.6/1 kv CCV
④ 0.6/1 kv VV

• 케이블 기호
 − V : 비닐
 − R : 고무
 − B : 부틸
 − N : 네온
 − E : 폴리에틸렌
 − C : 클로로플렌 = 가교 폴리에틸렌
• 앞의 숫자는 전압을 의미하고 뒤의 영어는 케이블 기호를 의미하므로, 비닐절연 비닐시스 케이블은 비닐인 V가 2번 들어가야 한다.

05 0.6/1 kv 가교 폴리에틸렌 절연 비닐시스 전력 케이블의 기호는?

① 0.6/1 kv CV
② 0.6/1 kv HFCO
③ 0.6/1 kv CCV
④ 0.6/1 kv VV

• 케이블 기호
 − V : 비닐
 − R : 고무
 − B : 부틸
 − N : 네온
 − E : 폴리에틸렌
 − C : 클로로플렌 = 가교 폴리에틸렌
• 앞의 숫자는 전압을 의미하고 뒤의 영어는 케이블 기호를 의미하므로, 가교 폴리에틸렌 절연 비닐시스 전력케이블은 클로로플렌 C와 비닐인 V가 들어가야 하여 CV케이블이다.

06 옥외용 비닐절연전선의 약호(기호)는?

① 0.6/1 kv VV

② DV 2R

③ OW

④ 60227 KS IEC 01

절연전선의 종류 및 약호
- 기호 : OW / 명칭 : 옥외용 비닐절연 전선
- 기호 : DV2R / 명칭 : 인입용 비닐절연전선 2개 꼬임
- 기호 : DV3R / 명칭 : 인입용 비닐절연전선 3개 꼬임

07 피쉬 테이프의 용도는?

① 전선을 테이핑하기 위해 사용

② 배관에 전선을 넣을 때 사용

③ 전선관의 끝 마무리를 위해 사용

④ 합성수지관을 가공하기 위해 사용

피쉬 테이프 : 전선관에 전선을 넣을 때 사용하는 평각 강철

08 금속전선관 공사에 필요한 공구가 아닌 것은?

① 파이프 바이스

② 리머

③ 오스터

④ 와이어 스트리퍼

와이어 스트리퍼 : 절연전선의 피복을 벗기는 공구

오답 피하기

- 파이프 바이스 : 금속관을 절단 또는 금속관을 칠 때 금속관을 고정시키기 위해 사용
- 리머 : 금속관을 다듬을 때 사용
- 오스터 : 금속관의 나사낼 때 사용

09 과전류 차단기를 꼭 설치해야 하는 장소로 옳은 것은?

① 접지공사의 접지선

② 다선식 선로의 중성선

③ 저압 옥내간선의 전원측 전선

④ 전로의 일부에 접지공사를 한 접지측 전선

과전류 차단기 시설금지 장소
- 접지공사의 접지도체
- 다선식 선로의 중성선
- 변압기 중성점 접지공사를 한 저압가공선로의 접지측 전선
- 접지 및 중성선이란 말이 들어가면 설치 못함

10 전동기 과부하 보호장치에 해당되지 않는 것은?

① 전동기용 퓨즈

② 열동계전기

③ 전동기 보호용 배선차단기

④ 전동기 기동장치

전동기 기동장치 : 기동 시 흐르는 기동전류를 낮게 하기 위해 사용하며, 보호장치가 아니다.

오답 피하기

- 과전류 차단기 : 전기회로에 큰 사고 전류가 흘렀을 때 자동적으로 회로를 차단하는 장치로 배선용 차단기와 퓨즈가 있다. 배선 및 접속기기의 파손을 막고 전기화재를 예방한다.
- 전자개폐기 : 전자석의 힘으로 개폐조작을 하는 전자접촉기와 과전류를 감지하는 열동계전기의 조합을 말한다.

11 금속관 가공할 때 절단된 내부를 매끈하게 하기 위해 사용하는 공구의 명칭은?

① 프레셔 툴   ② 리머

③ 오스터   ④ 녹아웃 펀치

리머 : 금속관을 다듬을 때 사용

오답 피하기

- 프레셔 툴 : 솔더리스커넥터 또는 터미널을 압착시킴
- 오스터 : 금속관의 나사낼 때 사용
- 녹아웃 펀치 : 홀쏘와 같은 용도로 배전반 및 분전반에 구멍을 뚫을 때 사용

정답 06 ③ 07 ② 08 ④ 09 ③ 10 ④ 11 ②

12 금속관을 절단할 때 사용되는 공구는?

① 파이프 커터
② 오스터
③ 클리퍼
④ 와이어 스트리퍼

파이프 커터 : 금속관을 절단할 때 사용

오답 피하기
• 오스터 : 금속관의 나사낼 때 사용
• 클리퍼 : 펜치로 자르기 힘든 굵은 전선을 절단하는 공구
• 와이어 스트리퍼 : 절연전선의 피복을 벗기는 공구

13 연선 결정에 있어서 중심소선을 뺀 층수가 3층이다. 이때 전체의 소선수는 얼마인가?

① 91
② 61
③ 19
④ 37

총소선수 $N = 3n(n+1)+1 = 3 \times 3(3+1)+1 = 37$
n : 중심소선을 뺀 층수

오답 피하기
• 1층 = 7
• 2층 = 19
• 3층 = 37
• 4층 = 61

14 다음 중 과전류 차단기를 시설해야 할 곳은?

① 인입선
② 접지공사의 접지선
③ 다선식 전로의 중성선
④ 저압가공전로의 접지측 전선

과전류 차단기 시설금지 장소
• 접지공사의 접지도체
• 다선식 선로의 중성선
• 변압기 중성점 접지공사를 한 저압가공선로의 접지측 전선
• 접지 및 중성선이란 말이 들어가면 설치 못함

15 하나의 콘센트에 둘 또는 세 가지의 기계기구를 끼워서 사용할 때 사용되는 것은?

① 멀티탭
② 키이리스 소켓
③ 노출형 콘센트
④ 아이언 플러그

• 멀티탭 : 하나의 콘센트에 2~3개의 기구를 사용할 수 있다.
• 테이블탭 : 코드의 길이가 짧을 때 연장하여 사용한다.

16 가정용 전등에 사용되는 점멸 스위치를 설치하여야 할 위치에 대한 설명으로 가장 적당한 것은?

① 접지측 전선에 설치한다.
② 전압측 전선에 설치한다.
③ 부하의 2차측에 설치한다.
④ 중성선에 설치한다.

스위치는 전압측에서 전선을 설치해야 전원이 공급된다.

17 전선의 굵기를 측정할 때 사용되는 것은?

① 프레셔 툴
② 파이어 포트
③ 스패너
④ 와이어 게이지

• 게이지 : 측정 공구
• 마이크로미터 : 전선의 굵기, 철판, 구리판 등의 두께 측정
• 와이어 게이지 : 전선의 굵기를 측정하는 것으로, 측정할 전선을 홈에 끼워서 맞는 곳의 숫자로 전선의 굵기 측정
• 버니어 캘리퍼스 : 둥근 물건의 외경이나 파이프 등의 내경과 깊이 측정
• 파이어 포트 : 납땜 인두를 가열하거나 납땜 냄비를 올려 납물을 만드는 데 사용
• 펌프 플라이어 : 금속관 공사에서 로크너트를 칠 때 사용하거나 전선의 슬리브 접속 시에 사용
• 프레셔 툴 : 솔더리스커넥터 또는 터미널을 압착시킴

---

18 금속관 끝에 나사를 내는 공구는?

① 스패너
② 파이프 커터
③ 리머
④ 오스터

오스터 : 금속관의 나사낼 때 사용

오답 피하기
• 파이프 커터 : 금속관을 절단할 때 사용
• 리머 : 금속관을 다듬을 때 사용

19 다음 중 전선의 슬리브 접속에 있어서 펜치와 같이 사용되고 금속관 공사에서 로크너트를 조일 때 사용하는 공구는 어느 것인가?

① 비트 익스텐션(Bit Extension)
② 히키(Hickey)
③ 펌프 플라이어(pump plier)
④ 클리퍼(clipper)

펌프 플라이어 : 금속관 공사에서 로크너트를 죌 때 사용하거나 전선의 슬리브 접속 시에 사용

오답 피하기
• 히키 : 금속관을 구부리는 공구
• 클리퍼 : 펜치로 자르기 힘든 굵은 전선을 절단하는 공구

20 600[V] 이하의 저압 회로에 사용하는 비닐절연 비닐외장 케이블의 약칭으로 맞는 것은?

① CV
② EV
③ FP
④ VV

• 케이블 기호
 − V : 비닐
 − R : 고무
 − B : 부틸
 − N : 네온
 − E : 폴리에틸렌
 − C : 클로로플렌 = 가교 폴리에틸렌
• 앞의 숫자는 전압을 의미하고 뒤의 영어는 케이블 기호를 의미하므로, 비닐절연 비닐시스 케이블은 비닐인 V가 2번 들어가야 한다.

21 금속전선관 공사에 필요한 공구가 아닌 것은?

① 파이프 바이스
② 오스터
③ 리머
④ 클리퍼

클리퍼 : 펜치로 자르기 힘든 굵은 전선을 절단하는 공구

오답 피하기
• 파이프 바이스 : 금속관을 절단 또는 금속관을 죌 때 금속관을 고정시키기 위해 사용
• 오스터 : 금속관의 나사낼 때 사용
• 리머 : 금속관을 나듬을 때 사용

22 다음 중 과전류 차단기를 시설해야 하는 곳으로 가장 적당한 것은?

① 다선식 전로의 중성선
② 고압에서 저압으로 변성하는 2차 측의 저압측 전선
③ 변압기 중성점 접지 공사를 한 저압 가공 전로의 접지측 전선
④ 접지공사의 접지선

과전류 차단기 시설금지 장소
• 접지공사의 접지도체
• 다선식 선로의 중성선
• 변압기 중성점 접지공사를 한 저압가공선로의 접지측 전선
• 접지 및 중성선이란 말이 들어가면 설치 못함

23 다음 중 과전류 차단기를 설치하는 곳은?

① 변압기 중성점 접지 공사의 접지선
② 간선의 전원측 전선
③ 다선식 전로의 중성선
④ 접지공사를 한 저압 가공전선의 접지측 전선

과전류 차단기 시설금지 장소
• 접지공사의 접지도체
• 다선식 선로의 중성선
• 변압기 중성점 접지공사를 한 저압가공선로의 접지측 전선
• 접지 및 중성선이란 말이 들어가면 설치 못함

정답 18④ 19③ 20④ 21④ 22② 23②

24 절연전선으로 가선된 배전선로에서 활선 상태인 경우 전선의 피복을 벗기는 것은 매우 곤란한 작업이다. 이런 경우 활선 상태에서 전선의 피복을 벗기는 공구는?

① 데드 엔드 커버
② 애자커버
③ 와이어 통
④ 전선 피박기

전선 피박기 : 활선 상태 시 전선의 피복을 벗기는 공구

<오답 피하기>
와이어 통 : 활선 상태 시 전선을 이동시키는 공구

25 전선에 압착단자 접속 시 사용되는 공구는?

① 프레셔 툴
② 와이어 스트리퍼
③ 클리퍼
④ 니퍼

프레셔 툴 : 솔더리스커넥터 또는 터미널을 압착시킴

<오답 피하기>
• 와이어 스트리퍼 : 절연전선의 피복을 벗기는 공구
• 클리퍼 : 펜치로 자르기 힘든 굵은 전선을 절단하는 공구

26 다음 중 충전되어 있는 활선을 움직이거나 작업권 밖으로 밀어낼 때 또는 활선을 다른 장소로 옮길 때 사용하는 절연봉은?

① 애자커버
② 와이어 통
③ 전선 커버
④ 전선 피박기

와이어 통 : 활선 상태 시 전선을 이동시키는 공구

<오답 피하기>
전선 피박기 : 활선 상태 시 전선의 피복을 벗기는 공구

27 차단기에서 ELB의 용어는?

① 유입 차단기
② 누전 차단기
③ 배선용 차단기
④ 진공 차단기

<오답 피하기>
• 유입 차단기 : OCB
• 배선용 차단기 : MCCB
• 진공 차단기 : VCB

28 어미자와 아들자의 눈금을 이용하여 두께, 깊이, 안지름 및 바깥지름 측정용에 사용하는 것은 무엇인가?

① 버니어 캘리퍼스
② 와이어 스트리퍼
③ 스패너
④ 잉글리시 스패너

버니어 캘리퍼스 : 둥근 물건의 외경이나 파이프 등의 내경과 깊이 측정

<오답 피하기>
와이어 스트리퍼 : 절연전선의 피복을 벗기는 공구

29 전기공사에 사용하는 공구와 작업 내용이 잘못된 것은?

① 홀쏘 – 분전반 구멍 뚫기
② 피시 테이프 – 전선관 보호
③ 토치 램프 – 합성 수지관 가공하기
④ 와이어 스트리퍼 – 전선 피복 벗기기

피쉬 테이프 : 전선관에 전선을 넣을 때 사용하는 평각 강철

<오답 피하기>
• 홀쏘 : 배전반 및 분전반에 구멍을 뚫을 때 사용
• 토치 램프 : 합성수지관의 가공에 열을 가할 때 사용하며, 가솔린용과 가스용이 있음
• 와이어 스트리퍼 : 절연전선의 피복을 벗기는 공구

정답 24 ④ 25 ① 26 ② 27 ② 28 ① 29 ②

30 0.6/1 kV 비닐절연 비닐외장 케이블의 약호로 맞는 것은?

① VV ② PV
③ CVV ④ CV

- 케이블 기호
  - V : 비닐
  - R : 고무
  - B : 부틸
  - N : 네온
  - E : 폴리에틸렌
  - C : 클로로플렌 = 가교 폴리에틸렌
- 앞의 숫자는 전압을 의미하고 뒤의 영어는 케이블 기호를 의미하므로, 비닐절연 비닐시스 케이블은 비닐인 V가 2번 들어가야 한다.

31 다음 중 전선의 굵기를 측정하는 것은?

① 파이어 포트
② 스패너
③ 프레셔 툴
④ 와이어 게이지

와이어 게이지 : 전선의 굵기를 측정하는 것으로, 측정할 전선을 홈에 끼워서 맞는 곳의 숫자로 전선의 굵기 측정

오답 피하기
- 파이어 포트 : 납땜 인두를 가열하거나 납땜 냄비를 올려 납물을 만드는 데 사용
- 프레셔 툴 : 솔더리스커넥터 또는 터미널을 압착시킴

32 금속관을 가공할 때 절단된 내부를 매끈하게 하기 위하여 사용하는 공구의 명칭은?

① 오스터
② 프레셔 툴
③ 리머
④ 녹아웃 펀치

리머 : 금속관을 다듬을 때 사용

오답 피하기
- 오스터 : 금속관의 나사낼 때 사용
- 프레셔 툴 : 솔더리스커넥터 또는 터미널을 압착시킴
- 녹아웃 펀치 : 홀쏘와 같은 용도로 배전반 및 분전반에 구멍을 뚫을 때 사용

33 다음 중 금속전선관 공사에서 나사내기에 사용되는 공구는?

① 리머 ② 벤더
③ 토치램프 ④ 오스터

오스터 : 금속관의 나사낼 때 사용

오답 피하기
- 리머 : 금속관을 다듬을 때 사용
- 파이프벤더 : 금속관을 구부리는 공구
- 토치램프 : 합성수지관의 가공에 열을 가할 때 사용하며, 가솔린용과 가스용이 있음

34 가정용 전등에 사용되는 점멸 스위치를 설치하여야 할 위치에 대한 설명으로 가장 적당한 것은?

① 중성선에 설치한다.
② 전압측 전선에 설치한다.
③ 접지측 전선에 설치한다.
④ 부하의 2차 측에 설치한다.

스위치는 전압측에서 전선을 설치해야 전원이 공급된다.

35 녹아웃 펀치(knockout punch)와 같은 용도의 것은?

① 클리퍼(cliper)
② 리머(reamer)
③ 홀 소(hole saw)
④ 벤더(bender)

- 녹아웃 펀치 : 홀쏘와 같은 용도로 배전반 및 분전반에 구멍을 뚫을 때 사용
- 홀쏘 : 배전반 및 분전반에 구멍을 뚫을 때 사용

오답 피하기
- 클리퍼 : 펜치로 자르기 힘든 굵은 전선을 절단하는 공구
- 리머 : 금속관을 다듬을 때 사용
- 파이프벤더 : 금속관을 구부리는 공구

36 피시 테이프(fish tape)의 용도는?

① 전선관에 전선을 넣을 때 사용
② 합성수지관을 구부릴 때 사용
③ 전선을 테이핑하기 위해서 사용
④ 전선관의 끝마무리를 위해서 사용

피쉬 테이프 : 전선관에 전선을 넣을 때 사용하는 평각 강철

37 녹아웃 펀치와 같은 용도로 배전반이나 분전반 등에 구멍을 뚫을 때 사용하는 것은?

① 프레스 툴(pressure tool)
② 클리퍼(cliper)
③ 드라이브이트 툴(driverit tool)
④ 홀 소(hole saw)

• 녹아웃 펀치 : 홀쏘와 같은 용도로 배전반 및 분전반에 구멍을 뚫을 때 사용
• 홀쏘(hole saw) : 배전반 및 분전반에 구멍을 뚫을 때 사용
오답 피하기
• 프레서 툴 : 솔더리스커넥터 또는 터미널을 압착시킴
• 클리퍼 : 펜치로 자르기 힘든 굵은 전선을 절단하는 공구
• 드라이브이트 : 힐티총이라고 불리고, 화약의 폭발력으로 콘크리트의 드라이브 핀을 박을 때 사용

38 조명용 백열전등을 호텔 또는 여관 객실의 입구에 설치할 때나 일반 주택 및 아파트 각 실의 현관에 설치할 때 사용되는 스위치는?

① 토글 스위치
② 로터리 스위치
③ 타임 스위치
④ 누름버튼 스위치

타임 스위치 : 주택, 여관 객실 입구 또는 주택 및 아파트 현관에 설치하여 시간이 지나면 조명이 꺼지게 만드는 스위치

39 절연전선으로 가선된 배전 선로에서 활선 상태인 경우 전선의 피복을 벗기는 것은 매우 곤란한 작업이다. 이런 경우 활선 상태에서 전선의 피복을 벗기는 공구는?

① 와이어 통
② 전선 피박기
③ 데드 엔드 커버
④ 애자커버

전선 피박기 : 활선 상태 시 전선의 피복을 벗기는 공구
오답 피하기
와이어 통 : 활선 상태 시 전선을 이동시키는 공구

40 전동기 과부하 보호장치에 해당되지 않는 것은?

① 열동계전기
② 전동기 기동장치
③ 전동기용 퓨즈
④ 전동기보호용 배선용 차단기

전동기 기동장치 : 기동 시 흐르는 기동전류를 낮게 하기 위해 사용하며, 보호장치가 아님
오답 피하기
• 과전류 차단기는 전기회로에 큰 사고 전류가 흘렀을 때 자동적으로 회로를 차단하는 장치로, 배선용 차단기와 퓨즈가 있다. 배선 및 접속기기의 파손을 막고 전기화재를 예방한다.
• 전자개폐기는 전자석의 힘으로 개폐조작을 하는 전자접촉기와 과전류를 감지하는 열동계전기의 조합을 말한다.

41 전선과 기구 단자 접속 시 나사를 덜 죄었을 경우 발생할 수 있는 위험과 거리가 먼 것은?

① 과열 발생 　　② 누전
③ 저항 감소 　　④ 화재 위험

전선과 기구 단자 접속 시 나사를 덜 죄었을 경우 저항이 증가한다.

42 저압개폐기를 생략하여도 무방한 개소는?

① 인입구 기타 고장, 점검, 측정 수리 등에서 개로할 필요가 있는 개소
② 퓨즈에 근접하여 설치한 개폐기인 경우의 퓨즈 전원측
③ 퓨즈의 전원측으로 분기회로용 과전류 차단기 이후의 퓨즈가 플러그 퓨즈와 같이 퓨즈 교환 시에 충전부에 접촉될 우려가 없을 경우
④ 부하전류를 끊거나 흐르게 할 필요가 있는 개소

개폐기 설치 장소
• 부하전류의 개폐가 필요한 장소
• 인입구
• 퓨즈의 전원(퓨즈 교체 시 감전 방지)

43 다음 중 옥내에 시설하는 저압 전로와 대지 사이의 절연저항 측정에 사용되는 계기는?

① 어스 테스터　　② 훅 온 미터
③ 멀티 테스터　　④ 메거

• 절연저항 측정 기구 : 메거, 절연저항계
• 접지저항 측정 기구 : 어스 테스터, 접지저항계

44 전기공사에서 접지저항을 측정할 때 사용하는 측정기는 무엇인가?

① 검류기　　②변류기
③ 매거　　④ 어스 테스터

• 절연저항 측정 기구 : 메거, 절연저항계
• 접지저항 측정 기구 : 어스 테스터, 접지저항계

45 굵은 전선을 절단할 때 사용하는 전기공사용 공구는?

① 클리퍼
② 피이프 커터
③ 녹아웃 펀치
④ 프레셔 툴

클리퍼 : 펜치로 자르기 힘든 굵은 전선을 절단하는 공구

오답 피하기

• 녹아웃 펀치 : 홀쏘와 같은 용도로 배전반 및 분전반에 구멍을 뚫을 때 사용
• 프레셔 툴 : 솔더리스커넥터 또는 터미널을 압착시킴
• 파이프 커터 : 금속관을 절단할 때 사용

46 전로 이외를 흐르는 전류로서 전로의 절연체 내부 및 표면과 공간을 통하여 선간 또는 대지 사이를 흐르는 전류를 무엇이라 하는가?

① 지락전류
② 누설전류
③ 영상전류
④ 정격전류

누설전류 : 전로 이외의 흐르는 전류

47 폴리에틸렌 절연 비닐 시스 케이블의 약호는?

① DV　　　　② EE
③ EV　　　　④ OW

• 케이블 기호
　－ V : 비닐
　－ R : 고무
　－ B : 부틸
　－ N : 네온
　－ E : 폴리에틸렌
　－ C : 클로로플렌 = 가교 폴리에틸렌
• 앞의 숫자는 전압을 의미하고 뒤의 영어는 케이블 기호를 의미하므로, 폴리에틸렌 절연 비닐시스 케이블은 폴리에틸렌의 E와 비닐의 V가 들어가야 한다.

48 다음 중 방수형 콘센트의 심벌은?

① ⬤E   ② ⬤

③ ⬤WP   ④ ⬤

49 다음 중 차단기를 시설해야 하는 곳으로 가장 적당한 것은?

① 고압에서 저압으로 변성하는 2차측의 저압 측 전선
② 변압기중성점 접지 공사를 한 저압 가공 전로의 접지측 전선
③ 다선식 전로의 중성선
④ 접지공사의 접지선

과전류 차단기 시설금지 장소
- 접지공사의 접지도체
- 다선식 선로의 중성선
- 변압기 중성점 접지공사를 한 저압가공선로의 접지측 전선
- 접지 및 중성선이란 말이 들어가면 설치 못함

50 아래 그림기호가 나타내는 것은?

① 한시 계전기 접점
② 전자 접촉기 접점
③ 수동 조작 접점
④ 조작 개폐기 잔류 접점

누름버튼 스위치 : 누를 때만 동작하고 수동으로 눌러야 하므로 수동 조작 접점이라고 불림

51 220[V] 옥내배선에서 백열전구를 노출로 설치할 때 사용하는 기구는?

① 리셉터클
② 테이블 탭
③ 콘센트
④ 코드 커넥터

리셉터클 : 백열전구를 노출로 설치할 때 필요

52 저압 옥내 간선으로부터 분기하는 곳에 설치하여야 하는 것은?

① 지락 차단기
② 과전류 차단기
③ 누전 차단기
④ 과전압 차단기

과전류 차단기 : 전기회로에 큰 사고 전류가 흘렀을 때 자동적으로 회로를 차단하는 장치로 배선용 차단기와 퓨즈가 있다. 배선 및 접속기기의 파손을 막고 전기화재를 예방한다.

53 물체의 두께, 깊이, 안지름 및 바깥지름 등을 모두 측정할 수 있는 공구의 명칭은?

① 버니어 캘리퍼스
② 마이크로미터
③ 다이얼 게이지
④ 와이어 게이지

버니어 캘리퍼스 : 둥근 물건의 외경이나 파이프 등의 내경과 깊이 측정

정답 48 ③   49 ①   50 ③   51 ①   52 ②   53 ①

전선접속

01 전선의 피복 벗기기

① 절연 피복을 벗기는 데는 펜치를 사용하지 않고 반드시 칼 또는 와이어 스트리퍼를 사용해야 한다.
② 고무절연선 및 비닐 절연선은 연필 모양으로 피복을 벗겨야 한다. 벗길 때 칼을 직각으로 대고 벗기는 것은 좋지 않다.
③ 동관 단자나 압착 단자에 전선을 접속할 때에는 전선의 피복을 도체와 직각으로 벗기는 것이 좋다.

02 전선의 각종 접속 방법

1) 전선의 접속 요건

① 접속 시 전기적 저항을 증가시키지 않는다.
② 접속 부위의 기계적 강도를 20[%] 이상 감소시키지 않는다(80[%] 이상 유지).
③ 접속점의 질연이 약화되지 않도록 테이핑 또는 와이어 커넥터로 절연한다.
④ 전선의 접속은 박스 안에서 하고, 접속점에 장력이 가해지지 않도록 한다.

2) 직선 접속

① 단선의 직선 접속
• 트위스트 접속 : 6$[mm^2]$의 가는 단선을 접속할 때 사용
• 브리타니아 접속 : 10$[mm^2]$=3.2[mm]의 굵은 단선을 접속할 때 사용, 첨선과 조인트선 이용

② 연선의 직선 접속
• 권선 직선 접속 : 단선의 브리타니아 접속과 같은 방법
• 단권 직선 접속 : 소선 자체를 감아서 접속
• 복권 직선 접속 : 소선 자체를 감아서 접속하는 방법으로 단권은 한 가닥씩 감았다면 복권은 전부를 한 번에 감아 접속

기적의 TIP

전선의 접속요건은 20[%] 이하 감소, 80[%] 이상 유지라는 내용을 찾아 주세요.

기적의 TIP

• 트위스트 접속 : 6sq 이하의 가는 전선 접속
• 브리타니아 접속 : 10sq 이상의 굵은 전선 접속

3) 분기 접속

① 단선의 분기 접속
- 트위스트 분기 접속 : 6[mm^2]의 가는 전선을 분기할 때 사용
- 브리타니아 분기 접속 : 10[mm^2]=3.2[mm]의 굵은 전선을 분기할 때 사용

② 연선의 분기 접속
- 권선 분기 접속 : 첨선과 접속선을 사용
- 단권 분기 접속 : 소선 자체를 이용
- 분할 권선 분기 접속 : 첨선과 접속선을 써서 분할 접속하는 방법
- 분할 단권 분기 접속 : 소선 자체를 분할하여 접속하는 방법
- 분할 복권 분기 접속 : 소선을 분할해 여러 소선을 한 번에 감아 접속하는 방법

4) 쥐꼬리 접속

① 박스 안 가는 전선을 접속할 때 사용
② 같은 굵기 단선 접속, 다른 굵기 단선 접속, 연선 쥐꼬리 접속이 있음
③ 쥐꼬리 접속은 와이어 커넥터를 이용하면 절연테이프를 사용 안 해도 됨

🅕 기적의 TIP

쥐꼬리 접속에는 무조건 '박스 안'이라는 말이 들어갑니다.

03 전선과 기구단자의 접속

1) 납땜

① 슬리브나 커넥터를 쓰지 않고 전선을 접속했을 때에는 반드시 납땜을 하여야 한다.
② 땜납은 50[%]의 납이라 하여 주석과 납이 각각 50[%]로 된 것을 사용한다.

2) 테이프

① 면 테이프 : 거즈 테이프라고도 함, 고무혼합물을 양면에 합침
② 고무 테이프 : 고무풀을 칠함, 적당한 격리물을 넣어 감음
③ 비닐 테이프 : 염화비닐콤파운드, 색상이 다양
④ 리노 테이프 : 점착성 없음, 절연성, 내온성, 내유성 있음, 연피 케이블에 사용
⑤ 자기 융착 테이프 : 약 2배 정도 늘여 감음, 내오존성, 내수성, 내약품성, 내온성 우수, 비닐 외장 케이블, 클로로플렌 외장 케이블에 사용

🅕 기적의 TIP

리노 테이프와 자기 융착 테이프의 특징은 반드시 기억해야 합니다.

3) 슬리브

① 슬리브 접속
- 전선 접속용 슬리브는 S자형과 관형이 있다.
- 납땜은 할 필요 없으나 테이프를 완전히 감아야 한다.

② 링슬리브 접속
- 전선을 나란히 하여 링 슬리브의 압착 홈에 넣고 압착 펜치로 압착한다.

🎬 기적의 TIP

와이어 커넥터를 사용하기 위해 쥐꼬리 접속은 2~3회 감아 줍니다.

4) 와이어 커넥터 접속

① 박스 안에서 쥐꼬리 접속에 사용되며, 납땜과 테이프 감기가 필요 없다.
② 외피는 자기 소화성 난연 재질이고, 내부에 나선 스프링이 도체를 압착하도록 되어 있다.

5) 전선과 단자의 접속

① 동관단자접속 : 홈에 납물과 전선을 동시에 넣어 냉각시키면 된다.
② 압착단자접속 : 동관단자와 같이 시공에 시간과 노력이 많이 드는 결점을 보충하기 위해 납땜이 필요 없는 압착 단자를 사용한다.

01 절연전선을 서로를 접속할 때 어느 접속기를 사용하면 접속 부분에 절연을 할 필요가 없는가?

① 전선 피박이
② 목대
③ 전선 커버
④ 박스형 커넥터

박스형 커넥터 : 전선을 서로 접속할 때 사용 커넥터를 사용하면 테이프나 납땜을 안 해도 됨

오답 피하기

• 전선 피박이 : 활선 상태 시 전선 피복 벗기기
• 전선 커버 : 전선을 보호

02 전선을 기구 단자에 접속할 때 진동 등의 영향으로 헐거워질 우려가 있는 경우에 사용하는 것은?

① 압착단자
② 스프링 와셔
③ 십자머리 볼
④ 코드 패스너

스프링 와셔 : 전선 단자 접속 시 진동 등으로 인해 헐거워질 우려가 있는 곳에 사용하며, 이중너트라고도 불림

03 구리 전선과 전기 기계 기구 단자를 접속하는 경우에 진동 등으로 인하여 헐거워질 염려가 있는 곳에는 어떤 것을 사용하여 접속하여야 하는가?

① 스프링 와셔를 끼운다.
② 평와셔 2개를 끼운다.
③ 코드 패스너를 끼운다.
④ 정 슬리브를 끼운다.

스프링 와셔 : 전선 단자 접속 시 진동 등으로 인해 헐거워질 우려가 있는 곳에 사용하며, 이중너트라고도 불림

04 전선 $6[mm^2]$ 이하의 가는 단선을 직선 접속할 때 어느 방법으로 하여야 하는가?

① 브리타니어 접속
② 슬리브 접속
③ 트위스트 접속
④ 우산형 접속

단선의 직선 접속

• 트위스트 접속 : $6[mm^2]$의 가는 단선을 접속할 때 사용
• 브리타니아 접속 : $10[mm^2]=3.2[mm]$의 굵은 단선을 접속할 때 사용, 첨선과 조인트선 이용

05 다음 중 나전선과 절연전선 접속 시 접속 부분의 전선의 세기는 일반적으로 어느 정도 유지해야 하는가?

① 50[%] 이상　　② 70[%] 이상
③ 60[%] 이상　　④ 80[%] 이상

전선의 접속 요건
• 접속 시 전기적 저항을 증가시키지 않는다.
• 접속 부위의 기계적 강도를 20[%] 이상 감소시키지 않는다(80[%] 이상 유지).
• 접속점의 절연이 약화되지 않도록 테이핑 또는 와이어 커넥터로 절연한다.
• 전선의 접속은 박스 안에서 하고, 접속점에 장력이 가해지지 않도록 한다.

06 다음 중 단선의 브리타니아 직선 접속에 사용되는 것은?

① 바인드선　　② 파라핀선
③ 조인트선　　④ 에나멜선

브리타니아 접속 : 10[mm²]=3.2[mm]의 굵은 단선을 접속할 때 사용, 첨선과 조인트선 이용

07 450/750 V의 일반용 단심 비닐절연 전선을 사용한 옥내배선 공사 시 박스 안에서 사용되는 전선 접속 방법은?

① 브리타니아 접속
② 복권 직선 접속
③ 쥐꼬리 접속
④ 트위스트 접속

쥐꼬리 접속
• 박스 안 가는 전선을 접속할 때 사용
• 같은 굵기 단선 접속, 다른 굵기 단선 접속, 연선 쥐꼬리 접속이 있음
• 쥐꼬리 접속은 와이어 커넥터를 이용하면 절연테이프를 사용 안 해도 됨

오답 피하기
• 브리타니아 접속 : 10[mm²]=3.2[mm]의 굵은 단선을 접속할 때 사용
• 복권 직선 접속 : 소선 자체를 감아서 접속하는 방법
• 트위스트 접속 : 6[mm²]의 가는 단선을 접속할 때 사용

08 전선의 접속 방법 중 트위스트 접속의 용도는?

① 5.5mm² 이상 연선의 분기 접속
② 10mm² 이상 단선의 직선 접속
③ 3.5mm² 이상 연선의 분기 접속
④ 6mm² 이하 단선의 직선 접속

트위스트 접속 : 6[mm²]의 가는 단선을 접속할 때 사용

09 박스 내에서 가는 전선을 접속할 때에는 어떤 방법으로 접속하는가?

① 트위스트 접속
② 슬리브 접속
③ 브리타니어 접속
④ 쥐꼬리 접속

쥐꼬리 접속
• 박스 안 가는 전선을 접속할 때 사용
• 같은 굵기 단선 접속, 다른 굵기 단선 접속, 연선 쥐꼬리 접속이 있음
• 쥐꼬리 접속은 와이어 커넥터를 이용하면 절연테이프를 사용 안 해도 됨

10 전선 접속에 관한 설명으로 틀린 것은?

① 접속 부분의 전기저항을 증가시켜서는 안 된다.
② 접속 부분은 납땜을 한다.
③ 전선의 세기를 20[%] 이상 유지해야 한다.
④ 절연을 원래의 절연효력이 있는 테이프로 충분히 한다.

전선의 접속 요건
• 접속 시 전기적 저항을 증가시키지 않는다.
• 접속 부위의 기계적 강도를 20[%] 이상 감소시키지 않는다(80[%] 이상 유지).
• 접속점의 절연이 약화되지 않도록 테이핑 또는 와이어 커넥터로 절연한다.
• 전선의 접속은 박스 안에서 하고, 접속점에 장력이 가해지지 않도록 한다.

정답　05 ④　06 ③　07 ③　08 ④　09 ④　10 ③

11 옥내배선의 박스(접속함) 내에서 가는 전선을 접속할 때 주로 어떤 방법을 사용하는가?

① 쥐꼬리 접속
② 슬리브 접속
③ 트위스트 접속
④ 브리타니아 접속

쥐꼬리 접속
• 박스 안 가는 전선을 접속할 때 사용
• 같은 굵기 단선 접속, 다른 굵기 단선 접속, 연선 쥐꼬리 접속이 있음
• 쥐꼬리 접속은 와이어 커넥터를 이용하면 절연테이프를 사용 안 해도 됨

12 다음 중 전선 및 케이블 접속 방법으로 잘못된 것은?

① 전선의 세기를 30[%] 이상 감소시키지 않을 것
② 도체에 알루미늄을 사용하는 전선과 동을 사용하는 전선을 접속하는 경우에는 접속 부분에 전기적 부식이 생기지 않도록 할 것
③ 코드 상호, 캡타이어 케이블 상호, 케이블 상호 또는 이들 상호를 접속하는 경우에는 코드 접속기, 접속함 및 기타 기구를 사용할 것
④ 접속 부분은 접속관 기타의 기구를 사용하거나 납땜을 할 것

전선의 접속 요건
• 접속 시 전기적 저항을 증가시키지 않는다.
• 접속 부위의 기계적 강도를 20[%] 이상 감소시키지 않는다(80[%] 이상 유지).
• 접속점의 절연이 약화되지 않도록 테이핑 또는 와이어 커넥터로 절연한다.
• 전선의 접속은 박스 안에서 하고, 접속점에 장력이 가해지지 않도록 한다.

13 전선접속 방법이 잘못된 것은?

① 트위스트 접속은 $6mm^2$ 이하의 가는 단선을 직접 접속할 때 적합하다.
② 쥐꼬리 접속은 박스 내에서 가는 전선을 접속할 때 적합하다.
③ 브리타니아 접속은 $6mm^2$ 이상의 굵은 단선의 접속에 적합하다.
④ 와이어 커넥터 접속은 납땜과 테이프가 필요 없이 접속할 수 있고 누전의 염려가 없다.

브리타니아 접속 : $10[mm^2]=3.2[mm]$의 굵은 단선을 접속할 때 사용, 첨선과 조인트선 이용

14 다음 중 단선의 브리타니아 직선 접속에 사용되는 것은?

① 바인드선
② 에나멜선
③ 파라핀선
④ 조인트선

브리타니아 접속 : $10[mm^2]=3.2[mm]$의 굵은 단선을 접속할 때 사용, 첨선과 조인트선 이용

15 절연전선 상호 간의 접속에서 옳지 않은 것은?

① 납땜 접속을 한다.
② 와이어 커넥터를 사용하여 접속한다.
③ 슬리브를 사용하여 접속한다.
④ 굵기가 $6mm^2$ 이하인 것은 브리타니아 접속을 한다.

단선의 직선 접속
• 트위스트 접속 : $6[mm^2]$의 가는 단선을 접속할 때 사용
• 브리타니아 접속 : $10[mm^2]=3.2[mm]$의 굵은 단선을 접속할 때 사용, 첨선과 조인트선 이용

16 나전선 상호 또는 나전선과 절연전선, 캡타이어 케이블 또는 케이블과 접속하는 경우 바르지 못한 방법은?

① 전선의 세기를 20% 이상 감소시키지 않을 것

② 코드 상호, 캡타이어 케이블 상호, 케이블 상호 또는 이들 상호를 접속하는 경우에는 코드 접속기, 접속함 및 기타 기구를 사용할 것

③ 알루미늄 전선과 구리 전선을 접속하는 경우에는 접속 부분에 전기적 부식이 생기지 않도록 할 것

④ 알루미늄 전선을 옥외에 사용하는 경우에는 반드시 트위스트 접속을 할 것

전선의 접속 요건
· 접속 시 전기적 저항을 증가시키지 않는다.
· 접속 부위의 기계적 강도를 20[%] 이상 감소시키지 않는다(80[%] 이상 유지).
· 접속점의 절연이 약화되지 않도록 테이핑 또는 와이어 커넥터로 절연한다.
· 전선의 접속은 박스 안에서 하고, 접속점에 장력이 가해지지 않도록 한다.

[오답 피하기]
트위스트 접속 : 6[mm^2]의 가는 단선을 접속할 때 사용

17 다음 중 전선의 접속 방법에 해당되지 않는 것은?

① 트위스트 접속
② 직접 접속
③ 슬리브 접속
④ 커넥터 접속

전선의 접속 방법 : 직선 접속, 분기 접속, 쥐꼬리 접속, 슬리브 접속, 와이어 커넥터 접속

18 전선을 접속할 때 전선의 강도를 몇 [%] 이상 감소시키지 않아야 하는가?

① 20[%]　　② 10[%]
③ 40[%]　　④ 30[%]

전선의 접속 요건
· 접속 시 전기적 저항을 증가시키지 않는다.
· 접속 부위의 기계적 강도를 20[%] 이상 감소시키지 않는다(80[%] 이상 유지).
· 접속점의 절연이 약화되지 않도록 테이핑 또는 와이어 커넥터로 절연한다.
· 전선의 접속은 박스 안에서 하고, 접속점에 장력이 가해지지 않도록 한다.

19 선의 접속에 대한 설명으로 틀린 것은?

① 접속 부분의 인장강도를 80% 이상 유지
② 접속 부분의 전기저항을 20% 이상 증가
③ 접속 부분에 전선 접속 기구를 사용함
④ 알루미늄 전선과 구리선의 접속 시 전기적인 부식이 생기지 않도록 함

전선의 접속 요건
· 접속 시 전기적 저항을 증가시키지 않는다.
· 접속 부위의 기계적 강도를 20[%] 이상 감소시키지 않는다(80[%] 이상 유지).
· 접속점의 절연이 약화되지 않도록 테이핑 또는 와이어 커넥터로 절연한다.
· 전선의 접속은 박스 안에서 하고, 접속점에 장력이 가해지지 않도록 한다.

20 접착성은 없으나 절연성, 내온성 및 내유성이 있어 연피 케이블 접속에 사용되는 테이프는?

① 고무 테이프
② 자기 융착 테이프
③ 리노 테이프
④ 비닐 테이프

테이프
· 면 테이프 : 거즈 테이프라고도 함, 고무혼합물을 양면에 합침
· 고무 테이프 : 고무풀을 칠함, 적당한 격리물을 넣어 감음
· 비닐 테이프 : 염화비닐콤파운드, 색상이 다양
· 리노 테이프 : 점착성 없음, 절연성, 내온성, 내유성 있음, 연피 케이블에 사용
· 자기 융착 테이프 : 약 2배 정도 늘여 감음, 내오존성, 내수성, 내약품성, 내온성 우수, 비닐 외장 케이블, 클로로플렌 외장 케이블에 사용

21 연피 케이블 접속에 반드시 사용해야 하는 것은?

① 고무 테이프
② 면 테이프
③ 비닐 테이프
④ 리노 테이프

테이프
• 면 테이프 : 거즈 테이프라고도 함, 고무혼합물을 양면에 합침
• 고무 테이프 : 고무풀을 칠함, 적당한 격리물을 넣어 감음
• 비닐 테이프 : 염화비닐콤파운드, 색상이 다양
• 리노 테이프 : 점착성 없음, 절연성, 내온성, 내유성 있음, 연피 케이블에 사용
• 자기 융착 테이프 : 약 2배 정도 늘여 감음, 내오존성, 내수성, 내약품성, 내온성 우수, 비닐 외장 케이블, 클로로프렌 외장 케이블에 사용

---

22 S형 슬리브를 사용하여 전선을 접속하는 경우의 유의사항이 아닌 것은?

① 전선은 연선만 사용이 가능하다.
② 전선의 끝은 슬리브의 끝에서 조금 나오는 것이 좋다.
③ 슬리브는 전선의 굵기에 적합한 것을 사용한다.
④ 도체는 샌드페이퍼 등으로 닦아서 사용한다.

슬리브는 연선과 단선 둘 다 사용 가능하다.

---

23 옥내배선에서 전선 접속에 관한 사항으로 옳지 않은 것은?

① 전선의 강도를 20% 이상 감소시키지 않는다.
② 접속 부분의 온도상승값이 접속부 이외의 온도상승값을 넘지 않도록 한다.
③ 전기저항을 증가시킨다.
④ 접속슬리브, 전선접속기를 사용하여 접속한다.

전선의 접속 요건
• 접속 시 전기적 저항을 증가시키지 않는다.
• 접속 부위의 기계적 강도를 20[%] 이상 감소시키지 않는다(80[%] 이상 유지).
• 접속점의 절연이 약화되지 않도록 테이핑 또는 와이어 커넥터로 절연한다.
• 전선의 접속은 박스 안에서 하고, 접속점에 장력이 가해지지 않도록 한다.

---

24 전선의 접속에 관한 설명으로 틀린 것은?

① 접속 부분의 전기저항을 증가시켜서는 안 된다.
② 전선의 세기를 20[%] 이상 유지해야 한다.
③ 접속 부분은 납땜을 한다.
④ 절연은 원래의 절연효력이 있는 테이프로 충분히 한다.

전선의 접속 요건
• 접속 시 전기적 저항을 증가시키지 않는다.
• 접속 부위의 기계적 강도를 20[%] 이상 감소시키지 않는다(80[%] 이상 유지).
• 접속점의 절연이 약화되지 않도록 테이핑 또는 와이어 커넥터로 절연한다.
• 전선의 접속은 박스 안에서 하고, 접속점에 장력이 가해지지 않도록 한다.

25 내오존성, 내수성, 내약품성, 내온성 우수하여 비닐 외장 케이블에 사용하는 테이프는?

① 자기 융착 테이프
② 면 테이프
③ 비닐 테이프
④ 리노 테이프

테이프
- 면 테이프 : 거즈 테이프라고도 함, 고무혼합물을 양면에 합침
- 고무 테이프 : 고무풀을 칠함, 적당한 격리물을 넣어 감음
- 비닐 테이프 : 염화비닐콤파운드, 색상이 다양
- 리노 테이프 : 점착성 없음, 절연성, 내온성, 내유성 있음, 연피 케이블에 사용
- 자기 융착 테이프 : 약 2배 정도 늘여 감음, 내오존성, 내수성, 내약품성, 내온성 우수, 비닐 외장 케이블, 클로로플렌 외장 케이블에 사용

26 전선 접속 방법 중 트위스트 직선 접속의 설명으로 옳은 것은?

① 굵기가 $6mm^2$ 이하인 단선의 접속을 한다.
② 굵기가 $6mm^2$ 이상인 단선의 접속을 한다.
③ 연선의 직선 접속에 사용한다.
④ 연선의 분기 접속에 사용한다.

단선의 직선 접속
- 트위스트 접속 : $6[mm^2]$의 가는 단선을 접속할 때 사용
- 브리타니아 접속 : $10[mm^2]$=$3.2[mm]$의 굵은 단선을 접속할 때 사용, 첨선과 조인트선 이용

27 구리 전선과 전기기계기구 단자를 접속하는 경우에 진동 등으로 인하여 헐거워질 염려가 있는 곳에는 어떤 것을 사용하여 접속하여야 하는가?

① 평와서 2개를 끼운다.
② 코드 패스너를 끼운다.
③ 스프링 와셔를 끼운다.
④ 정슬리브를 끼운다.

스프링 와셔 : 전선 단자 접속 시 진동 등으로 인해 헐거워질 우려가 있는 곳에 사용하며, 이중너트라고도 불림

배선설비공사 및 전선의 허용전류 계산

01 전선관 시스템

1) 합성수지관공사

① 합성수지관 특징

• 염화비닐 수지로 만든 것으로 금속관에 비하여 가격이 싸다.

• 절연성과 내부식성이 우수하고, 재료가 가볍기 때문에 시공이 편리하다.

• 관 자체가 비자성체이므로 접지할 필요가 없고, 피뢰기 · 피뢰침의 접지선 보호에 적당하다.

• 열에 약할 뿐 아니라 충격강도가 떨어지는 결점이 있다.

② 경질비닐전선관

• 기계적 충격이나 중량물에 의한 압력 등 외력에 견디도록 보완된 전선관이다.

• 딱딱한 형태이므로 구부리거나 하는 가공 방법은 토치램프로 가열하여 가공한다.

• 관의 굵기를 안지름의 크기에 가까운 짝수로써 표시한다.

• 지름 14~100[mm]로 10종(14, 16, 22, 28, 36, 42, 54, 70, 82, 100[mm])이 있다.

• 한 본의 길이는 4[m]로 제작한다.

③ 폴리에틸렌 전선관(PF관)

• 경질에 비해 연한 성질이 있어 배관작업에 토치램프로 가열할 필요가 없다.

• 경질에 비해 외부 압력에 견디는 성질이 약한 편이다.

• 관의 굵기를 안지름의 크기에 가까운 짝수로써 표시(14, 16, 22, 28, 36, 42[mm])한다.

• 한 가닥 길이가 100~6[m]로, 롤(Roll) 형태로 제작한다.

④ 콤바인 덕트관(합성수지제 가요전선관, CD관)

• 무게가 가벼워 어려운 현장 여건에서도 운반 및 취급이 용이하다.

• 금속관에 비해 결로현상이 적어 영하의 온도에서도 사용이 가능하다.

• PE 및 난연성 PVC로 되어 있기 때문에 내약품성이 우수하고 내후, 내식성도 우수하다.

• 가용성이 뛰어나므로 굴곡된 배관작업에 공구가 불필요하며 배관 작업이 용이하다.

• 관의 내면이 파부형이므로 마찰계수가 적어 굴곡이 많은 배관 시에도 전선의 인입이 용이하다.

> **기적의 TIP**
>
> 합성수지관의 특징은 금속관과 비교하여 출제되기도 합니다.

- 관의 굵기를 안지름의 크기에 가까운 짝수로써 표시(14, 16, 22, 28, 36, 42[mm])한다.
- 한 가닥 길이가 100~50[m]로, 롤(Roll) 형태로 제작한다.

⑤ 합성수지관 시공법

- 합성수지관은 전개된 장소 등 대부분의 곳에서 시공할 수 있지만 이중천장(반자 속 포함) 내부 및 중량물의 압력 또는 심한 기계적 충격을 받는 장소에서 시설해서는 안 된다(콘크리트 매입은 제외).
- 관의 지지점 간의 거리는 1.5[m] 이하로 하고, 관과 박스의 접속점 및 관 상호 간의 접속점 등에서는 가까운(0.3[m] 이내) 거리에 지지점을 시설하여야 한다.
- 전선은 절연전선을 사용하며, 단선은 단면적 10[mm^2](알루미늄선은 16[mm^2]) 이하를 사용하며, 그 이상일 경우는 연선을 사용한다.
- 관 안에서는 전선의 접속점이 없어야 한다.
- 콤바인 덕트관(CD관)은 직접 콘크리트에 매입하여 시설하거나 옥내 전개된 장소에 시설하는 경우 이외에는 불연성 마감재 내부, 전용의 불연성 관 또는 덕트에 넣어 시설해야 한다.
- 관 상호 접속은 커플링을 이용하여 접속한다.
- 커플링에 들어가는 관의 길이는 관 바깥지름의 1.2배 이상으로 한다(단, 접착제를 사용할 때는 0.8배 이상으로 한다).

⑥ 합성수지관의 전선 굵기 선정

- 합성 수지관의 배선에는 절연전선을 사용해야 한다.
- 전선은 절연전선을 사용하며, 단선은 단면적 10[mm^2](알루미늄선은 16[mm^2]) 이하를 사용하며, 그 이상일 경우는 연선을 사용하며, 전선의 접속점은 없어야 한다.
- 합성수지관의 굵기는 케이블 또는 절연도체의 내부 단면적이 합성 수지관 단면적의 1/3을 초과하지 않도록 하는 것이 바람직하다(KEC 개정 내용).

2) 금속관 공사

① 노출된 장소, 은폐장소, 습기, 물기 있는 곳, 먼지가 있는 곳 등 어느 장소에서나 시설할 수 있고, 가장 완전한 공사 방법으로 공장이나 빌딩에서 주로 사용된다.

② 금속관 공사 특징

- 전선이 기계적으로 완전히 보호된다.
- 단락사고, 접지사고 등에 있어서 화재의 우려가 적다.
- 접지공사를 완전히 하면 감전의 우려가 없다.
- 방습 장치를 할 수 있으므로, 전선을 내수적으로 시설할 수 있다
- 전선이 노후되었을 경우나 배선 방법을 변경할 경우에 전선의 교환이 쉽다.

③ 금속공사의 시설 방법

- 매입 배관공사 : 콘크리트 또는 흙벽 속에 시설
- 노출 배관공사 : 벽면, 천장면을 따라 시설하거나 천장에 매달아 시설

④ 금속관의 종류
- 후강전선관 : 두께가 2.3[mm] 이상인 두꺼운 전선관
- 박강전선관 : 두께가 1.2[mm] 이상인 얇은 전선관
- 후강은 안지름에 가까운 짝수
- 박강은 바깥지름에 가까운 홀수
- 한 본의 길이는 3.66[m]

⑤ 관의 두께와 공사
- 콘크리트 매설할 경우 1.2[mm] 이상
- 그 외는 1[mm] 이상

🅵 기적의 TIP

관의 두께는 꼭 외워 주세요.

⑥ 금속전선관의 공구
- 파이프 바이스 : 금속관의 고정
- 파이프 커터 : 금속관의 절단
- 오스터 : 금속관의 나사내기
- 리머 : 금속관의 다듬기
- 히키 : 금속관의 구부리기
- 파이프 벤더 : 금속관의 구부리기

🅵 기적의 TIP

금속전선관의 공구에 관련된 문제도 자주 출제되므로 꼭 암기하세요.

⑦ 금속관의 재료
- 유니언 커플링 : 금속관을 돌려 끼울 수 없을 때 사용
- 콤비네이션 커플링 : 금속전선관과 가요전선관의 접속
- 로크너트 : 금속관과 박스의 접속
- 링리듀서 : 아울렛 박스의 녹 아웃 지름이 관 지름보다 클 때 사용
- 엔트러스 캡 : 저압가공 인입선 입구에 사용, 빗물 침입 방지
- 터미널 캡 : 저압가공 인입선 입구에 사용
- 노멀밴드 : 매입 배관의 직각 굴곡 부분에 사용
- 유니버셜 엘보 : 노출 배관의 직각 굴곡 부분에 사용

🅵 기적의 TIP

금속관의 재료는 특징만 기억하면 됩니다.

⑧ 금속전선관의 굵기 선정
- 금속전선관의 배선에는 절연전선을 사용한다.
- 전선은 절연전선을 사용하며, 단선은 단면적 $10[mm^2]$(알루미늄선은 $16[mm^2]$) 이하를 사용하며, 그 이상일 경우는 연선을 사용하며, 전선의 접속점은 없어야 한다.
- 교류회로에서는 1회로의 전선 모두를 동일관 내에 넣는 것을 원칙으로 한다.
- 교류회로에서 전선을 병렬로 여러 가닥 입선하는 경우는 관 내에 왕복 전류의 합계가 0이 되도록 하여야 한다.
- 금속전선관의 굵기는 케이블 또는 절연도체의 내부 단면적이 금속전선관의 단면적의 1/3을 초과하지 않아야 한다(KEC 개정 내용).

3) 금속제 가요전선관공사

① 금속제 가요전선관 특징

- 연강대에 아연 도금을 하고, 이것을 약 반 폭씩 겹쳐서 나선 모양으로 만들어 가요성이 풍부하고, 길게 만들어져서 관 상호 접속하는 일이 적고 자유롭게 배선할 수 있는 선선관이다.
- 작은 증설 배선, 안전함과 전동기 사이의 배선, 엘리베이터, 기차나 전차 안의 배선 등의 시설에 적당하다.

② 금속제 가요전선관 종류

- 제1종 금속제 가요전선관 : 플렉시블 콘딧이라 하며, 전면을 아연 도금한 파상연강대가 나선형으로 감겨있고, 유연성이 풍부하다. 방수형, 비방수형, 고장력형이 있다.
- 제2종 금속제 가요전선관 : 플리카 튜브라고 하며, 아연도금한 강대와 강대 사이에 별도의 파이버를 조합해 감아서 만든다. 내열성, 내습성, 내진성, 기계적 강도가 우수하다. 방수형, 비방수형이 있다.
- 전선관의 굵기는 안지름으로 정하는데 10, 12, 15, 17, 24, 30, 38, 50, 63, 76, 83, 101[mm]로 제작된다.

③ 금속제 가요전선관 시공

- 건조하고 전개된 장소와 점검할 수 있는 은폐장소에 한하여 시설할 수 있다. 다만, 무게의 압력 또는 심한 기계적 충격을 받을 우려가 있는 장소는 피해야 한다.
- 가요전선관의 굵기는 케이블 또는 절연도체의 내부 단면적이 가요전선관 단면적의 1/3을 초과하지 않도록 하는 것이 바람직하다.
- 전선은 절연전선을 사용하며, 단선은 단면적 $10[mm^2]$(알루미늄선은 $16[mm^2]$) 이하를 사용하며, 그 이상일 경우는 연선을 사용하며, 전선의 접속점은 없어야 한다.

④ 금속제 가요전선관 부품

- 스플릿 커플링 : 가요전선관 + 가요전선관 접속
- 플렉시블 커플링 : 가요전선관 + 가요전선 접속
- 스트레이트 박스 커넥터(가요전선관이 일자인 경우 사용) : 가요전선관 + 박스 접속
- 앵글 박스 커넥터(구부러진 가요전선관에 사용) : 가요전선관 + 박스 접속
- 콤비네이션 커플링 : 가요전선관 + 금속전선관 접속

1) 합성수지몰드 공사

① 매립 배선이 곤란한 경우에 사용되는 노출배선이며, 접착테이프와 나사못 등으로 고정시키고 절연전선 등을 넣어 배선하는 방법이다.

② 합성수지 몰드 공사의 시공법

- 옥내의 건조한 노출 장소와 점검할 수 있는 은폐 장소에 한하여 시공할 수 있다.
- 전선은 절연전선을 사용하며 몰드 내에서는 접속점을 만들지 않는다.

2) 금속몰드 공사

① 콘트리트 건물 등의 노출 공사용으로 쓰이며 금속전선관 공사와 병용하여 점멸 스위치, 콘센트 등의 배선기구의 인하용으로 사용된다.

② 금속몰드 공사의 시공법

- 옥내의 외상을 받을 우려가 없는 건조한 노출장소와 점검할 수 있는 은폐장소에 한하여 시공할 수 있다.
- 사용전압은 400[V] 이하로 옥내의 건조한 장소로 전개된 장소 또는 점검할 수 있는 은폐장소에 한하여 시설할 수 있고, 전선은 절연전선을 사용하며 몰드 내에서는 접속점을 만들지 않는다.
- 몰드에 넣는 전선수는 10본 이하로 한다.
- 조영재에 부착할 경우 1.5[m] 이하마다 고정하고, 금속몰드 및 기타 부속품에는 접지공사를 하여야 한다.

3) 금속트렁킹 공사

① 금속 본체와 커버가 별도로 구성되어 커버를 개폐할 수 있는 금속덕트 공사를 말한다.

② 금속트렁킹 공사의 시공법

- 절연전선(옥외용 제외)을 사용하고, 덕트 내에서는 전선이 접속점을 만들어서는 안된다.
- 금속트렁킹에 수용하는 전선은 절연물을 포함하는 단면적의 합이 금속 덕트 내 단면적의 20[%] 이하가 되도록 한다(단, 전광사인 장치, 출퇴표시등, 기타 이와 유사한 장치 또는 제어회로 등의 배선에 사용하는 전선만을 넣는 경우에는 50[%] 이하로 할 수 있다).

> **기적의 TIP**
>
> 금속트렁킹 공사의 시공법에서는 전선의 단면적은 꼭 기억해야 합니다.

1) 금속덕트 공사

① 강판제의 덕트 내에 다수의 전선을 정리하여 사용하는 것으로, 주로 공장, 빌딩 등에서 다수의 전선을 수용하는 부분에 사용되며, 다른 전선관공사에 비해 경제적이고 외관도 좋으며, 배선의 증설 및 변경 등이 용이하다.

② 금속덕트는 폭 4[cm] 이상, 두께 1.2[mm] 이상인 철판으로 견고하게 제작하고, 내면은 아연 도금 또는 에나멜 등으로 피복한다.

③ 금속덕트공사 시공 방법

기적의 TIP

금속덕트 공사의 시공법에서는 전선의 단면적은 꼭 기억해야 합니다.

• 옥내에서 건조한 노출 장소와 점검 가능한 은폐 장소에 시설할 수 있다.

• 지지점 간의 거리는 3[m] 이하로 견고하게 지지하고, 뚜껑이 쉽게 열리지 않도록 하며, 덕트의 끝부분은 막는다.

• 절연전선(인입용, 옥외용 제외)을 사용하고, 덕트 내에서는 전선이 접속점을 만들어서는 안 된다.

• 덕트의 외함 및 부속품에는 접지공사를 해야 한다.

• 금속덕트에 수용하는 전선은 절연물을 포함하는 단면적의 합이 금속덕트 내 단면적의 20[%] 이하가 되도록 한다(단, 전광사인 장치, 출퇴표시등, 기타 이와 유사한 장치 또는 제어회로 등의 배선에 사용하는 전선만을 넣는 경우에는 50[%] 이하로 할 수 있다).

2) 버스덕트 공사

① 절연 모선을 금속제 함에 넣는 것으로 빌딩·공장 등의 저압 대용량의 배선 설비 또는 이동부하에 전원을 공급하는 수단이며 신뢰도가 높고 배선이 간단하여 보수가 쉽고 시공이 용이하다.

② 구리 또는 알루미늄으로 된 나도체를 난연성, 내열성, 내습성이 풍부한 절연물로 지지하고, 절연한 도체를 강판 또는 알루미늄으로 만든 덕트 내에 수용한 것이다.

③ 버스덕트 공사의 시공법

• 옥내에서 건조한 노출 장소와 점검 가능한 은폐 장소에 시설할 수 있다.

• 덕트는 3[m] 이하의 간격으로 견고하게 지지하고, 내부에 먼지가 들어가지 못하도록 한다.

• 도체는 덕트 내에서 0.5[m] 이하의 간격으로 비흡수성의 절연물로 견고하게 지지해야 한다.

• 덕트의 외함 및 부속품에는 접지공사를 해야 한다.

3) 플로어덕트 공사

① 마루 밑에 매입하는 배선용의 덕트로 마루 위로 전선 인출을 목적으로 한다.

② 사무용 빌딩에서 전화 및 전기배선 시설을 위해 사용하며 사무기기의 위치가 변경될 때 쉽게 전기를 끌어 쓸 수 있는 융통성이 있으므로 사무실, 은행, 백화점 등의 실내 공간이 크고 조명, 콘센트, 전화 등의 배선이 분산된 장소에 적합하다.

③ 플로어덕트 공사의 시공법
- 옥내의 건조한 콘크리트바닥에 매입할 경우에 한하여 시설한다.
- 전선은 절연전선을 사용하며, 단선은 단면적 $10[mm^2]$(알루미늄선은 $16[mm^2]$) 이하를 사용하며, 그 이상일 경우는 연선을 사용하며, 전선의 접속점은 없어야 한다.
- 사용전압은 400[V] 이하로 옥내의 건조한 콘크리트바닥 등 내부에 매입할 경우 시설할 수 있다.
- 덕트의 외함 및 부속품에는 접지공사를 해야 한다.

04 케이블 트레이 시스템

1) 케이블 트레이 시스템
① 금속 케이블 트레이 단면도와 기타 부대재료를 하나로 모아서 케이블을 버팀하는 구조물을 만드는 시스템을 말한다.
② 케이블 트레이 종류
- 사다리형 : 가장 일반적인 형태로 같은 방향의 양 측면 레일을 여러 개의 가로대로 연결한 조립 금속구조
- 통풍채널형 : 바닥통풍형, 바닥밀폐형 또는 이 두 가지 복합채널 부품으로 구성된 조립 금속구조
- 바닥밀폐형 : 직선 방향 측면 레일에서 바닥에 구멍이 없는 조립 금속구조

2) 케이블 공사
① 절연전선보다는 안정성이 뛰어나므로 빌딩, 공장, 변전소, 주택 등 다방면으로 많이 사용되고 있다.
② 다른 배선 방식에 비하여 시공이 간단하여, 전력 수요가 증대되는 곳에서 주로 사용된다.
③ 저압 배선용으로 주로 연피 케이블, 비닐 외장 케이블, 클로로프렌 외장 케이블, 폴리에틸렌 외장 케이블 등이 사용된다.
④ 케이블 공사의 시공법
- 중량물의 압력 또는 심한 기계적 충격을 받을 우려가 있는 장소에서는 사용해서는 안 된다(단, 케이블을 금속관 또는 합성 수지관 등으로 방호하는 경우에는 사용 가능하다).
- 케이블의 구부리는 굴곡부의 곡률 반지름은 연피가 없는 케이블은 바깥지름의 5배 이상으로 한다.
- 케이블의 구부리는 굴곡부의 곡률 반지름은 연피가 있는 케이블은 바깥지름의 12배 이상으로 한다.
- 케이블의 지지점 간의 거리는 조영재 옆면 또는 아랫면으로 시설한 경우는 2[m] 이하로 한다(단, 캡타이어 케이블은 1[m] 이하).
- 케이블의 지지점 간의 거리는 조영재에 수직으로 붙이고, 사람의 접촉이 없는 경우는 6[m] 이하로 한다.

1) 애자사용공사

① 전선을 지지하여 전선이 조영재(벽면이나 천장면) 및 기타 접촉할 우려가 없도록 배선하는 것이다.

② 애자는 절연성, 난연성, 내수성이 있는 재질을 사용한다.

③ 애자의 종류

• 높이와 크기에 따라 : 소놉, 중놉, 대놉, 특대놉

• 재질에 따라 : PVC, 사기, 에폭시

④ 애자사용공사 시공법

• 전선은 절연전선을 사용해야 한다. 다만, 아래의 경우에는 노출장소에 한해 나전선을 사용할 수 있다.

    – 열로 인한 영향을 받는 장소

    – 전선의 피복 절연물이 부식하는 장소

    – 취급자 이외의 사람이 출입할 수 없도록 설비한 장소

• 조영재의 아래 면이나 옆면에 시설하고 애자의 지지점 간의 거리는 2[m] 이하이다.

• 절연전선과 애자를 묶기 위한 바인드선은 0.9~1.6[mm]의 구리 또는 철의 심선에 절연 혼합물을 피복한 선을 사용한다.

• 시공전선 이격거리

    – 전선 상호 간 거리 400[V] 이하 : 6[cm] 이상

    – 전선 상호 간 거리 400[V] 초과 : 6[cm] 이상

    – 전선과 조영재 사이 거리 400[V] 이하 : 2.5[cm] 이상

    – 전선과 조영재 사이 거리 400[V] 초과 : 4.5[cm] 이상, 건조는 2.5[cm] 이상

기적의 TIP

애자의 재질을 기억해 두어야 합니다.

기적의 TIP

시공전선 이격거리를 반드시 암기해 두세요.

01 금속관공사를 할 때 앤트랜스 캡의 사용으로 옳은 것은?

① 저압 가공 인입선의 인입구에 사용
② 금속관이 고정되어 회전시킬 수 없을 때 사용
③ 배관의 직각의 굴곡 부분에 사용
④ 조명기구가 무거울 때 조명기구 부착용으로 사용

엔트러스 캡 : 저압가공 인입선 입구에 사용, 빗물 침입 방지

02 금속관 공사에서 배관의 직각 굴곡 부분에 사용하는 것은?

① 로크너트
② 노멀밴드
③ 플로이박스
④ 절연부싱

• 노멀밴드 : 매입 배관의 직각 굴곡 부분에 사용
• 유니버설 엘보 : 노출 배관의 직각 굴곡 부분에 사용

03 다음 중 금속전선관을 박스에 고정시킬 때 사용되는 것은 어느 것인가?

① 새들
② 로크너트
③ 부싱
④ 클램프

로크너트 : 금속관과 박스의 접속

04 합성수지관 공사에 대한 설명 중 옳지 않은 것은?

① 습기가 많은 장소 또는 물기가 있는 장소에 시설하는 경우에는 방습 장치를 한다.
② 관의 지지점 간의 거리는 3[m] 이상으로 한다.
③ 관 상호 간 및 박스와는 관을 삽입하는 깊이를 관의 바깥지름의 1.2배 이상으로 한다.
④ 합성수지관 안에는 전선에 접속점이 없도록 한다.

합성수지관의 지지점 간의 거리는 1.5[m] 이하로 한다.

05 셀룰로이드, 성냥, 석유류 등 기타 가연성 위험물을 제조 또는 저장하는 장소의 배선으로 잘못된 배선은?

① 플로어덕트 배선
② 합성수지관 배선
③ 금속관 배선
④ 케이블 배선

• 폭발성이라는 말이 들어가면 가능한 공사는 금속관, 케이블만 가능하다.
• 그 외는 합성수지관, 케이블, 금속관이 가능하다.

정답 01① 02② 03② 04② 05①

06 다음 중 금속덕트 공사 방법과 거리가 가장 먼 것은?

① 금속덕트 상호는 견고하고 또한 전기적으로 완전하게 접속할 것
② 금속덕트는 3[m] 이하의 간격으로 견고하게 지지할 것
③ 금속덕트의 뚜껑은 쉽게 열리지 않도록 시설할 것
④ 덕트의 말단은 열어 놓을 것

덕트의 끝 부분은 막아야 한다.

07 애자사용공사에 사용하는 애자가 갖추어야 할 성질과 가장 거리가 먼 것은?

① 난연성
② 절연성
③ 내유성
④ 내수성

애자는 절연성, 난연성, 내수성이 있는 재질을 사용한다.

08 애자사용배선공사 시 사용할 수 없는 전선은?

① 고무 절연전선
② 인입용 비닐 절연전선
③ 폴리에틸렌 절연전선
④ 플루오르 수지 절연전선

애자사용공사는 절연전선을 사용하나 인입용 비닐 절연전선은 수용가에 들어올 때 사용하기 때문에 적합하지 않다.

09 금속 덕트 공사의 일종으로 금속 본체와 커버가 별도로 구성되어 커버를 개폐할 수 있는 배선공사는?

① 금속 트렁킹 공사
② 금속 덕트 공사
③ 플로어 덕트 공사
④ 버스 덕트 공사

금속 트렁킹 공사란, 금속 본체와 커버가 별도로 구성되어 커버를 개폐할 수 있는 금속 덕트 공사를 말한다.

10 한국전기설비규정에서 정하는 배선설비 공사 방법의 분류에서 케이블 트렁킹 시스템에 해당되지 않는 공사 방법은?

① 금속 트렁킹 공사
② 금속 덕트 공사
③ 합성수지 몰드 공사
④ 금속 몰드 공사

• 케이블 트렁킹 시스템 : 금속 트렁킹, 합성수지 몰드, 금속 몰드
• 케이블 덕트 시스템 : 금속 덕트, 버스 덕트, 플로어 덕트

11 합성수지 몰드 공사의 시공에서 틀린 것은?

① 전선은 절연전선일 것
② 점검할 수 있고 전개된 장소에 사용
③ 베이스와 캡이 완전하게 결합하여 충격으로 이탈되지 않을 것
④ 베이스를 조영재에 부착하는 경우 1[m] 이하 간격마다 나사 등으로 견고하게 부착할 것

각종 몰드 공사는 1.5[m] 이하마다 지지점 간격으로 양면테이프로 등으로 부착해야 한다.

12 금속몰드의 지지점 간의 거리는 몇 [m] 이하로 하는 것이 가장 바람직한가?

① 1
② 1.5
③ 2
④ 3

공사별 지지점 간의 거리
• 1[m] 이하 : 가요전선관, 캡타이어케이블
• 1.5[m] 이하 : 합성수지관, 각종 몰드
• 2[m] 이하 : 금속관, 케이블, 애자사용공사, 라이팅덕트
• 3[m] 이하 : 버스덕트, 금속덕트

13 경질비닐 전선관의 설명으로 틀린 것은?

① 굵기는 관 안지름의 크기에 가까운 짝수 [mm]로 나타낸다.
② 금속관에 비해 절연성이 우수하다.
③ 금속관에 비해 내식성이 우수하다.
④ 1본의 길이는 3.6[m]가 표준이다.

경질비닐전선관은 1본의 길이는 4[m]이다.

14 합성수지관 공사에서 관의 지지점 간 거리는 최대 몇 [m]인가?

① 3[m]
② 2[m]
③ 1.5[m]
④ 1[m]

공사별 지지점 간의 거리
• 1[m] 이하 : 가요전선관, 캡타이어케이블
• 1.5[m] 이하 : 합성수지관, 각종 몰드
• 2[m] 이하 : 금속관, 케이블, 애자 사용공사, 라이팅덕트
• 3[m] 이하 : 버스덕트, 금속덕트

15 후강전선관의 관 호칭은 (㉠) 크기로 정하여 (㉡)로 표시하는데, ㉠과 ㉡에 들어갈 내용으로 옳은 것은?

① ㉠ 안지름   ㉡ 홀수
② ㉠ 안지름   ㉡ 짝수
③ ㉠ 바깥지름   ㉡ 홀수
④ ㉠ 바깥지름   ㉡ 짝수

• 후강전선관 : 두께가 2.3[mm] 이상인 두꺼운 전선관
• 박강전선관 : 두께가 1.2[mm] 이상인 얇은 전선관
• 후강은 안지름에 가까운 짝수
• 박강은 바깥지름에 가까운 홀수
• 한 본의 길이는 3.66[m]

16 금속관 공사를 노출로 시공할 때 직각으로 구부러지는 곳에는 어떤 배선기구를 사용하는가?

① 유니언 커플링
② 히키
③ 노멀밴드
④ 유니버설 엘보

• 노멀밴드 : 매입 배관의 직각 굴곡 부분에 사용
• 유니버설 엘보 : 노출 배관의 직각 굴곡 부분에 사용

17 링리듀서의 용도는?

① 박스 내 전선을 연결할 때
② 녹 아웃의 지름이 박스의 직경보다 클 때
③ 녹 아웃의 구멍을 막을 때
④ 로크너트를 고정할 때

링리듀서 : 아울렛 박스의 녹 아웃 지름이 관 지름보다 클 때 사용

18 금속전선관 내의 절연전선을 넣을 때는 절연전선의 피복을 포함한 층 단면적이 금속관 내부 단면적의 약 몇 [%] 이하가 바람직한가?

① 20
② 25
③ 33
④ 40

금속전선관의 굵기는 케이블 또는 절연도체의 내부 단면적이 금속전선관의 단면적의 1/3을 초과하지 않아야 한다(KEC 개정 내용).

19 애자 사용 공사에서 전선의 지지점 간의 거리는 전선을 조영재의 아랫면 또는 옆면에 따라 붙이는 경우에는 몇 [m] 이하로 하여야 하는가?

① 1
② 1.5
③ 2
④ 3

조영재의 아랫면이나 옆면에 시설하고 애자의 지지점 간의 거리는 2[m] 이하이다.

20 금속 몰드 공사의 사용전압은 몇 [V] 이하이어야 하는가? (단, 옥내의 건조한 장소로 전개된 장소 또는 점검할 수 있는 은폐장소이다.)

① 300[V]
② 400[V]
③ 600[V]
④ 1000[V]

금속 몰드 공사의 사용전압은 400[V]이다.

21 금속 트렁킹 공사에서 같은 덕트 내에 들어가는 전선은 피복 절연물을 포함하여 단면적의 총합이 몰드 내의 단면적의 몇 [%] 이하로 하여야 하는가?

① 20[%] 이하
② 30[%] 이하
③ 40[%] 이하
④ 50[%] 이하

금속 트렁킹에 수용하는 전선은 절연물을 포함하는 단면적의 합이 금속 덕트 내 단면적의 20[%] 이하가 되도록 한다(단, 전광사인 장치, 출퇴표시등, 기타 이와 유사한 장치 또는 제어회로 등의 배선에 사용하는 전선만을 넣는 경우에는 50[%] 이하로 할 수 있다).

22 건물의 이중천장(반자 속 포함) 내부에 저압 옥내배선 공사를 할 수 없는 방법은?

① 케이블 공사
② 금속관 공사
③ 애자 사용 공사
④ 합성수지관 공사

합성수지관은 전개된 장소 등 대부분의 곳에서 시공할 수 있지만 이중천장(반자 속 포함) 내부 및 중량물의 압력 또는 심한 기계적 충격을 받는 장소에서 시설해서는 안 된다(콘크리트 매입은 제외).

23 합성수지관이 금속관과 비교하여 장점으로 볼 수 없는 것은?

① 누전의 우려가 없다.
② 온도 변화에 대해 신축 작용이 크다.
③ 관 자체에 접지가 필요 없다.
④ 내식성이 있어 부식성 가스등이 있는 장소에 사용하기 좋다.

열에 약하고, 기계적 강도가 약하다는 단점이 있다.

24 금속전선관과 비교한 합성수지 전선관 공사의 특징으로 거리가 먼 것은?

① 내식성이 강하다.
② 배관작업이 편하다.
③ 절연성이 우수하다.
④ 열에 강하다.

열에 약하고, 기계적 강도가 약하다는 단점이 있다.

25 합성수지관 배선에서 경질비닐 전선관의 굵기에 해당되지 않는 것은? (단, 관의 호칭을 말한다.)

① 14
② 16
③ 18
④ 22

• 경질비닐 전선관 : 지름 14~100[mm]로 10종(14, 16, 22, 28, 36, 42, 54, 70, 82, 100[mm])
• 폴리에틸렌 전선관(PF관) : 관의 굵기를 안지름의 크기에 가까운 짝수로써 표시(14, 16, 22, 28, 36, 42[mm])
• 콤바인 덕트관(합성수지제 가요전선관, CD관) : 관의 굵기를 안지름의 크기에 가까운 짝수로써 표시(14, 16, 22, 28, 36, 42[mm])

26 경질비닐 전선관 1본의 표준 길이는?

① 3[m]
② 3.6[m]
③ 4[m]
④ 4.6[m]

• 합성수지관 1본은 4[m]
• 금속전선관 1본은 3.6[m]

27 합성수지제 가요전선관(PF관 및 CD관)의 호칭에 포함되지 않는 것은?

① 16   ② 38
③ 28   ④ 42

• 경질비닐 전선관 : 지름 14~100[mm]로 10종(14, 16, 22, 28, 36, 42, 54, 70, 82, 100[mm])
• 폴리에틸렌 전선관(PF관) : 관의 굵기를 안지름의 크기에 가까운 짝수로써 표시(14, 16, 22, 28, 36, 42[mm])
• 콤바인 덕트관(합성수지제 가요전선관, CD관) : 관의 굵기를 안지름의 크기에 가까운 짝수로써 표시(14, 16, 22, 28, 36, 42[mm])

28 합성수지제 가요전선관으로 옳게 짝지어진 것은?

① PVC전선관과 PF전선관
② PF전선관과 CD전선관
③ 후강전선관과 박강전선관
④ PVC전선관과 제2종 가요전선관

• 금속관 공사의 종류 : 후강전선관, 박강전선관
• 합성수지관 : 경질비닐전선관(PVC전선관)
• 합성수지제 가요전선관 : 폴리에틸렌 전선관(PF전선관), 콤바인덕트 전선관(CD전선관)
• 가요전선관 : 제1종 금속제 가요전선관, 제2종 금속제 가요전선관

29 접착제를 사용하여 합성수지관을 삽입해 접속할 경우 관의 깊이는 합성수지관 외경의 최소 몇 배인가?

① 0.8배
② 1배
③ 1.2배
④ 1.6배

관 삽입 깊이는 관 바깥지름의 1.2배 이상(단, 접착제 사용은 0.8배 이상)이다.

30 금속관 공사에서 금속관을 콘크리트에 매설할 경우 관의 두께는 몇 [mm] 이상의 것이어야 하는가?

① 0.8[mm]

② 1[mm]

③ 1.2[mm]

④ 1.6[mm]

관의 두께와 공사
- 콘크리트 매설할 경우 1.2[mm] 이상
- 그 외는 1[mm] 이상

31 링리듀서의 용도는?

① 박스 내 전선의 접속을 할 때 사용

② 녹 아웃 직경이 접속하는 금속관보다 큰 경우 사용

③ 녹 아웃 구멍을 막는 데 사용

④ 로크너트를 고정하는 데 사용

링리듀서는 아울렛 박스의 녹 아웃 지름이 관 지름보다 클 때 사용한다.

32 금속전선관 공사에서 금속관과 접속함을 접속하는 경우 녹 아웃 구멍이 금속관보다 클 때 사용하는 부품은?

① 로크너트

② 새들

③ 유니버설 엘보

④ 링리듀서

링리듀서는 아울렛 박스의 녹 아웃 지름이 관 지름보다 클 때 사용한다.

33 금속관 공사에 사용하는 부품이 아닌 것은?

① 로크너트

② 새들

③ 덕트

④ 링리듀서

오답 피하기
- 로크너트 : 금속관과 박스를 접속할 때 사용
- 새들 : 노출로 금속관을 공사할 때 관을 조영재에 고정하는 재료
- 링리듀서 : 아울렛 박스의 녹 아웃 지름이 관지름보다 클 때 사용

34 금속전선관 내의 절연전선을 넣을 때는 절연전선의 피복을 포함한 총 단면적이 금속관 내부 단면적의 약 몇 [%] 이하가 바람직한가?

① 20   ② 25

③ 33   ④ 48

금속전선관의 굵기는 케이블 또는 절연도체의 내부 단면적이 금속전신관의 단면적의 1/3을 초과하지 않아야 한다(KEC 개정 내용).

35 다음 중 금속관 공사의 설명으로 잘못된 것은?

① 교류회로는 1회로의 전선 전부를 동일관 내에 넣는 것을 원칙으로 한다.

② 금속관 내에서는 절대로 전선접속점을 만들지 않아야 한다.

③ 교류회로에서 전선을 병렬로 사용하는 경우에는 관내에 전자적 불평형이 생기지 않도록 시설한다.

④ 관의 두께는 콘크리트에 매입하는 경우 1[mm] 이상이어야 한다.

관의 두께와 공사
- 콘크리트 매설할 경우 1.2[mm] 이상
- 그 외는 1[mm] 이상

정답 30 ③ 31 ② 32 ④ 33 ③ 34 ③ 35 ④

36 금속관 공사에 의한 저압 옥내배선에서 잘못된 것은?

① 금속관 안에서는 전선의 접속점이 없도록 해야 한다.
② 교류회로는 1회로의 전선 전부를 동일관 내에 넣는 것을 원칙으로 한다.
③ 전선은 절연전선이어야 한다.
④ 알루미늄선은 $16[mm^2]$ 초과하는 전선을 사용한다.

전선은 절연전선을 사용하며, 단선은 단면적 $10[mm^2]$ 알루미늄선은 16 $[mm^2]$ 이하를 사용하며 이상일 경우는 연선을 사용하며, 전선의 접속점은 없어야 한다.

37 다음 중 가요전선관 공사로 적당하지 않은 것은?

① 옥내의 천장은폐배선으로 8각박스에서 형광등기구에 이르는 짧은 부분의 전선관공사
② 수변전실에서 배전반에 이르는 부분의 전선관공사
③ 프레스 공작기계 등의 굴곡개소가 많아 금속관 공사가 어려운 부분의 전선관공사
④ 금속관에서 전동기 부하에 이르는 짧은 부분의 전선관공사

가요전선관은 작은 증설 배선 또는 안전함과 전동기 사이 배선 등에 적당하다.

38 가요전선관 상호 접속을 하는 데 사용하는 부품은?

① 앵글박스 커넥터
② 플렉시블 커플링
③ 스트레이트 박스 커넥터
④ 유니언 커플링

가요전선관 부품
• 스플릿 커플링 : 가요전선관 + 가요전선관 접속
• 플렉시블 커플링 : 가요전선관 + 가요전선 접속
• 스트레이트 박스 커넥터(가요전선관이 일자인 경우 사용) : 가요전선관 + 박스 접속
• 앵글 박스 커넥터(구부러진 가요전선관에 사용) : 가요전선관 + 박스 접속
• 콤비네이션 커플링 : 가요전선관 + 금속전선관 접속

39 금속제 가요전선관의 절연전선을 넣을 때 절연전선의 피복을 포함한 총 단면적이 가요전선관의 내부 단면적의 약 몇 [%] 이하여야 하는가?

① 25   ② 33
③ 40   ④ 48

가요전선관의 굵기는 케이블 또는 절연도체의 내부 단면적이 가요전선관 단면적의 1/3을 초과하지 않도록 하는 것이 바람직하다.

40 가요전선관과 박스를 접속하는 데 사용하는 것은?

① 스플릿 커플링
② 플렉시블 커플링
③ 스트레이트 박스 커넥터
④ 유니언 커플링

가요전선관 부품
• 스플릿 커플링 : 가요전선관 + 가요전선관 접속
• 플렉시블 커플링 : 가요전선관 + 가요전선 접속
• 스트레이트 박스 커넥터(가요전선관이 일자인 경우 사용) : 가요전선관 + 박스 접속
• 앵글 박스 커넥터(구부러진 가요전선관에 사용) : 가요전선관 + 박스 접속
• 콤비네이션 커플링 : 가요전선관 + 금속전선관 접속

41 가요전선관과 금속관을 접속하는 데 사용하는 부품은?

① 콤비네이션 커플링
② 유니언 커플링
③ 스플릿 커플링
④ 플렉시블 커플링

가요전선관 부품
• 스플릿 커플링 : 가요전선관 + 가요전선관 접속
• 플렉시블 커플링 : 가요전선관 + 가요전선 접속
• 스트레이트 박스 커넥터(가요전선관이 일자인 경우 사용) : 가요전선관 + 박스 접속
• 앵글 박스 커넥터(구부러진 가요전선관에 사용) : 가요전선관 + 박스 접속
• 콤비네이션 커플링 : 가요전선관 + 금속전선관 접속

42 건물의 모서리(직각)에서 가요전선관과 박스를 연결하는 부품은?

① 스플릿 커플링
② 플렉시블 커플링
③ 스트레이트 박스 커넥터
④ 앵글 박스 커넥터

가요전선관 부품
• 스플릿 커플링 : 가요전선관 + 가요전선관 접속
• 플렉시블 커플링 : 가요전선관 + 가요전선 접속
• 스트레이트 박스 커넥터(가요전선관이 일자인 경우 사용) : 가요전선관 + 박스 접속
• 앵글 박스 커넥터(구부러진 가요전선관에 사용) : 가요전선관 + 박스 접속
• 콤비네이션 커플링 : 가요전선관 + 금속전선관 접속

43 금속제 가요전선관 공사 방법의 설명으로 옳은 것은?

① 가요전선관과 박스와의 직각 부분에 연결하는 부속품은 앵글 박스 커넥터이다.
② 가요전선관과 금속관과의 접속에 사용하는 부속품은 스트레이트 박스 커넥터이다.
③ 가요전선관과 상호접속에 사용하는 부속품은 콤비네이션 커플링이다.
④ 스위치 박스에는 콤비네이션 커플링을 사용하여 가요전선관과 접속한다.

가요전선관 부품
• 스플릿 커플링 : 가요전선관 + 가요전선관 접속
• 플렉시블 커플링 : 가요전선관 + 가요전선 접속
• 스트레이트 박스 커넥터(가요전선관이 일자인 경우 사용) : 가요전선관 + 박스 접속
• 앵글 박스 커넥터(구부러진 가요전선관에 사용) : 가요전선관 + 박스 접속
• 콤비네이션 커플링 : 가요전선관 + 금속전선관 접속

44 가요전선관 공사에 다음의 전선을 사용하였다. 맞게 사용한 것은?

① 절연전선 $10[mm^2]$ 이하 단선
② 절연전선 $16[mm^2]$ 초과 단선
③ 알루미늄선 $16[mm^2]$ 이하 연선
④ 알루미늄선 $32[mm^2]$ 이하 단선

전선은 절연전선을 사용하며, 단선은 단면적 $10[mm^2]$(알루미늄선은 $16[mm^2]$) 이하를 사용하며 이상일 경우는 연선을 사용하며, 전선의 접속점은 없어야 한다.

45 금속덕트 배선에서 금속덕트를 조영재에 붙이는 경우 지지점 간의 거리는?

① 1[m]

② 1.5[m]

③ 2[m]

④ 3[m]

공사별 지지점 간의 거리
• 1[m] 이하 : 가요전선관, 캡타이어케이블
• 1.5[m] 이하 : 합성수지관, 각종 몰드
• 2[m] 이하 : 금속관, 케이블, 애자사용공사, 라이팅덕트
• 3[m] 이하 : 버스덕트, 금속덕트

46 금속덕트 공사에 관한 사항이다. 옳지 않은 것은?

① 금속덕트의 끝 부분은 막을 것

② 금속덕트의 끝 부분은 열어 놓을 것

③ 덕트는 조영재와의 지지점 간의 거리는 3[m] 이하로 견고하게 붙일 것

④ 덕트 내에 전선의 접속점이 없을 것

덕트는 끝 부분을 막아야 한다.

47 절연전선을 동일 금속덕트 내에 넣을 경우 금속덕트의 크기는 전선의 피복절연물을 포함한 단면적의 총합계가 금속덕트 내 단면적의 몇 [%] 이하로 하여야 하는가?

① 10 ② 20

③ 33 ④ 50

금속덕트에 수용하는 전선은 절연물을 포함하는 단면적의 합이 금속덕트 내 단면적의 20[%] 이하가 되도록 한다(단, 전광사인 장치, 출퇴표시등, 기타 이와 유사한 장치 또는 제어회로 등의 배선에 사용하는 전선만을 넣는 경우에는 50[%] 이하로 할 수 있다).

48 금속덕트에 전광표시장치 · 출퇴표시등 또는 제어회로 등의 배선에 사용하는 전선만을 넣을 경우 금속덕트의 크기는 전선의 피복절연물을 포함한 단면적의 총합계가 금속덕트 내 단면적의 몇 [%] 이하로 선정하여야 하는가?

① 10 ② 20

③ 33 ④ 50

금속덕트에 수용하는 전선은 절연물을 포함하는 단면적의 합이 금속덕트 내 단면적의 20[%] 이하가 되도록 한다(단, 전광사인 장치, 출퇴표시등, 기타 이와 유사한 장치 또는 제어회로 등의 배선에 사용하는 전선만을 넣는 경우에는 50[%] 이하로 할 수 있다).

49 버스덕트 공사에서 덕트를 조영재에 붙이는 경우에는 덕트의 지지점 간의 거리를 몇 [m] 이하로 하는가?

① 1 ② 3

③ 2 ④ 1.5

공사별 지지점 간의 거리
• 1[m] 이하 : 가요전선관, 캡타이어케이블
• 1.5[m] 이하 : 합성수지관, 각종 몰드
• 2[m] 이하 : 금속관, 케이블, 애자사용공사, 라이팅덕트
• 3[m] 이하 : 버스덕트, 금속덕트

50 라이팅덕트 공사에 의한 저압 옥내배선 시 덕트의 지지점 간의 거리는 몇 [m] 이하로 해야 하는가?

① 1 ② 3

③ 2 ④ 1.5

공사별 지지점 간의 거리
• 1[m] 이하 : 가요전선관, 캡타이어케이블
• 1.5[m] 이하 : 합성수지관, 각종 몰드
• 2[m] 이하 : 금속관, 케이블, 애자사용공사, 라이팅덕트
• 3[m] 이하 : 버스덕트, 금속덕트

정답 45 ④ 46 ② 47 ② 48 ④ 49 ② 50 ③

51 진열장 안에 400[V] 미만인 저압 옥내배선 시 외부에서 보기 쉬운 곳에 사용하는 전선은 단면적이 몇 [mm^2] 이상의 코드 또는 캡타이어 케이블이어야 하는가?

① 0.75　　　　② 1

③ 1.5　　　　④ 2.5

캡타이어 케비블의 최소 단면적은 0.75[mm^2] 이상이다.

52 콘크리트 직매용 케이블 배선에서 일반적으로 케이블을 구부릴 때는 피복이 손상되지 않도록 그 굴곡부의 안쪽의 반경은 케이블의 외경의 몇 배로 하여야 하는가?

① 5배

② 6배

③ 8배

④ 12배

• 케이블의 구부리는 굴곡부의 곡률 반지름은 연피가 없는 케이블은 바깥지름의 5배 이상으로 한다.
• 케이블의 구부리는 굴곡부의 곡률 반지름은 연피가 있는 케이블은 바깥지름의 12배 이상으로 한다.

53 연피 없는 케이블을 배선할 때 직각 구부리기(L형)는 대략 굴곡 반지름을 케이블 바깥지름의 몇 배 이상인가?

① 5배　　　　② 6배

③ 8배　　　　④ 12배

• 케이블의 구부리는 굴곡부의 곡률 반지름은 연피가 없는 케이블은 바깥지름의 5배 이상으로 한다.
• 케이블의 구부리는 굴곡부의 곡률 반지름은 연피가 있는 케이블은 바깥지름의 12배 이상으로 한다.

54 연피가 있는 케이블을 구부리는 경우에 그 굴곡부의 곡률 반경은 원칙적으로 케이블이 완성품 외경의 몇 배 이상으로 하여야 하는가?

① 5배　　　　② 6배

③ 8배　　　　④ 12배

• 케이블의 구부리는 굴곡부의 곡률 반지름은 연피가 없는 케이블은 바깥지름의 5배 이상으로 한다.
• 케이블의 구부리는 굴곡부의 곡률 반지름은 연피가 있는 케이블은 바깥지름의 12배 이상으로 한다.

55 케이블 공사에 의한 저압 옥내배선에서 케이블을 조영재의 아랫면 또는 옆면에 따라 붙이는 경우에 전선의 지지점 간의 거리는 몇 [m] 이하인가?

① 1.5　　　　② 2

③ 1　　　　④ 3

공사별 지지점 간의 거리
• 1[m] 이하 : 가요전선관, 캡타이어케이블
• 1.5[m] 이하 : 합성수지관, 각종 몰드
• 2[m] 이하 : 금속관, 케이블, 애자사용공사, 라이팅덕트
• 3[m] 이하 : 버스덕트, 금속덕트

56 금속제 케이블 트레이의 종류가 아닌 것은?

① 통풍채널형

② 사다리형

③ 크로스형

④ 바닥밀폐형

케이블 트레이의 종류
• 사다리형 : 가장 일반적인 형태로 같은 방향의 양 측면 레일을 여러 개의 가로대로 연결한 조립 금속구조
• 통풍채널형 : 바닥통풍형, 바닥밀폐형 또는 이 두 가지 복합채널 부품으로 구성된 조립 금속구조
• 바닥밀폐형 : 직선 방향 측면 레일에서 바닥에 구멍이 없는 조립 금속구조

정답 51 ① 52 ① 53 ① 54 ④ 55 ② 56 ③

전선 및 기계기구의 보안공사

빈출 태그 ▶ 전압의 종류, 전선의 식별, 과전류차단기, 접지공사, 피뢰기

01 전선 및 전선로의 보안

1) 전압의 종류

종별	직류	교류
저압	1,500[V] 이하	1,000[V] 이하
고압	저압 넘고 7,000[V] 이하	저압 넘고 7,000[V] 이하
특고압	7,000[V] 초과	7,000[V] 초과

> **기적의 TIP**
>
> • 직류 저압 : 1500[V] 이하,
>   고압 : 7000[V] 이하, 특고
>   압 : 7000[V] 초과
> • 교류 저압 : 1000[V] 이하,
>   고압 : 7000[V] 이하, 특고
>   압 : 7000[V] 초과

2) 전기 방식

① 단상 2선식
• 구성이 간단
• 불평형 없음
• 소요동량 큼
• 전력손실 큼
• 대용량 부하에 부적합
• 주택 등 소규모에 적합
• 220[V] 사용

② 단상 3선식
• 부하를 110[V] / 220[V] 동시 사용
• 부하의 불평형 있음
• 소요동량이 2선식의 37.5[%]
• 중성선 단선 시 이상전압 발생
• 공장의 전등 및 전열용으로 사용
• 빌딩과 주택에 거의 사용 안 함

③ 3상 3선식
• 개선식에 비해 동량이 적고, 전압강하 등 개선
• 동력부하에 적합
• 소요동량이 2선식의 75[%]
• 빌딩에 사용되지 않고, 공장의 동력용으로 사용

④ 3상 4선식

- 경제적인 방식
- 중성선 단선 시 이상전압 발생
- 단상과 3상 부하 동시 사용 가능
- 부하의 불평형 있음
- 소요동량이 2선식의 33.3[%]
- 대용량 상가 및 빌딩, 공장에 사용

3) 전선의 식별

- L1상 : 갈색
- L2상 : 흑색
- L3상 : 회색
- N(중성선) : 청색
- PE(보호도체) : 녹색-황색

4) 전압강하의 제한

① 허용전압강하

- 저압으로 수전하는 경우 조명은 3[%], 기타 5[%]
- 고압으로 수전하는 경우 조명은 6[%], 기타 8[%]
- 고압 이상의 경우에도 최종회로 내의 전압강하가 저압의 전압강하값을 넘지 않도록 하는 것이 바람직하다.
- 배선설비가 100[m]를 넘는 부분의 전압강하는 미터당 0.005[%] 증가할 수 있으나, 증가분은 0.5[%]를 넘지 않아야 한다.

② 큰 전압강하를 허용하는 경우

- 기동시간 중 전동기
- 돌입전류가 큰 기기

③ 전압강하를 고려하지 않는 경우

- 과도 과전압
- 비정상적인 사용으로 인한 전압 변동

1) 과전류 차단기

① 전기회로에 큰 사고 전류가 흘렀을 때 자동적으로 회로를 차단하는 장치로 배선용 차단기와 퓨즈가 있다. 배선 및 접속기기의 파손을 막고 전기화재를 예방한다.

② 과전류 차단기 시설금지 장소
- 접지공사의 접지도체
- 다선식 선로의 중성선
- 변압기 중성점 접지공사를 한 저압가공선로의 접지측 전선
- 접지 및 중성선이라는 말이 들어가면 설치 못함

③ 과전류 차단기의 정격용량
- 단상 : 정격차단용량＝정격차단전압×정격차단전류
- 3상 : 정격차단용량＝$\sqrt{3}$×정격차단전압×정격차단전류

④ 과전류 차단기로 저압전로에 사용되는 차단기 특성
- 산업용 배선차단기

정격전류의 구분	트립 동작시간	정격전류의 배수(모든 극에 통전)	
		부동작 전류	동작 전류
63[A] 이하	60분	1.05배	1.3배
63[A] 초과	120분	1.05배	1.3배

- 주택용 배선차단기(사람 접촉 가능성 있음)

정격전류의 구분	트립 동작시간	정격전류의 배수(모든 극에 통전)	
		부동작 전류	동작 전류
63[A] 이하	60분	1.13배	1.45배
63[A] 초과	120분	1.13배	1.45배

⑤ 과전류 차단기용 퓨즈
- 저압전로에 사용하는 퓨즈

정격전류의 구분	시간	정격전류의 배수	
		불용단 전류	용단전류
4[A] 이하	60분	1.5배	2.1배
4[A] 초과 16[A] 미만	60분	1.5배	1.9배
16[A] 초과 63[A] 이하	60분	1.25배	1.6배
63[A] 초과 160[A] 이하	120분	1.25배	1.6배
160[A] 초과 400[A] 이하	180분	1.25배	1.6배
400[A] 초과	240분	1.25배	1.6배

 기적의 TIP

과전류 차단기 시설금지는 '중성선', '접지'라는 말이 들어가면 안 됩니다.

1) 간선

① 전선로에서 전등, 콘센트, 전동기 등의 설비에 전기를 보낼 때 구역을 정하여 큰 용량의 배선으로 배전하기 위한 전선이다.

② 한 개의 간선에 많은 분기 회로가 포함되어 있으므로 전력 공급면에서 간선이 분기회로보다 큰 용량이다.

③ 과부하에 대해 케이블을 보호하기 위해 조건이 충족이 되어야 한다.

$$I_B \leq I_n \leq I_Z \text{ 및 } I_2 \leq 1.45 \times I_Z$$

- I_B : 회로의 설계 전류
- I_n : 보호 장치의 정력 전류
- I_Z : 케이블의 허용 전류
- I_2 : 보호 장치의 유효한 동작을 보장하는 전류

2) 분기회로

① 간선으로부터 분기하여 과전류 차단기를 거쳐 각 부하에 전력을 공급하는 배선을 말한다. 즉 모든 부하는 분기회로에 의하여 전력을 공급받고 있는 것이다.

② 고장 발생 시 고장 범위를 될 수 있는 한 줄여 신속한 복귀와 경제적 손실을 줄이기 위해 분기회로를 시설한다.

③ 분기회로의 과전류 차단기는 배선용 차단기 또는 퓨즈를 사용하는데, 조명용, 전열용, 에어컨용 등으로 부하의 종류별로 분류한다.

④ 부하의 산정

부하 구분	건물 종류 및 부분	표준부하밀도[VA/m^2]
표준부하	공장, 공회장, 사원, 교회, 극장, 영화관	10
	기숙사, 여관, 호텔, 병원, 음식점, 다방	20
	주택, 아파트, 사무실, 은행, 백화점, 상점	30
부분부하	계단, 복도, 세면장, 창고	5
	강당, 관람석	10
가산부하	주택, 아파트	세대당 500~1,000[VA]
	상점진열장	길이 1[m]마다 300[VA]
	옥외광고등, 전광사인, 무대조명, 특수 전등 등	실[VA] 수

> **기적의 TIP**
>
> 표준부하는 꼭 기억하세요. 표준부하밀도는 우리가 평상 시 전기를 잘 사용하는지로 기억하면 됩니다.

⑤ 분기회로의 시공

- 전선도체의 굵기는 허용전류, 전압강하 및 기계적 강도를 고려하여 선정한다.
- 다선식(단상 3선식, 3상 3선식, 3상 4선식) 분기회로는 부하의 불평형을 고려한다.

⑥ 분기회로 구성의 주의사항
- 전등과 콘센트는 전용의 분기회로로 구분하는 것을 원칙으로 한다.
- 분기회로의 길이는 전압강하와 시공을 고려하여 약 $30[m]$ 이하로 한다.
- 정확한 부하 산정이 어려울 경우에는 사무실, 상점, 대형 건물에서 $36[m^2]$마다 1회로로 구분하고, 복도나 계단은 $70[m^2]$마다 1회로로 적용한다.
- 복도와 계단 및 습기가 있는 장소의 전등 수구는 별도의 회로로 한다.

04 접지공사

1) 접지의 목적
① 감전 방지 : 전기기기 내에서 절연 파괴가 되면, 기기의 외함은 충전되어 대지전압을 가진다. 또한 여기에 사람이 접촉되면, 인체를 통해 전류가 흘러 감전되므로, 금속제 외함을 접지하여 인체의 저항보다 접지저항을 작게 하여 대지로 전류를 흐르게 하여 감전을 방지한다.

② 대지전압의 저하 : 대지의 전압은 선간전압보다 $\frac{1}{\sqrt{3}}$배 낮아 안전상 좋으며, 특고 압기기는 절연의 강도를 낮게 하여 경제적으로 유리하다.

③ 보호계전기의 동작 확보 : 전로의 중성점을 접지하면, 전로의 어느점에서 지락 사고가 생긴 경우 대지를 귀로로 하는 폐회로가 생겨서 지락 보호계전기를 동작시키는 데 필요 전류가 흘러, 사고 구간의 전원을 차단하여 전로를 보호한다.

④ 이상전압의 억제 : 피뢰기의 접지나 가공지선의 접지는 낙뢰로 인한 뇌전류를 낮은 저항의 접지를 통하여 대지로 방류하여 이상전압의 상승을 억제한다.

2) 접지시스템의 구분 및 종류
① 구분 : 계통접지, 보호접지, 피뢰시스템 접지
② 종류 : 단독접지, 공통접지, 통합접지

3) 접지지스템 구성요소 및 요구사항
① 구성요소 : 접지극, 접지도체, 보호도체, 기타설비(접지극은 접지도체를 사용해 주 접지단자에 연결)
② 요구사항
- 지락전류와 보호도체 전류를 대지에 전달
- 접지저항 값은 부식, 건조 및 동결 등 대지환경 변화에 충족, 인체 감전보호를 위한 값과 전기 설비의 기계적 요구에 의한 값을 만족

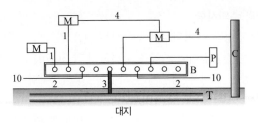

1 : 보호선(PE)
2 : 주 등전위본딩용 도체
3 : 접지도체
4 : 보조 등전위본딩용 도체
10 : 기타 기기
B : 주 접지단자
M : 전기기구의 노출 도전성 부분
C : 철골, 금속닥트의 계통 외 도전성 부분
P : 수도관, 가스관 등 금속배관
T : 접지극

▲ 접지시스템

4) 접지극의 시설 및 접지저항

① 접지극의 시설(하나 또는 복합하여 시설)

• 콘크리트에 매입된 기초 접지극

• 토양에 매설된 기초 접지극

• 토양에 수직 또는 수평으로 직접 매설된 금속전극(봉, 전선, 배관 등)

• 케이블의 금속 외장 및 그 밖의 금속피복

• 지중 금속구조물(배관)

• 대지에 매설된 철근콘크리트의 용접된 금속보강재

② 접지극의 매설

• 지표면으로부터 지하 75[cm] 이상 동결 깊이를 감안하여 매설 깊이 선정

• 접지도체를 철주 기타의 금속체를 따라서 시설할 경우 접지극은 철주의 밑면으로부터 30[cm] 이상 깊이에 매설, 이외에는 금속체로부터 1[m] 이상 깊이에 매설

• 접지도체는 지하 75[cm]부터 지표면 2[m]까지 부분은 합성수지관(두께 2[mm] 미만 및 가연성 콤바인덕트관 제외) 또는 이와 동등한 몰드로 덮을 것

③ 수도관을 접지극으로 사용

• 전기 저항값이 3[Ω] 이하일 때 사용 가능

④ 건축물 및 구조물의 철골을 접지극으로 사용

• 전기 저항값이 2[Ω] 이하일 때 사용 가능

5) 계통접지의 분류

① TN-S 방식

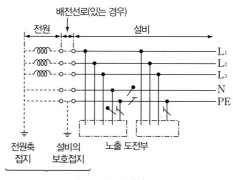

▲ TN-S접지

- 일반적인 부하설비의 분기회로에 적용되며, 누전차단기 설치 가능
- 보호도체와 중성선이 독립되어 있어 보호 도체에는 부하 전류가 흐르지 않아 전산센터, 병원, 정보통신설비 등 노이즈에 예민한 설비가 있는 곳에 사용 시 유리

② TN-C 방식

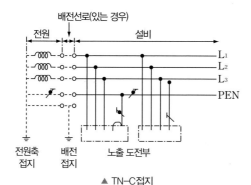

▲ TN-C접지

- 고장 시 고장전류가 PEN 도체를 통해 흐르므로 누전차단기 설치 불가능
- 하나의 도체로 중성선과 보호도체를 겸용하여 경제적이나 안전상 일반적으로 사용하지 않는 방식

③ TN-C-S 방식

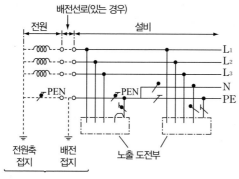

▲ TN-C-S접지

- 전원부는 TN-C 방식, 간선계통에서는 중성선과 보호도체를 분리하여 TN-S 계통으로 하는 방식
- 일반적인 저압 배전선으로부터 인입되는 수용가 설비의 인입점에서 PEN 도체를 중성선과 보호도체로 분리시키고 모든 부하기기의 노출 도전부를 보호도체에 접속하면 누전차단기를 설치할 수 있고, 전기자기적합성의 영향도 억제할 필요가 있는 전원회로에 적용

④ TT 방식

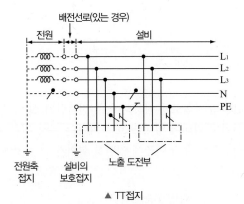

▲ TT접지

- 주상변압기 접지선과 각수용가의 접지선이 따로 있는 상태
- 개별기기 접지방식으로 누전차단기(ELB)로 보호 가능
- 2개의 전압을 사용하기 위해 중성선(N)이 필요함

⑤ IT 방식

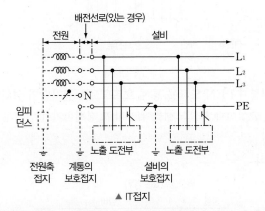

▲ IT접지

- 지락 고장 시 상당히 작은 고장전류가 흐르므로 전원의 자동 차단이 요구되지 않음
- 일반적으로 전원공급의 연속성이 요구되는 병원, 플랜트 등의 설비에 적용

05 피뢰설비 설치공사

1) 피뢰기의 구비 성능

① 전기시설물에 이상전압이 침입할 때 그 파고값을 감소시키기 위해 방전 특성을 가질 것
② 이상전압 방전완료 이후 속류를 차단하여 절연의 자동 회복 능력을 가질 것
③ 방전 개시 이후 이상전류 통전시의 단자전압을 일정전압 이하로 억제할 것
④ 반복 동작에 대하여 특성이 변화하지 않을 것

2) 피뢰기의 정격

계통 구분	피뢰기 정격전압	
	공칭전압[kV]	정격전압[kV]
유효접지계통	345	288
	154	138
	22.9	18
비유효접지계통	22	24
	6.6	7.5

3) 피뢰기의 구비조건

① 충격 방전 개시 전압이 낮을 것
② 제한전압이 낮을 것
③ 뇌 전류 방전 능력이 클 것
④ 속류 차단을 확실하게 할 수 있을 것
⑤ 반복 동작이 가능하고, 구조가 견고하며 특성이 변화하지 않을 것

4) 피뢰기 시설장소

① 발전소, 변전소 또는 이에 준하는 장소의 가공전선 인입구 및 인출구
② 가공전선로에 접속하는 특고압 배전용 변압기의 고압 측 및 특별고압 측
③ 고압 또는 특별고압 가공전선로로부터 공급을 받는 수용장소의 인입구
④ 가공전선로와 지중전선로가 접속되는 곳

 기적의 TIP

피뢰기는 이상전기를 땅으로 보내는 것으로 생각하면 쉬우며, 피뢰기의 구비조건에 대해 알아 두세요.

01 전압을 구분하는 특고압, 고압, 저압 중 교류에서의 고압은?

① 1000[V]　　　② 1500[V]
③ 7100[V]　　　④ 15000[V]

- 교류 : 저압은 1000[V] 이하, 고압은 저압 넘고 7000[V] 이하, 특고압은 7000[V] 초과
- 직류 : 저압은 1500[V] 이하, 고압은 저압 넘고 7000[V] 이하, 특고압은 7000[V] 초과

02 전압의 구분에서 저압 직류전압은 몇 [V] 이하인가?

① 750[V]　　　② 1500[V]
③ 1000[V]　　　④ 7000[V]

- 교류 : 저압은 1000[V] 이하, 고압은 저압 넘고 7000[V] 이하, 특고압은 7000[V] 초과
- 직류 : 저압은 1500[V] 이하, 고압은 저압 넘고 7000[V] 이하, 특고압은 7000[V] 초과

03 교류 단상 3선식 배전선로를 잘못 표현한 것은?

① 중성선에는 퓨즈를 사용하지 않고 동선으로 연결한다.
② 개폐기는 동시에 개폐하는 것으로 한다.
③ 두 종류의 전압을 얻을 수 있다.
④ 변압기 부하 측 중성선은 접지공사를 생략한다.

중성선 단선 시 이상전압이 발생하므로 접지공사가 필요하다.

04 다선식 옥내배선인 경우 N(중성선)의 색별 표시는?

① 청색
② 갈색
③ 흑색
④ 녹색 − 황색

- L1상 : 갈색
- L2상 : 흑색
- L3상 : 회색
- N(중성선) : 청색
- PE(보호도체) : 녹색−황색

05 간선에서 분기하여 분기 과전류 차단기를 거쳐서 부하에 이르는 사이의 배선을 무엇이라 하는가?

① 급전선
② 간선
③ 분기회로
④ 중성선

분기회로 : 간선으로부터 분기하여 과전류 차단기를 거쳐 각 부하에 전력을 공급하는 배선을 말한다. 즉 모든 부하는 분기회로에 의하여 전력을 공급받고 있는 것이다.

06 전선의 허용전류가 60[A]일 때, 과부하 보호장치의 유효한 동작전류는 약 몇 [A] 이하인가?

① 41   ② 50

③ 54   ④ 60

- $I_B \leq I_n \leq I_Z$ 및 $I_2 \leq 1.45 \times I_Z$
  - I_B : 회로의 설계전류
  - I_n : 보호장치의 정력전류
  - I_Z : 케이블의 허용전류
  - I_2 : 보호장치의 유효한 동작을 보장하는 전류
- $60 \div 1.45 = 41$

07 주택, 아파트, 사무실, 은행, 상점, 이발소, 미장원에서 사용하는 표준부하[VA/m^2]는 얼마인가?

① 10

② 20

③ 30

④ 40

공장, 공회장, 사원, 교회, 극장, 영화관	10[VA/m^2]
기숙사, 여관, 호텔, 병원, 음식점, 다방	20[VA/m^2]
주택, 아파트, 사무실, 은행, 백화점, 상점	30[VA/m^2]

08 접지시스템의 구분에 해당되지 않는 것은?

① 보호접지

② 공통접지

③ 계통접지

④ 피뢰시스템 접지

접지시스템의 구분 및 종류
- 구분 : 계통접지, 보호접지, 피뢰시스템 접지
- 종류 : 단독접지, 공통접지, 통합접지

09 전원의 한 점을 직접 접지하고 설비의 노출 도전부는 전원의 접지전극과 전기적으로 독립적인 접지극에 접속하는 계통접지 방식은?

① TN-S

② IT

③ TN-C

④ TT

- 전력계통직접접지 : T
- 노출도전부독립접지 : T

10 고압 이상의 전기설비에서 시설되는 접지극은 지표면으로부터 지하 몇 [m] 이상으로 매설하여야 하는가?

① 0.5

② 0.75

③ 1

④ 1.5

지표면으로부터 지하 75[cm] 이상 동결 깊이를 감안하여 매설 깊이를 선정한다.

11 지중에 매설되어 있는 수도관 등을 접지극으로 사용하는 경우에 전기저항의 최대값은 얼마인가?

① 1

② 2

③ 3

④ 4

- 수도관을 접지극으로 사용 : 전기 저항값이 3[Ω] 이하일 때 사용 가능
- 건축물 및 구조물의 철골을 접지극으로 사용 : 전기 저항값이 2[Ω] 이하일 때 사용 가능

12 다음 중 옥내에 시설하는 저압전로와 대지사이의 절연저항을 측정할 때 사용하는 계기는?

① 어스테스터
② 메거
③ 회로시험기
④ 클램프 온 미터

메거 : 절연저항 측정

오답 피하기
• 어스테스터 : 접지저항 측정
• 회로시험기 : 전압, 전류, 저항 측정
• 클램프 온 미터 : 주로 전류 측정

13 접지하는 목적이 아닌 것은?

① 이상 전압의 발생
② 전로의 대지전압의 저하
③ 보호계전기의 동작 확보
④ 감전의 방지

접지의 목적
• 누설전류로 인한 감전 방지
• 전기설비의 보호
• 지락사고 시 보호계전기의 확실한 동작
• 이상전압 발생 시 대지전압을 억제하여 절연강도 낮춤

14 계통 전체에 대하여 중성선과 보호도체의 기능을 동일도체로 겸용한 PEN 도체를 사용하는 계통 접지 방식은?

① TN-C   ② TT
③ TN-S   ④ IT

계통접지는 제3문자로 이루어진다.
• 제1문자 : 전원과 대지의 관계
 – T(Terra, 땅, 대지) : 전력계통을 대지에 직접접속
 – I(Insulation, 절연) : 전력계통을 대지로부터 절연시키거나, 임피던스를 삽입하여 접지
• 제2문자 : 노출도전부와 대지의 관계
 – T(Terra, 땅, 대지) : 노출도전부를 대지에 직접접속(전력계통 접지와 무관)
 – N(Neutral, 중성선) : 노출도전부를 중성선에 접속
• 제3문자 : 중성선(N)과 보호도체(PE)의 관계
 – S(Sparator, 분리) : 중성선과 보호도체 분리
 – C(combine, 결합) : 중성선과 보호도체 겸용시설(PEN 도체)

15 접지시스템의 구성요소에 해당되지 않는 것은?

① 보호도체
② 접지도체
③ 계통도체
④ 접지극

접지시스템 구성 : 접지극, 접지도체, 보호도체, 기타 설비

16 접지저항 저감의 대책으로 옳지 않은 것은?

① 접지극을 깊게 매설한다.
② 토양의 고유저항을 화학적으로 저감시킨다.
③ 접지봉의 연결개수를 증가시킨다.
④ 접지판의 면적을 감소시킨다.

접지저항은 대지와 접지판의 전기적 접촉을 나타내므로, 접지저항을 낮추기 위해서는 대지와 접촉판의 면적을 증가시켜야 한다.

17 접지저항값에 큰 영향을 주는 것은?

① 대지저항
② 접지극의 깊이
③ 접지봉의 개수
④ 접지선의 굵기

접지저항은 대지와 접지판의 전기적 접촉을 나타내므로, 접지저항의 영향이 큰 것은 대지저항이다.

18 접지저항의 측정기기로 옳은 것은?

① 어스테스터
② 메거
③ 회로시험기
④ 클램프 온 미터

어스테스터 : 접지저항 측정

• 메거 : 절연저항 측정
• 회로시험기 : 전압, 전류, 저항 측정
• 클램프 온 미터 : 주로 전류 측정

19 고압 또는 특고압 가공전선로에서 공급을 받는 수용장소에 시설해야 하는 것은?

① 과전류 차단기
② 지락 계전기
③ 피뢰기
④ 계기용 변성기

피뢰기 시설장소
• 발전소, 변전소 또는 이에 준하는 장소의 가공전선 인입구 및 인출구
• 가공전선로에 접속하는 특고압 배전용 변압기의 고압 측 및 특별고압 측
• 고압 또는 특별고압 가공전선로부터 공급을 받는 수용장소의 인입구
• 가공전선로와 지중전선로가 접속되는 곳

가공인입선 및 배전선공사

빈출 태그 ▶ 가공인입선, 연접인입선, 지선, 건주, 장주

01 가공인입선공사

1) 가공인입선

① 가공전선로의 지지물에서 분기하여 다른 지지물을 거치지 아니하고 수용 장소의 붙임점에 이르는 가공전선을 말한다. 가공인입선에는 저압 가공인입선과 고압 가공인입선이 있다.

② 인입선 시설

• 지름 2.6[mm](경간 15[m] 이하는 2[mm])의 경동선 또는 이와 동등 이상의 세기 및 굵기의 것

• 전선은 옥외용 비닐전선(OW), 인입용 절연전선(DV) 또는 케이블일 것

• 저압 인입선의 길이는 50[m] 이하로 할 것

• 고압 및 특고압 인입선의 길이는 30[m]를 표준(불가피한 경우 50[m] 이하)

③ 전선의 높이

• 저압 : 도로횡단은 5[m], 철도 또는 궤도는 6.5[m], 횡단보도교는 3[m], 기타는 4[m]

• 고압 : 도로횡단은 6[m], 철도 또는 궤도는 6.5[m], 횡단보도교는 3.5[m], 기타는 5[m]

2) 연접인입선

① 한 수용장소의 인입선에서 분기하여 다른 지지물을 거치지 아니하고 다른 수용가의 인입구에 이르는 부분의 전선을 말한다.

② 시설제한규정

• 인입선에서의 분기하는 점에서 100[m]를 넘는 지역에 이르지 않아야 한다.

• 폭 5[m]를 넘는 도로를 횡단하지 않아야 한다.

• 연접인입선은 옥내를 관통하면 안 된다.

• 고압 연접인입선은 시설할 수 없다.

• 지름 2.6[mm] 이상의 경동선 또는 이와 동등한 세기 및 굵기의 전선이어야 한다.

1) 지선

① 지선의 설치

• 전주의 강도를 보강하고 전주가 기우는 것을 방지하며, 선로의 신뢰도를 높이기 위해서 설치한다.

• 지형상 지선을 설치하기 곤란한 경우에는 지주를 설치한다.

• 전선을 끝맺는 경우, 불평형 장력이 작용히는 경우, 선로의 방향이 바뀌는 경우의 전주에 설치한다.

• 폭풍에 견딜 수 있도록 5기마다 1기의 비율로 선로 방향으로 전주 양측에 설치한다.

② 지선의 시공

• 지선의 안전율은 2.5 이상, 허용 인장하중의 최저는 4.31[kN]으로 한다.

• 지선에 연선을 사용할 경우, 소선은 3가닥 이상으로 지름 2.6[mm] 이상의 금속선을 사용한다.

• 지중 부분 및 지표상 30[cm]까지의 부분에는 내식성이 있는 것 또는 아연도금을 한 철봉을 사용하고 쉽게 부식되지 아니하는 근가에 견고하게 붙여야 한다.

• 도로를 횡단하는 지선의 높이는 지표상 5[m] 이상으로 한다.

③ 지선의 종류

• 보통지선 : 일반적인 것으로 전주길이의 약 1/2 거리에 지선용 근가를 매설하여 설치

• 수평지선 : 보통지선을 시설할 수 없을 때 전주와 전주 간, 또는 전주와 지주 간에 설치

• 공동지선 : 두 개의 지지물에 공동으로 시설하는 지선

• Y지선 : 다단 완금일 경우, 장력이 클 경우, H주일 경우에 보통지선을 2단으로 설치하는 것

• 궁지선 : 장력이 적고 타 종류의 지선을 시설할 수 없는 경우에 설치하는 것

④ 지선에 사용되는 애자

• 현수애자 : 가공전선로에서 전선을 잡아당겨 지지하는 애자

• 구형애자 : 지선의 중간에 사용하는 애자(=지선애자)

기적의 TIP

궁지선 : 장력 적음
Y지선 : 장력 큼
수평지선 : 보통지선 시설 못 함

이 3개는 무조건 외워주세요.

03 장주, 건주(전주세움) 및 가선(전선설치)

1) 건주

① 지지물을 땅에 세우는 공정

② 전주가 땅에 묻히는 깊이

기적의 TIP

전주가 땅에 묻히는 깊이는
시험에 자주 출제되니 꼭 외
워 주세요.

설계하중 전장	6.8[kN] 이하	6.8[kN] 초과 9.8[kN] 이하	9.8[kN] 초과 14.72[kN] 이하
14[m] 미만	전장×$\frac{1}{6}$ 이상	–	–
14[m] 이상 ~ 15[m] 이하		전장×$\frac{1}{6}$+0.3 이상	전장×$\frac{1}{6}$+0.5 이상
15[m] 초과 ~ 16[m] 이하	2.5[m] 이상	2.5[m]+0.3 이상	3[m] 이상
16[m] 초과 ~ 18[m] 이하	2.8[m] 이상	–	
18[m] 초과 ~ 20[m] 이하			3.2[m] 이상

③ 지지물의 종류

- 목주
- 철주
- 철근콘크리트주
- 철탑

기적의 TIP

지지물은 전주라고 생각해야
합니다.

④ 지지물의 풍압하중

- 갑종 풍압하중

풍압을 받는 구분			구성재 투영면적 1[m^2]에 대한 풍압
철주	원형의 것		588[Pa]
	삼각형 또는 마름모형		1412[Pa]
	강관에 의한 4각형		1117[Pa]
철근 콘크리트주	원형의 것		588[Pa]
	기타의 것		882[Pa]
철탑	단주(완철류 제외)	원형의 것	588[Pa]
		기타의 것	1117[Pa]
	강관으로 구성(단주 제외)		1255[Pa]
	기타의 것		2157[Pa]

- 을종 풍압하중 : 전선 기타의 가섭선 주위에 두께 6[mm]. 비중 0.9의 빙설이 부착된 상태에서 수직 투영면적 372[Pa](다도체를 구성하는 전선은 333[Pa]). 그 이외의 것은 갑종 풍압의 2분의 1을 기초로 하여 계산한 것
- 병종 풍압하중 : 갑종 풍압의 2분의 1을 기초로 하여 계산한 것

⑤ 고압 지지물의 경간

- 목주, A종 철주, A종 철근콘크리트주 : 150[m]
- B종 철주, B종 철근콘크리트주 : 250[m]
- 철탑 : 600[m]

2) 장주

① 완금의 설치 : 지지물에 전선을 설치하기 위하여 완금을 사용한다.

② 완금의 종류 : 경(ㅁ)형 완금, ㄱ형 완금

③ 완금의 길이

전선의 조수	저압	고압	특고압
2	900[mm]	1400[mm]	1800[mm]
3	1400[mm]	1800[mm]	2400[mm]

④ 완금의 고정 : 전주의 말구에서 25[cm]되는 곳에 I볼트, U볼트, 암밴드를 사용하여 고정

⑤ 암타이 : 완금이 상하로 움직이는 것을 방지

⑥ 암타이 밴드 : 암타이를 고정

3) 가선공사에서 사용하는 전선의 종류

① 단금속선 : 구리, 알루미늄, 철 등과 같은 한 종류의 금속선만으로 된 전선(예 경동선, 경 알루미늄선, 철선, 강선 등)

② 합금선 : 장 경간 등 특수한 곳에 사용하기 위해 구리 또는 알루미늄에 다른 금속을 배합한 전선(예 규동선, 카드뮴-구리선, 열처리 경화구리 합금선)

③ 쌍금속선 : 두 종류의 금속을 융착시켜 만든 전선으로 장경간 배전선로용에 쓰임(예 구리복 강선, 알루미늄복 강선)

④ 합성연선 : 두 종류 이상의 금속선을 꼬아 만든 전선(예 강심 알루미늄 연선(ACSR))

⑤ 중공연선 : 200[kV] 이상의 초고압 송전 선로에서는 코로나의 발생을 방지하기 위하여 단면적은 증가시키지 않고 전선의 바깥지름만 필요한 만큼 크게 만든 전선

04 주상기기의 설치

① 주상변압기 설치
- 행거 밴드를 사용하여 고정
- 행거 밴드를 사용하기 곤란한 경우에는 변대를 만들어 변압기를 설치한다.
- 변압기 1차 측 인하선은 고압 절연전선 또는 클로로프렌 외장 케이블을 사용하고, 2차 측은 옥외 비닐 절연선(OW) 또는 비닐 외장 케이블을 사용한다.

② 변압기의 보호
- 컷 아웃 스위치(COS) : 변압기의 1차 측에 시설하여 변압기의 단락을 보호
- 캐치홀더 : 변압기의 2차 측에 시설하여 변압기를 보호

③ 구분개폐기 : 전력계통의 수리, 화재 등의 사고 발생 시에 구분개폐를 위해 2[km] 이하마다 설치

01 OW 전선을 사용하는 저압 구내 가공인입전선으로 전선의 길이가 15[m]를 초과하는 경우 그 전선의 지름은 몇 [mm] 이상을 사용하여야 하는가?

① 1.5

② 2

③ 2.6

④ 3

인입선 시설
- 지름 2.6[mm](경간 15[m] 이하는 2[mm])의 경동선 또는 이와 동등 이상의 세기 및 굵기의 것
- 전선은 옥외용 비닐전선(OW), 인입용 절연전선(DV) 또는 케이블일 것
- 저압 인입선의 길이는 50[m] 이하로 할 것
- 고압 및 특고압 인입선의 길이는 30[m]를 표준(불가피한 경우 50[m] 이하)

02 OW 전선을 사용하는 저압 구내 가공인입전선으로 전선의 길이가 15[m] 이하의 경우 그 전선의 지름은 몇 [mm] 이상을 사용하여야 하는가?

① 1.5

② 2

③ 2.6

④ 3

인입선 시설
- 지름 2.6[mm](경간 15[m] 이하는 2[mm])의 경동선 또는 이와 동등 이상의 세기 및 굵기의 것
- 전선은 옥외용 비닐전선(OW), 인입용 절연전선(DV) 또는 케이블일 것
- 저압 인입선의 길이는 50[m] 이하로 할 것
- 고압 및 특고압 인입선의 길이는 30[m]를 표준(불가피한 경우 50[m] 이하)

03 가공전선로의 지지물에서 다른 지지물을 거치지 아니하고 수용장소의 인입선 접속점에 이르는 가공전선을 무엇이라 하는가?

① 간선

② 분기회로

③ 연접인입선

④ 가공인입선

가공인입선 : 가공전선로의 지지물에서 분기하여 다른 지지물을 거치지 아니하고 수용 장소의 붙임점에 이르는 가공전선을 말한다. 가공인입선에는 저압 가공인입선과 고압 가공인입선이 있다.

04 일반적으로 저압 가공인입선이 도로를 횡단하는 경우 노면상 설치 높이는 몇 [m] 이상이어야 하는가?

① 3 　　　　② 3.5

③ 5 　　　　④ 6

- 저압 : 도로횡단은 5[m], 철도 또는 궤도는 6.5[m], 횡단보도교는 3[m], 기타는 4[m]
- 고압 : 도로횡단은 6[m], 철도 또는 궤도는 6.5[m], 횡단보도교는 3.5[m], 기타는 5[m]

05 저압 인입선 공사 시 저압 가공인입선이 철도 또는 궤도를 횡단하는 경우 레일면상 몇 [m] 이상 시설하는가?

① 5 　　　　② 6

③ 6.5 　　　④ 7

- 저압 : 도로횡단은 5[m], 철도 또는 궤도는 6.5[m], 횡단보도교는 3[m], 기타는 4[m]
- 고압 : 도로횡단은 6[m], 철도 또는 궤도는 6.5[m], 횡단보도교는 3.5[m], 기타는 5[m]

정답 01③ 02② 03④ 04③ 05③

06 고압 가공인입선의 일반적인 도로횡단 시 설치 높이는?

① 3   ② 3.5

③ 5   ④ 6

- 저압 : 도로횡단은 5[m], 철도 또는 궤도는 6.5[m], 횡단보도교는 3[m], 기타는 4[m]
- 고압 : 도로횡단은 6[m], 철도 또는 궤도는 6.5[m], 횡단보도교는 3.5[m], 기타는 5[m]

07 가공인입선 중 수용장소의 인입선에서 분기하여 다른 수용장소의 인입구에 이르는 전선을 무엇이라 하는가?

① 간선
② 분기회로
③ 연접인입선
④ 가공인입선

연접인입선이란, 한 수용장소의 인입선에서 분기하여 다른 지지물을 거치지 아니하고 다른 수용가의 인입구에 이르는 부분의 전선을 말한다.

08 저압 연접인입선은 인입선에서 분기하는 점으로부터 몇 [m]를 넘지 않는 지역에 시설하고 폭 몇 [m]를 넘는 도로를 횡단하지 않아야 하는가?

① 50, 4
② 50, 5
③ 100, 4
④ 100, 5

시설제한규정
- 인입선에서의 분기하는 점에서 100[m]를 넘는 지역에 이르지 않아야 한다.
- 폭 5[m]를 넘는 도로를 횡단하지 않아야 한다.
- 연접인입선은 옥내를 관통하면 안 된다.
- 고압 연접인입선은 시설할 수 없다.
- 지름 2.6[mm] 이상의 경동선 또는 이와 동등한 세기 및 굵기의 전선이어야 한다.

09 저압 연접인입선의 시설과 관련된 설명으로 잘못된 것은?

① 폭 5[m]를 넘는 도로를 횡단하지 아니할 것
② 인입선에서 분기하는 점으로부터 100[m]를 넘는 지역에 미치지 아니할 것
③ 옥내를 통과하지 아니할 것
④ 전선의 굵기는 1.5[mm] 이하일 것

시설제한규정
- 인입선에서의 분기하는 점에서 100[m]를 넘는 지역에 이르지 않아야 한다.
- 폭 5[m]를 넘는 도로를 횡단하지 않아야 한다.
- 연접인입선은 옥내를 관통하면 안 된다.
- 고압 연접인입선은 시설할 수 없다.
- 지름 2.6[mm] 이상의 경동선 또는 이와 동등한 세기 및 굵기의 전선이어야 한다.

10 가공전선로의 지지물이 아닌 것은?

① 목주   ② 지선

③ 철주   ④ 철근콘크리트주

지지물의 종류
- 목주
- 철주
- 철근콘크리트주
- 철탑

11 가공배전선로 시설에는 전선을 지지하고 각종 기기를 설치하기 위한 지지물이 필요하다. 이 지지물 중 가장 많이 사용되는 것은?

① 목주   ② 철탑

③ 철주   ④ 철근콘크리트주

지지물의 종류
- 목주
- 철주
- 철근콘크리트주(가장 많이 사용됨)
- 철탑

정답 06 ④ 07 ③ 08 ④ 09 ④ 10 ② 11 ④

12 전주의 길이가 15[m] 이하인 경우 땅에 묻히는 깊이는 전장의 얼마 이상인가?

① $\frac{1}{4}$ 이상   ② $\frac{1}{5}$ 이상

③ $\frac{1}{6}$ 이상   ④ $\frac{1}{8}$ 이상

전장 \ 설계하중	6.8[kN] 이하	6.8[kN] 초과 9.8[kN] 이하	9.8[kN] 초과 14.72[kN] 이하
14[m] 미만	전장×$\frac{1}{6}$ 이상	–	–
14[m] 이상 ~ 15[m] 이하		전장×$\frac{1}{6}$+0.3 이상	전장×$\frac{1}{6}$+0.5 이상
15[m] 초과 ~ 16[m] 이하	2.5[m] 이상	2.5[m]+0.3 이상	3[m] 이상
16[m] 초과 ~ 18[m] 이하	2.8[m] 이상	–	3[m] 이상
18[m] 초과 ~ 20[m] 이하	2.8[m] 이상	–	3.2[m] 이상

13 전주의 길이가 16[m]이고, 설계하중이 6.8[kN] 이하인 철근콘크리트주를 시설할 때 땅에 묻히는 깊이는 몇 [m] 이상으로 하는가?

① 4

② 3.2

③ 2.5

④ 2

전장 \ 설계하중	6.8[kN] 이하	6.8[kN] 초과 9.8[kN] 이하	9.8[kN] 초과 14.72[kN] 이하
14[m] 미만	전장×$\frac{1}{6}$ 이상	–	–
14[m] 이상 ~ 15[m] 이하		전장×$\frac{1}{6}$+0.3 이상	전장×$\frac{1}{6}$+0.5 이상
15[m] 초과 ~ 16[m] 이하	2.5[m] 이상	2.5[m]+0.3 이상	3[m] 이상
16[m] 초과 ~ 18[m] 이하	2.8[m] 이상	–	3[m] 이상
18[m] 초과 ~ 20[m] 이하	2.8[m] 이상	–	3.2[m] 이상

14 전주를 건주할 경우 A종 철근콘크리트주의 길이가 10[m]이면 땅에 묻는 표준 깊이는 최저 약 몇 [m] 이상으로 하여야 하는가?

① 1.6   ② 2

③ 2.5   ④ 2.8

전장 \ 설계하중	6.8[kN] 이하	6.8[kN] 초과 9.8[kN] 이하	9.8[kN] 초과 14.72[kN] 이하
14[m] 미만	전장×$\frac{1}{6}$ 이상	–	–
14[m] 이상 ~ 15[m] 이하		전장×$\frac{1}{6}$+0.3 이상	전장×$\frac{1}{6}$+0.5 이상
15[m] 초과 ~ 16[m] 이하	2.5[m] 이상	2.5[m]+0.3 이상	3[m] 이상
16[m] 초과 ~ 18[m] 이하	2.8[m] 이상	–	3[m] 이상
18[m] 초과 ~ 20[m] 이하	2.8[m] 이상	–	3.2[m] 이상

15 철근콘크리트주가 원형의 것인 경우 갑종 풍압하중[Pa]은? (단 수직 투영면적 1[m^2]에 대한 풍압임)

① 1412   ② 1117

③ 882   ④ 588

• 갑종 풍압하중

풍압을 받는 구분		구성재 투영면적 1[m^2]에 대한 풍압
철주	원형의 것	588[Pa]
	삼각형 또는 마름모형	1412[Pa]
	강관에 의한 4각형	1117[Pa]
철근 콘크리트주	원형의 것	588[Pa]
	기타의 것	882[Pa]
철탑	단주(완철류 제외) 원형의 것	588[Pa]
	단주(완철류 제외) 기타의 것	1117[Pa]
	강관으로 구성(단주 제외)	1255[Pa]
	기타의 것	2157[Pa]

• 을종 풍압하중 : 전선 기타의 가섭선 주위에 두께 6[mm], 비중 0.9의 빙설이 부착된 상태에서 수직 투영면적 372[Pa](다도체를 구성하는 전선은 333[Pa]), 그 이외의 것은 갑종 풍압의 2분의 1을 기초로 하여 계산한 것
• 병종 풍압하중 : 갑종 풍압의 2분의 1을 기초로 하여 계산한 것

정답 12 ③   13 ③   14 ①   15 ④

16 고압 가공전선로의 지지물로 철탑을 사용하는 경우 경간은 몇 [m] 이하이어야 하는가?

① 150

② 250

③ 400

④ 600

고압 지지물의 경간
- 목주, A종 철주, A종 철근콘크리트주 : 150[m]
- B종 철주, B종 철근콘크리트주 : 250[m]
- 철탑 : 600[m]

17 고압 가공전선로의 지지물 중 지선을 사용해서는 안 되는 것은?

① 철탑

② B종 철주

③ A종 철근콘크리트주

④ 목주

철탑은 자체적으로 기울어지는 것을 방지하기 위해 높이에 비례하여 밑면의 넓이를 확보하도록 만들어진다.

18 가공전선로의 지선에 사용되는 애자는?

① 노브애자

② 현수애자

③ 구형애자

④ 인류애자

지선에 사용되는 애자
- 현수애자 : 가공전선로에서 전선을 잡아당겨 지지하는 애자
- 구형애자 : 지선의 중간에 사용하는 애자(=지선애자)

19 가공전선로의 지지물에 시설하는 지선에 연선을 사용할 경우 소선 수는 몇 가닥 이상이어야 하는가?

① 2

② 3

③ 4

④ 5

지선의 시공
- 지선의 안전율은 2.5 이상, 허용 인장하중의 최저는 4.31[kN]으로 한다.
- 지선에 연선을 사용할 경우, 소선은 3가닥 이상으로 지름 2.6[mm] 이상의 금속선을 사용한다.
- 지중 부분 및 지표상 30[cm]까지의 부분에는 내식성이 있는 것 또는 아연도금을 한 철봉을 사용하고, 쉽게 부식되지 아니하는 근가에 견고하게 붙여야 한다.
- 도로를 횡단하는 지선의 높이는 지표상 5[m] 이상으로 한다.

20 가공전선로의 지지물에 시설하는 지선의 시설에서 맞지 않는 것은?

① 허용 인장하중의 최저는 4.31[kN]으로 할 것

② 지선에 연선을 사용할 경우에는 소선 3가닥 이상의 연선일 것

③ 소선의 지름이 1.6[mm] 이상의 동선을 사용한 것일 것

④ 지선의 안전율은 2.5 이상일 것

지선의 시공
- 지선의 안전율은 2.5 이상, 허용 인장하중의 최저는 4.31[kN]으로 한다.
- 지선에 연선을 사용할 경우, 소선은 3가닥 이상으로 지름 2.6[mm] 이상의 금속선을 사용한다.
- 지중 부분 및 지표상 30[cm]까지의 부분에는 내식성이 있는 것 또는 아연도금을 한 철봉을 사용하고, 쉽게 부식되지 아니하는 근가에 견고하게 붙여야 한다.
- 도로를 횡단하는 지선의 높이는 지표상 5[m] 이상으로 한다.

21 도로를 횡단하여 시설하는 지선의 높이는 지표 상 몇 [m] 이상이어야 하는가?

① 4
② 5
③ 6
④ 6.5

지선의 시공
- 지선의 안전율은 2.5 이상, 허용 인장하중의 최저는 4.31[kN]으로 한다.
- 지선에 연선을 사용할 경우, 소선은 3가닥 이상으로 지름 2.6[mm] 이상의 금속선을 사용한다.
- 지중 부분 및 지표상 30[cm]까지의 부분에는 내식성이 있는 것 또는 아연도금을 한 철봉을 사용하고, 쉽게 부식되지 아니하는 근가에 견고하게 붙여야 한다.
- 도로를 횡단하는 지선의 높이는 지표상 5[m] 이상으로 한다.

22 지선을 사용 목적에 따라 형태별로 분류한 것으로, 비교적 장력이 적고 다른 종류의 지선을 시설할 수 없는 경우에 적용하며, 지선용 근가를 근원 가까이 매설하여 시설하는 것은?

① 궁지선
② 수평지선
③ 보통지선
④ Y지선

- 보통지선 : 일반적인 것으로 전주 길이의 약 1/2 거리에 지선용 근가를 매설하여 설치
- 수평지선 : 보통지선을 시설할 수 없을 때 전주와 전주 간 또는 전주와 지주 간에 설치
- 공동지선 : 두 개의 지지물에 공동으로 시설하는 지선
- Y지선 : 다단 완금일 경우, 장력이 클 경우, H주일 경우에 보통지선을 2단으로 설치하는 것
- 궁지선 : 장력이 적고 타 종류의 지선을 시설할 수 없는 경우에 설치하는 것

23 토지의 상황이나 기타 사유로 인하여 보통지선을 시설할 수 없을 때 전주와 전주 간 또는 전주와 지주 간에 시설할 수 있는 지선은?

① 궁지선
② 수평지선
③ 보통지선
④ Y지선

- 보통지선 : 일반적인 것으로 전주 길이의 약 1/2 거리에 지선용 근가를 매설하여 설치
- 수평지선 : 보통지선을 시설할 수 없을 때 전주와 전주 간 또는 전주와 지주 간에 설치
- 공동지선 : 두 개의 지지물에 공동으로 시설하는 지선
- Y지선 : 다단 완금일 경우, 장력이 클 경우, H주일 경우에 보통지선을 2단으로 설치하는 것
- 궁지선 : 장력이 적고 타 종류의 지선을 시설할 수 없는 경우에 설치하는 것

24 고압 가공전선로의 전선의 조수가 3조일 때 완금의 길이는 몇 [mm]인가?

① 900
② 1400
③ 1800
④ 2400

전선의 조수	저압	고압	특고압
2	900[mm]	1400[mm]	1800[mm]
3	1400[mm]	1800[mm]	2400[mm]

25 주상 변압기의 1차 측 보호장치로 사용하는 것은?

① 유입개폐기
② 리클로저
③ 캐치홀더
④ 컷아웃스위치

- 컷아웃스위치(COS) : 변압기의 1차 측에 시설하여 변압기의 단락을 보호
- 캐치홀더 : 변압기의 2차 측에 시설하여 변압기를 보호

01 배전반공사

1) 배전반의 종류

① 라이브 프런트식
- 수직형
- 대리석, 칠판 등으로 만들고 개폐기가 표면에 나타나 있다.

② 데드 프런트식
- 수직형, 벤치형, 포스트형, 조합형
- 반 표면은 각종 기계와 개폐기의 조작 핸들만이 나타나고, 모든 충전 부분은 배전반 이면에 장치한다.

③ 폐쇄식
- 조립형, 장갑형
- 데드 프런트식 배전반의 옆면 및 뒷면을 폐쇄하여 만든다.
- 일반적으로 큐비클형이라고도 한다.
- 점유 면적이 좁고 운전, 보수에 안전하므로 공장, 빌딩 등의 전기실에 많이 사용된다.

2) 배전반 공사 필요 면적

부위별 기기별	앞면 또는 조작면, 계측면	뒷면 또는 점검면	열상호간 (점검하는 면)	기타의 면
저압배전반	1500	600	1200	–
고압배전반	1500	600	1200	–
특고압배전반	1700	800	1400	–
변압기	1500	600	1200	300

> **기적의 TIP**
>
> 배전반 공사 면적은 특고압배전반과 변압기만 기억하세요.

3) 차단기

종류	매질
유입차단기(OCB, Oil Circuit Breaker)	절연유
자기차단기(MBB, Magneticblaster Circuit Breaker)	자기력
가스차단기(GCB, Gas Circuit Breaker)	SF_6가스(육 불황성 가스)
기중차단기(ACB, Air Circuit Breake)	자연공기
공기차단기(ABB, Air Blast circuit Breaker)	압축공기
진공차단기(VCB, Vacuum Circuit Breaker)	진공

> **기적의 TIP**
>
> 차단기의 종류와 매질을 매치시킬 수 있어야 합니다.

4) 개폐기

① 자동부하전환개폐기(ALTS) : 이중전원을 확보하여 주전원 정전 시 예비전원으로 자동전환하여 수용가가 항상 일정한 전원 공급을 받을 수 있는 장치이다.

② 고장구분자동개폐기(ASS) : 한 개 수용가의 사고가 다른 수용가의 피해를 최소화하기 위한 방안으로 대용량 수용가에 한하여 설치한다.

③ 컷아웃스위치(COS) : 변압기 1차 측 각 상마다 취부하여 변압기의 보호와 개폐를 위한 것이다.

④ 단로기(DS) : 공칭전압 3.3[kV] 이상 전로에 사용되며 기기의 보수점검 시 또는 회로 접속 변경을 하기 위해 사용하지만 부하전류는 개폐할 수 없는 기기이다.

⑤ 기중부하개폐기(IS) : 수전용량 300kVA1 이하에서 인입 개폐기로 사용한다.

⑥ 부하개폐기(LBS) : 수 · 변전설비의 인입구 개폐기로 많이 사용되고 있으며 전력 퓨즈 용단 시 결상을 방지하는 목적으로 사용하고 있다.

⑦ 선로개폐기(LS) : 책임 분계점에서 보수점검 시 전로를 구분하기 위한 개폐기로 시설하고 반드시 무부하 상태로 개방하여야 하며 이는 단로기와 같은 용도로 사용한다.

5) 계기용 변성기(MOF)

① 교류 고전압 회로의 전압과 전류를 측정할 때 계기용 변성기를 통해서 전압계나 전류계를 연결하면, 계기회로를 선로 전압으로부터 절연하므로 위험이 적고 비용이 절약된다.

② 계기용 변류기(CT)

• 전류를 측정하기 위한 변압기로 2차 전류는 5[A]가 표준이다.

• 계기용 변류기는 2차 전류를 낮게 하게 위하여 권수비가 매우 작으므로 2차 측이 개방되면, 2차 측에 매우 높은 기전력이 유기되어 위험하므로 2차 측을 절대로 개방해서는 안 된다.

③ 계기용 변압기(PT)

• 전압을 측정하기 위한 변압기로 2차 측 정격전압은 110[V]가 표준이다.

• 변성기 용량은 2차 회로의 부하를 말하며 2차 부담이라고 한다.

02 분전반공사

1) 분전반의 종류

① 나이프식 분전반 : 철제 캐비닛에 나이프 스위치와 모선을 장치한 것이다.

② 텀블러식 분전반 : 철제 캐비닛에 개폐기와 차단기를 각각 텀블러 스위치와 훅 퓨즈, 통형 퓨즈 또는 플러그 퓨즈를 사용하여 장치한 것이다.

③ 브레이크식 분전반 : 철제 캐비닛에 배선용 차단기를 이용한 분전반으로 열동계전기 또는 전자코일로 만든 차단기 유닛을 장치한 것이다.

2) 분전반공사 방법

① 일반적으로 분전반은 철제 캐비닛 안에 나이프 스위치, 텀블러 스위치 또는 배선용 차단기를 설치하며, 내열 구조로 만든 것이 많이 사용되고 있다.
② 분전반의 설치 위치는 부하의 중심 부근이고, 각 층마다 하나 이상을 설치하나 회로수가 6 이하인 경우에는 2개 층을 담당한다.

3) 배선기구 시설

① 전등 점멸용 스위치는 반드시 전압측 전선에 시설하여야 한다.
② 소켓·리셉터클 등에 전선을 접속할 때에는 전압측 전선을 중심 접촉면에, 접지측 전선을 베이스에 연결하여야 한다.

4) 보호계전기

기적의 TIP

보호계전기에서는 과전류, 과전압, 부족전압은 반드시 기억해 두세요.

① 과전류계전기(OCR) : 일정 값 이상의 전류가 흘렀을 때 동작하며, 과부하계전기라고도 한다.
② 과전압계전기(OVR) : 일정 값 이상의 전압이 걸렸을 때 동작하는 계전기이다.
③ 부족전압계전기(UVR) : 전압이 일정 값 이하로 떨어졌을 경우에 동작하는 계전기이다.
④ 비율차동계전기 : 고장에 의하여 생긴 불평형의 전류차가 기준치 이상으로 되었을 때 동작하는 계전기이다. 변압기 내부 고장 검출용으로 주로 사용된다.
⑤ 방향계전기 : 고장점의 방향을 아는 데 사용하는 계전기이다.
⑥ 거리계전기 : 계전기가 설치된 위치로부터 고장점까지의 전기적 거리에 비례하여 한시로 동작하는 계전기이다.
⑦ 선택계전기 : 병행 2회선 중 한쪽의 회선에 고장이 생겼을 때, 어느 회선에 고장이 발생하는가를 선택하는 계전기이다.
⑧ 지락과전류계전기 : 지락 보호용으로 사용하도록 과전류계전기의 동작전류를 작게 한 계전기이다.
⑨ 지락방향계전기 : 지락과전류계전기에 방향성을 준 계전기이다.
⑩ 지락회선선택계전기 : 지락 보호용으로 사용하도록 선택계전기의 동작전류를 작게 한 계전기이다.

5) 동작시한에 따른 분류

① 순한시계전기 : 동작시간이 0.3초 이내인 계전기로 0.05초 이하의 계전기를 고속도계전기라 한다.
② 정한시계전기 : 최소 동작값 이상의 구동 전기량이 주어지면, 일정 시한으로 동작하는 계전기이다.
③ 반한시계전기 : 동작시한이 구동 전기량 즉, 동작전류의 값이 커질수록 짧아지는 계전기이다.
④ 반한시-정한시계전기 : 어느 한도까지의 구동 전기량에서는 반한시성이고, 그 이상의 전기량에서는 정한시의 특성을 가지는 계전기이다.

01 분전반 및 배전반은 어떤 장소에 설치하는 것이 바람직한가?

① 이동이 심한 장소
② 전기회로를 쉽게 조작할 수 있는 장소
③ 은폐된 장소
④ 개폐기를 쉽게 개폐할 수 없는 장소

분전반 및 배전반은 전기회로를 쉽게 조작할 수 있어야 한다.

02 수전설비의 저압 배전반은 배전반 앞에서 계측기를 판독하기 위하여 앞면과 최소 몇 [m] 이상 유지하는 것을 원칙으로 하는가?

① 1.7　　　　　② 1.5
③ 1.4　　　　　④ 1.2

부위별\기기별	앞면 또는 조작면, 계측면	뒷면 또는 점검면	열상호간 (점검하는 면)	기타의 면
저압배전반	1500	600	1200	–
고압배전반	1500	600	1200	–
특고압배전반	1700	800	1400	–
변압기	1500	600	1200	300

03 교류 차단기에 포함되지 않는 것은?

① VCB　　　　② MBB
③ ACB　　　　④ HSCB

교류 차단기 종류
• 유입차단기 : OCB 매질은 절연유
• 자기차단기 : MBB 매질은 자기력
• 가스차단기 : GCB 매질은 SF_6가스(육 불황성 가스)
• 기중차단기 : ACB 매질은 자연공기
• 공기차단기 : ABB 매질은 압축공기
• 진공차단기 : VCB 매질은 진공

04 수변전 설비에서 가스차단기에 들어가는 가스의 종류는?

① SF_6
② CO_2
③ LPG
④ O_2

가스차단기 : GCB 매질은 SF_6가스(육 불황성 가스)

05 SF_6가스의 성질이 아닌 것은?

① 같은 압력에서 공기의 2.5~4.5배의 절연내력이 있다.
② 가스압력이 3~4[kgf/cm^2]에서 절연내력은 절연유 이상이다.
③ 소호능력이 공기보다 2배 정도 낮다.
④ 무색, 무취, 무해가스이다.

SF_6가스는 '공기보다 좋다'라는 말이 들어가야 한다.

06 수변전설비 중에서 동력설비 회로의 역률을 개선할 목적으로 사용되는 것은?

① 전력퓨즈
② 진상용 콘덴서
③ 과전류계전기
④ 거리계전기

조상설비
• 위상을 조정하여 역률을 개선하는 설비
• 분로리액터, 전력용 콘덴서(진상용 콘덴서), 동기조상기

정답 01② 02② 03④ 04① 05③ 06②

07 역률 개선의 효과로 볼 수 없는 것은?

① 감전사고 감소

② 전압강하 감소

③ 전력손실 감소

④ 설비용량의 이용률 증가

역률 개선 효과
- 전압강하 감소 : 역률 개선 시 부하전류가 감소하여 전압강하 저감 및 전압변동률이 작아짐
- 설비 이용률 증가 : 동일 부하에 부하전류가 감소하여 공급설비 이용률 증가
- 선로손실의 저감 : 선로전류가 줄어들어 선로손실 감소
- 동손 감소 : 동손은 부하전류의 제곱에 비례하므로 동손을 줄임

08 수변전설비에서 전력퓨즈의 용단 시 결상을 방지하는 것을 목적으로 사용하는 것은?

① 자동고장구분개폐기

② 단로기

③ 컷아웃스위치

④ 부하개폐기

- 자동부하전환개폐기(ALTS) : 이중전원을 확보하여 주전원 정전 시 예비전원으로 자동절환하여 수용가가 항상 일정한 전원 공급을 받을 수 있는 장치이다.
- 고장구분자동개폐기(ASS) : 한 개 수용가의 사고가 다른 수용가에 피해를 최소화하기 위한 방안으로 대용량 수용가에 한하여 설치한다.
- 컷아웃스위치(COS) : 변압기 1차측 각 상마다 취부하여 변압기의 보호와 개폐를 위한 것이다.
- 단로기(DS) : 공칭전압 3.3[kV] 이상 전로에 사용되며 기기의 보수점검 시 또는 회로 접속 변경을 하기 위해 사용하지만 부하전류는 개폐할 수 없는 기기이다.
- 기중부하개폐기(IS) : 수전용량 300kVA 이하에서 인입 개폐기로 사용한다.
- 부하개폐기(LBS) : 수·변전설비의 인입구 개폐기로 많이 사용되고 있으며 전력퓨즈 용단 시 결상을 방지하는 목적으로 사용하고 있다.
- 선로개폐기(LS) : 책임 분계점에서 보수점검 시 전로를 구분하기 위한 개폐기로 시설하고 반드시 무부하 상태로 개방하여야 하며 이는 단로기와 같은 용도로 사용한다.

09 계기용 변류기의 약호는?

① PT

② MOF

③ CT

④ DS

계기용 변류기(CT) : 전류를 측정하기 위한 변류기로 2차 전류는 5[A]가 표준이다.

특수장소공사

01 먼지가 많은 장소의 공사

기적의 TIP

폭발이라는 말이 들어가면 케이블과 금속관만 가능합니다.

1) 폭연성 분진 또는 화약류 분말이 존재하는 곳

① 폭연성(먼지가 쌓인 상태에서 착화된 때에 폭발할 우려가 있는 것) 또는 화약류 분말이 존재하는 곳의 전기 설비가 발화원이 되어 폭발할 우려가 있는 곳에 시설하는 저압 옥내배선은 금속전선관 공사 또는 케이블 공사에 의하여 시설하여야 한다. 케이블은 MI(미네럴 인슐레이션), 개장된 케이블만 가능하다.

② 이동 전선은 0.6/1[kV] EP 고무절연 클로로프렌 캡타이어 케이블을 사용하고, 모든 전기기계기구는 분진 방폭 특수 방진 구조의 것을 사용하고, 콘센트 및 플러그를 사용해서는 안 된다.

③ 관 상호 및 관과 박스 기타의 부속품이나 풀박스 또는 전기기계 기구는 5턱 이상의 나사조임으로 접속하는 방법, 기타 이와 동등 이상의 효력이 있는 방법이어야 한다.

2) 가연성 분진이 존재하는 곳

① 소맥분, 전분, 유황 기타의 가연성의 먼지로서 공중에 떠다니는 상태에서 착화하였을 때, 폭발의 우려가 있는 곳의 저압 옥내배선은 합성수지관 배선, 금속전선관 배선, 케이블 배선에 의하여 시설한다.

② 이동 전선은 0.6/1[kV] EP 고무절연 클로로프렌 캡타이어 케이블 또는 0.6/1[kV] 비닐절연 비닐 캡타이어 케이블을 사용하고, 분진 방폭 보통 방진 구조의 것을 사용하고, 손상받을 우려가 없도록 시설한다.

3) 불연성 먼지가 많은 곳

① 정미소, 제분소, 시멘트 공장 등과 같은 먼지가 많아서 전기 공작물의 열방산을 방해하거나, 절연성을 열화시키거나, 개폐 기구의 기능을 떨어뜨릴 우려가 있는 곳의 저압 옥내배선은 애자 사용 공사, 합성수지관 공사(두께 2[mm] 이상), 금속전선관 공사, 금속제 가요전선관 공사, 금속덕트 공사, 버스덕트 공사 또는 케이블 공사에 의하여 시설한다.

② 전선과 기계 기구와는 진동에 의하여 헐거워지지 않도록 기계적, 전기적으로 완전히 접속하고, 온도 상승의 우려가 있는 곳은 방진장치를 한다.

02 위험물이 있는 곳의 공사

1) 위험물이 있는 곳의 공사

① 셀룰로이드, 성냥, 석유 등 타기 쉬운 위험한 물질을 제조하거나 저장하는 곳은 합성수지관 공사(두께 2[mm] 이상), 금속전선관 공사 또는 케이블 공사에 의하여 시설한다.

② 이동 전선은 0.6/1[kV] EP 고무절연 클로로프렌 캡타이어 케이블 또는 0.6/1[kV] 비닐절연 비닐 캡타이어 케이블을 사용한다.

③ 불꽃 또는 아크가 발생될 우려가 있는 개폐기, 과전류 차단기, 콘센트, 코드 접속기, 전동기 또는 온도가 현저하게 상승될 우려가 있는 가열장치, 저항기 등의 전기기계기구는 전폐 구조로 하여 위험물에 착화될 우려가 없도록 시설하여야 한다.

2) 화약류 저장소의 위험한 장소

① 화약류 저장소 안에는 전기설비를 시설하지 아니하는 것이 원칙으로 되어 있다. 다만, 백열전등, 형광등 또는 이들에 전기를 공급하기 위한 전기설비만을 금속전선관 공사 또는 케이블 공사에 의하여 시설할 수 있다.

② 전로의 대지 전압은 300[V] 이하로 한다.

③ 전기기계기구는 전폐형으로 한다.

④ 화약류 저장소 이외의 곳에 전용 개폐기 및 과전류 차단기를 시설하여 취급자 이외의 사람이 조작할 수 없도록 시설하고, 또한 지락 차단장치 또는 지락 경보장치를 시설한다.

⑤ 전용 개폐기 또는 과전류 차단기에서 화약류 저장소의 인입구까지는 케이블을 사용하여 지중선로로 한다.

03 가연성 가스가 있는 곳의 공사

① 가연성 가스 또는 인화성 물질의 증기가 새거나 체류하여 전기 설비가 발화원이 되어 폭발할 우려가 있는 곳(프로판 가스 등의 가연성 액화가스를 다른 용기에 옮기거나 나누는 등의 작업을 하는 곳, 에탄올, 메탄올 등의 인화성 액체를 옮기는 곳 등)의 장소에서는 금속전선관 공사 또는 케이블 공사에 의하여 시설하여야 한다.

② 이동용 전선은 접속점이 없는 0.6/1[kV] EP 고무절연 클로로프렌 캡타이어 케이블을 사용하여야 한다.

③ 전기기계기구는 설치한 장소에 존재할 우려가 있는 폭발성 가스에 대하여 충분한 방폭 성능을 가지는 것을 사용하여야 한다.

④ 전선과 전기기계기구의 접속은 진동에 풀리지 않도록, 너트와 스프링 와셔 등을 사용하여 전기적으로 완전하게 접속하여야 한다.

04 부식성 가스 등이 있는 장소

① 산류, 알칼리류, 염소산칼리, 표백분, 염료, 또는 인조비료의 제조공장, 제련소, 전기도금공장, 개방형 축전지실 등 부식성 가스 등이 있는 장소의 저압배선에는 애자 사용 배선, 금속전선관 배선, 합성수지관 배선, 2종 금속제 가요전선관, 케이블 배선으로 시공하여야 한다.
② 이동전선은 필요에 따라서 방식도료를 칠하여야 한다.
③ 개폐기, 콘센트 및 과전류 차단기를 시설하여서는 안 된다.
④ 전동기와 전력장치 등은 내부에 부식성 가스 또는 용액이 침입할 우려가 없는 구조의 것을 사용한다.

05 광산, 터널 및 갱도

① 사람이 상시 통행하는 터널 내의 배선은 저압에 한하여 애자 사용, 금속전선관, 합성수지관, 금속제 가요전선관, 케이블 배선으로 시공하여야 한다.
② 터널의 인입구 가까운 곳에 전용의 개폐기를 시설하여야 한다.
③ 광산, 갱도 내의 배선은 저압 또는 고압에 한하고, 케이블 배선으로 시공하여야 한다.

01 화약류의 분말이 전기설비가 발화원이 되어 폭발할 우려가 있는 곳에 시설하는 저압 옥내배선의 공사 방법으로 가장 알맞은 것은?

① 버스덕트 공사
② 금속관 공사
③ 합성수지관 공사
④ 금속덕트 공사

폭연성(먼지가 쌓인 상태에서 착화된 때에 폭발할 우려가 있는 것) 또는 화약류 분말이 존재하는 곳의 전기 설비가 발화원이 되어 폭발할 우려가 있는 곳에 시설하는 저압 옥내배선은 금속전선관 공사 또는 케이블 공사에 의하여 시설하여야 한다. 케이블은 MI(미네럴 인슐레이션), 개장된 케이블만 가능하다.

02 폭연성 분진이 존재하는 곳의 저압 옥내배선공사 시 공사 방법으로 짝지어진 것은?

① 금속관 공사, 캡타이어 케이블 공사
② CD케이블공사, MI케이블공사, 금속관공사
③ 금속관공사, MI케이블공사, 개장된 케이블 공사
④ 금속관공사, 캡타이어 케이블공사, MI케이블공사

폭연성(먼지가 쌓인 상태에서 착화된 때에 폭발할 우려가 있는 것) 또는 화약류 분말이 존재하는 곳의 전기 설비가 발화원이 되어 폭발할 우려가 있는 곳에 시설하는 저압 옥내배선은 금속전선관 공사 또는 케이블 공사에 의하여 시설하여야 한다. 케이블은 MI(미네럴 인슐레이션), 개장된 케이블만 가능하다.

03 티탄을 제조하는 공장으로 먼지가 쌓인 상태에서 착화된 때에 폭발할 우려가 있는 곳에 저압 옥내배선을 설치하고자 한다. 알맞은 공사 방법은?

① 금속관공사
② 버스덕트 공사
③ 합성수지관공사
④ 금속덕트공사

폭연성(먼지가 쌓인 상태에서 착화된 때에 폭발할 우려가 있는 것) 또는 화약류 분말이 존재하는 곳의 전기 설비가 발화원이 되어 폭발할 우려가 있는 곳에 시설하는 저압 옥내배선은 금속전선관 공사 또는 케이블 공사에 의하여 시설하여야 한다. 케이블은 MI(미네럴 인슐레이션), 개장된 케이블만 가능하다.

04 폭발성 분진이 있는 위험장소에 금속관 배선에 의할 경우 관 상호 및 관과 박스 기타의 부속품이나 풀 박스 또는 전기기계기구는 몇 턱 이상의 나사 조임으로 접속하여야 하는가?

① 3턱
② 4턱
③ 5턱
④ 6턱

금속관 공사에서 나사 조임은 5턱이다.

05 폭연성 분진이 존재하는 곳의 금속관 공사 시 전동기에서 접속하는 부분에서 가요성을 필요로 하는 부분의 배선에는 방폭형의 부속품 중 어느 것을 사용하여야 하는가?

① 플렉시블 피팅
② 분진 플렉시블 피팅
③ 안전 증가 플렉시블 피팅
④ 분진 방폭형 플렉시블 피팅

'방폭형'이라는 말이 들어가므로 분진 방폭형이 들어가야 한다.

06 소맥분, 전분, 기타 가연성의 분진이 존재하는 곳의 저압 옥내배선 공사 방법 중 적당하지 않은 것은?

① 케이블 공사
② 가요전선관 공사
③ 금속관 공사
④ 합성수지관 공사

소맥분, 전분, 유황 기타의 가연성의 먼지로서 공중에 떠다니는 상태에서 착화하였을 때, 폭발의 우려가 있는 곳의 저압 옥내배선은 합성수지관 배선, 금속전선관 배선, 케이블 배선에 의하여 시설한다.

07 소맥분, 전분, 기타 가연성의 분진이 존재하는 곳의 저압 옥내배선 공사 방법에 해당하는 것으로 짝지어진 것은?

① 케이블 공사, 애자 사용 공사
② 금속관 공사, 케이블 공사, 애자 사용 공사
③ 합성수지관 공사, 가요전선관 공사, 금속관 공사
④ 합성수지관 공사, 케이블 공사, 금속관 공사

소맥분, 전분, 유황 기타의 가연성의 먼지로서 공중에 떠다니는 상태에서 착화하였을 때, 폭발의 우려가 있는 곳의 저압 옥내배선은 합성수지관 배선, 금속전선관 배선, 케이블 배선에 의하여 시설한다.

08 불연성 먼지가 많은 장소에 시설할 수 없는 옥내배선공사 방법은?

① 금속관 공사
② 금속제 가요전선관
③ 두께 1.2[mm]인 합성수지관 공사
④ 금속덕트 공사

정미소, 제분소, 시멘트 공장 등과 같은 먼지가 많아서 전기 공작물의 열 방산을 방해하거나, 절연성을 열화시키거나, 개폐 기구의 기능을 떨어뜨릴 우려가 있는 곳의 저압 옥내배선은 애자 사용 공사, 합성수지관 공사(두께 2[mm] 이상), 금속전선관 공사, 금속제 가요전선관 공사, 금속덕트 공사, 버스덕트 공사 또는 케이블 공사에 의하여 시설한다.

09 가연성 가스가 새거나 체류하여 전기설비가 발화원이 되어 폭발할 우려가 있는 곳에 있는 저압 옥내 전기설비의 시설 방법 중 가장 적당한 것은?

① 금속관 공사
② 금속제 가요전선관
③ 두께 1.2[mm]인 합성수지관 공사
④ 금속덕트 공사

가연성 가스 또는 인화성 물질의 증기가 새거나 체류하여 전기 설비가 발화원이 되어 폭발할 우려가 있는 곳(프로판 가스 등의 가연성 액가스를 다른 용기에 옮기거나 나누는 등의 작업을 하는 곳, 에탄올, 메탄올 등의 인화성 액체를 옮기는 곳 등)의 장소에서는 금속전선관 공사 또는 케이블 공사에 의하여 시설하여야 한다.

10 가스 증기 위험장소의 배선 방법으로 적합하지 않은 것은?

① 옥내배선은 금속관 또는 합성수지관 공사로 할 것

② 전선관의 부속품 및 전선 접속함에는 내압 방폭 구조의 것을 사용할 것

③ 금속관 배선으로 할 경우 관 상호 및 관과 박스는 5틱 이상의 나사 조임으로 견고하게 접속할 것

④ 금속관과 전동기의 접속 시 가요성을 필요로 하는 짧은 부분의 배선에는 안전 증가 방폭 구조의 플렉시블 피팅을 사용할 것

가연성 가스 또는 인화성 물질의 증기가 새거나 체류하여 전기 설비가 발화원이 되어 폭발할 우려가 있는 곳(프로판 가스 등의 가연성 액화가스를 다른 용기에 옮기거나 나누는 등의 작업을 하는 곳, 에탄올, 메탄올 등의 인화성 액체를 옮기는 곳 등)의 장소에서는 금속전선관 공사 또는 케이블 공사에 의하여 시설하여야 한다.

11 위험물 등이 있는 곳에서의 저압 옥내배선 공사 방법이 아닌 것은?

① 금속관 공사

② 합성수지관 공사

③ 케이블 공사

④ 금속덕트 공사

셀룰로이드, 성냥, 석유 등 타기 쉬운 위험한 물질을 제조하거나 저장하는 곳은 합성수지관 공사(두께 2[mm] 이상), 금속전선관 공사 또는 케이블 공사에 의하여 시설한다.

12 석유류를 저장하는 장소의 공사 방법 중 틀린 것은?

① 금속관 공사

② 두께가 2[mm] 이상인 합성수지관 공사

③ 금속덕트 공사

④ 케이블 공사

셀룰로이드, 성냥, 석유 등 타기 쉬운 위험한 물질을 제조하거나 저장하는 곳은 합성수지관 공사(두께 2[mm] 이상), 금속전선관 공사 또는 케이블 공사에 의하여 시설한다.

13 성냥을 제조하는 공장의 공사 방법으로 적절하지 않는 것은?

① 버스덕트 공사

② 두께가 2[mm] 이상인 합성수지관 공사

③ 케이블 공사

④ 금속관 공사

셀룰로이드, 성냥, 석유 등 타기 쉬운 위험한 물질을 제조하거나 저장하는 곳은 합성수지관 공사(두께 2[mm] 이상), 금속전선관 공사 또는 케이블 공사에 의하여 시설한다.

14 화약고의 배선공사 시 개폐기 및 과전류 차단기에서 화약고 인입구까지는 어떤 배선공사에 의하여 시설하여야 하는가?

① 합성수지관 공사로 지중선로

② 금속관 공사로 지중선로

③ 금속제 가요전선관 공사로 지중선로

④ 케이블 공사로 지중선로

화약류 저장소의 위험한 장소
• 화약류 저장소 안에는 전기설비를 시설하지 아니하는 것이 원칙으로 되어 있다. 다만, 백열전등, 형광등 또는 이들에 전기를 공급하기 위한 전기 설비만을 금속전선관 공사 또는 케이블 공사에 의하여 시설할 수 있다.
• 전로의 대지 전압은 300[V] 이하로 한다.
• 전기기계기구는 전폐형으로 한다.
• 화약류 저장소 이외의 곳에 전용 개폐기 및 과전류 차단기를 시설하여 취급자 이외의 사람이 조작할 수 없도록 시설하고, 또한 지락 차단장치 또는 지락 경보 장치를 시설한다.
• 전용 개폐기 또는 과전류 차단기에서 화약류 저장소의 인입구까지는 케이블을 사용하여 지중선로로 한다.

정답 10 ① 11 ④ 12 ③ 13 ① 14 ④

15 화약류 저장소에서 백열전등이나 형광등 또는 이들에 전기를 공급하기 위한 전기설비를 시설하는 경우 전로의 대지전압은?

① 150[V] 이하

② 250[V] 이하

③ 300[V] 이하

④ 400[V] 이하

화약류 저장소의 위험한 장소
- 화약류 저장소 안에는 전기설비를 시설하지 아니하는 것이 원칙으로 되어 있다. 다만, 백열전등, 형광등 또는 이들에 전기를 공급하기 위한 전기설비만을 금속전선관 공사 또는 케이블 공사에 의하여 시설할 수 있다.
- 전로의 대지 전압은 300[V] 이하로 한다.
- 전기기계기구는 전폐형으로 한다.
- 화약류 저장소 이외의 곳에 전용 개폐기 및 과전류 차단기를 시설하여 취급자 이외의 사람이 조작할 수 없도록 시설하고, 또한 지락 차단장치 또는 지락 경보 장치를 시설한다.
- 전용 개폐기 또는 과전류 차단기에서 화약류 저장소의 인입구까지는 케이블을 사용하여 지중선로로 한다.

16 화약고 등의 위험장소에서 전기설비 시설에 관한 내용으로 옳은 것은?

① 화약고 내에 과전류 차단기를 설치할 것

② 전로의 대지 전압은 400[V] 이하로 한다.

③ 전기기계기구는 전폐형으로 한다.

④ 개폐기 및 과전류차단기에서 화약고 인입구까지 지중선로로 금속관 공사할 것

화약류 저장소의 위험한 장소
- 화약류 저장소 안에는 전기설비를 시설하지 아니하는 것이 원칙으로 되어 있다. 다만, 백열전등, 형광등 또는 이들에 전기를 공급하기 위한 전기설비만을 금속전선관 공사 또는 케이블 공사에 의하여 시설할 수 있다.
- 전로의 대지 전압은 300[V] 이하로 한다.
- 전기기계기구는 전폐형으로 한다.
- 화약류 저장소 이외의 곳에 전용 개폐기 및 과전류 차단기를 시설하여 취급자 이외의 사람이 조작할 수 없도록 시설하고, 또한 지락 차단장치 또는 지락 경보 장치를 시설한다.
- 전용 개폐기 또는 과전류 차단기에서 화약류 저장소의 인입구까지는 케이블을 사용하여 지중선로로 한다.

17 부식성 가스 등이 있는 장소에 시설할 수 없는 배선은?

① 금속관 배선

② 캡타이어 케이블 배선

③ 합성수지관 배선

④ 제1종 금속제 가요전선관 배선

산류, 알칼리류, 염소산칼리, 표백분, 염료, 또는 인조비료의 제조공장, 제련소, 전기도금 공장, 개방형 축전지실 등 부식성 가스 등이 있는 장소의 저압 배선에는 애자 사용 배선, 금속전선관 배선, 합성 수지관 배선, 2종 금속제 가요전선관, 케이블 배선으로 시공하여야 한다.

18 상설 공연장에 사용하는 저압 전기설비 중 이동전선의 사용전압은 몇 [V] 이하이어야 하는가?

① 150[V]

② 250[V]

③ 300[V]

④ 400[V]

사용전압은 400[V] 이하이다.

19 무대, 무대마루 및 오케스트라박스·영사실, 기타 사람이나 무대 도구에 접촉할 우려가 있는 장소에 시설하는 저압 옥내배선, 전구선 또는 이동전선은 최고 사용전압이 몇 [V] 이하인가?

① 400[V]

② 300[V]

③ 250[V]

④ 150[V]

사용전압은 400[V] 이하이다.

20 전시회, 쇼 및 공연장의 400[V] 이하의 저압 전기공사를 시설하는 방법으로 적합하지 않은 것은?

① 영사실에 사용하는 이동전선은 1종 캡타이어 케이블 이외의 캡타이어 케이블을 사용한다.
② 플로어 덕트를 이용하는 경우 덕트의 끝부분을 막아야 한다.
③ 무대용 콘센트 박스 및 라이트 의 금속제 외함에는 접지를 한다.
④ 무대, 무대마루 밑, 오케스트라 박스 및 영사실 전로에는 과전류 차단기를 설치하지 않는다.

....

무대, 무대마루 밑, 오케스트라 박스 및 영사실 전로에는 과전류 차단기를 설치하여야 한다.

21 터널·갱도 기타 이와 유사한 장소에서 사람이 상시 통행하는 터널 내의 배선 방법으로 적절하지 않는 것은? (단, 사용 전압이 저압이다.)

① 금속관 배선
② 라이팅덕트 배선
③ 합성수지관 배선
④ 금속제 가요전선관 배선

....

사람이 상시 통행하는 터널 내의 배선은 저압에 한하여 애자 사용, 금속전선관, 합성수지관, 금속제 가요전선관, 케이블 배선으로 시공하여야 한다.

22 다음 [보기] 중 금속관, 애자, 합성수지관 및 케이블 공사가 모두 가능한 특수장소를 옳게 나열한 것은?

> Ⓐ 화약고 등 위험 장소
> Ⓑ 불연성 먼지가 있는 장소
> Ⓒ 습기가 많은 장소
> Ⓓ 위험물이 있는 장소
> Ⓔ 부식성 가스가 있는 장소

① Ⓐ, Ⓒ, Ⓓ
② Ⓑ, Ⓒ, Ⓔ
③ Ⓑ, Ⓓ, Ⓔ
④ Ⓒ, Ⓓ, Ⓔ

....

• 화약고 : 금속관, 케이블
• 불연성 먼지 : 금속관, 케이블, 합성수지관, 애자 사용
• 습기가 많은 : 금속관, 케이블, 합성수지관, 애자 사용(은폐는 불가)
• 위험물 : 금속관, 케이블, 합성수지관
• 부식성 가스 : 금속관, 케이블, 합성수지관, 애자 사용

23 셀룰로이드, 성냥, 석유류 등 기타 가연성 위험물을 제조 또는 저장하는 장소의 배선으로 잘못된 배선은?

① 플로어 덕트 배선
② 합성수지관 배선
③ 금속관 배선
④ 케이블 배선

....

셀룰로이드, 성냥, 석유 등 타기 쉬운 위험한 물질을 제조하거나 저장하는 곳은 합성수지관 공사두께 2[mm] 이상), 금속전선관 공사 또는 케이블 공사에 의하여 시설한다.

24 폭발성 분진이 존재하는 곳의 금속관 공사에 있어서 관 상호 및 관과 박스 기타의 부속품이나 풀 박스 또는 전기 기계기구와의 접속은 몇 턱 이상의 나사 조임으로 접속하여야 하는가?

① 5턱

② 3턱

③ 4턱

④ 2턱

금속관 나사조임은 5턱이다.

25 무대, 무대마루 및 오케스트라 박스, 영사실, 기타 사람이나 무대 도구가 접촉할 우려가 있는 장소에 시설하는 저압 옥내배선, 전구선 또는 이동전선은 최고 사용 전압이 몇 [V] 이하이어야 하는가?

① 400

② 200

③ 100

④ 700

사용전압은 400[V] 이하이다.

26 셀룰로이드, 성냥, 석유류 등 기타 가연성 위험 물질을 제조 또는 저장하는 장소에 시설해서는 안 되는 배선은?

① 금속관 배선

② 케이블 배선

③ 합성수지관 배선

④ 애자 사용 배선

셀룰로이드, 성냥, 석유 등 타기 쉬운 위험한 물질을 제조하거나 저장하는 곳은 합성수지관 공사(두께 2[mm] 이상), 금속전선관 공사 또는 케이블 공사에 의하여 시설한다.

27 광산이나 갱도 내 가스 또는 먼지의 발생에 의해서 폭발할 우려가 있는 장소의 전기공사 방법 중 옳지 않은 것은?

① 금속관은 박강 전선관 또는 이와 동등 이상의 강도를 가지는 것일 것

② 전동기는 과전류가 생겼을 때 폭연성 분진에 착화할 우려가 없도록 시설할 것

③ 백열전등 및 방전등용 전등기구는 조영재에 직접 견고하게 붙이거나 또는 전등을 다는 관·전등완관 등에 의하여 조영재에 견고하게 붙일 것

④ 이동전선은 1종 캡타이어 케이블을 사용할 것

사람이 상시 통행하는 터널 내의 배선은 저압에 한하여 애자 사용, 금속전선관, 합성수지관, 금속제 가요전선관, 케이블 배선으로 시공하여야 한다.

28 가연성 가스가 존재하는 장소의 저압시설 공사 방법으로 옳은 것은?

① 금속관 공사

② 합성수지관 공사

③ 가요전선관 공사

④ 금속 몰드 공사

가연성 가스 또는 인화성 물질의 증기가 새거나 체류하여 전기 설비가 발화원이 되어 폭발할 우려가 있는 곳(프로판 가스 등의 가연성 액화가스를 다른 용기에 옮기거나 나누는 등의 작업을 하는 곳, 에탄올, 메탄올 등의 인화성 액체를 옮기는 곳 등)의 장소에서는 금속전선관 공사 또는 케이블 공사에 의하여 시설하여야 한다.

전기응용시설공사

빈출 태그 ▶ 조명 방식, 광원의 높이, 광원의 간격, 조명의 계산, 옥내배선 기호

01 조명배선

1) 광원의 종류와 용도

종류		크기[W]	구조	특징	적합장소
전구	일반백열전구	10~200	온도 복사의 발광원리를 이용	가격 쌈, 취급 간단	국부조명, 보안용
	반사용 전구	40~500		취급 간단, 고광도	국부조명, 먼지 많은 곳
	할로겐 전구	100~150		소형, 고효율	전반, 국부조명
형광등	형광등	4~40	방전에 의하여 생긴 자외선이 형광 방전관 내벽에 있는 형광물질을 자극해 빛 발생	고효율, 저휘도, 긴 수명	낮은 천장의 전반조명, 국부조명
	고연색형광등	20~40		연색성 좋음, 고효율	연색성이 중시되는 장소
고압 수은등		40~2000	유리구 내 수중증기의 방전현상을 이용	고효율, 광속 큼, 수명 긺	높은 천장의 전반조명
메탈 할라이드등		250~2000	고압수은 등 발광관 내 할로겐 화합물 넣음	고효율, 광속 큼	연색성이 중시되는 장소, 높은 천장의 전반조명
고압 나트륨등		70~1000	발광관 내 금속나트륨 증기를 봉입	고효율, 광속 큼	연색성이 필요하지 않은 장소, 투시성이 우수하여 도로, 터널, 안개 지역

2) 조명 방식

① 기구 배치에 의한 방식

조명 방식	특징
전반조명	작업면 전반에 균등한 조도를 가지게 하는 방식으로, 광원을 일정한 높이와 간격으로 배치하며, 일반적으로 사무실, 학교, 공장 등에 채용된다.
국부조명	작업면의 필요한 장소만 고조도로 하기 위한 방식으로, 그 장소에 조명기구를 밀집하여 설치하거나 스탠드 등을 사용한다. 이 방식은 밝고 어둠의 차이가 커서 눈부심을 일으키고 눈이 피로하기 쉬운 결점이 있다.
전반국부병용조명	전반조명에 의하여 시각환경을 좋게 하고 국부조명을 병용해서 필요한 장소에 고조도를 경제적으로 얻는 방식으로, 병원 수술실, 공부방, 기계공작실 등에 채용된다.

> **기적의 TIP**
> • 전반조명 : 균등
> • 국부조명 : 필요한 곳만 고조도
> • 전반국부 : 수술실, 독서실

② 조명기구 배광에 의한 분류

조명방식	상	하
직접조명	0~10[%]	90~100[%]
반직접조명	10~40[%]	60~90[%]
전반확산조명	40~60[%]	40~60[%]
반간접조명	60~90[%]	10~40[%]
간접조명	90~100[%]	0~10[%]

기적의 TIP

상부를 외우면 하부는 '100−상부'를 하여 100[%]로 만들면 됩니다.

3) 광원의 높이

① 광원의 높이가 너무 높으면 조명률이 나빠지고, 너무 낮으면, 조도의 분포가 불균일하게 된다.

② 직접조명일 때 : $H = \frac{2}{3}H_0$(천장과 조명 사이의 거리는 $\frac{H_0}{3}$)

③ 간접조명일 때 : $H = H_0$(천장과 조명 사이의 거리는 $\frac{H_0}{5}$)

H_0 : 작업면에서 천장까지의 높이

4) 광원의 간격

① 실내 전체의 명도차가 없는 조명이 되도록 기구를 배치한다.

② 광원 상호 간 간격 : $S \leq 1.5H$

③ 벽과 광원 사이의 간격

• 벽 측 사용 : $S_0 \leq \frac{H}{3}$

• 벽 측 사용 안 함 : $S_0 \leq \frac{H}{2}$

5) 조명의 계산

① FUN=DAE

• F : 1등당의 광속
• U : 조명률
• N : 등의 개수
• D : 감광보상률
• A : 실내의 면적
• E : 평균조도

② 총 광속

• $N \times F = \frac{DAE}{U}$

③ 실지수의 결정

- 조명률을 구하기 위해서는 어떤 특성을 가진 방인가를 나타내는 실지수를 알아야 하는데, 실지수는 실의 크기 및 형태를 나타내는 척도로서 실의 폭, 길이, 작업면 위의 광원의 높이 등의 형태를 나타내는 수치로 다음 식으로 나타낸다.

- 실지수 $= \dfrac{X \times Y}{H(X+Y)}$

기적의 TIP

- H : 작업면부터 광원까지의 높이
- X : 방의 가로 길이
- Y : 방의 세로 길이

02 옥내배선

1) 옥내배선의 기호
① 천장은폐배선 : ——————————
② 노출배선 : ·······························
③ 바닥은폐배선 : - - - - - - - - - - - - - - - -
④ 바닥면노출배선 : —— —— —— —— ——
⑤ 지중매설배선 : —— — —— — —— — ——

2) 콘센트의 종류
① $\bullet$E : 접지극붙이
② $\bullet$ET : 접지극단자붙이
③ $\bullet$EL : 누전차단기붙이
④ $\bullet$WP : 방수형
⑤ $\bullet$EX : 방폭형
⑥ $\bullet$H : 의료용
⑦ $\bullet$2 : 2구
⑧ $\bullet$3P : 3구
⑨ ⦂ : 천장에 부착
⑩ ⦂ : 바닥에 부착

01 시감도가 가장 좋은 색은?

① 적색
② 주광색
③ 백색
④ 황록색

가시광선 중 시감도가 가장 좋은 색은 황록색이다.

02 다음 중 밝기가 아닌 것은?

① 광도
② 조도
③ 광속
④ 광속 발산도

광속은 빛의 양이다.

03 조도는 광원으로부터 거리와 어떤 관계가 있는 가?

① 거리에 비례한다.
② 거리에 반비례한다.
③ 거리 제곱에 비례한다.
④ 거리 제곱에 반비례한다.

조도는 거리의 제곱에 반비례한다.

04 완전확산면은 어느 방향에서 보아도 똑같은 것은?

① 광속   ② 조도
③ 휘도   ④ 광도

눈부심(휘도)은 어느 면에서 보아도 똑같이 눈부시다.

05 100[W]의 백열전구의 광속은 1570[lm]이다. 이때 효율은[lm/W] 얼마인가?

① 14.7   ② 15.7
③ 16.7   ④ 17.7

$\eta = \dfrac{F}{P} = \dfrac{1570}{100} = 15.7$

06 실내 전반조명을 하고자 한다. 작업대로부터 광원의 높이가 2.4[m]인 위치에 조명기구를 배치할 때 벽에서 한 기구 이상 떨어진 기구에서 기구 간의 거리는 일반적인 경우 최대 몇 [m]로 배치하여 설치하는가? (단, S≤1.5H를 사용하여 구하도록 한다.)

① 1.8   ② 3.6
③ 3.2   ④ 2.4

광원의 간격
• 실내 전체의 명도차가 없는 조명이 되도록 기구를 배치한다.
• 광원 상호 간 간격 : $S \le 1.5H = 1.5 \times 2.4 = 3.6$
• 벽과 광원 사이의 간격
  – 벽 측 사용 : $S_0 \le \dfrac{H}{3}$
  – 벽 측 사용 안 함 : $S_0 \le \dfrac{H}{2}$

07 다음 기호의 명칭은?

―――――――――

① 천장은폐배선
② 바닥은폐배선
③ 바닥면노출배선
④ 노출배선

- 천장은폐배선 : ――――――――
- 노출배선 : - - - - - - - - - - - - - - -
- 바닥은폐배선 : - - - - - - - - -
- 바닥면노출배선 : ――――――――
- 지중매설배선 : ―― ―― ―― ―― ――

08 조명기구의 배광에 의한 분류 중 40~60[%] 정도의 빛이 위쪽과 아래쪽으로 고루 향하고 가장 일반적인 용도를 가지고 있으며 상하좌우로 빛이 모두 나오므로 부드러운 조명이 되는 조명 방식은?

① 직접조명 방식
② 반직접조명 방식
③ 반간접조명 방식
④ 전반확산조명 방식

조명방식	상	하
직접조명	0~10[%]	90~100[%]
반직접조명	10~40[%]	60~90[%]
전반확산조명	40~60[%]	40~60[%]
반간접조명	60~90[%]	10~40[%]
간접조명	90~100[%]	0~10[%]

09 작업 면에서 천장까지의 높이가 3[m]일 때 직접 조명일 경우의 광원의 높이는 몇 [m]인가?

① 1　　　　② 3
③ 2　　　　④ 4

- 광원의 높이가 너무 높으면 조명률이 나빠지고, 너무 낮으면 조도의 분포가 불균일하게 됨
- 직접조명일 때 : $H = \frac{2}{3}H_0$(천장과 조명 사이의 거리는 $\frac{H_0}{3}$) $= \frac{2}{3} \times 3 = 2$
- 간접조명일 때 : $H = H_0$(천장과 조명 사이의 거리는 $\frac{H_0}{3}$)
  - H_0 : 작업면에서 천장까지의 높이

10 다음과 같은 그림기호의 명칭은?

- - - - - - - - - - - - - -

① 천장은폐배선
② 노출배선
③ 지중매설배선
④ 바닥은폐배선

- 천장은폐배선 : ――――――――
- 노출배선 : - - - - - - - - - - - - - - -
- 바닥은폐배선 : - - - - - - - - -
- 바닥면노출배선 : ――――――――
- 지중매설배선 : ―― ―― ―― ―― ――

11 다음 그림 기호 중 바닥면노출배선은?

① ――――――――
② ·······················
③ ― ― ― ― ― ― ― ―
④ ―― ―― ―― ―― ――

- 천장은폐배선 : ――――――――
- 노출배선 : - - - - - - - - - - - - - - -
- 바닥은폐배선 : - - - - - - - - -
- 바닥면노출배선 : ――――――――
- 지중매설배선 : ―― ―― ―― ―― ――

12 다음 심벌의 명칭은?

① 콘센트
② 환풍기
③ 과전압계전기
④ 룸에어컨

콘센트의 종류
- ⊙$_E$: 접지극붙이
- ⊙$_{ET}$: 접지극단자붙이
- ⊙$_{EL}$: 누전차단기붙이
- ⊙$_{WP}$: 방수형
- ⊙$_{EX}$: 방폭형
- ⊙$_H$: 의료용
- ⊙$_2$: 2구
- ⊙$_{3P}$: 3구
- ⊙ : 천장에 부착
- ⊙ : 바닥에 부착

13 다음 중 방수형 콘센트의 심벌은?

① ⊙
② ⊙$_{WP}$
③ ●
④ ⊙$_E$

콘센트의 종류
- ⊙$_E$: 접지극붙이
- ⊙$_{ET}$: 접지극단자붙이
- ⊙$_{EL}$: 누전차단기붙이
- ⊙$_{WP}$: 방수형
- ⊙$_{EX}$: 방폭형
- ⊙$_H$: 의료용
- ⊙$_2$: 2구
- ⊙$_{3P}$: 3구
- ⊙ : 천장에 부착
- ⊙ : 바닥에 부착

14 천장에 작은 구멍을 뚫어 그 속에 등기구를 매입시키는 방식으로 건축의 공간을 유효하게 하는 조명 방식은?

① 코브 방식
② 코퍼 방식
③ 밸런스 방식
④ 다운라이트 방식

다운라이트 : 천장에 작은 구멍을 뚫어 등기구를 매입시켜 공간을 넓게 보이게 하는 조명

15 하향광속으로 직접 작업면에 직사하고 상부 방향으로 향한 빛이 천장과 상부의 벽을 부분 반사하여 작업면에 조도를 증가시키는 조명 방식은?

① 직접조명
② 반직접조명
③ 반간접조명
④ 전반확산조명

조명방식	상	하
직접조명	0~10[%]	90~100[%]
반직접조명	10~40[%]	60~90[%]
전반확산조명	40~60[%]	40~60[%]
반간접조명	60~90[%]	10~40[%]
간접조명	90~100[%]	0~10[%]

16 조명 설계 시 고려해야 할 사항 중 틀린 것은?

① 적당한 조도일 것
② 휘도 대비가 높을 것
③ 균등한 광속 발산도 분포일 것
④ 적당한 그림자가 있을 것

휘도는 눈부심으로, 눈부심이 높으면 안 된다.

정답 12 ① 13 ② 14 ④ 15 ② 16 ②

17 아래 그림기호가 나타내는 기호의 명칭은?

① 비상콘센트
② 콘센트
③ 점멸기
④ 스위치

비상콘센트는 단상 220[V], 3상 380[V] 둘 다 사용 가능하게 준비해야 한다.

18 조명기구를 배광에 따라 분류하는 경우 특정한 장소만을 고조도로 하기 위한 조명기구는?

① 간접조명
② 반간접조명
③ 반직접조명
④ 직접조명

조명방식	상	하
직접조명	0~10[%]	90~100[%]
반직접조명	10~40[%]	60~90[%]
전반확산조명	40~60[%]	40~60[%]
반간접조명	60~90[%]	10~40[%]
간접조명	90~100[%]	0~10[%]

19 실내 면적 100[m²]인 교실에 전광속이 2500 [lm]인 40[W] 형광등을 설치하여 평균조도를 150[lx]로 하려면 몇 개의 등을 설치하면 되겠는가? (단, 조명률은 50%, 감광 보상률은 1.25로 한다.)

① 15개
② 20개
③ 25개
④ 30개

• 조명 : FUN=DAE
• $N = \dfrac{DAE}{FU} = \dfrac{1.25 \times 100 \times 150}{2500 \times 0.5} = 15$
  − F : 1등당의 광속
  − U : 조명률
  − N : 등의 개수
  − D : 감광보상률
  − A : 실내의 면적
  − E : 평균조도

20 조명공학에서 사용되는 칸델라[cd]는 무엇의 단위인가?

① 광도
② 조도
③ 광속
④ 휘도

광도의 단위 : 칸델라[cd]

오답 피하기
• 조도의 단위 : 럭스[lx]
• 광속의 단위 : 루멘[lm]
• 휘도의 단위 : 니트[nit]

21 실내 전체를 균일하게 조명하는 방식으로 광원을 일정한 간격으로 배치하며 공장, 학교, 사무실 등에서 채용되는 조명의 방식은?

① 직접조명
② 간접조명
③ 국부조명
④ 전반조명

조명 방식	특징
전반조명	작업면 전반에 균등한 조도를 가지게 하는 방식으로, 광원을 일정한 높이와 간격으로 배치하며, 일반적으로 사무실, 학교, 공장 등에 채용된다.
국부조명	작업면의 필요한 장소만 고조도로 하기 위한 방식으로, 그 장소에 조명기구를 밀집하여 설치하거나 스탠드 등을 사용한다. 이 방식은 밝고 어둠의 차이가 커서 눈부심을 일으키고 눈이 피로하기 쉬운 결점이 있다.
전반국부병용 조명	전반조명에 의하여 시각환경을 좋게 하고 국부조명을 병용해서 필요한 장소에 고조도를 경제적으로 얻는 방식으로, 병원 수술실, 공부방, 기계공작실 등에 채용된다.

22 조명기구를 반간접조명 방식으로 설치하였을 때 위(상방향)로 향하는 광속의 양[%]은?

① 60~90
② 40~60
③ 10~40
④ 0~10

조명방식	상	하
직접조명	0~10[%]	90~100[%]
반직접조명	10~40[%]	60~90[%]
전반확산조명	40~60[%]	40~60[%]
반간접조명	60~90[%]	10~40[%]
간접조명	90~100[%]	0~10[%]

23 가로 20[m], 세로 18[m], 천장의 높이 3.85[m], 작업면의 높이 0.85[m], 간접 조명방식인 호텔 연회장의 실지수는 약 얼마인가?

① 1.16
② 2.16
③ 3.16
④ 4.16

실지수 $= \dfrac{X \times Y}{H(X+Y)} = \dfrac{20 \times 18}{3 \times (20+18)} = 3.15$

· H : 작업면부터 광원까지의 높이
· X : 방의 가로 길이
· Y : 방의 세로 길이

PART

04

실전 모의고사

시험 일자	시험 시간	문항 수
년 월 일	60분	60문항

수험번호 : _____

성 명 : _____

---

01 비오–사바르의 법칙은 어떤 관계를 나타내는 것인가?

① 기전력과 회전력

② 기자력과 자화력

③ 전류와 자기장의 세기

④ 전압과 전장의 세기

비오–사바르의 법칙 : 전류와 자기장의 세기
$$\Delta H = \frac{I \Delta l \sin\theta}{4\pi r^2}$$

02 Y 결선에서 상전압이 220[V]이면 선간전압은 약 몇 [V]인가?

① 110

② 220

③ 380

④ 440

Y 결선의 선간전압과 상전압관계
$V_L \times L = \sqrt{3}V_P = \sqrt{3} \times 220 = 380$
Y 결선의 선간전류와 상전류관계
$I_L = I_P$

03 비사인파의 일반적인 구성이 아닌 것은?

① 삼각파

② 고조파

③ 기본파

④ 직류분

비정현파(비사인파) 기본 구성 : 직류분, 기본파, 고조파

04 물질에 따라 자석에 반발하는 물체를 무엇이라 하는가?

① 비자성체

② 상자성체

③ 반자성체

④ 가역성체

• 강자성체 : 자기유도에 의해 강하게 자화되어 쉽게 자석이 되는 물질(예 니켈, 코발트, 철, 망간)
• 상자성체 : 강자성체와 같은 방향으로 자화되는 물질(예 백금, 산소, 알루미늄, 텅스텐)
• 반자성체 : 강자성체와 반대 방향으로 자화되는 물질(예 금, 은, 구리, 아연, 안티몬, 비스무트)

05 2[C]의 전기량이 두 점 사이를 이동하여 48[J] 의 일을 하였다면 이 두 점 사이의 전위차는 몇 [V]인가?

① 12[V]

② 24[V]

③ 48[V]

④ 64[V]

전위 $V = \frac{W}{Q} = \frac{48}{2} = 24$

정답 01③ 02③ 03① 04③ 05②

06 1[kWh]는 몇 [kcal]인가?

① 860
② 2400
③ 4800
④ 8600

줄의 법칙 : 전류의 열작용

$$H = 0.24W = 0.24Pt = 0.24I^2Rt = 0.24\frac{V^2}{R}t[J] = [W \cdot S]$$

이 식을 이용하여 1[kWh]를 1[kWS]로 변환을 하면
1×3600=3600[kWS]이고, 3600[kWS]를 kcal로 변환하기 위해
0.24를 곱하면 0.24×3600=864[kcal]이다.

07 다음 중 콘덴서가 가지는 특성 및 기능으로 옳지 않은 것은?

① 전기를 저장하는 특성이 있다.
② 상호 유도 작용의 특성이 있다.
③ 직류 전류를 차단하고 교류 전류를 통과시키려는 목적으로 사용된다.
④ 공진 회로를 이루어 어느 특정한 주파수만을 취급하거나 통과시키는 곳 등에 사용된다.

상호 유도 작용은 인덕턴스의 특징이다.

08 다음 중 콘덴서 접속법에 대한 설명으로 알맞은 것은?

① 직렬로 접속하면 용량이 커진다.
② 병렬로 접속하면 용량이 적어진다.
③ 콘덴서는 직렬 접속만 가능하다.
④ 직렬로 접속하면 용량이 적어진다.

직렬접속시 합성정전용량

$$C_T = \cfrac{1}{\cfrac{1}{C_1} + \cfrac{1}{C_2}}$$

병렬접속시 합성정전용량

$$C_T = C_1 + C_2$$

09 공기 중에서 반지름 10[cm]인 원형 코일에 1[A]의 전류가 흐르면 원의 중심에서 자기장의 크기는 몇 [AT/m]인가?

① 5[AT/m]
② 10[AT/m]
③ 15[AT/m]
④ 20[AT/m]

원형 코일의 자계의 세기

$$H = \frac{NI}{2r} = \frac{1}{2 \times 0.1} = 10$$

N은 주어지지 않았으므로 생략하여 계산한다.

10 공기 중에 10[μC]과 20[μC]를 1[m] 간격으로 놓을 때 발생되는 정전력[N]은?

① 1.8[N]
② 210[N]
③ 200[N]
④ 9810[N]

쿨롱의 법칙

$$F = \frac{1}{4\pi\varepsilon} \times \frac{Q_1 Q_2}{r^2} = 9 \times 10^9 \times \frac{Q_1 Q_2}{r^2} = K \times \frac{Q_1 Q_2}{r^2}$$
$$= 9 \times 10^9 \times \frac{10 \times 10^{-6} \times 20 \times 10^{-6}}{1^2} = 1.8$$

11 "회로의 접속점에서 볼 때, 접속점에 흘러들어오는 전류의 합은 흘러나가는 전류의 합과 같다"라고 정의되는 법칙은?

① 키르히호프의 제1법칙
② 키르히호프의 제2법칙
③ 플레밍의 오른손 법칙
④ 앙페르의 오른나사 법칙

키르히호프의 제1법칙(= 키르히호프의 전류 법칙) : 임의의 한점에서 유입되는 전류 합은 유출되는 전류 합과 같다.

12 전지(battery)에 관한 사항이다. 감극제(depo-larizer)는 어떤 작용을 막기 위해 사용되는가?

① 분극작용
② 방전
③ 국부작용
④ 전기분해

- 분극작용 : 전지에 전류가 흐르면 양극에 수소가스가 발생해 수소기체에 의해 기전력을 감소시키는 현상 / 방지는 감극제
- 국부작용 : 전지에 포함되어 있는 불순물에 의해 기전력을 감소시키는 현상 / 방지는 수은 도금

13 두 코일이 있다. 한 코일에 매초 전류가 150[A]의 비율로 변할 때 다른 코일에 60[V]의 기전력이 발생하였다면, 두 코일의 상호 인덕턴스는 몇 [H]인가?

① 0.4[H]
② 2.5[H]
③ 4.0[H]
④ 25[H]

패러데이 법칙 : 유도기전력의 크기

$$e = N \times \frac{\Delta \varnothing}{\Delta t} = L \times \frac{\Delta i}{\Delta t}$$

이 식을 이용하여 L을 상호 인덕턴스 M으로 변환하고, 매초라 하였으니 시간을 1로 한다.

$$e = M \times \frac{\Delta i}{\Delta t}$$

$$60 = M \times \frac{150}{1}$$

$$M = \frac{1 \times 60}{150} = 0.4$$

14 발전기의 유도전압의 방향을 나타내는 법칙은?

① 플레밍의 오른손 법칙
② 플레밍의 왼손 법칙
③ 렌쯔의 법칙
④ 암페어의 오른나사의 법칙

플레밍의 오른손 법칙 : 발전기의 원리
F : 힘(엄지), B : 자속밀도(검지), E : 기전력(중지)

15 환상 솔레노이드 내부의 자기장의 세기에 관한 설명으로 옳은 것은?

① 자장의 세기는 권수에 반비례한다.
② 자장의 세기는 권수, 전류, 평균 반지름과는 관계가 없다.
③ 자장의 세기는 평균 반지름에 비례한다.
④ 자장의 세기는 전류에 비례한다.

환상 솔레노이드의 자계의 세기

$$H = \frac{NI}{2\pi r} = \frac{NI}{\ell}(\text{자료})$$

16 길이 1[m]인 도선의 저항값이 20[Ω]이었다. 이 도선을 고르게 2[m]로 늘렸을 때 저항값은?

① 10[Ω]
② 40[Ω]
③ 80[Ω]
④ 140[Ω]

저항 $R = \frac{\rho \ell}{A}$
이 식을 이용하여 A는 변화가 없으므로,

$$\frac{\rho 2\ell}{A} = 2R = 2 \times 20 = 40$$

17 R=[4Ω], X=3[Ω]인 R−L−C 직렬회로에 5[A]의 전류가 흘렀다면 이때의 전압은?

① 15[V]
② 20[V]
③ 25[V]
④ 125[V]

R−L−C 직렬회로
$Z = R + j(X_L - X_C)$
$|Z| = \sqrt{R^2 + X^2} = \sqrt{4^2 + 3^2} = 5$
$V = I |Z| = 5 \times 5 = 25$

18 내부 저항이 0.1Ω인 전지 10개를 병렬 연결하면, 전체 내부 저항은?

① 0.01[Ω]

② 0.05[Ω]

③ 0.1[Ω]

④ 1[Ω]

전지의 병렬 접속

$$I = \frac{E}{R} = \frac{E}{\frac{r}{n}+R}$$

이 식에서 내부 저항은.

$$r_T = \frac{r}{n} = \frac{0.1}{10} = 0.01$$

19 길이 5cm의 균일한 자로에 10회의 도선을 감고 1A의 전류를 흘릴 때 자로의 자장의 세기 [AT/m]는?

① 5[AT/m]

② 50[AT/m]

③ 200[AT/m]

④ 500[AT/m]

환상 솔레노이드의 자계의 세기

$$H = \frac{NI}{2\pi r} = \frac{NI}{l}(\text{자료})$$

자로로 주어졌기 때문에.

$$r_T = \frac{NI}{l} = \frac{10 \times 1}{0.05} = 0.01$$

20 서로 다른 종류의 안티몬과 비스무트의 두 금속을 접속하여 여기에 전류를 통하면, 줄열 외에 그 접점에서 열의 발생 또는 흡수가 일어난다. 이와 같은 현상은?

① 제3금속의 법칙

② 제벡 효과

③ 톰슨 효과

④ 펠티에 효과

펠티에 효과 : 서로 다른 두 금속을 접속하고, 한쪽 금속에서 다른 쪽 금속에 전류를 흘리면 열의 발생, 또는 흡수가 일어나는 현상을 말한다.

> **오답 피하기**

- 제3금속의 법칙 : 열전대를 구성하는 두 금속의 한쪽 접점은 서로 접해있고, 반대편 접점은 제3의 금속과 연결되어 있을 때, 두 접점이 같은 온도라면 기전력이 발생하지 않는 현상을 말한다.
- 제벡 효과 : 서로 다른 두 금속을 접속하고, 접속점에 서로 다른 온도차를 주면 회로에 열기전력을 일으키는 현상을 말한다.
- 톰슨 효과 : 동일한 두 금속을 접속하고, 막대기의 양 끝에 전위차가 가해지면 양 끝에 열의 발생 또는 흡수가 일어나는 현상을 말한다.

21 E종 전열물의 최고 허용온도는 몇 [℃]인가?

① 40

② 60

③ 120

④ 155

종별	최고허용온도
Y종	90℃
A종	105℃
E종	120℃
B종	130℃
F종	155℃
H종	180℃
C종	180℃ 초과

22 직류기에서 보극을 두는 가장 주된 목적은?

① 기동 특성을 좋게 한다.
② 전기자 반작용을 크게 한다.
③ 정류 작용을 돕고 전기자 반작용을 약화시킨다.
④ 전기자 자속을 증가시킨다.

보극은 정류작용에 큰 역할을 하고 전기자 반작용을 약화시키는 것이 주 역할이다.

23 직류 직권 전동기에서 벨트를 걸고 운전하면 안되는 가장 큰 이유는?

① 벨트가 벗겨지면 위험 속도로 도달하므로
② 손실이 많아지므로
③ 직결하지 않으면 속도 제어가 곤란하므로
④ 벨트의 마멸 보수가 곤란하므로

직류 직권 전동기의 특징
• 부하에 따라 자속이 비례하여, 부하의 변화에 따라 속도가 반비례한다.
• 무부하가 되면 회전속도가 급격히 상승하여 위험하므로 벨트 운전이나 무부하운전은 금지한다.
• 전기철도 및 크레인 전동차에 적합하다.

24 부흐홀츠계전기로 보호되는 기기는?

① 변압기
② 유도 전동기
③ 직류 발전기
④ 교류 발전기

내부고장보호장치
• 차동계전기 : 전류의 차를 이용하여 계전기 동작
• 비율차동계전기 : 전류의 차의 비율을 이용하여 계전기 동작
• 부흐홀츠계전기 : 유증기를 검출하여 차단(변압기 주 탱크와 콘서베이터 사이에 설치)

25 난조 방지와 관계가 없는 것은?

① 제동 권선을 설치한다.
② 전기자 권선의 저항을 작게 한다.
③ 축 세륜을 붙인다.
④ 조속기의 강도를 예민하게 한다.

난조 방지법
• 발전기에 제동권선을 설치한다(가장 좋은 방법).
• 원동기에 조속기가 너무 예민하지 않게 한다.
• 송전 계통을 연계하여 부하의 급변을 피한다.
• 회전자에 플라이 휠 효과를 준다.

26 같은 회로의 두 점에서 전류가 같을 때에는 동작하지 않으나 고장 시에 전류의 차가 생기면 동작하는 계전기는?

① 과전류계전기
② 거리계전기
③ 접지계전기
④ 차동계전기

차동계전기 : 전류의 차를 이용하여 계전기 동작

27 변압기유의 열화 방지를 위해 쓰이는 방법이 아닌 것은?

① 방열기
② 브리더
③ 컨서베이터
④ 질소봉입

변압기유 열화 방지 대책
• 브리더 : 공기 중의 습기를 흡수
• 콘서베이터 : 공기가 변압기의 외함 속으로 들어갈 수 없게 기름의 열화를 방지
• 질소가스봉입 : 콘서베이터 유면에 질소가스봉입

28 전기자 저항 0.1[Ω], 전기자 전류 104[A], 유도 기전력 110.4[V]인 직류 분권발전기의 단자전압은 몇 [V]인가?

① 98[V]

② 100[V]

③ 102[V]

④ 105[V]

분권발전기의 유도기전력 $E = V + I_a R_a$
단자전압 $V = E - I_a R_a = 110.4 - 104 \times 0.1 = 100$

29 다음 중 역률이 가장 좋은 전동기는?

① 반발 기동 전동기

② 동기 전동기

③ 농형 유도 전동기

④ 교류 정류자 전동기

동기 전동기의 특징
• 정속도 전동기 → 압축기, 분쇄기, 송풍기에 사용
• 속도(회전수)를 조정할 수 없음
• 기동 시 토크는 0
• 역률 조정 가능
• 역률을 1로 운전 가능
• 난조 발생의 우려가 있음
• 여자용 직류전원 필요
• 저속도 대용량기에 적합

30 동기전동기를 자체 기동법으로 기동시킬 때 계 자회로는 어떻게 하여야 하는가?

① 단락시킨다.

② 개방시킨다.

③ 직류를 공급한다.

④ 단상교류를 공급한다.

동기전동기의 자기 기동법
• 회전자 자극 표면에 기동권선을 설피하여 기동 시 농형유도전동기를 동작시켜 기동시키는 방법이다.
• 계자권선을 개방하고 전기자에 전원을 가하면 높은 전압이 유기되어 계자회로가 소손될 염려가 있어 단락시켜놓고 기동해야 한다.
• 전기자에 처음부터 전체 전압을 가하면 큰 기동전류가 흘러 전기자가 과열되거나 전압 강하가 심하게 발생하므로 전 전압의 30~50[%]로 기동해야 한다.
• 기동토크가 적어 무부하 또는 경부하로 기동시켜야 한다는 단점이 있다.

31 4극인 동기전동기가 1800[rpm]으로 회전할 때 전원 주파수는 몇 [Hz]인가?

① 50[Hz]

② 60[Hz]

③ 70[Hz]

④ 80[Hz]

동기속도 $N_S = \dfrac{120f}{P}$

$f = \dfrac{PN_s}{120} = \dfrac{4 \times 1800}{120} = 60$

32 다음 중 2대의 동기발전기가 병렬운전하고 있을 때 무효횡류(무효순환전류)가 흐르는 경우는?

① 부하 분담에 차가 있을 때

② 기전력의 주파수에 차가 있을 때

③ 기전력의 위상에 차가 있을 때

④ 기전력의 크기에 차가 있을 때

기전력의 파형이 같을 것		무효순환전류
기전력의 크기가 같을 것		무효순환전류
기전력의 주파수가 같을 것	다르면	난조 발생
기전력의 위상이 같을 것		동기화전류
기전력의 상회전이 같을 것		동기화검정등점등

33 1차 전압 3300[V], 2차 전압 220[V]인 변압기의 권수비(turnratio)는 얼마인가?

① 15

② 220

③ 3300

④ 7260

$a = \dfrac{N_1}{N_2} = \dfrac{V_1}{V_2} = \sqrt{\dfrac{R_1}{R_2}} = \sqrt{\dfrac{Z_1}{Z_2}} = \dfrac{I_2}{I_1}$

$a = \dfrac{V_1}{V_2} = \dfrac{3300}{220} = 15$

34 회전자 입력 10[kW], 슬립 4[%]인 3상 유도 전동기의 2차 동손은 몇 [kW]인가?

① 0.4[kW]

② 1.8[kW]

③ 4.0[kW]

④ 9.6[kW]

2차 동손 $P_{c2} = sP_2 = 0.04 \times 10 = 0.4$

35 3[kW], 1500[rpm] 유도 전동기의 토크[N · m]는 약 얼마인가?

① 1.91[N · m]

② 19.1[N · m]

③ 29.1[N · m]

④ 114.6[N · m]

- $T = 0.975 \times \dfrac{P[W]}{N(\text{회전속도})} [kg \cdot m]$
- $T = 975 \times \dfrac{P[kW]}{N(\text{회전속도})} [kg \cdot m] = 975 \times \dfrac{3}{1500} = 1.95 [kg \cdot m]$
  $1[kg \cdot m] = 9.8[N \cdot m] = 1.95 \times 9.8 = 19.1[N \cdot m]$

36 3상 농형 유도 전동기의 속도 제어에 주로 이용되는 것은?

① 사이리스터 제어

② 2차 저항 제어

③ 주파수 제어

④ 계자 제어

농형 유도 전동기는 2차 저항 제어로 속도를 제어한다.

37 3상 유도전동기에서 원선도 작성에 필요한 시험은?

① 전력시험

② 부하시험

③ 전압측정시험

④ 무부하시험

원선도 그리기 : 저항, 무부하, 구속

38 권수비 30인 변압기의 1차에 6600V를 가할 때 2차 전압은?

① 220[V]

② 380[V]

③ 420[V]

④ 660[V]

$a = \dfrac{N_1}{N_2} = \dfrac{V_1}{V_2} = \sqrt{\dfrac{R_1}{R_2}} = \sqrt{\dfrac{Z_1}{Z_2}} = \dfrac{I_2}{I_1}$

$a = \dfrac{V_1}{a} = \dfrac{6600}{30} = 220$

39 직류 발전기에서 계자 철심에 잔류 자기가 없어도 발전을 할 수 있는 발전기는?

① 분권 발전기

② 직권 발전기

③ 복권 발전기

④ 타여자 발전기

타여자 발전기 : 계자와 전기자가 전기적으로 분리(계자에 외부전원을 공급)

40 양방향성 3단자 사이리스터의 대표적인 것은?

① SCR

② SSS

③ DIAC

④ TRIAC

사이리스터 종류
- SCR : 역저지 3단자(단방향 3단자)
- GTO : 게이트 턴오프 스위치, 역저지 3단자(단방향 3단자) 자기소호 가능
- SUS : 단방향 3단자
- SBS : 양방향 3단자
- TRIAC : 양방향 3단자
- DIAC : 양방향 2단자
- SSS : 양방향 2단자
- SCS : 단방향 4단자

41 저압 연접 인입선 시설에 제한 사항이 아닌 것은?

① 인입선의 분기점에서 100[m]를 초과하는 지역에 미치지 아니할 것

② 폭 5[m]를 넘는 도로를 횡단하지 말 것

③ 다른 수용가의 옥내를 관통하지 말 것

④ 지름 2.0[mm] 이하의 경동선을 사용하지 말 것

시설제한규정
- 인입선에서의 분기하는 점에서 100[m]를 넘는 지역에 이르지 않아야 한다.
- 폭 5[m]를 넘는 도로를 횡단하지 않아야 한다.
- 연접 인입선은 옥내를 관통하면 안 된다.
- 고압 연접 인입선은 시설할 수 없다.
- 지름 2.6[mm] 이상의 경동선 또는 이와 동등한 세기 및 굵기의 전선이어야 한다.

42 셀룰로이드, 성냥, 석유류 등 기타 가연성 위험 물질을 제조 또는 저장하는 장소의 배선으로 잘못된 배선은?

① 금속관 배선

② 합성수지관 배선

③ 플로어덕트 배선

④ 케이블 배선

셀룰로이드, 성냥, 석유 등 타기 쉬운 위험한 물질을 제조하거나 저장하는 곳은 합성수지관 공사(두께 2[mm] 이상), 금속 전선관 공사 또는 케이블 공사에 의하여 시설한다.

43 절연전선 상호 간의 접속에서 옳지 않은 것은?

① 납땜 접속을 한다.

② 슬리브를 사용하여 접속한다.

③ 와이어 커넥터를 사용하여 접속한다.

④ 굵기가 2.6[mm] 이하인 것은 브리타니아 접속을 한다.

브리타니아 접속 : 10[mm²]=3.2[mm]의 굵은 단선을 접속할 때 사용. 첨선과 조인트선 이용

44 고압 가공 전소로의 전선의 조수가 3조일 때 완금의 길이는?

① 1200[mm]

② 1400[mm]

③ 1800[mm]

④ 2400[mm]

전선의 조수	저압	고압	특고압
2	900[mm]	1400[mm]	1800[mm]
3	1400[mm]	1800[mm]	2400[mm]

45 다음 중 덕트공사의 종류가 아닌 것은?

① 금속덕트공사

② 버스 덕트공사

③ 케이블 딕트공사

④ 플로어 덕트공사

덕트공사에는 금속덕트, 버스덕트, 플로어 덕트가 있고 케이블은 덕트 자체가 없다.

46 일정 값 이상의 전류가 흘렀을 때 동작하는 계전기는?

① OCR

② OVR

③ UVR

④ GR

과전류계전기(OCR) : 일정 값 이상의 전류가 흘렀을 때 동작하며, 과부하계전기라고도 한다.

오답 피하기

• 과전압계전기(OVR) : 일정 값 이상의 전압이 걸렸을 때 동작하는 계전기이다.

• 부족전압계전기(UVR) : 전압이 일정 값 이하로 떨어졌을 때 동작하는 계전기이다.

• 지락계전기(GR) : 기기의 내부나 회로에 지락이 발생했을 때 영상전류를 검출해서 동작하는 계전기이다.

47 다음 중 애자사용공사에 사용되는 애자의 구비 조건과 거리가 먼 것은?

① 광택성

② 절연성

③ 난연성

④ 내수성

애자는 절연성, 난연성, 내수성이 있는 재질을 사용한다.

48 합성수지관 공사에 대한 설명 중 옳지 않은 것은?

① 습기가 많은 장소 또는 물기가 있는 장소에 시설하는 경우에는 방습 장치를 한다.

② 관 상호 간 및 박스와는 관을 삽입하는 깊이를 관의 바깥지름의 1.2배 이상으로 한다.

③ 관의 지점 간의 거리는 3m 이상으로 한다.

④ 합성수지관 안에는 전선에 접속점이 없도록 한다.

합성수지관 시공법

• 합성수지관은 전개된 장소 등 대부분의 곳에서 시공할 수 있지만 이중천장(반자 속 포함) 내부 및 중량물의 압력 또는 심한 기계적 충격을 받는 장소에서 시설해서는 안 된다(콘크리트 매입은 제외).

• 관의 지지점 간의 거리는 1.5[m] 이하로 하고, 관과 박스의 접속점 및 관 상호 간의 접속점 등에서는 가까운(0.3[m] 이내) 곳에 지지점을 시설하여야 한다.

• 전선은 절연전선을 사용하며, 단선은 단면적 10[mm²](알루미늄선은 16[mm²]) 이하를 사용하며, 그 이상일 경우는 연선을 사용한다.

• 관 안에서는 전선의 접속점이 없어야 한다.

• 콤바인 덕트관(CD관)은 직접 콘크리트에 매입하여 시설하거나 옥내 전개된 장소에 시설하는 경우 이외에는 불연성 마감재 내부, 전용의 불연성 관 또는 덕트에 넣어 시설해야 한다.

• 관 상호 접속은 커플링을 이용하여 접속한다.

• 커플링에 들어가는 관의 길이는 관 바깥지름의 1.2배 이상으로 한다(단, 접착제를 사용할 때는 0.8배 이상으로 한다).

49 아웃렛 박스 등의 녹아웃의 지름이 관의 지름보다 클 때에 관을 박스에 고정시키기 위해 쓰는 자료의 명칭은?

① 터미널 캡

② 링리듀서

③ 엔트렌스 캡

④ C형 엘보

링리듀서 : 아웃렛 박스의 녹아웃 지름이 관 지름보다 클 때 사용

50 PVC(Polvvinyl chloride pipe) 전선관의 표준 규격품 1본의 길이는 몇 [m]인가?

① 3.0[m]

② 3.6[m]

③ 4.0[m]

④ 4.5[m]

경질비닐전선관
- 기계적 충격이나 중량물에 의한 압력 등 외력에 견디도록 보완된 전선관
- 딱딱한 형태이므로 구부리거나 하는 가공 방법은 토치램프로 가열하여 가공
- 관의 굵기를 안지름의 크기에 가까운 짝수로써 표시
- 지름 14~100[mm]로 10종(14, 16, 22, 28, 36, 42, 54, 70, 82, 100[mm])
- 한 본의 길이는 4[m]로 제작

51 건물의 모서리(직각)에서 가요 전선관을 박스에 연결할 때 필요한 접속기는?

① 스트레이트 박스 커넥터

② 앵글 박스 커넥터

③ 플렉시블 커플링

④ 콤비네이션 커플링

앵글 박스 커넥터(구부러진 가요 전선관에 사용) : 가요 전선관+박스 접속

52 애자사용공사를 건조한 장소에 시설하고자 한다. 사용 전압이 400[V] 미만인 경우 전선과 조영재 사이의 이격거리는 최소 몇 [cm] 이상이어야 하는가?

① 2.5[cm] 이상

② 4.5[cm] 이상

③ 6.0[cm] 이상

④ 12[cm] 이상

- 전선상호 간 거리 400[V] 이하 : 6[cm] 이상
- 전선상호 간 거리 400[V] 초과 : 6[cm] 이상
- 전선과 조영재 사이 거리 400[V] 이하 : 2.5[cm] 이상
- 전선과 조영재 사이 거리 400[V] 초과 : 4.5[cm] 이상, 건조는 2.5[cm] 이상

53 합성수지관 상호 및 관과 박스는 접속 시에 삽입하는 깊이를 관 바깥지름의 몇 배 이상으로 하여야 하는가? (단, 접착제를 사용하는 경우이다.)

① 0.6배   ② 0.8배

③ 1.2배   ④ 1.6배

커플링에 들어가는 관의 길이는 관 바깥지름의 1.2배 이상으로 한다(단, 접착제를 사용할 때는 0.8배 이상으로 한다).

54 지선을 사용 목적에 따라 형태별로 분류한 것으로, 비교적 장력이 적고 다른 종류의 지선을 시설할 수 없는 경우에 적용하며, 지선용 근가를 지지물 근원 가까이 매설하여 시설하는 것은?

① 수평지선

② 공통지선

③ 궁지선

④ Y지선

- 보통지선 : 일반적인 것으로 전주 길이의 약 1/2 거리에 지선용 근가를 매설하여 설치
- 수평지선 : 보통지선을 시설할 수 없을 때 전주와 전주 간, 또는 전주와 지주 간에 설치
- 공동지선 : 두 개의 지지물에 공동으로 시설하는 지선
- Y지선 : 다단 완금일 경우, 장력이 클 경우, H주일 경우에 보통지선을 2단으로 설치
- 궁지선 : 장력이 적고 타 종류의 지선을 시설할 수 없는 경우에 설치

55 도로를 횡단하여 시설하는 지선의 높이는 몇 [m] 이상이어야 하는가?

① 5[m]   ② 6[m]

③ 8[m]   ④ 10[m]

- 지선의 안전율은 2.5 이상, 허용 인장하중의 최저는 4.31[kN]으로 한다.
- 지선에 연선을 사용할 경우, 소선은 3가닥 이상으로 지름 2.6[mm] 이상의 금속선을 사용한다.
- 지중 부분 및 지표상 30[cm]까지의 부분에는 내식성이 있는 것 또는 아연도금을 한 철봉을 사용하고 쉽게 부식되지 아니하는 근가에 견고하게 붙여야 한다.
- 도로를 횡단하는 지선의 높이는 지표상 5[m] 이상으로 한다.

정답 50 ③ 51 ② 52 ① 53 ② 54 ③ 55 ①

56 박스 내에서 가는 전선을 접속할 때의 접속 방법으로 가장 적합한 것은?

① 트위스트 접속
② 쥐꼬리 접속
③ 브리타니어 접속
④ 슬리브 접속

쥐꼬리 접속
• 박스 안 가는 전선을 접속할 때 사용한다.
• 같은 굵기 단선 접속, 다른 굵기 단선 접속, 연선 쥐꼬리 접속이 있다.
• 쥐꼬리 접속은 와이어커넥터를 이용하면 절연테이프 사용하지 않아도 된다.

57 전선과 지지점 간의 거리에 대한 설명으로 옳은 것은?

① 합성수지관을 새들 등으로 지지하는 경우 그 지지점 간의 거리는 2.0[m] 이하로 한다.
② 금속관을 조영재에 따라서 시설하는 경우 새들 등으로 견고하게 지지하고 그 간격을 2.5[m] 이하로 하는 것이 바람직하다.
③ 합성수지제 가요관을 새들 등으로 지지하는 경우 그 지지점 간의 거리는 2.5[m] 이하로 한다.
④ 사람이 접촉될 우려가 있을 때 가요전선관을 새들 등으로 지지하는 경우 그 지지점 간의 거리는 1[m] 이하로 한다.

공사별 지지점 간의 거리
• 1[m] 이하 : 가요전선관, 캡타이어케이블
• 1.5[m] 이하 : 합성수지관, 각종 몰드
• 2[m] 이하 : 금속관, 케이블, 애자사용공사, 라이팅덕트
• 3[m] 이하 : 버스덕트, 금속덕트

58 금속덕트에 전광표시장치·출퇴표시등 또는 제어회로등의 배선에 사용하는 전선만을 넣을 경우 금속덕트의 크기는 전선의 피복절연물을 포함한 단면적의 총 합계가 금속덕트 내 단면적의 몇 [%] 이하가 되도록 선정하여야 하는가?

① 20[%]
② 30[%]
③ 40[%]
④ 50[%]

금속덕트에 수용하는 전선은 절연물을 포함하는 단면적의 합이 금속덕트 내 단면적의 20[%] 이하가 되도록 한다(단, 전광사인 장치, 출퇴표시등, 기타 이와 유사한 장치 또는 제어회로 등의 배선에 사용하는 전선만을 넣는 경우에는 50[%] 이하로 할 수 있다).

59 전선의 접속에 대한 설명으로 틀린 것은?

① 접속 부분의 전기저항을 20[%] 이상 증가
② 접속 부분의 인장강도를 80[%] 이상 유지
③ 접속 부분에 전선 접속 기구를 사용함
④ 알루미늄전선과 구리선의 접속 시 전기적인 부식이 생기지 않도록 함

접속 부분의 전기저항은 20[%] 이상 증가되지 않도록 해야 한다.

60 합성수지관을 새들 등으로 지지하는 경우 그 지점 간의 거리는 몇 [m] 이하로 하여야 하는가?

① 1[m]
② 1.5[m]
③ 2[m]
④ 3[m]

공사별 지지점 간의 거리
• 1[m] 이하 : 가요전선관, 캡타이어케이블
• 1.5[m] 이하 : 합성수지관, 각종 몰드
• 2[m] 이하 : 금속관, 케이블, 애자사용공사, 라이팅덕트
• 3[m] 이하 : 버스덕트, 금속덕트

시험 일자	시험 시간	문항 수
년 월 일	60분	60문항

수험번호 : _____

성 명 : _____

01 자체 인덕턴스 4[H]의 코일에 18[J]의 에너지가 저장되어 있다. 이때 코일에 흐르는 전류는 몇 [A]인가?

① 1

② 2

③ 3

④ 6

코일의 축적된 에너지 $W = \frac{1}{2}LI^2$

$I^2 = \frac{2W}{L}$

$I = \sqrt{\frac{2W}{L}} = \sqrt{\frac{2 \times 18}{4}} = 3$

02 어떤 전지에서 5[A]의 전류가 10분간 흘렀다면 이 전지에서 나온 전기량은?

① 0.83[C]

② 50[C]

③ 250[C]

④ 3000[C]

전기량 Q=It=5×10×60= 3000

03 △결선의 전원에서 선전류가 40[A]이고 선간전압이 220[V]일 때의 상전류는?

① 13[A]

② 23[A]

③ 69[A]

④ 120[A]

△결선
선간전압 V_L
상전압 V_P
$V_L = V_P$
선간전류 I_L
상전류 I_P
$I_L = I_P$
10 = 10
$I_L = \sqrt{3}I_P \angle -30°$
$I_P = \frac{I_L}{\sqrt{3}} = \frac{40}{\sqrt{3}} = 23$

04 전력량의 단위는?

① [C]

② [W]

③ [W · s]

④ [Ah]

전력량 $W[J] = [W \cdot sec]$

$W = Pt = VIt = I^2Rt = \frac{V^2}{R}t$

05 종류가 다른 두 금속을 접합하여 폐회로를 만들고 두 접합점의 온도를 다르게 하면 이 폐회로에 기전력이 발생하여 전류가 흐르게 되는 현상을 지칭하는 것은?

① 줄의 법칙(Joule's law)
② 톰슨 효과(Thomson effect)
③ 펠티어 효과(Peltier effect)
④ 제벡 효과(Seebeck effect)

제벡 효과 : 서로 다른 두 금속을 접속하고, 접속점에 서로 다른 온도차를 주면 회로에 열기전력을 일으키는 현상을 말한다.

오답 피하기
- 줄의 법칙 : 도선에 전류가 흐를 때 단위 시간 동안에 도선에 발생하는 열량(줄열의 양)은 전류의 세기의 제곱과 도선의 전기저항에 비례한다는 법칙이다.
- 톰슨 효과 : 동일한 두 금속을 접속하고, 막대기의 양 끝에 전위차가 가해지면 양 끝에 열의 발생 또는 흡수가 일어나는 현상을 말한다.
- 펠티에 효과 : 서로 다른 두 금속을 접속하고, 한쪽 금속에서 다른 쪽 금속에 전류를 흘리면 열의 발생 또는 흡수가 일어나는 현상을 말한다.

06 비투자율이 1인 환상 철심 중의 자장의 세기가 H[AT/m]이었다. 이때 비투자율이 10인 물질로 바꾸면 철심의 자속밀도[Wb/m²]는?

① 1/10로 줄어든다.
② 10배 커진다.
③ 50배 커진다.
④ 100배 커진다.

$B=\dfrac{\varnothing}{A}=\dfrac{\varnothing}{4\pi r^2}=\mu H$
이 식을 이용하면,
$B=\mu H=\mu_0\mu_s H$로 비투자율이 10이면 10배 커진다.

07 다음 중 반자성체는?

① 안티몬
② 알루미늄
③ 코발트
④ 니켈

자성체의 종류
- 강자성체 : 자기유도에 의해 강하게 자화되어 쉽게 자석이 되는 물질(⑩ 니켈, 고발트, 철, 망간)
- 상자성체 : 강자성체와 같은 방향으로 자화되는 물질(⑩ 백금, 산소, 알루미늄, 텅스텐)
- 반자성체 : 강자성체와 반대 방향으로 자화되는 물질(⑩ 금, 은, 구리, 아연, 안티몬, 비스무트)

08 플레밍의 왼손법칙에서 전류의 방향을 나타내는 손가락은?

① 약지
② 중지
③ 검지
④ 엄지

플레밍의 왼손 법칙의 공식
F : 힘(엄지), B : 자속밀도(검지), I : 전류(중지)
플레밍의 왼손 법칙을 활용한 힘의 공식
$F=BIl\sin\theta$

09 자체 인덕턴스 20[mH]의 코일에 30[A]의 전류를 흘릴 때 저축되는 에너지는?

① 15[J]
② 3[J]
③ 9[J]
④ 18[J]

코일의 축적된 에너지 $W=\dfrac{1}{2}LI^2=\dfrac{1}{2}\times20\times10^{-3}\times30^2=9$

10 비유전율 2.5의 유전체 내부의 전속밀도가 2×10^{-6}[C/m²]되는 점의 전기장의 세기는?

① 18×10^4[V/m]

② 9×10^4[V/m]

③ 6×10^4[V/m]

④ 3.6×10^4[V/m]

전속밀도

$$D = \frac{Q}{A} = \frac{Q}{4\pi r^2} = \varepsilon E$$

$$E = \frac{D}{\varepsilon} = \frac{2 \times 10^{-6}}{8.855 \times 10^{-12} \times 2.5} = 90344$$

11 진공 중에서 비유전율 의 값은?

① 1

② 6.33×10^4

③ 8.855×10^{-12}

④ 9×10^9

유전율 $\varepsilon = \varepsilon_0 \varepsilon_s$

공기 중 유전율 $\varepsilon_0 = 8.855 \times 10^{-12}$

비유전율 ε_s=공기 중, 진공 중이라는 말이 들어가면 무조건 1

12 저항 2Ω과 3Ω을 직렬로 접속했을 때의 합성 컨덕턴스는?

① 0.2[℧]

② 1.5[℧]

③ 5[℧]

④ 6[℧]

저항의 직렬 접속

$R_T = R_1 + R_2 = 2 + 3 = 5$

저항의 역수

컨덕턴스 $G = \frac{1}{R} = \frac{1}{5} = 0.2$

13 전도율(conductivity)의 단위는?

① [Ω · m]

② [℧ · m]

③ [Ω/m]

④ [℧/m]

• 도전율(전도율)의 기호 : σ

• 도전율(전도율)의 단위 : [℧/m] 모오 퍼 미터

14 각 주파수 ω=100π[rad/s]일 때 주파수 f[Hz]는?

① 50[Hz]

② 60[Hz]

③ 300[Hz]

④ 360[Hz]

각속도 $\omega = 2\pi f$

$$f = \frac{\omega}{2\pi} = \frac{100\pi}{2\pi} = 50$$

15 두 개의 자체 인덕턴스를 직렬로 접속하여 합성 인덕턴스를 측정하였더니 95[mH]이었다. 한쪽 인덕턴스를 반대 접속하여 측정하였더니 합성 인덕턴스가 15[mH]로 되었다. 두 코일의 상호 인덕턴스는?

① 20[mH]

② 40[mH]

③ 80[mH]

④ 160[mH]

$L_1 + L_2 + 2M = 95[mH]$

$L_1 + L_2 - 2M = 15[mH]$

95−15의 차이는 80[mH]

$\therefore 4M = 80$

$M = \frac{80}{4} = 20$

16 선간전압이 13200[V], 선전류가 800[A], 역률 80[%] 부하의 소비전력은?

① 약 4878[kW]

② 약 8448[kW]

③ 약 14632[kW]

④ 약 25344[kW]

유효전력 $P = \sqrt{3}V_L I_L \cos\theta = 3V_P I_P \cos\theta$
$P = \sqrt{3} \times 13200 \times 800 \times 0.8 = 14632365$

17 1.5[V]의 전위차로 3[A]의 전류가 3분 동안 흘렀을 때 한 일은?

① 1.5[J]

② 13.5[J]

③ 810[J]

④ 2430[J]

$V = \dfrac{W}{Q}$
$W = VQ = VIt = 1.5 \times 3 \times 3 \times 60 = 810$

18 100[V]에서 5[A]가 흐르는 전열기에 120[V]를 가하면 흐르는 전류는?

① 4.1[A]

② 6.0[A]

③ 7.2[A]

④ 8.4[A]

$I = \dfrac{V}{R} = \dfrac{120}{20} = 6$
$R = \dfrac{V}{I} = \dfrac{100}{5} = 20$

19 주파수 100[Hz]의 주기는?

① 0.01[sec]

② 0.6[sec]

③ 1.7[sec]

④ 6000[sec]

주기 $t = \dfrac{1}{f} = \dfrac{1}{100} = 0.01$

20 "물질 중의 자유전자가 과잉된 상태"란?

① (−)대전상태

② 발열상태

③ 중성상태

④ (+)대전상태

– 대전 : − 전기를 띄게 되는 현상(자유전자가 과잉)

21 유도전동기의 동기속도가 1200[rpm]이고, 회전수가 1176[rpm]일 때 슬립은?

① 0.06

② 0.04

③ 0.02

④ 0.01

$s = \dfrac{N_s - N}{N_s} \times 100[\%] = \dfrac{12000 - 1176}{1200} = 0.02$

22 농형 유도 전동기의 기동법이 아닌 것은?

① Y-△ 기동법

② 기동보상기에 의한 기동법

③ 전 전압기동법

④ 2차 저항기법

농형 유도 전동기의 기동법
- 전 전압 기동법 : 5[kw] 이하에 사용
- 기동법 : 10~15[kw] 이하에 사용
- 기동보상 기법 : 15[kw] 초과에 사용
- 리액터 기동법 : 전동기 전원에 직렬리액터를 연결하여 기동, 중용량 및 대용량에 적합
- 권선형 유도 전동기 기동법 : 비례추이의 원리 이용

23 입력이 12.5[kW], 출력 10[kW]일 때 기기의 손실은 몇 [kW]인가?

① 2.5

② 3

③ 4

④ 5.5

손실=입력-출력=12.5-10=2.5

24 단상 유도 전동기의 기동 방법 중 기동 토크가 가장 큰 것은?

① 분상 기동형

② 반발 유도형

③ 콘덴서 기동형

④ 반발 기동형

기동 토크의 순서
- 반발 기동형 〉 반발 유도형 〉 콘덴서 기동형 〉 분상 기동형 〉 셰이딩 코일형
- '반반콘분셰'로 외우기

25 동기 전동기의 용도에 적합하지 않은 것은?

① 송풍기

② 압축기

③ 크레인

④ 분쇄기

동기 전동기의 특징
- 정속도 전동기 → 압축기, 분쇄기, 송풍기에 사용
- 속도(회전수)를 조정할 수 없음
- 기동 시 토크는 0
- 역률 조정 가능
- 역률을 1로 운전 가능
- 난조 발생의 우려가 있음
- 여자용 직류전원 필요
- 저속도 대용량기에 적합

26 전압 300[V]의 3상 반파정류 회로의 직류전압은 약 몇 [V]인가?

① 520[V]

② 350[V]

③ 260[V]

④ 50[V]

3상 반파정류 $E_{dc}=1.17E_{ac}=1.17\times300=351$

27 3상 유도 전동기의 원선도를 그리려면 등가회로의 정수를 구할 때 몇 가지 시험이 필요하다. 이에 해당하지 않는 것은?

① 무부하시험

② 고정자 권선의 저항 측정

③ 회전수 측정

④ 구속시험

원선도 그리기 : 저항, 무부하, 구속

28 전기기계의 철심을 성층하는 가장 적절한 이유는?

① 기계손을 적게 하기 위하여
② 표유 부하손을 적게 하기 위하여
③ 히스테리시스손을 적게 하기 위하여
④ 와류손을 적게 하기 위하여

철손 P_i : 철심에서 생기는 히스테리시스손＋와류손을 의미
• 히스테리시스손 P_h : 철심의 재질에 의해 생기는 손실 / 손실 방지는 규소 강판
• 와류손 P_e : 자속에 의해 철심의 맴돌이전류로 생기는 손실 / 손실 방지는 성층 철심

29 2극 3600rpm인 동기 발전기와 병렬 운전하려는 12극 발전기의 회전수는?

① 600[rpm]
② 3600[rpm]
③ 7200[rpm]
④ 21600[rpm]

$N_s = \dfrac{120f}{p}$

$f = \dfrac{pN_2}{120} = \dfrac{2 \times 3600}{120} = 60$

$N_s = \dfrac{120f}{p} = \dfrac{120 \times 60}{12} = 600$

30 직류 분권 전동기의 계자저항을 운전 중에 증가시키면 회전속도는?

① 증가한다.
② 감소한다.
③ 변화 없다.
④ 정지한다.

계자제어 : 자속을 조정하여 속도를 제어
• 자속이 증가하면 속도는 감소
• 자속이 감소하면 속도는 증가
• 계자전류가 증가하면 속도는 감소
• 계자전류가 감소하면 속도는 증가
• 계자저항이 증가하면 속도는 증가
• 계자저항이 감소하면 속도는 감소

31 인버터(inverter)란?

① 교류를 직류로 변환
② 직류를 교류로 변환
③ 교류를 교류로 변환
④ 직류를 직류로 변환

• 교류를 직류로 변환 : 컨버터(순변환 장치)
• 직류를 교류로 변환 : 인버터(역변환 장치)
• 교류를 교류로 변환 : 사이클로 컨버터(주파수 변환기)
• 직류를 직류로 변환 : 초퍼

32 3상 동기 발전기를 병렬 운전시키는 경우 고려하지 않아도 되는 조건은?

① 상회전 방향이 같을 것
② 전압 파형이 같을 것
③ 회전수가 같을 것
④ 발생 전압이 같을 것

	다르면	
기전력의 파형이 같을 것		무효순환전류
기전력의 크기가 같을 것		무효순환전류
기전력의 주파수가 같을 것		난조 발생
기전력의 위상이 같을 것		동기화전류
기전력의 상회전이 같을 것		동기화검정등점등

33 유도 전동기의 회전자에 슬립 주파수의 전압을 공급하여 속도 제어를 하는 것은?

① 자극수 변환법
② 2차 여자법
③ 2차 저항법
④ 인버터 주파수 변환법

2차 저항 제어법
• 권선형 유도 전동기에 사용한다.
• 비례추이를 응용한다.
• 저항을 조정하여 슬립을 변화시켜 속도를 제어한다.
• 2차 저항 증가 → 슬립 증가 → 속도 감소
• 2차 저항 감소 → 슬립 감소 → 속도 증가

정답 28 ④ 29 ① 30 ① 31 ② 32 ③ 33 ③

34 일종의 전류 계전기로 보호 대상 설비에 유입되는 전류와 유출되는 전류의 차에 의해 동작하는 계전기는?

① 차동 계전기
② 전류 계전기
③ 주파수 계전기
④ 재폐로 계전기

차동 계전기 : 전류의 차를 이용하여 계전기 동작

35 정격전압 250[V], 정격출력 50[kW]의 외분권 복권 발전기가 있다. 분권계자 저항이 25[Ω]일 때 전기자 전류는?

① 10[A]   ② 210[A]
③ 2000[A]   ④ 2010[A]

부하시

$I_a = I_f + I = 10 + 200 = 210$

$I_f = \dfrac{V}{R_f} = \dfrac{250}{25} = 10$

$I = \dfrac{P}{V} = \dfrac{50000}{250} = 200$

36 전동기의 제동에서 전동기가 가지는 운동 에너지를 전기 에너지로 변화시키고 이것을 전원에 변환하여 전력을 회생시킴과 동시에 제동하는 방법은?

① 발전제동(dynamic braking)
② 역전제동(plugging breaking
③ 맴돌이전류제동(eddy current braking)
④ 회생제동(regenerative braking)

전동기 제동
• 발전제동 : 제동 시 전원을 개방하여 발전기로 이용한 전력을 제동용 저항에 열로 소비시켜 정지
• 역전제동(=역상제동=플러깅) : 제동 시 역회전으로 접속하여 정지(급정지 시 사용)
• 맴돌이전류제동 : 자기장과 맴돌이전류의 상호작용 때문에 생기는 힘을 이용하여 정지
• 회생제동 : 제동 시 전원을 개방하지 않고 발전기로 이용하여 발전전력을 다시 전원으로 돌려보내 정지

37 50[Hz], 500[rpm]의 동기 전동기에 직결하여 이것을 기동하기 위한 유도 전동기의 적당한 극수는?

① 4극
② 8극
③ 10극
④ 12극

동기속도 $N_S = \dfrac{120f}{p}$

$\therefore p = \dfrac{120f}{N_S} = \dfrac{120 \times 50}{500} = 12$

38 60[Hz] 3상 반파 정류 회로의 맥동 주파수는?

① 60[Hz]
② 120[Hz]
③ 180[Hz]
④ 360[Hz]

맥동 주파수
• 단상반파 : f
• 단상전파 : 2f
• 3상반파 : 3f=3×60=180
• 3상전파 : 6f

39 8극 900rpm의 교류 발전기로 병렬 운전하는 극수 6의 동기발전기의 회전수는?

① 675[rpm]
② 900[rpm]
③ 1200[rpm]
④ 1800[rpm]

$N_S = \dfrac{120f}{p} = \dfrac{120 \times 60}{6} = 1200$

$f = \dfrac{P N_S}{120} = \dfrac{8 \times 900}{120} = 60$

40 정지 상태에 있는 3상 유도전동기의 슬립값은?

① ∞

② 0

③ 1

④ −1

$s = \dfrac{N_s - N}{N_s} \times 100[\%]$

$0 < s < 1$: 정지 시(기동 시) s=1, 무부하 시 s=0

---

41 무대 · 무대마루 및 오케스트라박스 · 영사실 기타 사람이나 무대 도구가 접촉할 우려가 있는 곳에 시설하는 저압 옥내배선 · 전구선 또는 이동전선은 사용전압이 몇 [V] 미만이어야 하는가?

① 100[V]

② 200[V]

③ 300[V]

④ 400[V]

사용전압은 400[V] 이하여야 한다.

---

42 일반적으로 저압 가공 인입선이 도로를 횡단하는 경우 노면상 설치 높이는 몇 [m] 이상이어야 하는가?

① 3[m]

② 6[m]

③ 5[m]

④ 6.5[m]

- 저압 : 도로횡단은 5[m], 철도 또는 궤도는 6.5[m], 횡단보도교는 3[m], 기타는 4[m]
- 고압 : 도로횡단은 6[m], 철도 또는 궤도는 6.5[m], 횡단보도교는 3.5[m], 기타는 5[m]

---

43 합성수지관이 금속관과 비교하여 장점으로 볼 수 없는 것은?

① 누전의 우려가 없다.

② 온도 변화에 따른 신축 작용이 크다.

③ 내식성이 있어 부식성 가스 등을 사용하는 사업장에 적당하다.

④ 관 자체를 접지할 필요가 없고, 무게가 가벼우며 시공하기 쉽다.

합성수지관은 열에 약하여 온도 변화에 따른 신축 작용이 크다는 단점이 있다.

---

44 철근콘크리트주가 원형의 것인 경우 갑종 풍압하중[Pa]은? (단, 수직 투영면적 1m² 에 대한 풍압임)

① 588[Pa]

② 882[Pa]

③ 1039[Pa]

④ 1412[Pa]

풍압을 받는 구분		구성재 투영면적 1[m²]에 대한 풍압
철주	원형의 것	588[Pa]
	삼각형 또는 마름모형	1412[Pa]
	강관에 의한 4각형	1117[Pa]
철근 콘크리트주	원형의 것	588[Pa]
	기타의 것	882[Pa]
철탑	단주 (완철류 제외) 원형의 것	588[Pa]
	단주 (완철류 제외) 기타의 것	1117[Pa]
	강관으로 구성(단주 제외)	1255[Pa]
	기타의 것	2157[Pa]

정답 40 ③ 41 ④ 42 ③ 43 ② 44 ①

45 폭발성 분진이 있는 위험장소에 금속관 배선에 의할 경우 관 상호 및 관과 박스 기타의 부속품이나 풀박스 또는 전신기계기구는 몇 턱 이상의 나사 조임으로 접속하여야 하는가?

① 2턱
② 3턱
③ 4턱
④ 5턱

금속관 나사는 5턱 이상의 나사 조임으로 접속해야 한다.

46 가연성 가스가 새거나 체류하여 전기설비가 발화원이 되어 폭발할 우려가 있는 곳에 있는 저압 옥내전기설비의 시설 방법으로 가장 적합한 것은?

① 애자사용 공사
② 가요전선관 공사
③ 셀룰러 덕트 공사
④ 금속관 공사

가연성 가스 또는 인화성 물질의 증기가 새거나 체류하여 전기설비가 발화원이 되어 폭발할 우려가 있는 곳(프로판 가스 등의 가연성 액화가스를 다른 용기에 옮기거나 나누는 등의 작업을 하는 곳, 에탄올, 메탄올 등의 인화성 액체를 옮기는 곳 등)의 장소에서는 금속 전선관 공사 또는 케이블 공사에 의하여 시설하여야 한다.

47 애자사용 공사에 의한 저압 옥내배선에서 일반적으로 전선 상호간의 간격은 몇 [cm] 이상이어야 하는가?

① 2.5[cm]
② 6[cm]
③ 25[cm]
④ 60[cm]

• 전선상호 간 거리 400[V] 이하 : 6[cm] 이상
• 전선상호 간 거리 400[V] 초과 : 6[cm] 이상
• 전선과 조영재 사이 거리 400[V] 이하 : 2.5[cm] 이상
• 전선과 조영재 사이 거리 400[V] 초과 : 4.5[cm] 이상, 건조는 2.5[cm] 이상

48 가정용 전등에 사용되는 점멸스위치를 설치하여야 할 위치에 대한 설명으로 가장 적당한 것은?

① 접지측 전선에 설치한다.
② 중성전에 설치한다.
③ 부하의 2차측에 설치한다.
④ 전압측 전선에 설치한다.

스위치는 전압측 전선에서 나와야 한다.

49 박스에 금속관을 고정할 때 사용하는 것은?

① 유니언 커플링
② 로크너트
③ 부싱
④ C형 엘보

로크너트 : 금속관과 박스의 접속

50 주상 변압기의 1차측 보호 장치로 사용하는 것은?

① 컷아웃 스위치
② 유입개폐기
③ 캐치홀더
④ 리클로저

컷아웃 스위치(COS) : 변압기 1차측 각 상마다 취부하여 변압기의 보호와 개폐를 위한 것

정답 45 ④ 46 ④ 47 ② 48 ④ 49 ② 50 ①

51 전설비의 저압 배전반을 배전반 앞에서 계측기를 판독하기 위하여 앞면과 최소 몇 [m] 이상 유지하는 것을 원칙으로 하고 있는가?

① 0.6[m]

② 1.2[m]

③ 1.5[m]

④ 1.7[m]

부위별 기기별	앞면 또는 조작면, 계측면	뒷면 또는 점검면	열상호 간 (점검하는 면)	기타의 면
저압배전반	1500	600	1200	–
고압배전반	1500	600	1200	–
특고압배전반	1700	800	1400	–
변압기	1500	600	1200	300

52 녹아웃펀치(knockout punch)와 같은 용도의 것은?

① 리머(reamer)

② 벤더(bender)

③ 클리퍼(cliper)

④ 홀쏘(hole saw)

홀쏘 : 배전반 및 분전반에 구멍을 뚫을 때 사용

53 가스 절연 개폐기나 가스 차단기에 사용되는 가스인 SF₆의 성질이 아닌 것은?

① 같은 압력에서 공기의 2.5~3.5배의 절연내력이 있다.

② 무색, 무취, 무해 가스이다.

③ 가스 압력 3~4[kgf/cm²]에서는 절연내력은 절연유 이상이다.

④ 소호능력은 공기보다 2.5배 정도 낮다.

SF_6가스는 '공기보다 좋다'라는 말이 들어가야 한다.

54 합성수지제 가요전선관(PF관 및 CD관)의 호칭에 포함되지 않는 것은?

① 16

② 28

③ 38

④ 42

관의 굵기를 안지름의 크기에 가까운 짝수로 표시(14, 16, 22, 28, 36, 42[mm])한다.

55 코드 상호, 캡타이어 케이블 상호 접속 시 사용하여야 하는 것은?

① 와이어 커넥터

② 코드 접속기

③ 케이블 타이

④ 테이블 탭

코드 상호 접속이라는 말이 있어 코드 접속기를 사용한다.

56 기구 단자에 전섭 접속 시 진동 등으로 헐거워지는 염려가 있는 곳에 사용되는 것은?

① 스프링와셔

② 2중 볼트

③ 삼각 볼트

④ 접속기

진동 등으로 헐거워지는 염려가 있는 곳에는 스프링와셔 또는 이중너트를 사용한다.

정답 51③ 52④ 53④ 54③ 55② 56①

57 무효전력을 조정하는 전기기계기구는?

① 조상설비
② 개폐설비
③ 차단설비
④ 보상설비

조상설비의 위상을 조정하여 역률을 개선한다.

58 금속덕트 배선에서 금속덕트를 조영재에 붙이는 경우 지지점 간의 거리는?

① 0.3[m] 이하
② 0.6[m] 이하
③ 2.0[m] 이하
④ 3.0[m] 이하

공사별 지지점 간의 거리
• 1[m] 이하 : 가요전선관, 캡타이어케이블
• 1.5[m] 이하 : 합성수지관, 각종 몰드
• 2[m] 이하 : 금속관, 케이블, 애자사용공사, 라이팅덕트
• 3[m] 이하 : 버스덕트, 금속덕트

59 링리듀서의 용도는?

① 박스 내의 전선 접속에 사용
② 노크 아웃 직경이 접속하는 금속관보다 큰 경우 사용
③ 노크 아웃 구멍을 막는 데 사용
④ 노크 너트를 고정하는 데 사용

링리듀서 : 아울렛 박스의 녹 아웃 지름이 관 지름보다 클 때 사용

60 연피 케이블의 접속에 반드시 사용되는 테이프는?

① 고무테이프
② 비닐테이프
③ 리노테이프
④ 자기융착테이프

테이프의 종류
• 면테이프 : 거즈테이프라고도 함, 고무혼합물을 양면에 합침
• 고무테이프 : 고무풀을 칠함, 적당한 격리물을 넣어 감음
• 비닐테이프 : 염화비닐콤파운드, 색상이 다양함
• 리노테이프 : 점착성 없음, 절연성, 내온성, 내유성 있음, 연피 케이블에 사용
• 자기융착테이프 : 약 2배 정도 늘여 감음, 내오존성 · 내수성 · 내약품성 · 내온성 우수, 비닐외장케이블, 클로로플렌 외장케이블에 사용

시험 일자	시험 시간	문항 수
년 월 일	60분	60문항

수험번호 : _____

성   명 : _____

---

01 전기 분해에 의해서 구리를 정제하는 경우, 음극선에서 구리 1[kg]를 석출하기 위해서는 200[A]의 전류를 약 몇 시간[h] 흘려야 하는가? (단, 전기 화학당량은 0.3293×10^{-3}[g/C]임)

① 2.11[h]

② 4.22[h]

③ 8.44[h]

④ 12.65[h]

패러데이 법칙 : 석출량은 전기량과 비례, 화학당량과 비례한다.

$w=kQ=kIt$

$I=\dfrac{w}{kI}=\dfrac{1000}{0.3293 \times 10^{-3} \times 200}=15183[sec] \div 3600 = 4.2175[hour]$

02 도체가 운동하는 경우 유도기전력의 방향을 알고자 할 때 유용한 법칙은?

① 렌츠의 법칙

② 플레밍의 오른손 법칙

③ 플레밍의 왼손 법칙

④ 비오-사바르의 법칙

플레밍의 오른손 법칙

F(힘), B(자속밀도), I(전류)

$e=Blv\sin\theta$

03 어떤 도체에 1A의 전류가 1분간 흐를 때 도체를 통과하는 전기량은?

① 1[C]

② 60[C]

③ 1000[C]

④ 3600[C]

전하 Q=It=1X1X60=60

04 성형 결선에서 상전압이 115[V]인 대칭 3상 교류의 선간전압은?

① 약 100[V]

② 약 150[V]

③ 약 200[V]

④ 약 250[V]

• Y 결선의 선간전압과 상전압 관계 : $V_L=\sqrt{3}V_P=\sqrt{3} \times 115=199$

• Y 결선의 선간전압과 상전류 관계 : $I_L=I_P$

정답 01② 02② 03② 04③

05 자체 인덕턴스가 40[mH]와 90[mH]인 두 개의 코일이 있다. 두 코일 사이에 누설자속이 없다고 하면 상호 인덕턴스는?

① 50[mH]

② 60[mH]

③ 65[mH]

④ 130[mH]

- 상호 인덕턴스 $M = \dfrac{N_2\varnothing}{I_1} = \dfrac{N_1\varnothing}{I_2}$
  $M = K \times \sqrt{L_1 \times L_2} = \sqrt{40 \times 90} = 60$
- 결합계수 $K = \dfrac{M}{\sqrt{L_1 \times L_2}}$
- 누설자속이 없음 $K = 1$

06 등전위면과 전기력선의 교차 관계는?

① 30°로 교차한다.

② 45°로 교차한다.

③ 직각으로 교차한다.

④ 교차하지 않는다.

전기력선은 등전위면과 수직교차한다.

07 최대값이 200[V]인 사인파 교류의 평균값은?

① 약 70.7[V]

② 약 100[V]

③ 약 127.3[V]

④ 약 141.4[V]

평균값 $V_a = \dfrac{2V_m}{\pi} = 0.637 V_m = 0.637 \times 200 = 127.3$

08 두 금속을 접속하여 여기에 전류를 통하면, 줄 열 외에 그 접점에서 열의 발생 또는 흡수가 일어나는 현상은?

① 펠티에 효과

② 제벡 효과

③ 홀 효과

④ 줄 효과

펠티에 효과 : 서로 다른 두 금속을 접속하고, 한쪽 금속에서 다른 쪽 금속에 전류를 흘리면 열의 발생 또는 흡수가 일어나는 현상

오답 피하기
- 제백 효과 : 서로 다른 두 금속을 접속하고, 접속점에 서로 다른 온도 차를 주면 회로에 열기전력을 일으키는 현상
- 톰슨 효과 : 동일한 두 금속을 접속하고, 막대기의 양 끝에 전위차가 가해지면 양 끝에 열의 발생 또는 흡수가 일어나는 현상
- 홀 효과 : 전류가 흐르는 도체에 자기장을 가했을 때, 전류와 자기장에 수직한 방향으로 전위차가 발생하는 현상
- 줄 효과 : 저항에 흐르는 전류에서 발생하는 열을 줄열이라고 하며, 이러한 발열 효과 의미

09 공기 중에서 자기장의 세기가 100AT/m인 점에 8×10^{-2}[Wb]의 자극을 놓을 때 이 자극에 작용하는 자기력은?

① 8×10^{-4}[N]

② 8[N]

③ 125[N]

④ 1250[N]

- 자기력 $F = \dfrac{1}{4\pi\mu} \times \dfrac{m_1 m_2}{r^2} = 6.33 \times 10^4 \times \dfrac{m_1 m_2}{r^2} = K \times \dfrac{m_1 m_2}{r^2}$
  전기장세기 $H = \dfrac{1}{4\pi\mu} \times \dfrac{m}{r^2} = 6.33 \times 104 \times \dfrac{m}{r^2} = K \times \dfrac{m}{r^2}$
- $F = mH = 100 \times 8 \times 10^{-2} = 8$
  $H = \dfrac{F}{m}$

10 교류 회로에서 전압과 전류의 위상차를 θ[rad]라 할 때 cosθ는?

① 전압 변동률
② 왜곡률
③ 효율
④ 역률

---

cosθ=역률

11 정전 용량(electrostatic capacity)의 단위를 나타낸 것으로 틀린 것은?

① $1[pF] = 10^{-12}[F]$
② $1[nF] = 10^{-7}[F]$
③ $1[\mu F] = 10^{-6}[F]$
④ $1[mF] = 10^{-3}[F]$

- m밀리$=10^{-3}$
- μ마이크로$=10^{-6}$
- n나노$=10^{-9}$
- p피코$=10^{-12}$

12 길이 2[m]의 균일한 자로에 8000회의 도선을 감고 10[mA]의 전류를 흘릴 때 자로의 자장의 세기는?

① 4[AT/m]
② 16[AT/m]
③ 40[AT/m]
④ 160[AT/m]

환상솔레노이드의 자계의 세기(=환상철심의 자계의 세기)

$H = \dfrac{NI}{2\pi r} = \dfrac{NI}{l}$(자로=길이)

길이로 주어졌기 때문에 $H = \dfrac{NI}{l} = \dfrac{8000 \times 10 \times 10^{-3}}{2} = 40$

13 도체의 전기저항에 대한 설명으로 옳은 것은?

① 길이와 단면적에 비례한다.
② 길이와 단면적에 반비례한다.
③ 길이에 비례하고 단면적에 반비례한다.
④ 길이에 반비례하고 단면적에 비례한다.

$R = \rho \dfrac{l}{A}$

- ρ : 고유저항, $[\Omega \cdot m]$ 옴미터
- l : 길이, [m] 미터
- A : 단면적, $[m^2]$ 제곱미터)

14 공기 중에서 3×10^{-5}[C]과 8×10^{-5}[C]의 두 전하를 2[m]의 거리에 놓을 때 그 사이에 작용하는 힘은?

① 2.7[N]
② 5.4[N]
③ 10.8[N]
④ 24[N]

쿨롱의 법칙 : 전기력은 두전하의 곱에 비례 거리의 제곱에 반비례한다.

$F = \dfrac{1}{4\pi\varepsilon} \times \dfrac{Q_1 Q_2}{r^2} = 9 \times 10^9 \times \dfrac{Q_1 Q_2}{r^2} = K \times \dfrac{Q_1 Q_2}{r^2}$

$= 9 \times 10^9 \times \dfrac{3 \times 10^{-5} \times 8 \times 10^{-5}}{2^2} = 5.4$

15 자기저항의 단위는?

① [AT/m]
② [Wb/AT]
③ [AT/Wb]
④ [Ω/AT]

$R = \dfrac{l}{\mu A} = \dfrac{F}{\varnothing} = \dfrac{NI}{\varnothing}[AT/wb]$ 암페어턴퍼웨버

16 전류에 의한 자계의 세기와 관계가 있는 법칙은?

① 옴의 법칙
② 렌츠의 법칙
③ 키르히호프의 법칙
④ 비오-사바르의 법칙

비오-사바르의 법칙 : 전류와 자계의 세기
$\Delta H = \dfrac{I\,\Delta l \sin\theta}{4\pi r^2}[AT/m]$

17 교류 기기나 교류 전원의 용량을 나타낼 때 사용되는 것과 그 단위가 바르게 나열된 것은?

① 유효전력 – [var]
② 무효전력 – [W]
③ 피상전력 – [VA]
④ 최대전력 – [Wh]

• 피상전력 $P_a = VI[VA]$
• 유효전력 $P = VI\cos\theta[W]$
• 무효전력 $P_r = VI\sin\theta[var]$

.

18 부하의 전압과 전류를 측정하기 위한 전압계와 전류계의 접속 방법으로 옳은 것은?

① 전압계 : 직렬, 전류계 : 병렬
② 전압계 : 직렬, 전류계 : 직렬
③ 전압계 : 병렬, 전류계 : 직렬
④ 전압계 : 병렬, 전류계 : 병렬

• 부하와 전압계는 병렬
• 부하와 전류계는 직렬
• 전류계와 분류기는 병렬
• 전압계와 배율기는 직렬

19 니켈의 원자가는 2.0이고 원자량은 58.70이다. 이때 화학당량의 값은?

① 117.4
② 60.70
③ 56.70
④ 29.35

패러데이 법칙 : 석출량은 전기량과 비례, 화학당량과 비례
$w = kQ = kIt$
화학당량 $k = \dfrac{원자량}{원자가} = \dfrac{58.70}{2} = 29.35$

20 3분 동안에 180000[J]의 일을 하였다면 전력은?

① 1[kW]
② 30[kW]
③ 1000[kW]
④ 3240[kW]

전력량 $W[J] = [W \cdot \sec]$
$W = Pt = VIt = I^2Rt = \dfrac{V^2}{R}t$
$P = \dfrac{W}{t} = \dfrac{180000}{3 \times 60} = 1000$

21 동기조상기를 부족여자로 운전하면?

① 콘덴서로 작용
② 뒤진 역률 보상
③ 리액터로 작용
④ 저항손의 보상

동기조상기의 역할
• 과여자로 운전하면 진상전류를 취하여 콘덴서로 작용
• 부족여자로 운전하면 지상전류를 취하여 리액터로 작용

---

22 동기조상기가 전력용 콘덴서보다 우수한 점은?

① 손실이 적다.

② 보수가 쉽다.

③ 지상 역률을 얻는다.

④ 가격이 싸다.

동기조상기는 진상뿐만 아니라 전력용 콘덴서가 가지지 못하는 지상 역률을 연속적으로 가질 수 있다.

23 3상 전파 정류회로에서 교류전원이 250[V]라면 부하에 나타나는 직류전원은?

① 약 225[V]

② 약 292[V]

③ 약 338[V]

④ 약 433[V]

- 단상 반파 정류 : $E_{dc}=0.45E_{ac}$
- 단상 전파 정류 : $E_{dc}=0.9E_{ac}$
- 3상 반파 정류 : $E_{dc}=1.17E_{ac}$
- 3상 전파 정류 : $E_{dc}=1.357E_{ac}=1.35\times250=337.5$

24 직류 전동기의 회전 방향을 바꾸려면?

① 전기자 전류의 방향과 계자 전류의 방향을 동시에 바꾼다.

② 발전기로 운전시킨다.

③ 계자 또는 전기자의 접속을 바꾼다.

④ 차동 복권을 가동 복권으로 바꾼다.

전류의 방향 및 계자의 극성을 바꾸면 되지만, 둘 중 하나만 바꿔야 한다.

25 동기 발전기의 역률 및 계자 전류가 일정할 때 단자 전압과 부하 전류와의 관계를 나타내는 곡선은?

① 단락특성곡선

② 외부특성곡선

③ 토크특성곡선

④ 전압특성곡선

발전기의 특성곡선
- 무부하특성곡선 : 계자전류와 유도기전력(무부하단자전압)의 관계 곡선
- 부하특성곡선 : 계자전류와 단자전압의 관계 곡선
- 외부특성곡선 : 부하전류와 단자전압의 관계 곡선

26 농형 유도전동기의 기법과 가장 거리가 먼 것은?

① 기동 보상형 기법

② 2차 저항 기동법

③ 전전압 기동법

④ Y−△ 기동법

농형 유도전동기 기동법
- 전전압 기동법 : 5[kw] 이하에 사용
- 기동법 : 10~15[kw] 이하에 사용
- 기동 보상 기법 : 15[kw] 초과에 사용
- 리액터 기동법 : 전동기 전원에 직렬리액터 연결하여 기동, 중용량 및 대용량에 적합

27 극수가 10, 주파수가 50[Hz]인 동기기의 매분 회전수는?

① 300[rpm]

② 400[rpm]

③ 500[rpm]

④ 600[rpm]

$$N_s=\frac{120f}{p}=\frac{120\times50}{10}=600$$

28 변압기, 동기기 등의 층간 단락 등의 내부 고장 고장 보호에 사용되는 계전기는?

① 차동 계전기
② 접지 계전기
③ 과전압 계전기
④ 역상 계전기

변압기 내부 고장 보호
· 차동 계전기 : 전류의 차를 이용하여 계전기 동작
· 비율 차동 계전기 : 전류 차의 비율을 이용하여 계전기 동작
· 부흐홀츠 계전기 : 유증기를 검출하여 차단(변압기 주탱크와 콘서베이터 사이에 설치)

29 변압기에 콘서베이터(conservator)를 설치하는 목적은?

① 열화 방지
② 코로나 방지
③ 강제 순환
④ 통풍 장치

변압기유 열화 방지
· 브리더 : 공기 중의 습기를 흡수
· 콘서베이터 : 공기가 변압기의 외함 속으로 들어갈 수 없게 하여 기름의 열화를 방지
· 질소가스봉입 : 콘서베이터 유면에 질소가스봉입

30 권수비가 100인 변압기에 있어서 2차측의 전류가 1000[A]일 때, 이것을 1차측으로 환산하면?

① 16[A]
② 10[A]
③ 9[A]
④ 6[A]

$$a = \frac{N_1}{N_2} = \frac{V_1}{V_2} = \sqrt{\frac{R_1}{R_2}} = \sqrt{\frac{Z_1}{Z_2}} = \frac{I_2}{I_1}$$
$$I_1 = \frac{I_2}{a} = \frac{11000}{100} = 10$$

31 직류를 교류로 변환하는 것은?

① 다이오드
② 사이리스터
③ 초퍼
④ 인버터

전력 변환의 종류
· 교류를 직류로 변환 : 컨버터(순변환 장치)
· 직류를 교류로 변환 : 인버터(역변환 장치)
· 교류를 교류로 변환 : 사이클로 컨버터(주파수 변환기)
· 직류를 직류로 변환 : 초퍼

32 2대의 동기 발전기의 병렬 운전 조건으로 같지 않아도 되는 것은?

① 기전력의 위상
② 기전력의 주파수
③ 기전력의 임피던스
④ 기전력의 크기

기전력의 파형이 같을 것		무효순환전류
기전력의 크기가 같을 것		무효순환전류
기전력의 주파수가 같을 것	다르면	난조 발생
기전력의 위상이 같을 것		동기화전류
기전력의 상회전이 같을 것		동기화검정등점등

33 전기 용접기용 발전기로 가장 적합한 것은?

① 직류 분권형 발전기
② 차동 복권형 발전기
③ 가동 복권형 발전기
④ 직류 타여자식 발전기

전기 용접이라는 말이 나오면 차동 복권형이다.

34 비례추이를 이용하여 속도제어가 되는 전동기는?

① 권선형 유도전동기
② 농형 유도전동기
③ 직류 분권전동기
④ 동기 전동기

2차 저항 제어법
• 권선형 유도전동기에 사용
• 비례추이를 응용한 것
• 저항을 조정하여 슬립을 변화시켜 속도를 제어

35 직류기에 있어서 불꽃 없는 정류를 얻는 데 가장 유효한 방법은?

① 보극과 탄소브러시
② 탄소브러시와 보상권선
③ 보극과 보상권선
④ 자기포화와 브러시 이동

양호한 정류를 얻는 방법
• 저항정류 : 접촉저항이 큰 탄소브러시 사용
• 전압정류 : 리액턴스의 평균전압 작게 하기 위해 보극을 설치

36 3상 전원에서 2상 전원을 얻기 위한 변압기의 결선 방법은?

① △
② Y
③ V
④ T

3상을 2상으로 변환
• 스코트(=T결선)
• 우드브리지 결선
• 메이어 결선

37 정속도 전동기로 공작기계 등에 주로 사용되는 전동기는?

① 직류 분권 전동기
② 직류 직권 전동기
③ 직류 차동 복권 전동기
④ 단상 유도 전동기

• 타여자 전동기
  – 자속이 일정하고 전기자저항이 매우 작아 부하 변화에 전기자 전류가 변해도 정속도 특성을 가짐
  – 계자전류가 0이 되면 속도가 급격히 상승하므로 위험하니 계자에 퓨즈를 넣으면 안 됨
• 분권 전동기
  – 타여자 전동기와 거의 동일한 특성을 가짐
  – 3상 유도 전동기가 있어 별로 사용 안 함

38 주파수 60[Hz]의 회로에 접속되어 슬립 3[%], 회전수 1164[rpm]으로 회전하고 있는 유도 전동기의 극수는?

① 5극
② 6극
③ 7극
④ 10극

• 동기속도 $N_s = \dfrac{120f}{p}$
• 슬립 $s = \dfrac{N_s - N}{N_s} \times 100[\%]$
• 회전속도 $N = N_s - sN_s = (1-s)N_s$

$$N_s = \dfrac{N}{(1-s)} = \dfrac{1164}{(1-0.03)} = 1200$$

• $P = \dfrac{120f}{N_s} = \dfrac{120 \times 60}{1200} = 6$

39 동기 전동기에 대한 설명으로 틀린 것은?

① 정속도 전동기이고, 저속도에서 특히 효율이 좋다.

② 역률을 조정할 수 있다.

③ 난조가 일어나기 쉽다.

④ 직류 여자기가 필요하지 않다.

동기 전동기의 특징
• 정속도 전동기 → 압축기, 분쇄기, 송풍기에 사용
• 속도(회전수)를 조정할 수 없음
• 기동 시 토크는 0
• 역률이 조정 가능
• 역률을 1로 운전 가능
• 난조 발생의 우려가 있음
• 여자용 직류전원 필요
• 저속도 대용량기에 적합

40 직류발전기의 철심을 규소 강판으로 성층하여 사용하는 주된 이유는?

① 브러시에서의 불꽃 방지 및 정류 개선

② 맴돌이 전류손과 히스테리시스손의 감소

③ 전기자 반작용의 감소

④ 기계적 강도 개선

철손 P_i : 철심에서 생기는 히스테리시스손+와류손을 의미
• 히스테리시스손 P_h : 철심의 재질에 의해 생기는 손실 / 손실 방지는 규소강판
• 와류손 P_e : 자속에 의해 철심의 맴돌이전류로 생기는 손실 / 손실 방지는 성층철심

41 피시 테이프(fish tape)의 용도는?

① 전선을 테이핑하기 위해서 사용

② 전선관의 끝마무리를 위해서 사용

③ 전선관에 전선을 넣을 때 사용

④ 합성수지관을 구부릴 때 사용

피쉬 테이프 : 전선관에 전선을 넣을 때 사용하는 평각 강철

42 애자사용공사에 사용하는 애자가 갖추어야 할 성질과 가장 거리가 먼 것은?

① 절연성

② 난연성

③ 내수성

④ 유연성

애자는 절연성, 난연성, 내수성이 있는 재질을 사용한다.

43 고압 또는 특고압 가공전선로에서 공급을 받는 수용 장소의 인입구 또는 이와 근접한 곳에 시설해야 하는 것은?

① 계기용 변성기

② 과전류 계전기

③ 접지 계전기

④ 피뢰기

피뢰기 시설 장소
• 발전소, 변전소 또는 이에 준하는 장소의 가공전선 인입구 및 인출구
• 가공전선로에 접속하는 특고압 배전용 변압기의 고압측 및 특별고압측
• 고압 또는 특별고압 가공전선로로부터 공급을 받는 수용장소의 인입구
• 가공전선로와 지중전선로가 접속되는 곳

44 전압 22.9[kV-y] 이하의 배전선로에서 수전하는 설비의 피뢰기 정격전압은 몇 [kV]로 적용하는가?

① 18[kV]　　② 24[kV]

③ 144[kV]　　④ 288[kV]

계통 구분	피뢰기 정격전압	
	공칭전압[kV]	정격전압[kV]
유효접지계통	345	288
	154	138
	22.9	18
비유효접지계통	22	24
	6.6	7.5

45 화약류 저장소에서 백열전등이나 형광등 또는 이들에 전기를 공급하기 위한 전기설비를 시설하는 경우 전로의 대지전압은?

① 100[V] 이하

② 150[V] 이하

③ 220[V] 이하

④ 300[V] 이하

화약류 저장소
- 화약류 저장소 안에는 전기설비를 시설하지 아니하는 것이 원칙으로 되어 있다. 다만, 백열전등, 형광등 또는 이들에 전기를 공급하기 위한 전기설비만을 금속 전선관공사 또는 케이블 공사에 의하여 시설할 수 있다.
- 전로의 대지 전압은 300[V] 이하로 한다.
- 전기기계기구는 전폐형으로 한다.
- 화약류 저장소 이외의 곳에 전용 개폐기 및 과전류 차단기를 시설하여 취급자 이외의 사람이 조작할 수 없도록 시설하고, 또한 지락 차단장치 또는 지락 경보 장치를 시설한다.
- 전용 개폐기 또는 과전류 차단기에서 화약류 저장소의 인입구까지는 케이블을 사용하여 지중 전로로 한다.

46 합성수지전선관의 장점이 아닌 것은?

① 절연이 우수하다.

② 기계적 강도가 높다.

③ 내부식성이 우수하다.

④ 시공하기 쉽다.

합성수지관의 특징
- 염화비닐 수지로 만든 것으로 금속관에 비하여 가격이 싸다.
- 절연성과 내부식성이 우수하고, 재료가 가볍기 때문에 시공이 편리하다.
- 관자체가 비자성체이므로 접지할 필요가 없고, 피뢰기 · 피뢰침의 접지선 보호에 적당하다.
- 열에 약할뿐 아니라 충격강도가 떨어지는 결점이 있다.

47 저압 가공인입선이 도로를 횡단하는 경우 지표상 몇 [m] 이상으로 시설하여야 하는가?

① 5[m] ② 6[m]

③ 8[m] ④ 10[m]

- 저압 : 도로횡단은 5[m], 철도 또는 궤도는 6.5[m], 횡단보도교는 3[m], 기타는 4[m]
- 고압 : 도로횡단은 6[m], 철도 또는 궤도는 6.5[m], 횡단보도교는 3.5[m], 기타는 5[m]

48 전선과 기구단자 접속 시 누름나사를 덜 죌 때 발생할 수 있는 현상과 거리가 먼 것은?

① 과열

② 화재

③ 절전

④ 전파잡음

절전은 덜 죌 때 발생하는 현상이 아니다.

49 나전선 상호를 접속하는 경우 일반적으로 전선의 세기를 몇 [%] 이상 감소시키지 아니하여야 하는가?

① 2[%] ② 3[%]

③ 20[%] ④ 80[%]

전선의 접속 요건
- 접속 시 전기적 저항을 증가시키지 않는다.
- 접속 부위의 기계적 강도를 20[%] 이상 감소시키지 않는다(80[%] 이상 유지).
- 접속점의 절연이 약화되지 않도록 테이핑 또는 와이어 커넥터로 절연한다.
- 전선의 접속은 박스 안에서 하고, 접속점에 장력이 가해지지 않도록 한다.

50 저압 연접 인입선의 시설과 관련된 설명으로 틀린 것은?

① 옥내를 통과하지 아니할 것

② 전선의 굵기는 1.5mm^2 이하일 것

③ 폭 5m를 넘는 도로를 횡단하지 아니할 것

④ 인입선에서 분기하는 점으로부터 100m를 넘는 지역에 미치지 아니할 것

시설제한규정
- 인입선에서의 분기하는 점에서 100[m]를 넘는 지역에 이르지 않아야 한다.
- 폭 5[m]를 넘는 도로를 횡단하지 않아야 한다.
- 연접 인입선은 옥내를 관통하면 안 된다.
- 고압 연접인입선은 시설할 수 없다.
- 지름 2.6[mm] 이상의 경동선 또는 이와 동등한 세기 및 굵기의 전선이어야 한다.

정답 45④ 46② 47① 48③ 49③ 50②

51 금속관공사에서 금속관을 콘크리트에 매설할 경우 관의 두께는 몇 [mm] 이상의 것이어야 하는가?

① 0.8[mm]

② 1.0[mm]

③ 1.2[mm]

④ 1.5[mm]

관의 두께와 공사
- 콘크리트 매설할 경우 1.2[mm] 이상
- 그 외는 1[mm] 이상

52 절연 전선으로 가선된 배전 선로에서 활선 상태인 경우 전선의 피복을 벗기는 것은 매우 곤란한 작업이다. 이런 경우 활선 상태에서 전선의 피복을 벗기는 공구는?

① 전선 피박기

② 애자커버

③ 와이어 통

④ 데드엔드 커버

- 전선 피박기 : 활선 상태 시 전선의 피복을 벗기는 공구
- 와이어 통 : 활선 상태 시 전선의 이동을 시키는 공구

53 금속제 케이블 트레이의 종류가 아닌 것은?

① 통풍채널형

② 사다리형

③ 바닥밀폐형

④ 크로스형

케이블 트레이의 종류
- 사다리형 : 가장 일반적인 형태로 같은 방향의 양 측면 레일을 여러 개의 가로대로 연결한 조립 금속 구조
- 통풍채널형 : 바닥통풍형, 바닥밀폐형 또는 이 두 가지 복합채널 부품으로 구성된 조립 금속 구조
- 바닥밀폐형 : 직선 방향 측면 레일에서 바닥에 구멍이 없는 조립 금속 구조

54 사람이 접촉될 우려가 있는 것으로서 가요전선관을 새들 등으로 지지하는 경우 지지점 간의 거리는 얼마 이하이어야 하는가?

① 0.3[m] 이하

② 0.5[m] 이하

③ 1[m] 이하

④ 1.5[m] 이하

공사별 지지점 간의 거리
- 1[m] 이하 : 가요전선관, 캡타이어케이블
- 1.5[m] 이하 : 합성수지관, 각종 몰드
- 2[m] 이하 : 금속관, 케이블, 애자사용공사, 라이팅덕트
- 3[m] 이하 : 버스덕트, 금속덕트

55 조명용 백열전등을 호텔 또는 여관 객실의 입구에 설치할 때나 일반 주택 및 아파트 각 실의 현관에 설치할 때 사용되는 스위치는?

① 타임스위치

② 누름버튼스위치

③ 토글스위치

④ 로터리스위치

호텔 또는 여관 객실 입구는 시간이 지나면 불이 꺼져야 한다.

56 소맥분, 전분 기타 가연성의 분진이 존재하는 곳의 저압 옥내 배선 공사 방법 중 적당하지 않은 것은?

① 애자 사용 공사

② 합성수지관 공사

③ 케이블 공사

④ 금속관 공사

소맥분, 전분, 유황 기타의 가연성의 먼지로서 공중에 떠다니는 상태에서 착화하였을 때, 폭발의 우려가 있는 곳의 저압 옥내 배선은 합성수지관 배선, 금속전선관 배선, 케이블 배선에 의하여 시설한다.

57 전압의 구분에서 고압에 대한 설명으로 가장 옳은 것은?

① 직류는 1500[V]를, 교류는 600[V] 이하인 것

② 직류는 1500[V]를, 교류는 1[kV] 이상인 것

③ 직류는 1.5[kV]를, 교류는 1[kV]를 초과하고 7[kV] 이하인 것

④ 7[kV]를 초과하는 것

• 교류 : 저압은 1000[V] 이하, 고압은 저압 넘고 7000[V] 이하, 특고압은 7000[V] 초과

• 직류 : 저압은 1500[V] 이하, 고압은 저압 넘고 7000[V] 이하, 특고압은 7000[V] 초과

58 가공 전선로의 지지물을 지선으로 보강하여서는 안 되는 것은?

① 목주

② A종 철근콘크리트주

③ B종 철근콘크리트주

④ 철탑

철탑은 지선이 필요 없다.

59 금속전선관 공사에서 금속관과 접속함을 접속하는 경우 녹 아웃 구멍이 금속관보다 클 때 사용하는 부품은?

① 록너트(로크너트)

② 부싱

③ 새들

④ 링 리듀서

링 리듀서 : 아울렛 박스의 녹 아웃 지름이 관 지름보다 클 때 사용

60 가공 인입선 중 수용장소의 인입선에서 분기하여 다른 수용장소의 인입구에 이르는 전선을 무엇이라 하는가?

① 소주인입선

② 연접인입선

③ 본주인입선

④ 가공인입선

연접인입선 : 한 수용장소의 인입선에서 분기하여 다른 지지물을 거치지 아니하고 다른 수용가의 인입구에 이르는 부분의 전선

시험 일자	시험 시간	문항 수
년 월 일	60분	60문항

수험번호 : _____

성 명 : _____

---

01 어떤 3상 회로에서 선간 전압이 200[V], 선전류 25[A], 3상 전력이 7[kW]였다. 이때의 역률은?

① 약 60[%]

② 약 70[%]

③ 약 80[%]

④ 약 90[%]

- 피상전력
$P_a = \sqrt{3}V_L I_L = 3V_P I_P = \sqrt{3} \times 200 \times 25 = 8660$
- 유효전력
$P = \sqrt{3}V_L I_L \cos\theta = 3V_P I_P \cos\theta$
- 무효전력
$P_r = \sqrt{3}V_L I_L \sin\theta = 3V_P I_P \sin\theta$
- 역률
$\cos\theta = \dfrac{P}{P_a} = \dfrac{7000}{8660} \times 100 = 80$

02 어떤 콘덴서에 1000[V]의 전압을 가하였더니 5×10^{-3}[C]의 전하가 축적되었다. 이 콘덴서의 용량은?

① 2.5[μF]

② 5[μF]

③ 250[μF]

④ 5000[μF]

$C = \dfrac{Q}{V} = \dfrac{5 \times 10^{-3}}{1000} = 5 \times 10^{-6}$

03 자체 인덕턴스 0.1[H]의 코일에 5[A]의 전류가 흐르고 있다. 축적되는 전자 에너지는?

① 0.25[J]

② 0.5[J]

③ 1.25[J]

④ 2.5[J]

코일의 축적된 에너지
$W = \dfrac{1}{2}LI^2 = \dfrac{1}{2} \times 0.1 \times 5^2 = 1.25$

04 서로 다른 종류의 안티온과 비스무트의 두 금속을 접속하여 여기에 전류를 통하면, 그 접점에서 열의 발생 또는 흡수가 일어난다. 줄열과 달리 전류의 방향에 따라 열의 흡수와 발생이 다르게 나타나는 이 현상은?

① 펠티에 효과

② 제벡 효과

③ 제3 금속의 법칙

④ 톰슨 효과

- 제벡 효과 : 서로 다른 두 금속을 접속하고, 접속점에 서로 다른 온도차를 주면 회로에 열기전력을 일으키는 현상을 말한다.
- 펠티에 효과 : 서로 다른 두 금속을 접속하고, 한쪽 금속에서 다른 쪽 금속에 전류를 흘리면 열의 발생 또는 흡수가 일어나는 현상을 말한다.
- 톰슨 효과 : 동일한 두금속을 접속하고, 막대기의 양 끝에 전위차가 가해지면 양 끝에 열의 발생 또는 흡수가 일어나는 현상을 말한다.

정답 01③ 02② 03③ 04①

05 권수가 200인 코일에서 0.1초 사이에 0.4[Wb]의 자속이 변화한다면, 코일에 발생되는 기전력은?

① 8[V]

② 200[V]

③ 800[V]

④ 2000[V]

유도기전력

$$e = N \times \frac{\Delta\varnothing}{\Delta t} = L \times \frac{\Delta i}{\Delta t} = 200 \times \frac{0.4}{0.1} = 800$$

06 1[Ω·m]와 같은 것은?

① 1[μΩ·cm]

② $10^6[\Omega \cdot mm^2/m]$

③ $10^2[\Omega \cdot mm]$

④ $10^4[\Omega \cdot cm]$

$1[mm^2/m] = (10^{-3}[m])^2/1[m] = 10^{-6}[m] \rightarrow 1[m] = 10^6[mm^2/m]$

07 전압 220[V], 전류 10[A], 역률 0.8인 3상 전동기 사용 시 소비전력은?

① 약 1.5[kW]

② 약 3.0[kW]

③ 약 2.5[kW]

④ 약 5.2[kW]

$P = \sqrt{3}V_L I_L \cos\theta = 3V_P I_P \cos\theta$
$= 3 \times 220 \times 10 \times 0.8 = 5280$

08 평균 반지름 10[cm]이고 감은 횟수 10회의 원형코일에 20[A]의 전류를 흐르게 하면 코일 중심의 자기장의 세기는?

① 10[AT/m]

② 20[AT/m]

③ 1000[AT/m]

④ 2000[AT/m]

원형 코일의 자계의 세기

$$H = \frac{NI}{2r} = \frac{10 \times 20}{2 \times 0.1} = 1000$$

09 R-L-C 직렬공진 회로에서 최소가 되는 것은?

① 저항 값

② 임피던스 값

③ 전류 값

④ 전압 값

• 직렬공진의 특징
 – 허수부 = 0 (Z = R)
 – 임피던스 최소 = 전류 최대
 – 공진주파수 $f_r = \frac{1}{2\pi\sqrt{LC}}$
 – 선택도=첨예도=전압확대비$= Q = \frac{1}{R}\sqrt{\frac{L}{C}}$

• 병렬공진의 특징
 – 허수부 = 0 $(Y = \frac{1}{R})$
 – 임피던스 최대 = 전류 최소
 – 공진주파수 $f_r = \frac{1}{2\pi\sqrt{LC}}$

10 기본파의 3[%]인 제3고조파와 4[%]인 제5고조파와 1[%]인 제7고조파를 포함하는 비정현파의 왜형률은?

① 약 2.7[%]

② 약 5.1[%]

③ 약 7.7[%]

④ 약 12.1[%]

일그러짐율

$\varepsilon = \dfrac{\text{각 고조파의 실효값의 합}}{\text{기본파의 실효값}}$

$\varepsilon = \dfrac{\sqrt{V_3 + V_5 + V_7}}{V_1} = \dfrac{\sqrt{3^2 + 4^2 + 1^2}}{V_1} = 5.09$

11 자기 인덕턴스에 축적되는 에너지에 대한 설명으로 가장 옳은 것은?

① 자기 인덕턴스 및 전류에 비례한다.

② 자기 인덕턴스 및 전류에 반비례한다.

③ 자기 인덕턴스에 비례하고 전류의 제곱에 비례한다.

④ 자기 인덕턴스에 반비례하고 전류의 제곱에 반비례한다.

코일의 축적된 에너지

$W = \dfrac{1}{2}LI^2$

12 서로 가까이 나란히 있는 두 도체에 전류가 반대 방향으로 흐를 때 각 도체 간에 작용하는 힘은?

① 흡인한다.

② 반발한다.

③ 흡인과 반발을 되풀이한다.

④ 처음에는 흡인하다가 나중에는 반발한다.

• 평행하는 두도체에는 전류의 방향에 따라 힘이 작용한다.
  – 전류가 같은 방향 : 흡인력
  – 전류가 다른 방향(왕복도체) : 반발력
• 평행도체의 작용하는 힘의 공식 :

$F = \dfrac{\mu_0 I_1 I_2}{2\pi r} = \dfrac{4\pi \times 10^{-7} I_1 I_2}{2\pi r} = \dfrac{2 \times 10^{-7} I_1 I_2}{r}$

13 3[μF], 4[μF], 5[μF]의 3개의 콘덴서를 병렬로 연결된 회로의 합성정전용량은 얼마인가?

① 1.2[μF]

② 3.6[μF]

③ 12[μF]

④ 36[μF]

콘덴서의 병렬 연결

$C_T = C_1 + C_2 + C_3 = 3 + 4 + 5 = 12$

14 다음 설명 중에서 틀린 것은?

① 코일로 직렬로 연결할수록 인덕턴스가 커진다.

② 콘덴서는 직렬로 연결할수록 용량이 커진다.

③ 저항은 병렬로 연결할수록 저항치가 작아진다.

④ 리액턴스는 주파수의 함수이다.

• 병렬 접속의 합성정전용량 : $C_T = C_1 + C_2$
• 직렬 접속의 합성정전용량 : $C_T = \dfrac{C_1 \times C_2}{C_1 + C_2}$

15 20[A]의 전류를 흘렸을 때 전력이 60[W]인 저항에 30[A]를 흘리면 전력은 몇 [W]가 되겠는가?

① 80

② 90

③ 120

④ 135

전력

$P = VI = I^2 R = \dfrac{V^2}{R}$

$R = \dfrac{P}{I^2} = \dfrac{60}{20^2} = 0.15$

$P = I^2 R = 30^2 \times 0.15 = 135$

16 다음 중 자기저항의 단위에 해당되는 것은?

① [Ω]

② [Wb/AT]

③ [H/m]

④ [AT/Wb]

$R = \dfrac{l}{\mu A} = \dfrac{F}{\varnothing} = \dfrac{NI}{\varnothing} [AT/wb]$ 암페어턴퍼웨버

17 다음 중 저항 값이 클수록 좋은 것은?

① 접지저항

② 절연저항

③ 도체저항

④ 접촉저항

절연은 전기가 통하지 않는 것이므로, 절연저항이 클수록 전기가 통하지 않는다.

18 콘덴서 용량 0.001[F]와 같은 것은?

① 10[μF]

② 1000[μF]

③ 10000[μF]

④ 100000[μF]

$\mu = 1 \times 10^{-6}$

· 10000[μF] = 0.01[F]
· 10[μF] = 0.00001[F]
· 100000[μF] = 0.1[F]
· 1000[μF] = 0.001[F]

19 10[Ω] 저항 5개를 가지고 얻을 수 있는 가장 작은 합성저항 값은?

① 1[Ω]

② 2[Ω]

③ 4[Ω]

④ 5[Ω]

· 저항은 병렬연결을 할수록 값이 작아진다.
· 동일 저항의 합성저항 $R_T = \dfrac{R}{n} = \dfrac{10}{5} = 2$

20 자속의 변화에 대한 유도 기전력의 방향 결정은?

① 렌츠의 법칙

② 패러데이의 법칙

③ 앙페르의 법칙

④ 줄의 법칙

렌츠의 법칙 : 유도 기전력의 방향

21 유도 전동기에서 원선도 작성 시 필요하지 않은 시험은?

① 무부하 시험
② 구속 시험
③ 저항 측정
④ 슬립 측정

원선도 그리기 : 저항, 무부하, 구속

22 직류분권 전동기의 계자 전류를 약하게 하면 회전수는?

① 감소한다.
② 정지한다.
③ 증가한다.
④ 변화 없다.

계자제어 : 자속을 조정하여 속도를 제어
• 자속이 증가하면 속도는 감소
• 자속이 감소하면 속도는 증가
• 계자전류가 증가하면 속도는 감소
• 계자전류가 감소하면 속도는 증가
• 계자저항이 증가하면 속도는 증가
• 계자저항이 감소하면 속도는 감소

23 동기 발전기의 병렬운전 중에 기전력의 위상차가 생기면?

① 위상이 일치하는 경우보다 출력이 감소한다.
② 부하 분담이 변한다.
③ 무효 순환전류가 흘러 전기자 권선이 과열된다.
④ 동기화전류가 흐른다.

기전력의 파형이 같을 것		무효순환전류
기전력의 크기가 같을 것		무효순환전류
기전력의 주파수가 같을 것	다르면	난조 발생
기전력의 위상이 같을 것		동기화전류
기전력의 상회전이 같을 것		동기화검정등점등

24 권수비 2, 2차 전압 100[V], 2차 전류 5[A], 2차 임피던스 20[Ω]인 변압기의 (ㄱ) 1차 환산 전압 및 (ㄴ) 1차 환산 임피던스는?

① (ㄱ) 200[V]   (ㄴ) 80[Ω]
② (ㄱ) 200[V]   (ㄴ) 40[Ω]
③ (ㄱ) 50[V]   (ㄴ) 10[Ω]
④ (ㄱ) 50[V]   (ㄴ) 5[Ω]

$$a = \frac{N_1}{N_2} = \frac{V_1}{V_2} = \sqrt{\frac{R_1}{R_2}} = \sqrt{\frac{Z_1}{Z_2}} = \frac{I_2}{I_1}$$
$$V_1 = aV_2 = 2 \times 100 = 200$$
$$Z_1 = a^2 Z_2 = 2^2 \times 20 = 80$$

25 3상 유도전동기의 회전 방향을 바꾸기 위한 방법은?

① 3상의 3선 접속을 모두 바꾼다.
② 3상의 3선 중 2선의 접속을 바꾼다.
③ 3상의 3선 중 1선에 리액턴스를 연결한다.
④ 3상의 3선 중 2선에 같은 리액턴스를 연결한다.

유도전동기의 회전 방향은 3선 중 2선의 접속을 바꾸면 된다.

26 계자 철심에 잔류자기가 없어도 발전되는 직류기는?

① 분권기
② 직권기
③ 복권기
④ 타여자기

타여자기 : 계자와 전기자가 전기적으로 분리(계자에 외부 전원을 공급)

27 양방향으로 전류를 흘릴 수 있는 양방향 소자는?

① SCR ② GTO
③ TRIAC ④ MOSFET

28 같은 회로의 두 점에서 전류가 같을 때에는 동작하지 않으나 고장 시에 전류의 차가 생기면 동작하는 계전기는?

① 과전류계전기
② 거리계전기
③ 접지계전기
④ 차동계전기

차동계전기 : 전류의 차를 이용하여 계전기 동작

29 직류 직권 전동기를 사용하려고 할 때 벨트(belt)를 걸고 운전하면 안 되는 가장 타당한 이유는?

① 벨트가 기동할 때나 또는 갑자기 중 부하를 걸 때 미끄러지기 때문에
② 벨트가 벗겨지면 전동기가 갑자기 고속으로 회전하기 때문에
③ 벨트가 끊어졌을 때 전동기의 급정지 때문에
④ 부하에 대한 손실을 최대로 줄이기 위해서

직류 직권 전동기의 특징
• 부하에 따라 자속이 비례하여, 부하의 변화에 따라 속도가 반비례
• 무부하가 되면 회전속도가 급격히 상승하여 위험하므로 벨트 운전이나 무부하운전 금지
• 전기철도 및 크레인 전동차에 적합함

30 동기 발전기에서 전기자 전류가 무부하 유도 기전력보다 $\pi/2$[rad] 앞서는 경우에 나타나는 전기자 반작용은?

① 증자 작용
② 감자 작용
③ 교차 자화 작용
④ 직축 반작용

• 전류와 전압이 동상일 때 : 횡축 반작용=교차 자화 작용
• 전류가 전압보다 $\frac{\pi}{2}$ 만큼 느릴 때(뒤질 때) : 감자 작용=직축 반작용
• 전류가 전압보다 $\frac{\pi}{2}$ 만큼 빠를 때(앞설 때) : 증자 작용=자화 작용

31 전동기에 접지공사를 하는 주된 이유는?

① 보안상
② 미관상
③ 감전사고 방지
④ 안전 운행

접지를 하는 이유는 감전사고를 방지하기 위해서이다.

32 6극 1200[rpm]의 교류 발전기와 병렬 운전하는 극수 8의 동기 발전기의 회전수[rpm]는?

① 1200
② 1000
③ 900
④ 750

동기속도
$$N_S = \frac{120f}{p} = \frac{120 \times 60}{8} = 900$$
$$f = \frac{N_S P}{120} = \frac{1200 \times 6}{120} = 60$$

정답 27 ③ 28 ④ 29 ② 30 ① 31 ③ 32 ③

33 동기 발전기의 돌발 단락 전류를 주로 제한하는 것은?

① 누설 리액턴스
② 동기 임피던스
③ 권선 저항
④ 동기 리액턴스

- 돌발 단락 전류 제한 : 누설 리액턴스
- 영구 단락 전류 제한 : 동기 리액턴스

34 전동기의 회전 방향을 바꾸는 역회전의 원리를 이용한 제동 방법은?

① 역상제동
② 유도제동
③ 발전제동
④ 회생제동

- 발전제동 : 제동 시 전원을 개방하여 발전기로 이용한 전력을 제동용 저항에 열로 소비시켜 정지
- 회생제동 : 제동 시 전원을 개방안하고 발전기로 이용하여 발전전력을 다시 전원으로 돌려보내 정지
- 역전제동(=역상제동=플러깅) : 제동 시 역회전으로 접속하여 정지(급정지 시 사용)

35 부흐홀츠 계전기의 설치 위치로 가장 적당한 곳은?

① 변압기 주 탱크 내부
② 콘서베이터 내부
③ 변압기 고압측 부싱
④ 변압기 주 탱크와 콘서베이터 사이

변압기 내부 고장 보호
- 차동 계전기 : 전류의 차를 이용하여 계전기 동작
- 비율 차동 계전기 : 전류 차의 비율을 이용하여 계전기 동작
- 부흐홀츠 계전기 : 유증기를 검출하여 차단(변압기 주 탱크와 콘서베이터 사이에 설치)

36 직류 분권발전기가 있다. 전기자 총도체수 220, 매극의 자속수 0.01[Wb], 극수 6, 회전수 1500[rpm]일 때 유기기전력은 몇 [V]인가? (단, 전기자 권선은 파권이다.)

① 60
② 120
③ 165
④ 240

$$E = \frac{pZ\varnothing N}{60a} = \frac{6 \times 220 \times 0.01 \times 1500}{60 \times 2} = 165$$

파권은 병렬회로수가 2이고,
속도의 단위는 $[rps]$라 $\frac{1}{60}$이 들어가야 한다.

37 다음 직류 전동기에 대한 설명으로 옳은 것은?

① 전기철도용 전동기는 차동 복권 전동기이다.
② 직권전동기는 벨트운전을 하면 안 된다.
③ 타여자 전동기는 잔류자기가 필요하다.
④ 분권 전동기는 부하에 따라 속도가 현저하게 변한다.

직류 직권 전동기의 특징
- 부하에 따라 자속이 비례하여, 부하의 변화에 따라 속도가 반비례
- 무부하가 되면 회전속도가 급격히 상승하여 위험하므로 벨트 운전이나 무부하운전 금지
- 전기철도 및 크레인 전동차에 적합함

38 보극이 없는 직류기의 운전 중 중성점의 위치가 변하지 않는 경우는?

① 무부하
② 전부하
③ 중부하
④ 과부하

전기자반작용
- 전기자전류로 인해 주자속에 영향을 미치는 현상
- 영향 : 주자속 감소, 중성축 이동, 브러시에 불꽃 발생
- 부하가 없으면 중성축이 변화 안 함

39 다음 중 변압기에서 자속과 비례하는 것은?

① 권수
② 주파수
③ 전압
④ 전류

변압기의 유기기전력

40 3상 동기기의 제동 권선의 역할은?

① 난조 방지
② 효율 증가
③ 출력 증가
④ 역률 개선

난조 방지법
• 발전기에 제동권선을 설치한다(가장 좋은 방법).
• 원동기에 조속기가 너무 예민하지 않게 한다.
• 송전 계통을 연계하여 부하의 급변을 피한다.
• 회전자에 플라이 휠 효과를 준다.

41 전선과 기구 단자 접속 시 나사를 덜 죄었을 경우 발생할 수 있는 위험과 거리가 먼 것은?

① 누전
② 화재 위험
③ 과열 발생
④ 저항 감소

나사를 덜 죄면 저항이 증가한다.

42 옥내배선에서 전선 접속에 관한 사항으로 옳지 않은 것은?

① 전기저항을 증가시킨다.
② 전선의 강도를 20[%] 이상 감소시키지 않는다.
③ 접속 슬리브, 전선 접속기를 사용하여 접속한다.
④ 접속 부분의 온도상승 값이 접속부 이외의 온도상승 값을 넘지 않도록 한다.

전선의 접속 요건
• 접속 시 전기적 저항을 증가시키지 않는다.
• 접속 부위의 기계적 강도를 20[%] 이상 감소시키지 않는다(80[%] 이상 유지).
• 접속점의 절연이 약화되지 않도록 테이핑 또는 와이어 커넥터로 절연한다.
• 전선의 접속은 박스 안에서 하고, 접속점에 장력이 가해지지 않도록 한다.

43 다음 중 금속관공사의 설명으로 잘못된 것은?

① 교류회로는 1회로의 전선 전부를 동일관내에 넣는 것을 원칙으로 한다.
② 교류회로에서 전선을 병렬로 사용하는 경우에는 관내에 전자적 불평형이 생기지 않도록 시설한다.
③ 금속관 내에서는 절대로 전선접속점을 만들지 않아야 한다.
④ 관의 두께는 콘크리트에 매입하는 경우 1mm 이상이어야 한다.

관의 두께와 공사
• 콘크리트 매설할 경우 1.2[mm] 이상
• 그 외는 1[mm] 이상

44 저압개폐기를 생략하여도 무방한 개소는?

① 부하 전류를 끊거나 흐르게 할 필요가 있는 개소

② 인입구 기타 고장, 점검, 측정 수리 등에서 개로할 필요가 있는 개소

③ 퓨즈의 전원측으로 분기회로용 과전류차단기 이후의 퓨즈가 플러그 퓨즈와 같이 퓨즈 교환 시에 충전부에 접촉될 우려가 없을 경우

④ 퓨즈에 근접하여 설치한 개폐기인 경우의 퓨즈 전원측

과전류차단기도 있고 이후 충전부에 접촉할 우려가 없으므로 생략이 가능하다.

45 자동화재탐지설비는 화재의 발생을 초기에 자동적으로 탐지하여 소방대상물의 관계자에게 화재의 발생을 통보해주는 설비이다. 이러한 자동화재 탐지설비의 구성요소가 아닌 것은?

① 수신기
② 비상경보기
③ 발신기
④ 중계기

비상경보기는 화재 현장에서 화재 발생을 알려주는 장치이다.

46 주택, 아파트, 사무실, 은행, 상점, 이발소, 미장원에서 사용하는 표준부하[VA/m²]는?

① 5   ② 10
③ 20   ④ 30

공장, 공회장, 사원, 교회, 극장, 영화관	10[VA/m²]
기숙사, 여관, 호텔, 병원, 음식점, 다방	20[VA/m²]
주택, 아파트, 사무실, 은행, 백화점, 상점	30[VA/m²]

47 전동기 과부하 보호장치에 해당되지 않는 것은?

① 전동기용 퓨즈
② 열동계전기
③ 전동기보호용 배선용차단기
④ 전동기 기동장치

전동기 기동장치는 전동기를 기동시키는 장치이다.

48 전주의 길이가 15[m] 이하인 경우 땅에 묻히는 깊이는 전장의 얼마 이상인가?

① 1/8 이상
② 1/6 이상
③ 1/4 이상
④ 1/3 이상

설계하중 전장	6.8[kN] 이하	6.8[kN] 초과 9.8[kN] 이하	9.8[kN] 초과 14.72[kN] 이하
14[m] 미만	전장×$\frac{1}{6}$ 이상	–	–
14[m] 이상 ~ 15[m] 이하		전장×$\frac{1}{6}$+0.3 이상	전장×$\frac{1}{6}$+0.5 이상
15[m] 초과 ~ 16[m] 이하	2.5[m] 이상	2.5[m]+0.3 이상	3[m] 이상
16[m] 초과 ~ 18[m] 이하	2.8[m] 이상	–	
18[m] 초과 ~ 20[m] 이하			3.2[m] 이상

49 접착제를 사용하여 합성수지관을 삽입해 접속할 경우 관의 깊이는 합성수지관 외경의 최소 몇 배인가?

① 0.8배
② 1.2배
③ 1.5배
④ 1.8배

커플링에 들어가는 관의 길이는 관 바깥지름의 1.2배 이상으로 한다(단, 접착제를 사용할 때는 0.8배 이상으로 한다).

50 다음 중 옥내에 시설하는 저압 전로와 대지 사이의 절연저항 측정에 사용되는 계기는?

① 멀티 테스터
② 메거
③ 에스 테스터
④ 훅 온 미터

절연저항 측정기구 : 메거

51 천장에 작은 구멍을 뚫어 그 속에 등기구를 매입시키는 방식으로 건축의 공간을 유효하게 하는 조명 방식은?

① 코브 방식
② 코퍼 방식
③ 밸런스 방식
④ 다운라이트 방식

다운라이트 : 천장에 구멍을 뚫고 등기구를 매입시키는 방식

52 분전반 및 배전반은 어떤 장소에 설치하는 것이 바람직한가?

① 전기회로를 쉽게 조작할 수 있는 장소
② 개폐기를 쉽게 개폐할 수 없는 장소
③ 은폐된 장소
④ 이동이 심한 장소

분전반 및 배전반은 전기회로를 쉽게 조작할 수 있어야 한다.

53 정션 박스 내에서 절연 전선을 쥐꼬리 접속한 후 접속과 절연을 위해 사용되는 재료는?

① 링형 슬리브
② S형 슬리브
③ 와이어 커넥터
④ 터미널 러그

쥐꼬리 접속
• 박스 안 가는 전선을 접속할 때 사용
• 같은 굵기 단선 접속, 다른 굵기 단선 접속, 연선 쥐꼬리 접속이 있음
• 쥐꼬리 접속은 와이어 커넥터를 이용하면 절연 테이프를 사용 안 해도 됨

54 케이블 공사에 의한 저압 옥내배선에서 케이블을 조영재의 아랫면 또는 옆면에 따라 붙이는 경우에는 전선의 지지점 간 거리는 몇 [m] 이하이어야 하는가?

① 0.5 　　　② 1
③ 1.5 　　　④ 2

공사별 지지점 간의 거리
• 1[m] 이하 : 가요전선관, 캡타이어케이블
• 1.5[m] 이하 : 합성수지관, 각종 몰드
• 2[m] 이하 : 금속관, 케이블, 애자사용공사, 라이팅덕트
• 3[m] 이하 : 버스덕트, 금속덕트

55 가연성 가스가 존재하는 저압 옥내전기설비 공사 방법으로 옳은 것은?

① 가요 전선관 공사
② 합성 수지관 공사
③ 금속관 공사
④ 금속 몰드 공사

가연성 가스 또는 인화성 물질의 증기가 새거나 체류하여 전기설비가 발화원이 되어 폭발할 우려가 있는 곳(프로판 가스 등의 가연성 액화가스를 다른 용기에 옮기거나 나누는 등의 작업을 하는 곳, 에탄올ㆍ메탄올 등의 인화성 액체를 옮기는 곳 등)의 장소에서는 금속 전선관 공사 또는 케이블 공사에 의하여 시설하여야 한다.

56 셀룰로이드, 성냥, 석유류 등 기타 가연성 위험 물질을 제조 또는 저장하는 장소의 배선 방법이 아닌 것은?

① 배선을 금속관배선, 합성수지관배선 또는 케이블배선에 의할 것
② 금속관은 박강 전선관 또는 이와 동등 이상의 강도가 있는 것을 사용할 것
③ 두께가 2[mm] 미만의 합성수지제 전선관을 사용할 것
④ 합성수지관배선에 사용하는 합성수지관 및 박스 기타 부속품은 손상될 우려가 없도록 시설할 것

셀룰로이드, 성냥, 석유 등 타기 쉬운 위험한 물질을 제조하거나 저장하는 곳은 합성수지관 공사(두께 2[mm] 이상), 금속 전선관 공사 또는 케이블 공사에 의하여 시설한다.

57 라이팅 덕트 공사에 의한 저압 옥내배선 시 덕트의 지지점 간의 거리는 몇 [m] 이하로 해야 하는가?

① 1.0   ② 1.2
③ 2.0   ④ 3.0

공사별 지지점 간의 거리
• 1[m] 이하 : 가요전선관, 캡타이어케이블
• 1.5[m] 이하 : 합성수지관, 각종 몰드
• 2[m] 이하 : 금속관, 케이블, 애자사용공사, 라이팅덕트
• 3[m] 이하 : 버스덕트, 금속덕트

58 소맥분, 전분 기타 가연성의 분진이 존재하는 곳의 저압 옥내 배선 공사 방법에 해당되지 않는 것은?

① 케이블 공사   ② 금속관 공사
③ 애자사용 공사   ④ 합성수지관 공사

소맥분, 전분, 유황 기타의 가연성의 먼지로서 공중에 떠다니는 상태에서 착화하였을 때, 폭발의 우려가 있는 곳의 저압 옥내 배선은 합성수지관 배선, 금속전선관 배선, 케이블 배선에 의하여 시설한다.

59 접지를 하는 목적이 아닌 것은?

① 이상 전압의 발생
② 전로의 대지전압의 저하
③ 보호 계전기의 동작 확보
④ 감전의 방지

접지의 목적
• 감전 방지 : 전기기기 내에서 절연 파괴가 되면, 기기의 외함은 충전되어 대지전압을 가진다. 또한 여기에 사람이 접촉되면 인체를 통해 전류가 흘러 감전되므로, 금속제 외함을 접지하여 인체의 저항보다 접지저항을 작게 하여 대지로 전류를 흐르게 하여 감전을 방지한다.
• 대지전압의 저하 : 대지의 전압은 선간전압보다 배 낮아 안전상 좋으며, 특고압기기는 절연의 강도를 낮게 하여 경제적으로 유리하다.
• 보호 계전기의 동작 확보 : 전로의 중성점을 접지하면, 전로의 어느 점에서 지락 사고가 생긴 경우 대지를 귀로로 하는 폐회로가 생겨서 지락 보호 계전기를 동작시키는 데 필요한 전류가 흘러, 사고 구간의 전원을 차단하여 전로를 보호한다.
• 이상 전압의 억제 : 피뢰기의 접지나 가공지선의 접지는 낙뢰로 인한 뇌전류를 낮은 저항의 접지를 통하여 대지로 방류하여 이상 전압의 상승을 억제한다.

60 가요 전선관 공사에 다음의 전선을 사용하였다. 맞게 사용한 것은?

① 알루미늄 35[mm^2]의 단선
② 절연전선 16[mm^2]의 단선
③ 절연전선 10[mm^2]의 단선
④ 알루미늄 25[mm^2]의 단선

전선은 절연전선을 사용하며, 단선은 단면적 10[mm^2](알루미늄선은 16[mm^2]) 이하를 사용하며, 그 이상일 경우는 연선을 사용하며, 전선의 접속점은 없어야 한다.

시험 일자	시험 시간	문항 수
년 월 일	60분	60문항

수험번호 : _____

성   명 : _____

---

01 비오-사바르의 법칙은 어떤 관계를 나타내는 것인가?

① 기전력과 회전력

② 기자력과 자화력

③ 전류와 자기장의 세기

④ 전압과 전장의 세기

비오-사바르의 법칙 : 전류와 자기장의 세기

$\Delta H = \dfrac{I \Delta l \sin\theta}{4\pi r^2}$

02 Y 결선에서 상전압이 220[V]이면 선간전압은 약 몇 [V]인가?

① 110

② 220

③ 380

④ 440

• Y 결선의 선간전압과 상전압 관계

$V_L = \sqrt{3} V_P = \sqrt{3} \times 220 = 380$

• Y 결선의 선간전류과 상전류 관계

$I_L = I_P$

03 비사인파의 일반적인 구성이 아닌 것은?

① 삼각파

② 고조파

③ 기본파

④ 직류분

비정현파(비사인파)의 기본 구성 : 직류분, 기본파, 고조파

04 전기력선의 성질을 설명한 것으로 옳지 않은 것은?

① 전기력선의 방향은 전기장의 방향과 같으며, 전기력선의 밀도는 전기장의 크기와 같다.

② 전기력선은 도체 내부에 존재한다.

③ 전기력선은 등전위면에 수직으로 출입한다.

④ 전기력선은 양전하에서 음전하로 이동한다.

전기력선의 성질

• 전기력선은 양(정)전하에서 시작하여 음(부)전하로 끝난다.

• 전기력선은 높은 곳에서 낮은 곳으로 흐른다.

• 전기력선은 도체 내부에는 존재하지 않는다.

• 전기력선은 등전위면과 수직교차한다.

• 전기력선은 서로 교차하지 않는다.

• 전기력선 총수는 $\dfrac{Q}{\varepsilon}$개다(단, 공기 중 전기력선 총수는 $\dfrac{Q}{\varepsilon_0}$개다).

05 표면 전하밀도 σ[C/m²]로 대전된 도체 내부의 전속밀도는 몇 [C/m²]인가?

① ε_0

② 0

③ σ

④ E/ε_0

도체 내부에는 전하가 존재하지 않아, 전속밀도 역시 존재하지 않는다.

정답 01③ 02③ 03① 04② 05②

06 도체가 운동하여 자속을 끊었을 때 기전력의 방향을 알아내는 데 편리한 법칙은?

① 렌츠의 법칙
② 패러데이의 법칙
③ 플레밍의 왼손 법칙
④ 플레밍의 오른손 법칙

- 플레밍의 오른손 법칙의 공식
  - F : 힘(엄지)
  - B : 자속밀도(검지)
  - E : 기전력(중지)
- 플레밍의 오른손 법칙을 활용한 기전력의 공식
  $E = B\mathcal{l}v\sin\theta$
  v : 속도

07 대칭 3상 △ 결선에서 선전류와 상전류와의 위상 관계는?

① 상전류가 $\pi/6$[rad] 앞선다.
② 상전류가 $\pi/6$[rad] 뒤진다.
③ 상전류가 $\pi/3$[rad] 앞선다.
④ 상전류가 $\pi/3$[rad] 뒤진다.

△ 결선
- 선간전압 V_L
  상전압 V_P
  $V_L = V_P$
- 선간전류 I_L
  상전류 I_P
  $I_L = \sqrt{3}I_P \angle -30°$

08 1[AH]는 몇 [C]인가?

① 7200
② 3600
③ 1200
④ 60

전기량
$Q = It = 1 \times 3600 = 3600$

09 R = 10[Ω], XL = 15[Ω], Xc = 15[Ω]의 직렬 회로에 100V의 교류전압을 인가할 때 흐르는 전류 [A]는?

① 6
② 8
③ 10
④ 12

R-L-C 직렬회로
$Z = R + j(X_L - X_C)$
$|Z| = \sqrt{R^2 + X^2} = \sqrt{10^2 + (15-15)^2} = 10$
$I = \dfrac{V}{|Z|} = \dfrac{100}{10} = 10$

10 전장 중에 단위정전하를 놓을 때 여기에 작용하는 힘과 같은 것은?

① 전하
② 전장의 세기
③ 전위
④ 전속

- 쿨롱의 법칙
  $F = \dfrac{1}{4\pi\varepsilon} \times \dfrac{Q_1 Q_2}{r^2} = 9 \times 10^9 \times \dfrac{Q_1 Q_2}{r^2} = K \times \dfrac{Q_1 Q_2}{r^2}$
- 전기장세기의 공식
  $E = \dfrac{1}{4\pi\varepsilon} \times \dfrac{Q}{r^2} = 9 \times 10^9 \times \dfrac{Q}{r^2} = K \times \dfrac{Q}{r^2}$
- 전기력 $F = QE$
  전기장 세기 $E = \dfrac{F}{Q}$

11 전압계 및 전류계의 측정 범위를 넓히기 위하여 사용하는 배율기와 분류기의 접속 방법은?

① 배율기는 전압계와 병렬 접속, 분류기는 전류계와 직렬 접속
② 배율기는 전압계와 직렬 접속, 분류기는 전류계와 병렬 접속
③ 배율기 및 분류기 모두 전압계와 전류계에 직렬 접속
④ 배율기 및 분류기 모두 전압계와 전류계에 병렬 접속

• 부하와 전압계는 병렬
• 부하와 전류계는 직렬
• 전류계와 분류기는 병렬
• 전압계와 배율기는 직렬

12 다음 설명의 (ㄱ), (ㄴ)에 들어갈 내용으로 옳은 것은? ("히스테리시스 곡선에서 종축과 만나는 점은 (ㄱ)이고, 횡축과 만나는 점은 (ㄴ)이다.")

① (ㄱ) 보자력   (ㄴ) 잔류자기
② (ㄱ) 잔류자기   (ㄴ) 보자력
③ (ㄱ) 자속밀도   (ㄴ) 자기저항
④ (ㄱ) 자기저항   (ㄴ) 자속밀도

종축=세로축=자속밀도 B

종축(세로축)과 만나는 점 =잔류자기 B$_r$ 횡축=가로축=자계의 세기 H

횡축(가로축)과 만나는 점 =보자력 H$_c$

13 자기 인덕턴스가 0.01[H]인 코일에 100[V], 60[Hz]의 사인파 전압을 가할 때 유도 리액턴스는 약 몇 [Ω]인가?

① 3.77
② 6.28
③ 12.28
④ 37.68

• 인덕턴스의 저항 = 코일의 저항
• 유도 리액턴스 $X_L = \omega L = 2\pi f L = 2 \times 3.14 \times 60 \times 0.01 = 3.76$

14 1Ω, 2Ω, 3Ω의 저항 3개를 이용하여 합성 저항을 2.2Ω으로 만들고자 할 때 접속 방법을 옳게 설명한 것은?

① 저항 3개를 직렬로 접속한다.
② 저항 3개를 병렬로 접속한다.
③ 2Ω과 3Ω의 저항을 병렬로 연결한 다음 1Ω의 저항을 직렬로 접속한다.
④ 1Ω과 2Ω의 저항을 병렬로 연결한 다음 3Ω의 저항을 직렬로 접속한다.

• 저항의 직렬 접속
  $R_T = R_1 + R_2 = 1.2 + 1 = 2.2$
• 저항의 병렬 접속
  $R_T = \dfrac{R_1 \times R_2}{R_1 + R_2} = \dfrac{2 \times 3}{2 + 3} = 1.2$

15 1.5[kW]의 전열기를 정격 상태에서 30분간 사용할 때의 발열량은 몇 [kcal]인가?

① 648
② 1290
③ 1500
④ 2700

$H = 0.24W = 0.24Pt = 0.24I^2Rt = 0.24\dfrac{V^2}{R}t[J] = [W \cdot S]$
$H = 0.24 \times 1.5 \times 30 \times 60 = 648$

16 공기 중에 1[Wb]의 자극에서 나오는 자력선의 수는 몇 개인가?

① 6.33×10^4

② 7.958×10^5

③ 8.855×10^3

④ 1.256×10^6

- 자기력선 총수는 $\frac{m}{\mu}$개다(단, 공기 중 자기력선 총수는 $\frac{m}{\mu_0}$개다).
- $\frac{m}{\mu_0} = \frac{1}{4 \times \pi \times 10^{-7}} = 79617$

17 10[A]의 전류로 6시간 방전할 수 있는 축전지의 용량은?

① 2[Ah]

② 15[Ah]

③ 30[Ah]

④ 60[Ah]

축전지 용량[Ah]=IT=6×10=60

18 다음에서 자석의 일반적인 성질에 대한 설명으로 틀린 것은?

① N극과 S극이 있다.

② 자력선은 N극에서 나와 S극으로 향한다.

③ 자력이 강할수록 자기력선의 수가 많다.

④ 자석은 고온이 되면 자력이 증가한다.

자석은 고온이 되면 자력이 감소한다.

19 기전력 1.5[V], 내부저항 0.2[Ω]인 전지 5개를 직렬로 접속하여 단락시켰을 때의 전류[A]는?

① 1.5[A]

② 2.5[A]

③ 6.5[A]

④ 7.5[A]

$I = \frac{E}{R}$를 이용하여

$I = \frac{nE}{nr + R} = \frac{5 \times 1.5}{5 \times 0.2} = 7.5$

20 비정현파의 실효값을 나타내는 것은?

① 최대파의 실효값

② 각 고조파의 실효값의 합

③ 각 고조파의 실효값의 합의 제곱근

④ 각 고조파의 실효값의 제곱의 합의 제곱근

비정현파의 실효값=$\sqrt{\text{각파의 실효값의 제곱근}}$
$V = \sqrt{V_0^2 + V_1^2 + V_2^2 + V_3^2 \cdots V_n^2}$

21 동기 전동기 전기자 반작용에 대한 설명이다. 공급전압에 대한 앞선 전류의 전기자 반작용은?

① 편자 작용

② 감자 작용

③ 증자 작용

④ 교차 자화 작용

동기 전동기의 전기자 반작용
- 전류와 전압이 동상일 때 : 횡축 반작용=교차 자화 작용
- 전류가 전압보다 만큼 느릴 때(뒤질 때) : 감자 작용=직축 반작용
- 전류가 전압보다 만큼 빠를 때(앞설 때) : 증자 작용=자화 작용

22 다음 그림의 전동기는 어떤 전동기인가?

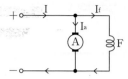

① 타여자 전동기
② 직권 전동기
③ 분권 전동기
④ 복권 전동기

분권 전동기 : 계자와 전기자가 병렬로 연결됨

23 변압기유가 구비해야 할 조건은?

① 응고점이 높을 것
② 인화점이 낮을 것
③ 절연내력이 클 것
④ 비열이 작을 것

변압기유(= 절연유의 구비조건)
• 절연내력이 클 것
• 비열이 클 것
• 냉각효과가 클 것
• 인화점이 높을 것
• 응고점이 낮을 것
• 고온에서 산화되지 않을 것
• 절연재료와 화학작용을 일으키지 않을 것
• 점도가 낮을 것
• 유동성이 클 것

24 직류를 교류로 변환하는 장치는?

① 컨버터
② 초퍼
③ 인버터
④ 정류기

전력 변환의 종류
• 교류를 직류로 변환 : 컨버터(순변환 장치)
• 직류를 교류로 변환 : 인버터(역변환 장치)
• 교류를 교류로 변환 : 사이클로 컨버터(주파수 변환기)
• 직류를 직류로 변환 : 초퍼

25 단락비가 큰 동기기에 대한 설명으로 옳은 것은?

① 기계가 소형이다.
② 안정도가 높다.
③ 전기자 반작용이 크다.
④ 전압 변동률이 크다.

단락비가 큰 기계의 특징
• 퍼센트 동기임피던스가 작다.
• 전압 강하가 작다.
• 전기자 반작용이 작다.
• 설계 시 기계 규모가 커진다.
• 가격이 비싸진다.
• 과부하 내량이 크다.
• 동기임피던스가 작다.
• 전압 변동률이 작다.
• 공극이 크다.
• 중량이 무겁다.
• 안정도가 좋다.
• 송전선의 충전 용량이 커진다.

26 직류 직권전동기의 벨트 운전을 금지하는 이유는?

① 벨트가 벗겨지면 위험속도에 도달한다.
② 손실이 많아진다.
③ 벨트가 마모하여 보수가 곤란하다.
④ 직결하지 않으면 속도제어가 곤란하다.

직류 직권 전동기의 특징
• 부하에 따라 자속이 비례하여, 부하의 변화에 따라 속도가 반비례
• 무부하가 되면 회전속도가 급격히 상승하여 위험하므로 벨트 운전이나 무부하운전 금지
• 전기철도 및 크레인 전동차에 적합함

27 동기 발전기를 계통에 접속하여 병렬운전할 때 관계없는 것은?

① 전류
② 전압
③ 위상
④ 주파수

기전력의 파형이 같을 것		무효순환전류
기전력의 크기가 같을 것		무효순환전류
기전력의 주파수가 같을 것	다르면	난조 발생
기전력의 위상이 같을 것		동기화전류
기전력의 상회전이 같을 것		동기화검정등점등

28 단상 유도 전동기 중 ㄱ:반발 기동형, ㄴ:콘덴서 기동형, ㄷ:분상 기동형, ㄹ:셰이딩 코일형이 있을 때, 기동토크가 큰 것부터 옳게 나열한 것은?

① (ㄱ) 〉 (ㄴ) 〉 (ㄷ) 〉 (ㄹ)
② (ㄱ) 〉 (ㄹ) 〉 (ㄴ) 〉 (ㄷ)
③ (ㄱ) 〉 (ㄷ) 〉 (ㄹ) 〉 (ㄴ)
④ (ㄱ) 〉 (ㄴ) 〉 (ㄹ) 〉 (ㄷ)

기동토크가 큰 순서
- 반발 기동형 〉 반발 유도형 〉 콘덴서 기동형 〉 분상 기동형 〉 셰이딩 코일형
- 반반콘분셰로 외우기

29 단상 반파 정류 회로의 전원전압 200[V], 부하 저항 10[Ω] 이면 부하 전류는 약 몇 [A]인가?

① 4
② 9
③ 13
④ 18

단상 반파 정류

$E_{dc} = 0.45 E_{ac} = 0.45 \times 200 = 90$

$I_{dc} = \dfrac{E_{dc}}{R} = \dfrac{90}{10} = 9$

30 3상 유도전동기의 최고 속도는 우리나라에서 몇 [rpm]인가?

① 3600
② 3000
③ 1800
④ 1500

- 동기속도

$N_s = \dfrac{120f}{P} = \dfrac{120 \times 60}{2} = 3600$

- 우리나라의 극수는 2극부터 시작한다.

31 변압기 내부 고장 보호에 쓰이는 계전기는?

① 접지 계전기
② 차동 계전기
③ 과전압 계전기
④ 역상 계전기

변압기 내부 고장 보호
- 차동 계전기 : 전류의 차를 이용하여 계전기 동작
- 비율 차동 계전기 : 전류 차의 비율을 이용하여 계전기 동작
- 부흐홀츠 계전기 : 유증기를 검출하여 차단(변압기 주탱크와 콘서베이터 사이에 설치)

32 동기 전동기의 자기 기동에서 계자권선을 단락하는 이유는?

① 기동이 쉬움
② 기동권선으로 이용
③ 고전압 유도에 의한 절연파괴 위험 방지
④ 전자기 반작용 방지

동기 전동기의 자기 기동법
- 회전자 자극 표면에 기동권선을 설피하여 기동 시 농형유도전동기 동작시켜 기동시키는 방법이다.
- 계자권선을 개방하고 전기자에 전원을 가하면 높은 전압이 유기되어 계자회로가 소손될 염려가 있어 단락시켜 놓고 기동해야 한다.
- 전기자에 처음부터 전체 전압을 가하면 큰 기동전류가 흘러 전기자가 과열되거나 전압강하가 심하게 발생하므로 전 전압의 30~50[%]로 기동해야 한다.
- 기동토크가 적어 무부하 또는 경부하로 기동시켜야 한다는 단점이 있다.

33 동기 전동기의 전기자전류가 최소일 때 역률은?

① 0.5
② 0.707
③ 0.886
④ 1.0

위상특성곡선의 특징
- 위상특성곡선은 V곡선이라고 불리고 전기자전류와 계자전류의 관계를 나타낸다.
  - 부하 1 : 전부하=중부하라고 불림
  - 부하 2 : 1/2부하=경부하라고 불림
  - 부하 3 : 무부하라고 불림
- 곡선의 최저점(전기자전류 최소)은 이다.
  - $cos\theta$=1로 운전하다 계자전류를 증가시키면 → 전기자전류 증가 역률 앞섬
  - $cos\theta$=1로 운전하다 계자전류를 감소시키면 → 전기자전류 증가 역률 뒤짐
- 부하가 클수록 곡선은 위로 향한다.

34 회전자 입력을 P_2, 슬립을 s라 할 때 3상 유도 전동기의 기계적 출력의 관계식은?

① sP_2
② $(1-s)P_2$
③ s^2P_2
④ P_2/s

기계적 출력 P_0=2차 입력 P_2−2차 동손 P_{c2}
슬립의 관계식 이용 $P_2 : P_{c2} : P_0 = 1 : s : (1-s)$

35 농형 유도 전동기의 기동법이 아닌 것은?

① 전전압기동법
② 저항 2차권선기동법
③ 기동보상기법
④ Y−△ 기동법

농형 유도 전동기 기동법
- 전전압기동법 : 5[kw] 이하에 사용
- 기동법 : 10~15[kw] 이하에 사용
- 기동보상기법 : 15[kw] 초과에 사용
- 리액터기동법 : 전동기 전원에 직렬리액터를 연결하여 기동, 중용량 및 대용량에 적합

오답 피하기
권선형 유도 전동기 기동법 : 비례추이의 원리 이용

36 유도 전동기의 회전자에 슬립 주파수의 전압을 공급하여 속도 제어를 하는 것은?

① 2차 저항법
② 2차 여자법
③ 자극수 변환법
④ 인버터 주파수 변환법

2차 저항 제어법
- 권선형 유도 전동기에 사용
- 비례추이를 응용한 것
- 저항을 조정하여 슬립을 변화시켜 속도를 제어
  - 2차 저항 증가 → 슬립 증가 → 속도 감소
  - 2차 저항 감소 → 슬립 감소 → 속도 증가

37 부흐홀츠 계전기의 설치 위치는?

① 변압기 주탱크 내부
② 콘서베이터 내부
③ 변압기의 고압측 부싱
④ 변압기 본체와 콘서베이터 사이

부흐홀츠 계전기는 유증기를 검출하여 차단하며, 변압기 주탱크와 콘서베이터 사이에 설치한다.

38 정격전압 250[V], 정격출력 50[kW]의 외분권 복권 발전기가 있다. 분권계자 저항이 25[Ω]일 때 전기자 전류는?

① 100[A]
② 210[A]
③ 2000[A]
④ 2010[A]

부하시 $I_a=I_f+I=10+200=210$
$I_f=\dfrac{V}{R_f}=\dfrac{250}{25}=10$
$I=\dfrac{P}{V}=\dfrac{50000}{250}=200$

39 무부하에서 119[V]되는 분권 발전기의 전압 변동률이 6[%]이다. 정격 전부하 전압은 약 몇 [V]인가?

① 110.2

② 112.3

③ 122.5

④ 125.3

전압변동률

$\varepsilon = \dfrac{V_0 - V_n}{V_n} \times 100[\%] = \dfrac{119 - 112.3}{112.3} \times 100 = 6$

V_n : 정격전압

V_0 : 무부하전압

---

40 직류 전동기의 속도제어 방법이 아닌 것은?

① 전압 제어

② 계자 제어

③ 저항 제어

④ 플러깅 제어

플러깅 제어는 제동법이다.

---

41 애자사용 공사에서 전선의 지점 간 거리는 전선을 조영재의 위면 또는 옆면에 따라 붙이는 경우에는 몇 [m] 이하인가?

① 1

② 1.5

③ 2

④ 3

공사별 지지점 간의 거리
• 1[m] 이하 : 가요전선관, 캡타이어케이블
• 1.5[m] 이하 : 합성수지관, 각종 몰드
• 2[m] 이하 : 금속관, 케이블, 애자사용공사, 라이팅덕트
• 3[m] 이하 : 버스덕트, 금속덕트

---

42 전주의 길이가 15[m] 이하인 경우 땅에 묻히는 깊이는 전주 길이의 얼마 이상으로 하여야 하는가?

① 1/2

② 1/3

③ 1/5

④ 1/6

전장 \ 설계하중	6.8[kN] 이하
14[m] 미만	전장 × $\frac{1}{6}$ 이상
14[m] 이상 ~ 15[m] 이하	
15[m] 초과 ~ 16[m] 이하	2.5[m] 이상
16[m] 초과 ~ 18[m] 이하	2.8[m] 이상
18[m] 초과 ~ 20[m] 이하	

---

43 가요 전선관의 상호접속은 무엇을 사용하는가?

① 컴비네이션 커플링

② 스플릿 커플링

③ 더블 커넥터

④ 앵글 커넥터

• 스플릿 커플링 : 가요전선관 + 가요전선관 접속
• 플렉시블 커플링 : 가요전선관 + 가요전선 접속
• 스트레이트 박스 커넥터(가요전선관이 일자인 경우 사용) : 가요전선관 + 박스 접속
• 앵글 박스 커넥터(구부러진 가요전선관에 사용) : 가요전선관 + 박스 접속
• 콤비네이션 커플링 : 가요전선관 + 금속전선관 접속

---

44 버스덕트 공사에서 덕트를 조영재에 붙이는 경우에는 덕트의 지지점 간의 거리를 몇 [m] 이하로 하여야 하는가?

① 3

② 4.5

③ 6

④ 9

공사별 지지점 간의 거리
• 1[m] 이하 : 가요전선관, 캡타이어케이블
• 1.5[m] 이하 : 합성수지관, 각종 몰드
• 2[m] 이하 : 금속관, 케이블, 애자사용공사, 라이팅덕트
• 3[m] 이하 : 버스덕트, 금속덕트

---

45 경질 비닐 전선관의 설명으로 틀린 것은?

① 1본의 길이는 3.6[m]가 표준이다.
② 굵기는 관 안지름의 크기에 가까운 짝수 [mm]로 나타낸다.
③ 금속관에 비해 절연성이 우수하다.
④ 금속관에 비해 내식성이 우수하다.

경질비닐전선관
- 기계적 충격이나 중량물에 의한 압력 등 외력에 견디도록 보완된 전선관
- 딱딱한 형태이므로 구부리거나 하는 가공 방법은 토치램프로 가열하여 가공
- 관의 굵기를 안지름의 크기에 가까운 짝수로써 표시
- 지름 14~100[mm]로 10종(14, 16, 22, 28, 36, 42, 54, 70, 82, 100[mm])
- 한 본의 길이는 4[m]로 제작

46 수변전 설비에서 차단기의 종류 중 가스 차단기에 들어가는 가스의 종류는?

① CO_2
② LPG
③ SF_6
④ LNG

가스차단기 : GCB 매질은 SF_6가스(육 불활성 가스)

47 폭연성 분진이 존재하는 곳의 금속관 공사에 있어서 관 상호 간 및 관과 박스의 접속은 몇 턱 이상의 나사 조임으로 시공하여야 하는가?

① 3턱
② 5턱
③ 7턱
④ 9턱

금속관 나사는 5턱 이상이어야 한다.

48 연접인입선 시설제한규정에 대한 설명으로 잘못된 것은?

① 분기하는 점에서 100m를 넘지 않아야 한다.
② 폭 5m를 넘는 도로를 횡단하지 않아야 한다.
③ 옥내를 통과해서는 안 된다.
④ 분기하는 점에서 고압의 경우에는 200m를 넘지 않아야 한다.

시설제한규정
- 인입선에서의 분기하는 점에서 100[m]를 넘는 지역에 이르지 않아야 한다.
- 폭 5[m]를 넘는 도로를 횡단하지 않아야 한다.
- 연접 인입선은 옥내를 관통하면 안 된다.
- 고압 연접인입선은 시설할 수 없다.
- 지름 2.6[mm] 이상의 경동선 또는 이와 동등한 세기 및 굵기의 전선이어야 한다.

49 단면적 6mm^2 이하의 가는 단선(동전선)의 트위스트조인트에 해당되는 전선 접속법은?

① 직선 접속
② 분기 접속
③ 슬리브 접속
④ 종단 접속

단선의 직선 접속
- 트위스트 접속 : 6mm^{2}의 가는 단선을 접속 할 때 사용
- 브리타니아 접속 : 10mm^2=3.2[mm]의 굵은 단선을 접속할 때 사용. 첨선과 조인트선 이용

50 지중에 매설되어 있는 금속제 수도관로를 접지공사의 접지극으로 사용할 수 있다. 이때 수도관로는 대지와의 전기 저항치가 얼마 이하여야 하는가?

① 1[Ω]
② 2[Ω]
③ 3[Ω]
④ 4[Ω]

- 수도관을 접지극으로 사용 : 전기 저항값이 3[Ω] 이하일 때 사용 가능
- 건축물 및 구조물의 철골을 접지극으로 사용 : 전기 저항값이 2[Ω] 이하일 때 사용 가능

51 캡타이어 케이블을 조영재에 시설하는 경우 그 지지점 간의 거리는 얼마로 하여야 하는가?

① 1[m] 이하

② 1.5[m] 이하

③ 2.0[m] 이하

④ 2.5[m] 이하

공사별 지지점 간의 거리
- 1[m] 이하 : 가요전선관, 캡타이어케이블
- 1.5[m] 이하 : 합성수지관, 각종 몰드
- 2[m] 이하 : 금속관, 케이블, 애자사용공사, 라이팅덕트
- 3[m] 이하 : 버스덕트, 금속덕트

52 저압 연접 인입선은 인입선에서 분기하는 점으로부터 몇 [m]를 넘지 않는 지역에 시설하고 폭 몇 [m]를 넘는 도로를 횡단하지 않아야 하는가?

① 50[m], 4[m]

② 100[m], 5[m]

③ 150[m], 6[m]

④ 200[m], 8[m]

시설제한규정
- 인입선에서의 분기하는 점에서 100[m]를 넘는 지역에 이르지 않아야 한다.
- 폭 5[m]를 넘는 도로를 횡단하지 않아야 한다.
- 연접 인입선은 옥내를 관통하면 안 된다.
- 고압 연접인입선은 시설할 수 없다.
- 지름 2.6[mm] 이상의 경동선 또는 이와 동등한 세기 및 굵기의 전선이어야 한다.

53 애자사용공사의 저압옥내배선에서 전선 상호 간의 간격은 얼마 이상으로 하여야 하는가?

① 2[cm]   ② 4[cm]

③ 6[cm]   ④ 8[cm]

- 전선 상호 간 거리 400[V] 이하 : 6[cm] 이상
- 전선 상호 간 거리 400[V] 초과 : 6[cm] 이상
- 전선과 조영재 사이 거리 400[V] 이하 : 2.5[cm] 이상
- 전선과 조영재 사이 거리 400[V] 초과 : 4.5[cm] 이상(건조는 2.5[cm] 이상)

54 금속관에 나사를 내기 위한 공구는?

① 오스터

② 토치램프

③ 펜치

④ 유압식 벤더

오스터 : 금속관 나사 내기

55 사람이 접촉될 우려가 있는 곳에 시설하는 경우 접지극은 지하 몇 [cm] 이상의 깊이에 매설하여야 하는가?

① 30   ② 45

③ 50   ④ 75

접지극의 매설
- 지표면으로부터 지하 75[cm] 이상 동결 깊이를 감안하여 매설 깊이 선정
- 접지도체를 철주 기타의 금속체를 따라서 시설할 경우 접지극은 철주의 밑면으로부터 30[cm] 이상 깊이에 매설, 이외에는 금속체로부터 1[m] 이상 깊이에 매설
- 접지도체는 지하 75[cm]부터 지표면 2[m]까지 부분은 합성수지관(두께 2[mm] 미만 및 가연성 콤바인덕트관 제외) 또는 이와 동등한 몰드로 덮을 것

56 부식성 가스 등이 있는 장소에 시설할 수 없는 배선은?

① 애자사용 배선

② 제1종 금속제 가요전선과 배선

③ 케이블 배선

④ 금속전선관 배선

산류, 알칼리류, 염소산칼리, 표백분, 염료, 또는 인조비료의 제조공장, 제련소, 전기도금공장, 개방형 축전지실 등 부식성 가스등이 있는 장소의 저압배선에는 애자사용 배선, 금속전선관 배선, 합성수지관 배선, 2종 금속제 가요전선관, 케이블 배선으로 시공하여야 한다.

57 합성수지제 가요전선관으로 옳게 짝지어진 것은?

① 후강전선관과 박강전선관
② PVC진선관과 PF진신관
③ PVC전선관과 제2종 가요전선관
④ PF전선관과 CD전선관

합성수지제 가요전선관
• 폴리에틸렌 전선관(PF관)
• 콤바인 덕트관(합성수지제 가요전선관, CD관)

58 옥외용 비닐 절연 전선의 약호(기호)는?

① VV
② DV
③ OW
④ NR

OW : 옥외용 비닐 절연 전선

59 480[V] 가공인입선이 철도를 횡단할 때 레일면산의 최저 높이는 몇 [m]인가?

① 4[m]
② 4.5[m]
③ 5.5[m]
④ 6.5[m]

철도 궤도는 6.5[m] 이상

60 케이블을 구부리는 경우는 피복이 손상되지 않도록 하고 그 굴곡부의 곡률반경은 원칙적으로 케이블이 연피가 없는 경우 완성품 외경의 몇 배 이상이어야 하는가?

① 4
② 5
③ 8
④ 12

• 케이블의 구부리는 굴곡부의 곡률 반지름은 연피가 없는 케이블은 바깥지름의 5배 이상으로 한다.
• 케이블의 구부리는 굴곡부의 곡률 반지름은 연피가 있는 케이블은 바깥지름의 12배 이상으로 한다.

최신 기출문제

시험 일자	시험 시간	문항 수
2024년 4회 시행	60분	60문항

수험번호 : _____

성 명 : _____

---

01 "물질 중의 자유전자가 과잉된 상태"란?

① (−) 대전상태
② 발열상태
③ 중성상태
④ (+) 대전상태

02 직류분권발전기의 병렬운전의 조건에 해당되지 않는 것은?

① 극성이 같을 것
② 단자전압이 같을 것
③ 외부특성곡선이 수하특성일 것
④ 균압모선을 접속할 것

03 보호를 필요로 하는 회로의 전류가 어떤 일정한 값(정정값) 이상으로 흘렀을 때 동작하는 계전기는?

① 과전류 계전기
② 과전압 계전기
③ 부족 전압 계전기
④ 비율 차동 계전기

04 불연성 먼지가 많은 장소에 시설할 수 없는 저압 옥내 배선의 방법은?

① 금속관 배선
② 두께가 1.2mm인 합성수지관 배선
③ 금속제 가요전선관 배선
④ 애자 사용 배선

05 유전물 ε의 유전체 내에 있는 전하[C]에서 나오는 전기력선 수는 얼마인가?

① Q
② $\dfrac{Q}{\varepsilon_0}$
③ $\dfrac{Q^2}{\varepsilon}$
④ $\dfrac{Q}{\varepsilon}$

06 변압기 명판에 나타내는 정격에 대한 설명이다. 틀린 것은?

① 변압기의 정격출력 단위는 [kW]이다.
② 변압기 정격은 2차측을 기준으로 한다.
③ 변압기의 정격은 용량, 전류, 전압, 주파수 등으로 결정된다.
④ 정격이란 정해진 규정에 적합한 범위 내에서 사용할 수 있는 한도이다.

07 자체 인덕턴스가 40[mH]와 90[mH]인 두 개의 코일이 있다. 두 코일 사이에 누설자속이 없다고 하면 상호 인덕턴스는?

① 50[mH]

② 60[mH]

③ 65[mH]

④ 130[mH]

08 직류를 교류로 변환하는 장치로서 초고속 전동기의 속도 제어용 전원이나 형광등의 고주파 점등에 이용되는 것은?

① 인버터

② 컨버터

③ 변성기

④ 변류기

09 비정현파를 여러 개의 정현파의 합으로 표시하는 방법은?

① 키르히호프의 법칙

② 노튼의 법칙

③ 푸리에 분석

④ 테일러의 분석

10 직류 분권 전동기의 계자 저항을 운전 중에 증가시키는 경우 일어나는 현상으로 옳은 것은?

① 자속 증가

② 속도 감소

③ 부하 증가

④ 속도 증가

11 교류 전등 공사에서 금속관 내에 전선을 넣어 연결한 방법 중 옳은 것은?

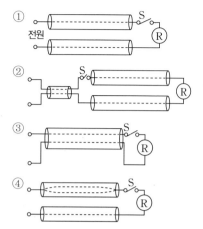

12 3상 전파 정류회로에서 출력전압의 평균 전압값은? (단, V는 선간전압의 실효값)

① 0.4[V]

② 0.9[V]

③ 1.17[V]

④ 1.35[V]

13 다음 중 애자사용공사에 사용되는 애자의 구비 조건과 거리가 먼 것은?

① 난연성

② 절연성

③ 내수성

④ 내유성

14 24[V]의 전원 전압에 의하여 6[A]의 전류가 흐르는 전기 회로의 컨덕턴스 [℧]는?

① 0.25[℧]

② 0.4[℧]

③ 2.5[℧]

④ 4[℧]

15 합성수지관 공사에 대한 설명 중 옳지 않은 것은?

① 습기가 많은 장소 또는 물기가 있는 장소에 시설하는 경우에는 방습 장치를 한다.

② 관의 지지점 간의 거리는 3[m] 이상으로 한다.

③ 관 상호 간 및 박스와는 관을 삽입하는 깊이를 관의 바깥지름의 1.2배 이상으로 한다.

④ 합성수지관 안에는 전선에 접속점이 없도록 한다.

16 다음 단상유도전동기에서 역률이 가장 좋은 것은?

① 콘덴서기동형

② 분상기동형

③ 반발기동형

④ 세이딩코일형

17 저압 단상 3선식 회로의 중성선에는 어떻게 하는가?

① 다른 선의 퓨즈와 같은 용량의 퓨즈를 넣는다.

② 다른 선의 퓨즈의 2배 용량의 퓨즈를 넣는다.

③ 다른 선의 퓨즈의 1/2배 용량의 퓨즈를 넣는다.

④ 퓨즈를 넣지 않고 동선으로 직결한다.

18 1[m]에 저항이 20[Ω]인 전선의 길이를 2배로 늘리면 저항은 몇 [Ω]이 되는가? (단, 동선의 체적은 일정하다.)

① 10

② 20

③ 40

④ 80

19 전압 변동률 ε의 식은? (단, 정격전압 V_n, 무부하 전압 V_0이다.)

① $\varepsilon = \left(\dfrac{V_0 - V_n}{V_n} \right) \times 100[\%]$

② $\varepsilon = \left(\dfrac{V_n - V_0}{V_n} \right) \times 100[\%]$

③ $\varepsilon = \left(\dfrac{V_n - V_0}{V_0} \right) \times 100[\%]$

④ $\varepsilon = \left(\dfrac{V_0 - V_n}{V_0} \right) \times 100[\%]$

20 두 콘덴서 C_1, C_2가 직렬로 접속되어 있을 때의 합성정전용량은?

① $\dfrac{1}{C_1} + \dfrac{1}{C_2}$

② $C_1 + C_2$

③ $\dfrac{C_1 C_2}{C_1 + C_2}$

④ $\dfrac{C_1 + C_2}{C_1 C_2}$

21 눈부신 정도로써 어느 방향에서 본 겉보기의 면적 대비 어느 방향의 광도를 의미하는 것은?

① 조도   ② 휘도

③ 광도   ④ 반사율

22 220[V] 옥내 배선에서 백열전구를 노출로 설치할 때 사용하는 기구는?

① 리셉터클

② 테이블 탭

③ 콘센트

④ 코드 커넥터

23 2대의 동기발전기 A, B가 병렬운전하고 있을 때 A기의 여자전류를 증가시키면 어떻게 되는가?

① A기의 역률은 낮아지고 B기의 역률은 높아진다.

② A기의 역률은 높아지고 B기의 역률은 낮아진다.

③ A, B 양 발전기의 역률이 높아진다.

④ A, B 양 발전기의 역률이 낮아진다.

24 다음 중 강자성체가 아닌 것은?

① 니켈

② 철

③ 백금

④ 망간

25 유도전동기의 동기속도가 1200[rpm]이고, 회전수가 1176[rpm]일 때 슬립은?

① 0.06

② 0.04

③ 0.02

④ 0.01

26 고압 가공전선로의 지지물로 철탑을 사용하는 경우 경간은 몇 [m] 이하이어야 하는가?

① 150

② 300

③ 500

④ 600

27 권수비 30인 변압기의 저압측 전압이 8[V]인 경우 극성시험에서 가극성과 감극성의 전압차이는 몇 [V]인가?

① 24

② 16

③ 8

④ 4

28 다음 중 접지저항의 측정에 사용되는 측정기의 명칭은?

① 회로시험기
② 변류기
③ 검류기
④ 어스테스터

29 셀룰로이드, 성냥, 석유류 등 기타 가연성 위험물을 제조 또는 저장하는 장소의 배선으로 잘못된 배선은?

① 플로어덕트 배선
② 합성수지관 배선
③ 금속관 배선
④ 케이블 배선

30 2[kV]의 전압으로 충전하여 2[J]의 에너지를 축적하는 콘덴서의 정전용량은?

① 0.5[μF]
② 1[μF]
③ 2[μF]
④ 4[μF]

31 전력 변환 기기가 아닌 것은?

① 변압기
② 정류기
③ 유도전동기
④ 인버터

32 굵기가 같은 두 단선의 쥐꼬리 접속에서 와이어 커넥터를 사용하는 경우에는 심선을 몇 회 정도 꼰 다음 끝을 잘라내야 하는가?

① 2~3회
② 4~5회
③ 6~7회
④ 8~9회

33 전기 철도에 사용하는 직류전동기로 가장 적합한 전동기는?

① 분권전동기
② 직권전동기
③ 가동 복권전동기
④ 차동 복권전동기

34 전기력선에 대한 설명으로 틀린 것은?

① 같은 전기력선은 흡입한다.
② 전기력선은 서로 교차하지 않는다.
③ 전기력선은 도체의 표면에 수직으로 출입한다.
④ 전기력선은 양전하의 표면에서 나와서 음전하의 표면에서 끝난다.

35 슬립 S=5[%], 2차 저항 r_2=0.1[Ω]인 유도전동기의 등가 저항 R[Ω]은 얼마인가?

① 0.4
② 0.5
③ 1.9
④ 2.0

36 케이블을 구부리는 경우는 피복이 손상되지 않도록 하고 그 굴곡부의 곡률반경은 몇 배 이상이어야 하는가? (단, 연피 없다.)

① 4
② 6
③ 5
④ 12

37 일종의 전류 계전기로 보호 대상 설비에 유입되는 전류와 유출되는 전류의 차에 의해 동작하는 계전기는?

① 주파수 계전기
② 재폐로 계전기
③ 차동 계전기
④ 전류 계전기

38 1[kW]의 전열기를 사용하여 10[℃], 50[L]의 물을 46[℃]로 올리는데 3시간이 걸렸다면 효율은 몇 [%]인가?

① 약 65%
② 약 70%
③ 약 75%
④ 약 80%

39 선간 전압이 380[V]인 전원에 Z=8+j6[Ω]의 부하를 Y결선으로 접속했을 때 선전류는 약 몇 [A]인가?

① 12
② 22
③ 28
④ 38

40 플레밍의 오른손법칙에서 기전력을 뜻하는 손가락은?

① 엄지
② 검지
③ 중지
④ 약지

41 금속전선관 중 후강전선관은 16[mm]에서 104[mm]까지 총 몇 종류가 사용되는가?

① 6종
② 8종
③ 10종
④ 12종

42 2대의 변압기로 V결선하여 3상 변압하는 경우 변압기 이용률 [%]은?

① 57.8
② 66.6
③ 86.6
④ 100

43 무대, 무대 마루 밑, 오케스트라 박스, 영사실, 기타 사람이나 무대 도구가 접촉할 우려가 있는 장소에 시설하는 저압옥내 배선, 전구선 또는 이동 전선은 최고 사용전압이 몇 [V] 미만이어야 하는가?

① 100
② 200
③ 400
④ 700

44 전류 2π[A]가 흐르고 있는 무한직선 도체로부터 1[m] 떨어진 P점의 자계의 세기는?

① 1[A/m]

② 2[A/m]

③ 3[A/m]

④ 4[A/m]

45 정격전압 250[V], 정격출력 50[Kw]의 외분권 복권 발전기가 있다. 분권계자 저항이 25[Ω]일 때 전기자 전류는?

① 100[A]

② 210[A]

③ 2000[A]

④ 2010[A]

46 금속덕트 배선에 사용하는 금속덕트의 철판 두께는 몇 [mm] 이상이어야 하는가?

① 0.8   ② 1.2

③ 1.5   ④ 1.8

47 슬립 4[%]인 유도전동기의 등가 부하 저항은 2차 저항의 몇 배인가?

① 5   ② 19

③ 20   ④ 24

48 저항 $10\sqrt{3}$[Ω], 유도리액턴스 10Ω인 직렬회로에 교류 전압을 인가할 때 전압과 이 회로에 흐르는 전류와의 위상차는 몇 도인가?

① 60°   ② 45°

③ 30°   ④ 0°

49 두 금속을 접속하여 여기에 전류를 흘리면, 줄 열 외에 그 접점에서 열의 발생 또는 흡수가 일어나는 현상은?

① 줄 효과

② 홀 효과

③ 제벡 효과

④ 펠티에 효과

50 타여자 발전기와 같이 전압 변동률이 적고 자여자이므로 다른 여자 전원이 필요 없으며, 계자 저항기를 사용하여 전압 조정이 가능하므로 전기화학용 전원, 전지의 충전용, 동기기의 여자용으로 쓰이는 발전기는?

① 분권 발전기

② 직권 발전기

③ 과복권 발전기

④ 차동복권 발전기

51 한 수용 장소의 인입선에서 분기하여 지지물을 거치지 아니하고 다른 수용 장소의 인입구에 이르는 부분의 전선을 무엇이라 하는가?

① 가공전선
② 연접인입선
③ 가공인입선
④ 가공지선

52 그림과 같이 I[A]의 전류가 흐르고 있는 도체의 미소 부분 $\triangle\ell$의 전류에 의해 이 부분이 r[m] 떨어진 점 P의 자기장 $\triangle H$[A/m]는?

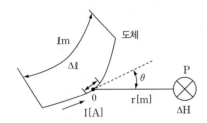

① $\triangle H = \dfrac{I^2 \triangle\ell \sin\theta}{4\pi r^2}$

③ $\triangle H = \dfrac{I^2 \triangle\ell \sin\theta}{4\pi r}$

② $\triangle H = \dfrac{I \triangle\ell^2 \sin\theta}{4\pi r}$

④ $\triangle H = \dfrac{I \triangle\ell \sin\theta}{4\pi r^2}$

53 다음 중 3로 스위치를 나타내는 그림 기호는?

① $\bullet_{EX}$
② $\bullet_3$
③ $\bullet_{2P}$
④ $\bullet_{15A}$

54 동기 전동기의 특징과 용도에 대한 설명으로 잘못된 것은?

① 진상, 지상의 역률 조정이 된다.
② 속도 제어가 원활하다.
③ 시멘트 공장의 분쇄기 등에 사용된다.
④ 난조가 발생하기 쉽다.

55 사용전압 400V 이상, 건조한 장소로 점검할 수 있는 은폐된 곳에 저압 옥내배선 시 공사할 수 있는 방법은?

① 합성수지몰드공사
② 금속몰드공사
③ 버스덕트공사
④ 라이팅덕트공사

56 플레밍의 오른손법칙에서 셋째 손가락의 방향은?

① 운동 방향
② 자속밀도의 방향
③ 유도기전력의 방향
④ 자력선의 방향

57 자기 인덕턴스 10[mH]의 코일에 50[Hz], 314 [V]의 교류전압을 가했을 때 몇 [A]의 전류가 흐르는가? (단, 코일의 저항은 없는 것으로 하며, π=3.14로 계산한다.)

① 10
② 31.4
③ 62.8
④ 100

58 지선의 중간에 넣는 애자는?

① 저압 핀 애자

② 구형애자

③ 인류에지

④ 내장애자

59 사람이 쉽게 접촉하는 장소에 설치하는 누전차
단기의 사용전압 기준은 몇 [V]인가?

① 50

② 110

③ 150

④ 220

60 $e = 100\sqrt{2}\sin\left(100\pi t - \dfrac{\pi}{3}\right)[V]$인 정현파 교류
전압의 주파수는 얼마인가?

① 50[Hz]

② 60[Hz]

③ 100[Hz]

④ 314[Hz]

시험 일자	시험 시간	문항 수
2024년 3회 시행	60분	60문항

수험번호 : _____

성   명 : _____

01 단상유도전동기를 기동하려고 할 때 다음 중 기동토크가 가장 작은 것은?

① 분상 기동형
② 반발 기동형
③ 콘덴서 기동형
④ 셰이딩 코일형

02 충전되어 있는 활선을 움직이거나 작업권 밖으로 밀어낼 때 사용되는 활선장구는?

① 와이어 통
② 데드엔드 커버
③ 애자 커버
④ 활선 커버

03 평행한 왕복 도체에 흐르는 전류에 의한 작용은?

① 흡인력
② 반발력
③ 회전력
④ 작용력이 없다.

04 3상 유도전동기의 원선도를 그리는 데 필요하지 않은 것은?

① 저항 측정
② 슬립 측정
③ 구속 시험
④ 무부하 시험

05 절연전선 서로를 접속할 때 어느 접속기를 사용하면 접속 부분에 절연을 할 필요가 없는가?

① 전선 피박이
② 목대
③ 전선 커버
④ 박스형 커넥터

06 0.2[℧]의 컨덕턴스 2개를 직렬로 연결하여 3[A]의 전류를 흘리려면 몇 [V]의 전압을 인가하면 되는가?

① 7.5[V]
② 30[V]
③ 60[V]
④ 1.2[V]

07 직류 발전기에서 계자 철심에 잔류자기가 없어도 발전을 할 수 있는 발전기는?

① 타여자 발전기
② 직권 발전기
③ 복권 발전기
④ 분권 발전기

08 하나의 콘센트에 둘 또는 세 가지의 기계기구를 끼워서 사용할 때 사용되는 것은?

① 멀티탭
② 테이블탭
③ 노출형 콘센트
④ 리셉터클

09 어느 변압기의 백분율 저항 강하가 2[%], 리액턴스 강하가 3[%]일 때 역률(지역률) 80[%]인 경우의 전압변동률은 몇 [%]인가?

① 0.2
② 1.6
③ 3.4
④ 1.8

10 표면 전하밀도 $\sigma[C/m^2]$로 대전된 도체 내부의 전속밀도는 몇 $[C/m^2]$인가?

① 0
② σ
③ $\dfrac{E}{\varepsilon_0}$
④ $\varepsilon_0 E$

11 50[kW]의 농형 유도전동기를 기동하려고 할 때, 다음 중 가장 적당한 기동 방법은?

① 기동보상기법
② 분상기동법
③ 권선형 기동법
④ 슬립 부하기동법

12 조명용 백열전등을 일반주택 및 아파트 각 호실에 설치할 때 현관등은 최대 몇 분 이내에 소등되는 타임스위치를 시설하여야 하는가?

① 1   ② 2
③ 4   ④ 3

13 교류 동기 서보 모터에 비하여 효율이 훨씬 좋고 큰 토크를 발생하여 입력되는 각 전기신호에 따라 규정된 각도만큼씩 회전하며 회전자는 축 방향으로 자화된 영구자석으로서 보통 50개 정도의 톱니로 만들어져 있는 것은?

① 전기 동력계
② 직류 스태핑 모터
③ 유도 전동기
④ 동기 전동기

14 어느 회로 소자에 일정한 크기의 전압으로 주파수를 증가시키면서 흐르는 전류를 관찰하였다. 주파수를 2배로 하였더니 전류의 크기가 2배로 되었다. 이 회로 소자는?

① 콘덴서
② 다이오드
③ 코일
④ 저항

15 슬립 4[%]인 유도전동기의 부하 저항은 2차 저항의 몇 배인가?

① 24

② 19

③ 20

④ 5

16 전선의 굵기를 측정할 때 사용되는 것은?

① 프레셔 툴

② 파이어 포토

③ 스패너

④ 와이어 게이지

17 10극의 직류 파권 발전기의 전기자 도체수 400, 매극의 자속수 0.02[Wb], 회전수 600 [rpm]일 때 기전력은 몇 [V]인가?

① 200

② 400

③ 380

④ 220

18 어떤 회로에 50[V]의 전압을 가하니 $8+j6$[A] 의 전류가 흘렀다면 이 회로의 임피던스[Ω]는?

① $3-j4$

② $3+j4$

③ $4-j3$

④ $4+j3$

19 전선을 기구 단자에 접속할 때 진동 등의 영향으로 헐거워질 우려가 있는 경우에 사용하는 것은?

① 압착단자

② 스프링 와셔

③ 십자머리 볼

④ 코드 패스너

20 1차 권수 6000, 2차 권수 200인 변압기의 전압비는?

① 90   ② 60

③ 30   ④ 120

21 금속관공사를 할 때 앤트랜스 캡의 사용으로 옳은 것은?

① 저압 가공 인입선의 인입구에 사용

② 금속관이 고정되어 회전시킬 수 없을 때 사용

③ 배관의 직각의 굴곡 부분에 사용

④ 조명기구가 무거울 때 조명기구 부착용으로 사용

22 어떤 회로에 $v=200\sin\omega t$의 전압을 가했더니 $i=50\sin\left(\omega t+\dfrac{\pi}{2}\right)$의 전류가 흘렀다. 이 회로는?

① 용량성 회로

② 임피던스 회로

③ 저항 회로

④ 유도성 회로

23 변전소의 역할로 볼 수 없는 것은?

① 전압의 변성
② 전력의 집중과 배분
③ 전력 계통 보호
④ 전력 생산

24 평균값이 220[V]인 교류전압의 최대값은 약 몇 [V]인가?

① 110[V]
② 381[V]
③ 346[V]
④ 691[V]

25 금속전선관의 직각 굴곡 부분에 사용하는 것은?

① 로크너트
② 노멀밴드
③ 플로이박스
④ 절연부싱

26 단중 파권의 극수 P인 직류기에서 전기자 병렬 회로수 a는 어떻게 되는가?

① a=2p
② a=2
③ a=P
④ a=3p

27 히스테리시스 곡선의 ㉠ 가로축(횡축)과 ㉡ 세로축(종축)은 무엇을 나타내는가?

① ㉠ 자속 밀도　　㉡ 투자율
② ㉠ 자화의 세기　㉡ 자기장의 세기
③ ㉠ 자기장의 세기　㉡ 투자율
④ ㉠ 자기장의 세기　㉡ 자속 밀도

28 다음 중 자기소호 제어용 소자는?

① SCR
② GTO
③ DIAC
④ TRIAC

29 자연 공기 내에서 개방할 때 접촉자가 떨어지면서 자연 소호되는 방식을 가진 차단기로 저압의 교류 또는 직류차단기로 많이 사용되는 것은?

① 기중차단기
② 자기차단기
③ 가스차단기
④ 유입차단기

30 동기속도 1800[rpm], 주파수 60[Hz]인 동기발전기의 극수는 몇 극인가?

① 2
② 10
③ 8
④ 4

31 평형 3상 성형 결선에 있어서 선간전압(V_l)과 상전압 (V_P)의 관계는?

① $V_l = V_P$

② $V_l = \sqrt{2} V_P$

③ $V_l = \dfrac{1}{\sqrt{3}} V_P$

④ $V_l = \sqrt{3} V_P$

32 다음 기호의 명칭은?

———————————

① 바닥면 노출 배선

② 바닥 은폐 배선

③ 노출 배선

④ 천장 은폐 배선

33 변압기유로 쓰이는 절연유에 요구되는 성질이 아닌 것은?

① 절연재료 및 금속재료에 화학작용을 일으키지 않을 것

② 비열이 커 냉각 효과가 클 것

③ 점도가 클 것

④ 인화점이 높고 응고점이 낮을 것

34 공기 중에서 자속 밀도 2[Wb/m^2]의 평등자계 내에 5[A]의 전류가 흐르고 있는 길이 60[cm]의 직선 도체를 자계의 방향에 대하여 60°의 각을 이루도록 놓았을 때 이 도체에 작용하는 힘은?

① 약 5.2N   ② 약 1.7N

③ 약 8.6N   ④ 약 3.2N

35 가정용 전등에 사용되는 점멸스위치를 설치하여야 할 위치에 대한 설명으로 가장 적당한 것은?

① 접지측 전선에 설치한다.

② 전압측 전선에 설치한다.

③ 부하의 2차측에 설치한다.

④ 중성선에 설치한다.

36 다음 중 변압기의 원리와 가장 관계가 있는 것은?

① 편자 작용

② 표피 작용

③ 전기자 반작용

④ 전자유도 작용

37 전력량의 단위는?

① W · s

② Ah

③ C

④ W

38 금속관 끝에 나사를 내는 공구는?

① 스패너

② 파이프 커터

③ 리머

④ 오스터

39 등전위면과 전기력선의 교차 관계는?

① 직각으로 교차한다.

② 30°로 교차한다.

③ 45°로 교차한다.

④ 교차하지 않는다.

40 한 수용 장소의 인입선에서 분기하여 지지물을 거치지 아니하고 다른 수용 장소의 인입구에 이르는 부분의 전선을 무엇이라 하는가?

① 가공전선

② 연접인입선

③ 가공인입선

④ 가공지선

41 동기 발전기의 병렬운전에 필요한 조건이 아닌 것은?

① 기전력의 용량이 같을 것

② 기전력의 크기가 같을 것

③ 기전력의 주파수가 같을 것

④ 기전력의 위상이 같을 것

42 5마력을 와트[W] 단위로 환산하면?

① 1317[W]

② 1700[W]

③ 3730[W]

④ 4300[W]

43 다음 중 전선의 슬리브 접속에 있어서 펜치와 같이 사용되고 금속관 공사에서 로크너트를 조일 때 사용하는 공구는 어느 것인가?

① 비트 익스텐션(Bit Extension)

② 히키 (Hickey)

③ 펌프 플라이어(pump plier)

④ 클리퍼(clipper)

44 교류 전압의 실효값이 200[V]일 때 단상반파 정류에 의하여 발생하는 직류 전압의 평균값은 약 몇 [V]인가?

① 45　　　　　　② 105

③ 90　　　　　　④ 110

45 진공 중에 두 자극 m_1, m_2를 r[m]의 거리에 놓았을 때 작용하는 힘 F의 식으로 옳은 것은?

① $F = 4\pi\mu_0 \times \dfrac{m_1 m_2}{r}[N]$

② $F = 4\pi\mu_0 \times \dfrac{m_1 m_2}{r^2}[N]$

③ $F = \dfrac{1}{4\pi\mu_0} \times \dfrac{m_1 m_2}{r}[N]$

④ $F = \dfrac{1}{4\pi\mu_0} \times \dfrac{m_1 m_2}{r^2}[N]$

46 보극이 없는 직류기의 운전 중 중성점의 위치가 변하지 않는 경우는?

① 과부하일 때

② 전부하일 때

③ 중부하일 때

④ 무부하일 때

47 다음 중 과전류 차단기를 시설해야 할 곳은?

① 인입선
② 접지공사의 접지선
③ 다선식 전로의 중성선
④ 저압가공전로의 접지측 전선

48 정격 2차 전압 및 정격 주파수에 대한 출력 [kW]과 전체손실[kW]이 주어졌을 때 변압기의 규약효율을 나타내는 식은?

① $\dfrac{입력[kW]}{입력[kW]-전체손실[kW]} \times 100\%$

② $\dfrac{출력[kW]}{입력[kW]-철손[kW]-동손[kW]} \times 100\%$

③ $\dfrac{출력[kW]}{출력[kW]+전체손실[kW]} \times 100\%$

④ $\dfrac{출력[kW]-철손[kW]-동손[kW]}{입력[kW]} \times 100\%$

49 R_1, R_2, R_3의 저항 3개를 직렬접속했을 때의 합성저항값은?

① $R = R_1 + R_2 \cdot R_3$
② $R = R_1 \cdot R_2 + R_3$
③ $R = R_1 \cdot R_2 \cdot R_3$
④ $R = R_1 + R_2 + R_3$

50 "물질 중의 자유전자가 부족한 상태"란?

① 중성 상태
② (−)대전 상태
③ (+)대전 상태
④ 발열 상태

51 직류 전동기의 회전 방향을 바꾸기 위해서는 어떻게 하면 되는가?

① 전원의 극성을 바꾼다.
② 발전기로 운전한다.
③ 차동복권을 가동복권으로 한다.
④ 전류의 방향이나 계자의 극성을 바꾸면 된다.

52 실내 전반조명을 하고자 한다. 작업대로부터 광원의 높이가 2.4m인 위치에 조명기구를 배치할 때 벽에서 한 기구 이상 떨어진 기구에서 기구 간의 거리는 일반적인 경우 최대 몇 m로 배치하여 설치하는가? (단, S≦1.5H를 사용하여 구하도록 한다.)

① 1.8 　　　② 3.6
③ 3.2 　　　④ 2.4

53 서로 가까이 나란히 있는 두 도체에 전류가 반대 방향으로 흐를 때 각 도체 간에 작용하는 힘은?

① 흡인과 반발을 되풀이한다.
② 흡인한다.
③ 처음에는 흡인하다가 나중에는 반발한다.
④ 반발한다.

54 단중중권의 극수가 P인 직류기에서 전기자 병렬 회로 수 a는 어떻게 되는가?

① 극수 P와 무관하게 항상 2가 된다.
② 극수 P의 2배가 된다.
③ 극수 P와 같게 된다.
④ 극수 P의 3배가 된다.

55 20[A]의 전류를 흘렸을 때 전력이 60[W]인 저항에 30[A]를 흘리면 전력은 몇 [W]가 되겠는가?

① 90
② 120
③ 135
④ 80

56 고압 가공 전선로의 전선의 조수가 3조일 때 완금의 길이는?

① 1200[mm]
② 1800[mm]
③ 1400[mm]
④ 2400[mm]

57 자체 인덕턴스가 각각 160[mH], 250[mH]의 두 코일이 있다. 두 코일 사이의 상호 인덕턴스가 150[mH]이면 결합계수는?

① 0.5
② 0.62
③ 0.75
④ 0.86

58 다음 중 나전선과 절연전선 접속 시 접속 부분의 전선의 세기는 일반적으로 어느 정도 유지해야 하는가?

① 50[%] 이상
② 70[%] 이상
③ 60[%] 이상
④ 80[%] 이상

59 다음 중 반자성체는?

① 코발트
② 니켈
③ 알루미늄
④ 안티몬

60 아웃렛 박스 등의 녹 아웃의 지름이 관의 지름보다 클 때에 관을 박스에 고정시키기 위해 쓰는 재료의 명칭은?

① 터미널캡
② 엔트랜스캡
③ 링리듀서
④ 유니버셜

시험 일자	시험 시간	문항 수
2024년 2회 시행	60분	60문항

수험번호 : _____

성   명 : _____

01 R=4[Ω], X_L=8[Ω], X_C=5[Ω]가 직렬로 연결된 회로에 100[V]의 교류를 가했을 때 흐르는 ㉠ 전류와 ㉡ 임피던스는?

① ㉠ 20[A], ㉡ 유도성
② ㉠ 20[A], ㉡ 용량성
③ ㉠ 5.9[A], ㉡ 유도성
④ ㉠ 5.9[A], ㉡ 용량성

02 변압기 내부고장보호에 쓰이는 계전기로서 가장 적당한 것은?

① 역상계전기
② 접지계전기
③ 과전류계전기
④ 차동계전기

03 셀룰로이드, 성냥, 석유류 등 기타 가연성 위험물을 제조 또는 저장하는 장소의 배선으로 잘못된 배선은?

① 플로어덕트 배선
② 합성수지관 배선
③ 금속관 배선
④ 케이블 배선

04 비유전율 2.5의 유전체 내부의 전속밀도가 $2 \times 10^{-6}[C/m^2]$ 되는 점의 전기장의 세기는?

① $3.6 \times 10^4[V/m]$
② $6 \times 10^4[V/m]$
③ $9 \times 10^4[V/m]$
④ $18 \times 10^4[V/m]$

05 농형 유도전동기의 기동법이 아닌 것은?

① 기동보상기에 의한 기동법
② 리액터 기동법
③ 2차 저항기법
④ Y−Δ 기동법

06 다음 중 변류기의 약호는?

① CB　　　　② COS
③ DS　　　　④ CT

07 어떤 전지에서 5[A]의 전류가 10분간 흘렀다면 이 전지에서 나온 전기량은?

① 250[C]
② 3000[C]
③ 0.83[C]
④ 50[C]

08 조명기구의 배광에 의한 분류 중 40~60[%] 정도의 빛이 위쪽과 아래쪽으로 고루 향하고 가장 일반적인 용도를 가지고 있으며 상·하 좌우로 빛이 모두 나오므로 부드러운 조명이 되는 조명 방식은?

① 직접조명 방식
② 반직접조명 방식
③ 반간접조명 방식
④ 전반확산조명 방식

09 급정지하는 데 가장 좋은 제동법은?

① 발전제동
② 역전제동
③ 단상제동
④ 회생제동

10 전류의 발열 작용에 관한 법칙으로 가장 알맞은 것은?

① 패러데이의 법칙
② 줄의 법칙
③ 키르히호프의 법칙
④ 옴의 법칙

11 E종 절연물의 최고 허용온도는?

① 40
② 60
③ 155
④ 120

12 진공 중에서 비유전율 ε_s의 값은?

① 8.855×10^{-12}
② 1
③ 9×10^9
④ 6.33×10^4

13 폭발성 분진이 존재하는 곳의 금속관 공사에 있어서 관상호 및 관과 박스 기타의 부속품이나 폴박스 또는 전기 기계기구와의 접속은 몇 턱 이상의 나사 조임으로 접속하여야 하는가?

① 5턱
② 3턱
③ 4턱
④ 2턱

14 동기 조상기를 부족여자로 운전하면 어떻게 되는가?

① 리액터로 작용
② 뒤진역률 보상
③ 콘덴서로 작용
④ 저항손의 보상

15 가공전선로의 지지물이 아닌 것은?

① 목주
② 철근 콘크리트주
③ 지선
④ 철탑

16 세 변의 저항 $R_a = R_b = R_c = 15[\Omega]$인 Y결선 회로가 있다. 이것과 등가인 △결선 회로의 각 변의 저항은?

① $15\sqrt{3}[\Omega]$

② $45[\Omega]$

③ $\dfrac{15}{\sqrt{3}}[\Omega]$

④ $\dfrac{15}{3}[\Omega]$

17 제어 정류기의 용도는?

① 교류 – 교류 변환

② 교류 – 직류 변환

③ 직류 – 교류 변환

④ 직류 – 직류 변환

18 철근 콘크리트주의 길이가 14[m]이고, 설계하중이 9.8[kN] 이하일 때, 땅에 묻히는 표준 깊이는 몇 [m]이어야 하는가?

① 2[m]

② 2.3[m]

③ 2.5[m]

④ 2.7[m]

19 복권발전기의 병렬운전을 안전하게 하기 위해서 두 발전기의 전기자와 직권 권선의 접촉점에 연결해야 하는 것은?

① 안정저항

② 집전환

③ 균압선

④ 브러시

20 $\dot{Z} = 2 + j11[\Omega]$, $\dot{Z} = 4 - j3[\Omega]$의 직렬회로에서 교류전압 100[V]를 가할 때 합성 임피던스는?

① 10[Ω]

② 14[Ω]

③ 6[Ω]

④ 8[Ω]

21 동기발전기를 병렬운전하는데 필요한 조건이 아닌 것은?

① 기전력의 주파수가 같을 것

② 기전력의 위상이 같을 것

③ 기전력의 파형이 작을 것

④ 기전력의 크기가 같을 것

22 가연성 가스가 존재하는 장소의 저압시설 공사 방법으로 옳은 것은?

① 금속관 공사

② 합성수지관 공사

③ 가요전선관 공사

④ 금속몰드 공사

23 변압기 V결선의 특징으로 틀린 것은?

① 고장 시 응급처치 방법으로도 쓰인다.

② 단상변압기 2대로 3상 전력을 공급한다.

③ 부하 증가가 예상되는 지역에 시설한다.

④ V결선 시 출력은 △결선 시 출력과 그 크기가 같다.

24 전기저항 25[Ω]에 50[V]의 사인파 전압을 가할 때 전류의 순시값은?
(단, 각속도 $\omega = 377 rad/s$이다.)

① $4\sqrt{2}\sin 377t\,[A]$

② $4\sin 377t\,[A]$

③ $2\sqrt{2}\sin 377t\,[A]$

④ $2\sin 377t\,[A]$

25 알루미늄전선과 전기기계기구 단자의 접속 방법으로 틀린 것은?

① 전선을 나사로 고정하는 경우 나사가 진동 등으로 헐거워질 우려가 있는 장소는 2중 너트 등을 사용할 것

② 전선에 터미널러그 등을 부착하는 경우는 도체에 손상을 주지 않도록 피복을 벗길 것

③ 나사 단자에 전선을 접속하는 경우는 전선을 나사의 홈에 가능한 한 밀착하여 3/4 바퀴 이상 1바퀴 이하로 감을 것

④ 누름나사단자 등에 전선을 접속하는 경우는 전선을 단자 깊이의 2/3 위치까지만 삽입할 것

26 변압기유의 열화방지와 관계가 가장 먼 것은?

① 브리더

② 부싱

③ 불활성 질소

④ 컨서베이터

27 전기분해에 의해서 구리를 정제하는 경우, 음극에서 구리 1[kg]을 석출하기 위해서는 200[A]의 전류를 약 몇 시간(h) 흘려야 하는가? (단, 전기 화학당량은 $0.3293 \times 10^{-3} g/C$임)

① 8.44[h]

② 12.65[h]

③ 2.11[h]

④ 4.22 [h]

28 다음 중 금속덕트 공사 방법과 거리가 가장 먼 것은?

① 금속덕트 상호는 견고하고 또한 전기적으로 완전하게 접속할 것

② 금속덕트는 3[m] 이하의 간격으로 견고하게 지지할 것

③ 금속덕트의 뚜껑은 쉽게 열리지 않도록 시설할 것

④ 덕트의 말단은 열어 놓을 것

29 알카리 축전지의 대표적인 축전지로 널리 사용되고 있는 2차 전지는?

① 망간

② 산화은

③ 페이퍼

④ 니켈카드뮴

30 변압기에서 전압변동률이 최대가 되는 부하의 역률은? (단, P : 퍼센트 저항 강하, q : 퍼센트 리액턴스 강하, cosθ : 역률)

① $\cos\theta_m = \dfrac{P}{\sqrt{P+q}}$

② $\cos\theta_m = \dfrac{P}{\sqrt{P^2+q^2}}$

③ $\cos\theta_m = \dfrac{P}{P^2+q^2}$

④ $\cos\theta_m = \dfrac{P}{P+q}$

31 가스 절연 개폐기나 가스 차단기에 사용되는 가스인 SF_6의 성질이 아닌 것은?

① 공기의 25배 정도로 절연 내력이 낮다.
② 색깔, 독성, 냄새가 없다.
③ 절연유의 $\dfrac{1}{140}$로 가볍지만 공기보다 5배 무겁다.
④ 연소하지 않는 성질이다.

32 3상 동기 발전기에 무부하 전압보다 90° 뒤진 전기자 전류가 흐를 때 전기자 반작용은?

① 교차 자화 작용을 한다.
② 증자 작용을 한다.
③ 감자 작용을 한다.
④ 자기 여자 작용을 한다.

33 합성수지 몰드 배선의 사용전압은 몇 [V] 이하이어야 하는가?

① 750   ② 600
③ 400   ④ 800

34 60[Hz] 3상 반파 정류 회로의 맥동 주파수는?

① 60[Hz]
② 120[Hz]
③ 180[Hz]
④ 360[Hz]

35 2[Ω]과 3[Ω]의 저항을 병렬로 접속했을 때 흐르는 전류는 직렬로 접속했을 때의 약 몇 배인가?

① 1/2배
② 2배
③ 2.08배
④ 4.17배

36 합성수지관 공사에 대한 설명 중 옳지 않은 것은?

① 습기가 많은 장소 또는 물기가 있는 장소에 시설하는 경우에는 방습 장치를 한다.
② 관의 지지점 간의 거리는 3[m] 이상으로 한다.
③ 관 상호 간 및 박스와는 관을 삽입하는 깊이를 관의 바깥지름의 1.2배 이상으로 한다.
④ 합성수지관 안에는 전선에 접속점이 없도록 한다.

37 직류발전기를 구성하는 부분 중 정류자란?

① 전기자와 쇄교하는 자속을 만들어 주는 부분
② 계자 권선과 외부 회로를 연결시켜 주는 부분
③ 자속을 끊어서 기전력을 유기하는 부분
④ 전기자권선에서 생긴 교류를 직류로 바꾸어 주는 부분

38 전선 6[mm^2] 이하의 가는 단선을 직선 접속할 때 어느 방법으로 하여야 하는가?

① 브리타니어 접속
② 슬리브 접속
③ 트위스트 접속
④ 우산형 접속

39 니켈의 원자가는 2.0이고 원자량은 58.70이다. 화학당량의 값은?

① 60.70
② 56.70
③ 29.35
④ 117.4

40 동기 전동기의 전기자 전류가 최소일 때 역률은?

① 0.5
② 0.707
③ 0.866
④ 1.0

41 금속 전선관 공사에 필요한 공구가 아닌 것은?

① 파이프 바이스
② 오스터
③ 리미
④ 스트리퍼

42 직류기의 전기자 철심을 규소 강판으로 성층하여 만드는 이유는?

① 가공하기 쉽다.
② 가격이 싸다.
③ 철손을 줄일 수 있다.
④ 기계손을 줄일 수 있다.

43 1[μF], 3[μF], 6[μF]의 콘덴서 3개를 병렬로 연결할 때 합성 정전용량은?

① 10[μF]
② 1.5[μF]
③ 18[μF]
④ 5[μF]

44 분전반에 사용전압이 각각 다른 분기회로가 있을 때 분기회로를 쉽게 식별하기 위한 방법으로 가장 적합한 것은?

① 차단기 가까운 곳에 각각 전압을 표시하는 명판을 붙여 놓는다.
② 차단기별로 분리해 놓는다.
③ 왼쪽은 고압 측, 오른쪽은 저압 측으로 분류한다.
④ 분전반을 철거하고 다른 분전반을 새로 설치한다.

45 전자석의 특징으로 옳지 않은 것은?

① 전류의 방향이 바뀌면 전자석의 극도 바뀐다.
② 코일을 감은 횟수가 많을수록 전자석이 강해진다.
③ 같은 전류면 코일 속에 철심을 넣은 것이 더 강한 전자석이 된다.
④ 전류를 많이 공급하면 무한정으로 자력이 강해진다.

46 단락비가 큰 동기 발전기를 설명하는 것으로 옳지 않은 것은?

① 동기 임피던스가 작다.
② 단락 전류가 크다.
③ 공극이 크고 전압 변동률이 작다.
④ 전기자 반작용이 크다.

47 평균 반지름이 10[cm]이고 감은 횟수 10회의 원형코일에 20[A]의 전류를 흐르게 하면 코일 중심의 자기장의 세기는?

① 1000[AT/m]
② 10[AT/m]
③ 2000[AT/m]
④ 20[AT/m]

48 애자사용공사를 건조한 장소에 시설하고자 한다. 사용전압이 400[V] 이하인 경우 전선과 조영재 사이의 이격 거리는 최소 몇 [cm] 이상이어야 하는가?

① 12[cm] 이상
② 4.5[cm] 이상
③ 6[cm] 이상
④ 2.5[cm]이상

49 단상반파 정류 회로의 전원 전압 200[V], 부하 저항이 10[Ω]이면 부하 전류는 약 몇 [A]인가?

① 4
② 13
③ 9
④ 18

50 주기적인 구형파 신호의 성분은 어떻게 되는가?

① 성분 분석이 불가능하다.
② 직류분만으로 합성된다.
③ 무수히 많은 주파수의 합성이다.
④ 교류 합성을 갖지 않는다.

51 가요 전선관에 사용되는 부속품이 아닌 것은?

① 스플릿 커플링
② 콤비네이션 커플링
③ 유니언 커플링
④ 앵글박스 커넥터

52 용량을 변화시킬 수 있는 콘덴서는?

① 바리콘
② 마일러 콘덴서
③ 전해 콘덴서
④ 세라믹 콘덴서

53 3상 동기기에 제동 권선을 설치하는 주된 목적은?

① 출력 증가
② 난조 방지
③ 역률 개선
④ 효율 증가

54 다음 중 자기저항의 단위에 해당되는 것은?

① AT/Wb
② H/m
③ Wb/AT
④ Ω

55 부식성 가스 등이 있는 장소에서 시설이 허용되는 것은?

① 개폐기
② 전등
③ 콘센트
④ 과전류 차단기

56 정현파 교류의 왜형률 (distortion factor)은?

① 0.2273
② 0.4834
③ 0
④ 0.1212

57 변전소에 사용되는 주요 기기로서 ABB는 무엇을 의미하는가?

① 유입차단기
② 자기차단기
③ 공기차단기
④ 진공차단기

58 전류에 의해 만들어지는 자기장의 자기력선 방향을 간단하게 알아내는 방법은?

① 플레밍의 왼손 법칙
② 렌츠의 자기유도 법칙
③ 앙페르의 오른나사 법칙
④ 패러데이의 전자유도 법칙

59 회전자 입력을 P_2, 슬립을 s라 할 때 3상 유도전동기의 기계적 출력의 관계식은?

① sP_2
② $(1-s)P_2$
③ s^2P_2
④ P_2/s

60 저압 연접 인입선 시설에서 제한 사항이 아닌 것은?

① 인입선의 분기점에서 100m를 초과하는 지역에 미치지 아니할 것
② 폭 5m를 넘는 도로를 횡단하지 말 것
③ 지름 2.0mm 이하의 경동선을 사용하지 말 것
④ 다른 수용가의 옥내를 관통하지 말 것

시험 일자	시험 시간	문항 수
2024년 1회 시행	60분	60문항

수험번호 : _____

성 명 : _____

---

01 권수가 200인 코일에서 0.1초 사이에 0.4[Wb]의 자속이 변화한다면, 코일에 발생되는 기전력은 얼마인가?

① 200[V]

② 2000[V]

③ 8[V]

④ 800[V]

02 3상 유도전동기의 회전원리를 설명한 것 중 틀린 것은?

① 회전자의 회전속도가 증가하면 도체를 관통하는 자속수는 감소한다.

② 회전자의 회전속도가 증가하면 슬립도 증가한다.

③ 부하를 회전시키기 위해서는 회전자의 속도는 동기속도 이하로 운전되어야 한다.

④ 3상 교류전압을 고정자에 공급하면 고정자 내부에서 회전 자기장이 발생된다.

03 과전류 차단기를 꼭 설치해야 하는 곳은?

① 저압 옥내 간선의 전원측 전로

② 접지 공사의 접지선

③ 다선식 선로의 중성선

④ 전로의 일부에 접지 공사를 한 저압 가공전로의 접지측 전선

04 전기자 저항이 0.2[Ω], 전류 100[A], 전압 120[V]일 때 분권전동기의 발생 동력[kW]은?

① 5

② 10

③ 14

④ 20

05 단상 전압 220[V]에 소형 전동기를 접속하였더니 2.5[A]의 전류가 흘렀다. 이때의 역률이 75[%]이었다. 이 전동기의 소비전력[W]은?

① 545.5[W]

② 714.5[W]

③ 187.5[W]

④ 412.5[W]

06 절연전선 상호 간의 접속에서 옳지 않은 것은?

① 납땜 접속을 한다.

② 와이어 커넥터를 사용하여 접속한다.

③ 슬리브를 사용하여 접속한다.

④ 굵기가 $6mm^2$ 이하인 것은 브리타니아 접속을 한다.

07 동기전동기에 대한 설명으로 옳지 않은 것은?

① 정속도 전동기로 비교적 회전수가 낮고 큰 출력이 요구되는 부하에 이용한다.

② 난조가 발생하기 쉽고, 속도제어가 간단하다.

③ 전력계통의 전류세기, 역률 등을 조정할 수 있는 동기조상기로 사용된다.

④ 가변 주파수에 의해 정밀속도 제어 전동기로 사용된다.

08 그림과 같은 회로에서 $4[\Omega]$에 흐르는 전류$[A]$ 값은?

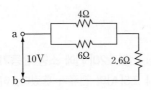

① 0.6

② 0.8

③ 1.0

④ 1.2

09 전기공사에 사용하는 공구와 작업내용이 잘못된 것은?

① 홀소 – 분전반 구멍 뚫기

② 피시 테이프 – 전선관 보호

③ 토치 램프 – 합성 수지관 가공하기

④ 와이어 스트리퍼 – 전선 피복 벗기기

10 3상 교류회로에 2개의 전력계 W_1, W_2로 측정해서 W_1의 지시값이 P_1, W_2의 지시값이 P_2라고 하면 3상 전력은 어떻게 표현되는가?

① $P_1 + P_2$

② $3(P_1 - P_2)$

③ $3(P_1 + P_2)$

④ $P_1 - P_2$

11 3상 변압기의 병렬운전이 불가능한 결선 방식으로 짝지은 것은?

① $\triangle - \triangle$와 $Y - Y$

② $\triangle - Y$와 $\triangle - Y$

③ $Y - Y$와 $Y - Y$

④ $\triangle - \triangle$와 $\triangle - Y$

12 다음 중 방수형 콘센트의 심벌은?

①

② ●

③ WP

④ E

13 3상 유도전동기의 1차 입력 60[kW], 1차 손실 1[kW], 슬립 3[%]일 때 기계적 출력은 약 몇 [kW]인가?

① 57

② 75

③ 95

④ 100

14 콘덴서 용량 0.001[F]과 같은 것은?

① 10000[μF]
② 10[μF]
③ 100000[μF]
④ 1000[μF]

15 가공배전선로 시설에는 전선을 지지하고 각종 기기를 설치하기 위한 지지물이 필요하다. 이 지지물 중 가장 많이 사용되는 것은?

① 철주
② 철탑
③ 강관 전주
④ 철근콘크리트주

16 3상 동기발전기 병렬운전조건이 아닌 것은?

① 전압의 크기가 같을 것
② 회전수가 같을 것
③ 주파수가 같을 것
④ 전압 위상이 같을 것

17 두 금속을 접속하여 여기에 전류를 흘리면, 줄열 외에 그 접점에서 열의 발생 또는 흡수가 일어나는 현상은? (단, 동일한 두 금속)

① 제벡 효과
② 톰슨 효과
③ 펠티에 효과
④ 제3금속 효과

18 통전 중인 사이리스터를 턴 오프(turn off)하려면?

① 순방향 Anode 전류를 유지전류 이하로 한다.
② 순방향 Anode 전류를 증가시킨다.
③ 게이트 전압을 0 또는 −로 한다.
④ 역방향 Anode 전류를 통전한다.

19 전주의 길이가 16m이고, 설계하중이 6.8KN이하의 철근콘크리트주의 묻히는 깊이는 얼마인가?

① 2.5
② 2.66
③ 2.8
④ 2

20 다음은 3상 유도전동기 고정자 권선의 결선도를 나타낸 것이다. 맞는 사항을 고르시오.

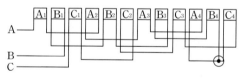

① 3상 2극, Y결선
② 3상 4극, Y결선
③ 3상 2극, △결선
④ 3상 4극, △결선

21 10[Ω] 저항 5개를 가지고 얻을 수 있는 가장 작은 합성 저항값은?

① 2[Ω]
② 5[Ω]
③ 1[Ω]
④ 4[Ω]

22 지중에 매설되어 있는 금속제 수도관로는 대지와의 전기 저항값이 얼마 이하로 유지되어야 접지극으로 사용할 수 있는가?

① 1[Ω]
② 3[Ω]
③ 4[Ω]
④ 5[Ω]

23 1[cm]당 권선수가 10인 무한 길이 솔레노이드에 1[A]의 전류가 흐르고 있을 때 솔레노이드 외부 자계의 세기[AT/m]는?

① 0
② 10
③ 100
④ 1000

24 직류발전기에서 계자의 주된 역할은?

① 기전력을 유도한다.
② 자속을 만든다.
③ 정류작용을 한다.
④ 정류자면에 접촉한다.

25 가공전선로의 지지물에서 다른 지지물을 거치지 아니하고 수용장소의 인입선 접속점에 이르는 가공전선을 무엇이라 하는가?

① 옥외 전선
② 연접 인입선
③ 가공 인입선
④ 관등회로

26 직류 전동기의 속도 제어에서 자속을 2배로 하면 회전수는?

① 1/2로 줄어든다.
② 변함이 없다.
③ 2배로 증가한다.
④ 4배로 증가한다.

27 컨덕턴스 G[℧], 저항 R[Ω], 전압 V[V], 전류를 I[A]라 할 때 G와의 관계가 옳은 것은?

① $G = \dfrac{V}{R}$
② $G = \dfrac{R}{V}$
③ $G = \dfrac{I}{V}$
④ $G = \dfrac{V}{I}$

28 옥내배선 공사 작업 중 접속함에 쥐꼬리 접속을 할 때 필요한 것은?

① 커플링
② 와이어커넥터
③ 로크너트
④ 부싱

29 변압기의 퍼센트 저항 강하가 3[%], 퍼센트 리액턴스 강하가 4[%]이고, 역률이 80[%] 지상이다. 이 변압기의 전압 변동률[%]은?

① 3.2 　　　　② 4.8
③ 5.0 　　　　④ 5.6

30 자체 인덕턴스가 L_1, L_2인 두 코일을 직렬로 접속하였을 때 합성 인덕턴스를 나타내는 식은? (단, 가동접속으로 접속)

① $L_1 - L_2 + 2M$
② $L_1 + L_2 + 2M$
③ $L_1 - L_2 - 2M$
④ $L_1 + L_2 - 2M$

31 자동화재탐지설비는 화재의 발생을 초기에 자동적으로 탐지하여 소방대상물의 관계자에게 화재의 발생을 통보해주는 설비이다. 이러한 자동화재 탐지설비의 구성 요소가 아닌 것은?

① 발신기
② 비상경보기
③ 수신기
④ 중계기

32 전압변동률이 적고 자여자이므로 다른 전원이 필요 없으며, 계자저항기를 사용한 전압조정이 가능하므로 전기 화학용, 전지의 충전용 발전기로 가장 적합한 것은?

① 타여자 발전기
② 직류 복권발전기
③ 직류 분권발전기
④ 직류 직권발전기

33 전력과 전력량에 관한 설명으로 틀린 것은?

① 전력은 칼로리 단위로 환산할 수 없다.
② 전력량은 와트로 환산된다.
③ 전력은 전력량과 다르다.
④ 전력량은 칼로리 단위로 환산된다.

34 유도전동기에서 슬립이 가장 큰 경우는?

① 무부하 운전 시
② 경부하 운전 시
③ 정격부하 운전 시
④ 기동 시

35 토지의 상황이나 기타 사유로 인하여 보통지선을 시설할 수 없을 때 전주와 전주 간 또는 전주와 지주 간에 시설할 수 있는 지선은?

① 보통지선
② 수평지선
③ Y지선
④ 궁지선

36 3상 동기발전기에서 전기자 전류와 무부하 유도기전력보다 $\pi/2$[rad] 앞선 경우(Xc만의 부하)의 전기자반작용은?

① 횡축반작용
② 증자작용
③ 감자작용
④ 편자작용

37 다음 중 가장 무거운 것은?

① 양성자의 질량과 전자의 질량의 합
② 원자핵의 질량과 전자의 질량의 합
③ 양성자의 질량과 중성자의 질량의 합
④ 중성자의 질량과 전자의 질량의 합

38 고장 시 불평형 차전류가 평형 전류의 어떤 비율 이상으로 되었을 때 동작하는 계전기는?

① 차동 계전기
② 비율차동 계전기
③ 과전류 계전기
④ 부족전압 계전기

39 옥외용 비닐절연전선의 약호는?

① OW
② DV
③ NR
④ FTC

40 저항의 병렬 접속에서 합성저항을 구하는 설명으로 옳은 것은?

① 저항값의 역수에 대한 합을 구하고 다시 그 역수를 취하면 된다.
② 각 저항값의 역수에 대한 합을 구하면 된다.
③ 연결된 저항을 모두 합하면 된다.
④ 각 저항값을 모두 합하고 저항 숫자로 나누면 된다.

41 전등 1개를 2개소에서 점멸하고자 할 때 3로 스위치는 최소 몇 개 필요한가?

① 1개
② 2개
③ 3개
④ 4개

42 변압기의 1차 권회수 80회, 2차 권회수 320회 일 때 2차측의 전압이 100[V]이면 1차 전압[V]는?

① 15
② 25
③ 50
④ 100

43 저항 $R=15[\Omega]$, 자체 인덕턴스 $L=35[mH]$, 정전용량 $C=300[\mu F]$의 직렬회로에서 공진 주파수 f_r는 약 몇 [Hz]인가?

① 40
② 50
③ 60
④ 70

44 굵은 전선이나 케이블을 절단할 때 사용하는 공구는?

① 클리퍼
② 펜치
③ 와이어스트리퍼
④ 플라이어

45 직류 발전기에서 전기자 반작용을 없애는 방법으로 옳은 것은?

① 브러시 위치를 전기적 중성점이 아닌 곳으로 이동시킨다.

② 보극과 보상 권선을 설치한다.

③ 브러시의 압력을 조정한다.

④ 보극은 설치하되 보상 권선은 설치하지 않는다.

46 10[A]의 전류로 6시간 방전할 수 있는 축전지의 용량은?

① 2[Ah]

② 15[Ah]

③ 30[Ah]

④ 60[Ah]

47 동기기에서 사용되는 절연재료로 B종 절연물의 온도 상승한도는 약 몇 [℃]인가?

① 130

② 105

③ 90

④ 120

48 전류에 의해 만들어지는 자기장의 자기력선 방향을 간단하게 알아내는 방법은?

① 플레밍의 왼손 법칙

② 렌츠의 자기유도 법칙

③ 앙페르의 오른나사 법칙

④ 패러데이의 전자유도 법칙

49 직류 전동기의 출력이 50[kW], 회전수가 1800[rpm]일 때 토크는 약 몇[kg · m]인가?

① 12

② 23

③ 27

④ 31

50 일정 값 이상의 전류가 흘렀을 때 동작하는 계전기는?

① OCR

② UVR

③ OVR

④ GR

51 어떤 도체의 길이를 n배로 하고 단면적을 $\frac{1}{n}$로 하였을 때의 저항은 원래 저항보다 어떻게 되는가?

① n배로 된다.

② n^2배로 된다.

③ $\sqrt{n}$배로 된다.

④ $\frac{1}{n}$로 된다

52 가로 20m, 세로 18m, 천장의 높이 3.85m, 작업면의 높이 0.85일 때 호텔 연회장의 실지수는 얼마인가?

① 4.16

② 3.16

③ 1.16

④ 2.16

53 다음 중 도전율을 나타내는 단위는?

① $\Omega \cdot m$

② $\mho$

③ $\mho/m$

④ $\mho \cdot m$

54 일반적으로 저압가공인입선이 도로를 횡단하는 경우 노면상 시설하여야 할 높이는?

① 4m 이상

② 5m 이상

③ 6m 이상

④ 6.5m 이상

55 전선에 일정량 이상의 전류가 흘러서 온도가 높아지면 절연물을 열화하여 절연성을 극도로 악화시킨다. 그러므로 도체에 안전한게 흘릴 수 있는 최대전류를 무엇이라 하는가?

① 불평형 전류

② 평형 전류

③ 단락전류

④ 허용전류

56 조명 설계 시 고려해야 할 사항 중 틀린 것은?

① 적당한 조도일 것

② 휘도 대비가 높을 것

③ 균등한 광속 발산도 분포일 것

④ 적당한 그림자가 있을 것

57 동기기 손실 중 무부하손이 아닌 것은?

① 와류손

② 전기자 동손

③ 히스테리시스손

④ 베어링 마찰손

58 연선 결정에 있어서 중심 소선을 뺀 총수가 2층이다. 소선의 총수 N은 얼마인가?

① 45

② 39

③ 19

④ 9

59 영구자석의 재료로서 적당한 것은?

① 잔류자기와 보자력이 모두 큰 것

② 잔류자기와 보자력이 모두 작은 것

③ 잔류자기가 크고 보자력이 작은 것

④ 잔류자기가 적고 보자력이 큰 것

60 저압 옥내배선에서 애자사용 공사를 할 때 올바른 것은?

① 전선 상호 간의 간격은 6[cm] 이상

② 440[V] 초과하는 경우 전선과 조영재 사이의 이격거리는 2.5[cm] 미만

③ 전선의 지지점 간의 거리는 조영재의 윗면 또는 옆면에 따라 붙일 경우에는 3[m] 이상

④ 애자사용공사에 사용되는 애자는 절연성·난연성 및 내수성과 무관

시험 일자	시험 시간	문항 수
2023년 4회 시행	60분	60문항

수험번호 : _____

성   명 : _____

01 수 · 변전설비의 인입구 개폐기로 많이 사용되고 있으며 전력퓨즈의 용단 시 결상을 방지하는 목적으로 사용되는 개폐기는?

① 선로개폐기
② 부하개폐기
③ 자동고장구분개폐기
④ 기중 부하개폐기

02 평형 3상 교류회로의 Y결선을 △결선으로 등가 변환하기 위해서는 어떻게 하여야 하는가?

① 각 상의 임피던스를 $\frac{1}{3}$로 한다.

② 각 상의 임피던스를 $\frac{1}{\sqrt{3}}$로 한다.

③ 각 상의 임피던스를 3배로 한다.

④ 각 상의 임피던스를 $\sqrt{3}$배로 한다.

03 합성수지관 상호 및 관과 박스와는 접속 시에 삽입하는 깊이를 관 바깥지름의 몇배 이상으로 하여야 하는가? (단, 접착제 사용 안 함)

① 0.8
② 1
③ 1.5
④ 1.2

04 공기 중에 5[cm] 간격을 유지하고 있는 2개의 평행도선에 각각 10[A]의 전류가 동일한 방향으로 흐를 때 도선에 1[m]당 발생하는 힘의 크기[N]는?

① 4×10^{-3}
② 4×10^{-4}
③ 4×10^{-2}
④ 4×10^{-5}

05 자동제어 장치의 특수 전기기기로 사용되는 전동기는?

① 직류 스테핑모터
② 전기동력계
③ 3상 유도전동기
④ 초동기 전동기

06 고압가공인입선이 일반적인 도로 횡단 시 설치 높이는?

① 3[m] 이상
② 3.5[m] 이상
③ 5[m] 이상
④ 6[m] 이상

07 직류 전동기의 출력이 50[kW], 회전수가 1800 [rpm]일 때 토크는 약 몇 [kg · m]인가?

① 12
② 27
③ 23
④ 31

08 다음 중 전기력선의 성질로 옳지 않은 것은?

① 전기력선은 서로 교차한다.
② 전기력선은 양전하에서 나와 음전하로 끝난다.
③ 전기력선은 등전위면과 직교한다.
④ 전기력선의 밀도는 전기장의 크기를 나타낸다.

09 교통 신호등의 제어장치로부터 신호등의 전구까지의 전로에 사용하는 전압은 몇[V] 이하인가?

① 60
② 100
③ 300
④ 400

10 부흐홀츠 계전기의 설치 위치로 가장 적당한 곳은?

① 변압기 주탱크 내부
② 콘서베이터 내부
③ 변압기 고압측 부싱
④ 변압기 주탱크와 콘서베이터 사이

11 가연성 분진(소맥분, 전분, 유황, 기타 가연성 먼지 등)으로 인하여 폭발할 우려가 있는 저압 옥내 설비 공사로 적절하지 않은 것은?

① 케이블 공사
② 금속관 공사
③ 플로어덕트 공사
④ 합성수지관 공사

12 합성수지관 공사에서 관의 지지점 간 최대 거리는 몇 [m]인가?

① 3   ② 2
③ 1   ④ 1.5

13 길이 10[cm]의 도선이 자속밀도 1[Wb/m^2]의 평등자장 안에서 자속과 수직 방향으로 3초 동안 12[m] 이동하였다면 이때 유도되는 기전력은?

① 0.1   ② 0.2
③ 0.3   ④ 0.4

14 다음은 절연저항에 대한 설명이다. 괄호 안에 들어갈 내용으로 알맞은 것은?

> 특별저압 : 2차전압이 AC (㉮)[V], DC (㉯)[V] 이하인 SELV(비접지) 및 PELV(접지) 1차와 2차가 전기적으로 절연된 회로, FELV는 1차와 2차가 전기적으로 절연되지 않은 회로이다.

① ㉮ 50 ㉯ 100
② ㉮ 40 ㉯ 100
③ ㉮ 50 ㉯ 120
④ ㉮ 40 ㉯ 120

15 1차권수가 6000, 2차권수가 200인 변압기의 전압비는?

① 30
② 60
③ 90
④ 100

16 비사인파의 일반적인 구성이 아닌 것은?

① 기본파
② 고조파
③ 직류분
④ 순시파

17 한국전기설비규정(KEC)에서 정하는 옥내배선의 보호 도체(PE)의 색별 표시는?

① 갈색
② 녹색-노란색
③ 흑색
④ 회색

18 그림과 같이 SCR 2개를 역병렬로 접속한 것의 기호의 명칭은?

① SCR
② DIAC
③ GTO
④ TRIAC

19 자기저항 2,000[AT/Wb], 기자력 5,000[AT]인 자기회로에 자속[Wb]은?

① 25
② 1.5
③ 2.5
④ 4

20 옥내배선의 접속함이나 박스 내 접속할 때 주로 사용하는 접속법은?

① 슬리브 접속
② 쥐꼬리 접속
③ 트위스트접속
④ 브리타니아 접속

21 단상유도전동기 중 기동토크가 가장 큰 것은?

① 콘덴서기동형
② 반발유도형
③ 반발기동형
④ 분상기동형

22 비유전율이 큰 산화티탄 등을 유전체로 사용한 것으로 극성이 없으며 가격에 비해 성능이 우수하여 널리 사용되고 있는 콘덴서의 종류는?

① 마일러콘덴서
② 마이카콘덴서
③ 전해콘덴서
④ 세라믹콘덴서

23 철근 콘크리트주의 길이가 12[m]이고, 설계하중이 6.8[kN] 이하일 때 땅에 묻히는 표준 깊이는 몇 [m]인가?

① 2
② 2.2
③ 2.5
④ 2.7

24 평균값이 220[V]인 교류전압의 실효값은 약 몇 [V]인가?

① 346
② 311
③ 245
④ 156

25 변압기유가 구비해야 할 조건으로 옳은 것은?

① 인화점이 낮을 것
② 비열이 작을 것
③ 응고점이 높을 것
④ 절연내력이 클 것

26 굵은 전선이나 케이블을 절단할 때 사용되는 공구는?

① 클리퍼
② 펜치
③ 플라이어
④ 와이어스트리퍼

27 공기 중에 2×10^{-8}[C]의 전하에서 2[m] 떨어진 점 P와 1[m] 떨어진 점 Q와의 전위차는?

① 80
② 90
③ 100
④ 110

28 직류전동기의 규약효율로 옳은 것은?

① $\dfrac{출력}{출력+손실} \times 100$

② $\dfrac{입력}{입력-손실} \times 100$

③ $\dfrac{입력-손실}{입력} \times 100$

④ $\dfrac{출력}{출력-손실} \times 100$

29 폭연성 분진이 존재하는 곳의 금속관 공사 시 전동기에 접속하는 부분에서 가요성을 필요로 하는 부분의 배선에는 방폭형의 부속품 중 어떤 것을 사용하는가?

① 분진 방폭형 플렉시블 피팅
② 분진 플렉시블 피팅
③ 플렉시블 피팅
④ 안전증가 플렉시블 피팅

30 슬립 S=5[%], 2차저항 $r_2 = 0.1$[Ω]인 유도전동기의 등가 저항 R은 얼마인가?

① 0.4
② 0.5
③ 1.9
④ 2

31 길이 2[m]의 무한장솔레노이드에 8000회의 도선을 감고 10[mA]의 전류를 흘릴 때 자장의 세기는?

① 4
② 40
③ 16
④ 160

32 변압기의 권수비가 60일 때 2차측 저항이 0.1 [Ω]이다. 이것을 1차저항으로 환산하면 얼마인가?

① 310
② 410
③ 360
④ 390

33 조명기구 배광에 따른 분류하는 경우 특정한 장소만을 고조도로 하기 위한 조명기구는?

① 직접조명기구
② 반직접조명기구
③ 전반확산조명기구
④ 간접조명기구

34 다음 중 전동기의 원리에 적용되는 법칙은?

① 렌츠의 법칙
② 플레밍의 왼손 법칙
③ 플레밍의 오른손 법칙
④ 패러데이의 법칙

35 단자전압이 100[V], 전기자전류 10[A], 전기자 저항 1[Ω], 회전수 1800[rpm]인 직류복권 전동기의 역기 전력은?

① 186
② 110
③ 100
④ 90

36 다음 중 반자성체로 옳은 것은?

① 안티몬
② 철
③ 망간
④ 알루미늄

37 전기자를 고정시키고, 자극 N, S를 회전시키는 동기발전기는?

① 회전전기자법
② 회전계자법
③ 직렬저항형
④ 회전정류자형

38 전압 22.9[KV-Y] 이하의 배전선로에 수전하는 설비의 피뢰기 정격전압은 몇 [KV]로 적용하는가?

① 24
② 144
③ 345
④ 18

39 평균 반지름이 10[cm]이고, 감은 횟수가 10회인 원형 코일에 20[A]의 전류를 흐르게 하면 코일 중심의 자계의 세기는?

① 100
② 200
③ 1000
④ 2000

40 2대의 동기발전기가 병렬운전하고 있을 때 동기화 전류가 흐르는 경우는?

① 기전력의 위상차가 있을 때
② 기전력의 크기에 차가 있을 때
③ 기전력의 파형에 차가 있을 때
④ 기전력의 주파수의 차가 있을 때

41 접착력은 떨어지나 절연성, 내온성, 내유성이 좋아 연피케이블에 사용되는 테이프는?

① 고무테이프
② 리노테이프
③ 비닐테이프
④ 자기융착테이프

42 동일한 저항 4개를 접속하여 얻을 수 있는 최대 저항값은 최소 저항값의 몇 배인가?

① 16
② 8
③ 4
④ 2

43 6극 36슬롯 3상 동기발전기의 매극 매상당 슬롯수는?

① 1
② 2
③ 3
④ 4

44 금속관 절단구에 대한 다듬기에 쓰이는 공구는?

① 홀쏘
② 오스터
③ 리머
④ 파이프 렌치

45 $m_1 = 4 \times 10^{-5}[Wb]$, $m_2 = 6 \times 10^{-3}[Wb]$, $r = 10[cm]$이면 두 자극 사이에 작용하는 힘은?

① 2.4
② 24
③ 15.2
④ 1.52

46 낮은 전압을 높은 전압으로 승압할 때 일반적으로 사용하는 변압기의 3상 결선 방식은?

① $\Delta - Y$
② $\Delta - \Delta$
③ $Y - \Delta$
④ $Y - Y$

47 권수가 150인 코일에서 2초간 1[Wb]의 자속이 변화한다면 코일에 발생되는 유도기전력의 크기는?

① 150
② 100
③ 75
④ 50

48 변압기유의 열화 방지를 위한 방법이 아닌 것은?

① 브리더
② 콘서베이터
③ 질소가스 봉입
④ 부싱

49 전기울타리용 전원 장치에 전원을 공급하는 전로의 사용전압은 몇 [V] 이하로 하여야 하는가?

① 150
② 250
③ 200
④ 400

50 전류계의 측정 범위를 확대하기 위하여 전류계와 병렬로 접속하는 것은?

① 분류기
② 배율기
③ 검류기
④ 전위차계

51 동기전동기의 자기 기동법에서 계자권선을 단락하는 이유는?

① 기동이 용이
② 기동권선으로 이용
③ 고전압 유도에 의한 절연파괴 위험 방지
④ 전기자 반작용방지

52 다음 중 과전류 차단기를 시설하는 곳은?

① 간선의 전원측 전선
② 접지공사의 접지선
③ 다선식 전로의 중성선
④ 접지공사를 한 저압 가공전선로의 접지측 전선

53 3상 동기발전기의 병렬운전 조건이 아닌 것은?

① 전압의 크기가 같을 것
② 회전수가 같을 것
③ 주파수가 같을 것
④ 전압의 위상이 같을 것

54 피뢰기 구비조건으로 틀린 것은?

① 제한전압이 낮을 것
② 속류차단이 확실할 것
③ 충격방전개시전압이 높을 것
④ 방전내량이 클 것

55 두 개의 금속에 서로 다른 온도 차를 주면 열기전력이 생기는 현상을 무엇이라 하는가?

① 펠티에효과

② 제벡효과

③ 톰슨효과

④ 제3금속법칙

56 3단자 소자가 아닌 것은?

① SSS

② SCR

③ GTO

④ TRIAC

57 전류 I가 흐르고 있는 도체의 미소 부분 Δl의 전류에 의해 이 부분이 r[m] 떨어진 점의 자기장의 세기는?

① $\dfrac{I^2 \Delta l \sin\theta}{4\pi r^2}$

③ $\dfrac{I \Delta l^2 \sin\theta}{4\pi r^2}$

② $\dfrac{I \Delta l \sin\theta}{4\pi r}$

④ $\dfrac{I \Delta l \sin\theta}{4\pi r^2}$

58 옥외 절연 부분의 전선과 대지 사이의 절연저항은 사용 전압에 대한 누설전류가 최대공급전류의 얼마를 초과하지 않도록 해야 하는가?

① $\dfrac{최대공급전류}{1000}$

② $\dfrac{최대공급전류}{3000}$

③ $\dfrac{최대공급전류}{4000}$

④ $\dfrac{최대공급전류}{2000}$

59 권수 200회의 코일에서 5[A]의 전류가 흘러서 0.025[Wb]의 자속이 코일을 지난다고 하면 이 코일의 자체 인덕턴스는?

① 1

② 2

③ 0.5

④ 0.1

60 100[Ω]의 저항이 3개, 50[Ω]의 저항이 2개, 30[Ω]의 저항이 2개를 모두 직렬로 연결한다고 할 때 합성저항은?

① 180

② 460

③ 580

④ 620

시험 일자	시험 시간	문항 수
2023년 3회 시행	60분	60문항

수험번호 : _____

성   명 : _____

01 코일(L)의 성질에 대한 설명으로 틀린 것은?

① 코일에 흐르는 전류에 비례한다.
② 코일에 자속 쇄교 수에 비례한다.
③ 코일의 자체 유도능력의 정도를 말한다.
④ 전류의 변화를 축소시키려는 성질이 있다.

02 동기발전기의 돌발단락전류를 주로 제한하는 것은?

① 누설리액턴스
② 동기임피던스
③ 동기리액턴스
④ 누설저항

03 가공전선의 지지물에 승탑 또는 승강용으로 사용하는 발판 볼트 등은 지표상 몇 [m] 미만에 시설하여서는 안 되는가?

① 1.2
② 1.6
③ 1.7
④ 1.8

04 직류기에서 교류를 직류로 변환하는 장치는?

① 인버터
② 전기자
③ 계자
④ 정류자

05 기전력 1.5[V], 내부저항 0.15[Ω]인 전지 30개를 직렬로 연결하여 이것에 외부저항 1[Ω]을 직렬 연결하였을 때 흐르는 전류는?

① 10
② 12
③ 8.18
④ 6

06 전동기 과부하 보호장치에 해당되지 않는 것은?

① 전동기 퓨즈
② 배선용 차단기
③ 전동기 기동장치
④ 열동계전기

07 거리 1[m]의 평행도체에 같은 전류가 흐를 때 작용하는 힘이 4×10^{-7}[N/m]일 때 흐르는 전류의 크기는?

① 2

② 4

③ $\sqrt{2}$

④ 1

08 다음 중 파고율은?

① $\dfrac{최대값}{평균값}$

② $\dfrac{실효값}{평균값}$

③ $\dfrac{최대값}{실효값}$

④ $\dfrac{실효값}{최대값}$

09 전기자 저항이 0.2[Ω], 전류 100[A], 전압 120[V]일 때 분권전동기의 발생 동력[kW]은?

① 5

② 10

③ 14

④ 20

10 절연전선을 동일 금속 덕트 내에 넣을 경우 금속 덕트의 크기는 전선의 피복절연물을 포함한 단면적의 총합계가 금속 덕트 내 단면적의 몇 [%] 이하가 되도록 선정하여야 하는가? (단, 제어회로 등의 배선에 사용하는 전선만을 넣는 경우이다.)

① 20

② 32

③ 48

④ 50

11 정전에너지 W[J]를 구하는 식으로 옳은 것은? (단, C는 콘덴서 용량[F], V는 공급전압[V]이다.)

① $\dfrac{1}{2}CV$

② $\dfrac{1}{2}CV^2$

③ $\dfrac{1}{2}QV^2$

④ $2CV^2$

12 병렬운전 중인 동기발전기의 난조를 방지하기 위하여 자극 면에 유도전동기의 농형 권선과 같은 권선을 설치하는데 이 권선의 명칭은?

① 보상권선

② 전기자권선

③ 계자권선

④ 제동권선

13 저압 인입선 공사 시 저압 가공인입선의 철도 또는 궤도를 횡단하는 경우 레일면 상에서 몇 [m] 이상 시설하여야 하는가?

① 3

② 5

③ 6

④ 6.5

14 농형 유도전동기의 기동법이 아닌 것은?

① $Y-\Delta$ 기동법

② 2차 저항 기동법

③ 전전압 기동법

④ 기동 보상기법

15 두 개의 서로 다른 금속의 접속점에 온도 차를 주면 열기전력이 생기는 현상은?

① 톰슨 효과

② 제벡 효과

③ 펠티에 효과

④ 제3금속 효과

16 3상 유도전동기의 회전원리를 설명한 것 중 틀린 것은?

① 회전자의 회전속도가 증가하면 도체를 관통하는 자속수는 감소한다.

② 회전자의 회전속도가 증가하면 슬립도 증가한다.

③ 부하를 회전시키기 위해서는 회전자의 속도는 동기속도 이하로 운전되어야 한다.

④ 3상 교류전압을 고정자에 공급하면 고정자 내부에서 회전 자기장이 발생된다.

17 피시 테이프(Fish Tape)의 용도는?

① 전선의 테이핑을 위해

② 전선관의 끝을 마무리 하기 위해

③ 배관에 전선을 넣을 때

④ 전선의 끝을 자를 때

18 직류 발전기에서 전기자 반작용을 없애는 방법으로 옳은 것은?

① 브러시 위치를 전기적 중성점이 아닌 곳으로 이동시킨다.

② 보극과 보상권선을 설치한다.

③ 브러시의 압력을 조정한다.

④ 보극은 설치하되 보상권선은 설치하지 않는다.

19 자극의 세기 단위는?

① [AT/wb]

② [AT]

③ [AT/m]

④ [wb]

20 라이팅턱트공사에 의한 저압 옥내배선 시 덕트의 지지점 간 거리는 몇 [m] 이하로 해야 하는가?

① 1   ② 1.5

③ 2   ④ 3

21 원자핵의 구속력을 벗어나서 물질 내에서 자유로이 이동할 수 있는 것은?

① 자유전자

② 양성자

③ 중성자

④ 원자

22 수전단 발전소용 변압기 결선에 주로 사용하고 있으며 한쪽은 중성점을 접지할 수 있고 다른 한쪽은 제3고조파에 의한 영향을 없애주는 장점을 가지고 있는 3상 결선방식은?

① $Y - \Delta$
② $\Delta - \Delta$
③ $Y - Y$
④ $V - V$

23 구리전선과 전기기계 기구단자를 접속하는 경우에 진동 등으로 인하여 헐거워질 염려가 있는 곳에는 어떤 것을 사용하여 접속하여야 하는가?

① 평와셔 2개를 끼운다.
② 스프링 와셔를 끼운다.
③ 코드 패스너를 끼운다
④ 정슬리브를 끼운다.

24 RLC직렬회로에서 최대 전류가 흐르기 위한 조건은?

① $L = C$
② $\omega LC = 1$
③ $\omega^2 LC = 1$
④ $(\omega LC)^2 = 1$

25 다음 제동 방법 중 급정지하는 데 가장 좋은 제동 방법은?

① 역상제동
② 회생제동
③ 발전제동
④ 단상제동

26 저압전로의 보호도체 및 중성선의 접속 방식에 따른 계통접지에 해당되지 않는 것은?

① TI
② TT
③ TN
④ IT

27 다음 중 비유전율이 가장 작은 것은?

① 종이
② 산화티탄자기
③ 공기
④ 운모

28 3상 전원에서 2상 전원을 얻기 위한 변압기 결선 방법이 아닌 것은?

① 대각결선
② 메이어 결선
③ 우드 브리지결선
④ 스코트 결선

29 금속관을 가공할 때 절단된 내부를 매끈하게 하기 위하여 사용하는 공구의 명칭은?

① 오스터
② 리머
③ 파이프바이스
④ 파이프커터

30 변압기의 퍼센트 저항 강하가 3[%], 퍼센트 리액턴스 강하가 4[%]이고, 역률이 80[%] 지상이다. 이 변압기의 전압 변동률[%]은?

① 3.2 ② 4.8
③ 5.0 ④ 5.6

31 임의의 폐회로에서 키르히호프의 제2법칙을 가장 잘 나타낸 것은?

① 기전력의 합=합성저항의 합
② 기전력의 합=전압강하의 합
③ 전압강하의 합=합성저항의 합
④ 합성저항의 합=회로전류의 합

32 직류 전동기의 속도 제어 방법 중 속도 제어가 원활하고 정토크 제어가 되며 운전 효율이 좋은 것은?

① 비례추이 제어
② 저항 제어
③ 전압 제어
④ 계자 제어

33 전선의 접속에 대한 설명으로 틀린 것은?

① 접속 부분의 전기저항을 20[%] 이상 증가되도록 한다.
② 접속부분의 인장강도를 80[%] 이상 유지되도록 한다.
③ 접속 부분에 전선 접속기구를 사용한다.
④ 알루미늄 전선과 구리선의 접속 시 전기적인 부식이 생기지 않도록 한다.

34 전기분해를 통하여 석출된 물질의 양은 통과한 전기량 및 화학당량과 어떤 관계인가?

① 전기량과 화학당량에 비례한다.
② 전기량과 화학당량에 반비례한다.
③ 전기량에 비례하고 화학당량에 반비례한다.
④ 전기량에 반비례하고 화학당량에 비례한다.

35 동기발전기의 무부하 포화곡선에 대한 설명으로 옳은 것은?

① 유도기전력과 부하전류의 관계이다.
② 유도기전력과 계자전류의 관계이다.
③ 유도기전력과 전기자전류의 관계이다.
④ 단자전압과 계자전류의 관계이다.

36 애자 사용 공사에서 전선 상호 간의 간격은 몇 [cm] 이상으로 하는 것이 가장 바람직한가?

① 2.5 ② 4
③ 6   ④ 12

37 반지름 25[cm], 권수 10회인 원형 코일에 10[A]의 전류가 흐르면 코일 중심의 자장의 세기는 몇 [AT/m]인가?

① 50
② 100
③ 150
④ 200

38 금속관을 절단할 때 사용되는 공구는?

① 파이프 바이스
② 파이프렌치
③ 오스터
④ 파이프커터

39 "전류의 방향과 자장의 방향은 각각 나사의 진행 방향과 회전 방향에 일치한다."와 관계가 있는 법칙은?

① 플레밍의 왼손 법칙
② 플레밍의 오른손 법칙
③ 앙페르의 오른나사 법칙
④ 비오–사바르의 법칙

40 3단자 소자가 아닌 것은?

① DIAC
② TRIAC
③ SCR
④ GTO

41 접착력은 떨어지나 절연성, 내온성, 내유성이 좋아 연피케이블의 접속에 사용되는 테이프는?

① 리노테이프
② 자기융착테이프
③ 고무테이프
④ 비닐테이프

42 비투자율이 1인 환상 철심 중의 자장 세기가 H[AT/m]이었다. 이때 비투자율이 10인 물질로 바꾸면 철심의 자속밀도[wb/m^2]는?

① 1/10로 줄어든다.
② 10배 증가한다.
③ 100배 증가한다.
④ 200배 증가한다.

43 동기와트 P_2, 출력 P_m, 슬립 S, 동기속도 N_S, 회전속도 N, 2차 동손 P_{C2}일 때 2차효율 표기로 틀린 것은?

① $1-s$
② $\dfrac{P_m}{P_2}$
③ $\dfrac{N}{N_S}$
④ $\dfrac{P_{C2}}{P_2}$

44 콘크리트 직매용 케이블 배선에서 일반적으로 케이블을 구부릴 때는 피복이 손상되지 않도록 그 굴곡부 안쪽의 반경은 케이블 외경의 몇 배 이상으로 하여야 하는가? (단, 연피가 없는 경우이다.)

① 4
② 5
③ 6
④ 12

45 다음 중 저항의 온도계수가 부(–)의 특성을 가지는 것은?

① 텅스텐
② 서미스터
③ 경동선
④ 백금선

46 동기속도 1,800[rpm]. 주파수 60[Hz]의 동기 발전기의 극수는?

① 2
② 4
③ 6
④ 8

47 금속전선관 공사에서 금속관과 접속함을 접속하는 경우 녹 아웃 구멍이 금속관보다 클 때 사용하는 부품은?

① 록너트(로크너트)
② 새들
③ 부싱
④ 링리듀서

48 가정용 전등 전압이 200[V]이다. 이 교류의 최대값은 몇 [V]인가?

① 127.4
② 200
③ 220
④ 282

49 설계하중 6.8[kN] 이하의 철근 콘크리트 전주의 길이가 12[m]인 지지물을 건주하는 경우 땅에 묻히는 깊이로 가장 옳은 것은?

① 0.6
② 0.8
③ 1.5
④ 2

50 변압기의 부하와 전압이 일정하고, 주파수만 높아지면 어떻게 되는가?

① 철손 감소
② 동손 증가
③ 철손 증가
④ 동손 감소

51 다음 중 옥내에 시설하는 저압 전로와 대지 사이의 절연저항 측정에 사용되는 계기는?

① 메거
② 어스테스터
③ 멀티테스터
④ 후크온메터

52 6[Ω]의 저항과 8[Ω]의 용량성 리액턴스의 병렬회로가 있다. 이 병렬회로의 임피던스는 몇 [Ω]인가?

① 2.8
② 3.8
③ 4.8
④ 5.8

53 케이블 공사에 의한 저압 옥내배선에서 케이블을 조영재의 아랫면 또는 옆면에 따라 붙이는 경우에 지지점 간의 거리는?

① 1m
② 1.5m
③ 2m
④ 3m

54 다음 중 콘덴서의 접속법에 대한 설명으로 알맞은 것은?

① 직렬로 접속하면 용량이 커진다.
② 병렬로 접속하면 용량이 적어진다.
③ 콘덴서는 직렬접속만 가능하다.
④ 직렬로 접속하면 용량이 적어진다.

55 전압제어에 의한 속도제어가 아닌 것은?

① 일그너식
② 쵸퍼식
③ 계자제어
④ 직병렬제어

56 박스 내에서 가는 전선을 접속할 때에는 어떤 방법으로 접속하는가?

① 브리타니아
② 트위스트
③ 슬리브
④ 쥐꼬리

57 전하의 성질에 대한 설명 중 옳지 않은 것은?

① 같은 종류의 전하는 흡인하고 다른 종류의 전하끼리는 반발한다.
② 대전체에 들어 있는 전하를 없애려면 접지시킨다.
③ 대전체의 영향으로 비대 전체에 전기가 유도된다.
④ 전하는 가장 안정한 상태를 유지하려는 성질이 있다.

58 변압기를 $\Delta - Y$ 결선 한 경우에 대한 설명으로 옳지 않은 것은?

① 1차 선간전압 및 2차 선간전압의 위상차는 60°이다.
② 제3고조파에 의한 장해가 적다.
③ 1차 변전소의 승압용으로 사용된다.
④ Y결선의 중성점을 접지할 수 있다.

59 지선을 사용 목적에 따라 형태별로 분류한 것으로, 비교적 장력이 적고 다른 종류의 지선을 시설할 수 없는 경우에 적용하며, 지선용 근가를 근원 가까이 매설하여 시설하는 것은?

① 보통지선
② 궁지선
③ Y지선
④ 수평지선

60 접지저항을 측정하는 계기의 명칭은?

① 메거
② 어스테스터
③ 멀티테스터
④ 후크온메터

시험 일자	시험 시간	문항 수
2023년 2회 시행	60분	60문항

수험번호 : _____

성　　명 : _____

01 원자의 상태가 정상 상태가 아니어서 전기를 띄게 되는 현상을 무엇이라 하는가?

① 대전
② 방전
③ 정전
④ 절전

02 동기 전동기 전기자 반작용에 대한 설명이다. 공급전압에 대한 앞선 전류의 전기자 반작용은?

① 편자작용
② 감자작용
③ 증자작용
④ 교차자화작용

03 물체의 두께, 깊이, 안지름 및 바깥지름 등을 모두 측정할 수 있는 공구의 명칭은?

① 버니어 캘리퍼스
② 마이크로미터
③ 다이얼 게이지
④ 와이어 게이지

04 변압기 내부 고장 보호에 쓰이는 계전기로서 가장 적당한 것은?

① 역상 계전기
② 접지 계전기
③ 과전류 계전기
④ 차동 계전기

05 25[C]의 전기량이 도체를 이동하면서 5[V]의 전위차가 발생하였을 때 이때 에너지는 몇 [J]인가?

① 0.2[J]
② 5[J]
③ 30[J]
④ 125[J]

06 전선 접속방법 중 트위스트 직선 접속의 설명으로 옳은 것은?

① 굵기가 $6mm^2$ 이하인 단선의 접속을 한다.
② 굵기가 $6mm^2$ 이상인 단선의 접속을 한다.
③ 연선의 직선접속에 사용한다.
④ 연선의 분기접속에 사용한다.

07 직류발전기를 정격속도, 정격부하전류에서 정격전압 V_n[V] 발생하도록 한 다음, 계자 저항 및 회전속도를 바꾸지 않고 무부하로 하였을 때의 단자전압을 V_0라 하면, 이 발전기의 전압 변동률 ε[%]는?

① $\dfrac{V_o - V_n}{V_o} \times 100\%$

② $\dfrac{V_o - V_n}{V_n} \times 100\%$

③ $\dfrac{V_o + V_n}{V_o} \times 100\%$

④ $\dfrac{V_o + V_n}{V_n} \times 100\%$

08 전압계의 측정 범위를 넓히기 위한 목적으로 전압계에 직렬로 접속하는 저항기를 무엇이라 하는가?

① 전위차계(potentiometer)
② 분압기(voltage divider)
③ 배율기(multiplier)
④ 분류기(shunt)

09 전기기계의 철심을 성층하는 가장 적절한 이유는?

① 표유 부하손을 적게 하기 위하여
② 와류손을 적게 하기 위하여
③ 기계손을 적게 하기 위하여
④ 히스테리시스손을 적게 하기 위하여

10 내오존성, 내수성, 내약품성, 내온성 우수하여 비닐 외장케이블에 사용하는 테이프는?

① 자기융착테이프
② 면 테이프
③ 비닐 테이프
④ 리노 테이프

11 C_1, C_2를 직렬로 접속한 회로에 C_3를 병렬로 접속하였다. 이 회로의 합성정전용량[F]은?

① $C_3 + \dfrac{1}{\dfrac{1}{C_1} + \dfrac{1}{C_2}}$

② $C_1 + \dfrac{1}{\dfrac{1}{C_2} + \dfrac{1}{C_3}}$

③ $\dfrac{C_1 + C_2}{C_3}$

④ $C_1 + C_2 + \dfrac{1}{C_3}$

12 3상 동기발전기를 병렬운전 시키는 경우 고려하지 않아도 되는 조건은?

① 전압의 파형이 같을 것
② 발생전압이 같을 것
③ 상회전 방향이 같을 것
④ 회전수가 같을 것

13 가로 20[m], 세로 18[m], 천장의 높이 3.85[m], 작업면의 높이 0.85[m], 간접 조명 방식인 호텔 연회장의 실지수는 약 얼마인가?

① 1.16
② 2.16
③ 3.16
④ 4.16

14 전기의 전도율이 좋은 순서대로 나열한 것은?

① 은 → 구리 → 알루미늄 → 금
② 금 → 은 → 구리 → 알루미늄
③ 구리 → 금 → 은 → 알루미늄
④ 은 → 구리 → 금 → 알루미늄

15 동기조상기가 전력용 콘덴서보다 우수한 점은 어느 것인가?

① 보수가 쉽다.
② 가격이 싸다.
③ 지상 역률을 얻는다.
④ 손실이 적다.

16 금속덕트 배선에서 금속덕트를 조영재에 붙이는 경우 지지점 간의 거리는?

① 1[m]
② 1.5[m]
③ 2[m]
④ 3[m]

17 단락비가 큰 동기기에 대한 설명으로 옳은 것은?

① 기계가 소형이다
② 안정도가 높다.
③ 전기자반작용이 크다.
④ 전압변동률이 크다.

18 5마력을 와트[W] 단위로 환산하면?

① 1317[W]
② 17[W]
③ 3730[W]
④ 4300[W]

19 정속도 및 가변속도 제어가 되는 전동기는?

① 분권기
② 가동 복권기
③ 차동 복권기
④ 직권기

20 지중에 매설되어 있는 수도관 등을 접지극으로 사용하는 경우에 전기저항의 최대값은 얼마인가?

① 1
② 2
③ 3
④ 4

21 컨덕턴스 G[℧], 저항 R[Ω], 전류 I[A], 전압 V[V]일 때 G와 관계가 있는 공식은?

① $G=\dfrac{I}{V}$

② $G=\dfrac{V}{I}$

③ $G=IR$

④ $G=\dfrac{V}{R}$

22 폴리에틸렌 절연 비닐시스 케이블의 약호는?

① DV ② EE
③ EV ④ OW

23 변압기유로 쓰이는 절연유에 요구되는 성질이 아닌 것은?

① 절연재료 및 금속재료에 화학작용을 일으 키지 않을 것
② 비열이 커 냉각 효과가 클 것
③ 점도가 클 것
④ 인화점이 높고 응고점이 낮을 것

24 다음 중 차단기를 시설해야 하는 곳으로 가장 적당한 것은?

① 고압에서 저압으로 변성하는 2차측의 저압 측 전선
② 변압기중성점 접지 공사를 한 저압 가공 전 로의 접지측 전선
③ 다선식 전로의 중성선
④ 접지공사의 접지선

25 권수비 30의 변압기의 1차에 6600[V]를 가할 때 2차 전압은 몇 [V]인가?

① 420 ② 380
③ 220 ④ 660

26 어느 도체에 전하가 20[C]이 2초간 이동을 하 였다 한다면 이때 도체에 흐르는 전류는 몇 [A] 인가?

① 40[A]
② 0.1[A]
③ 10[A]
④ 2[A]

27 다음 중 변압기의 온도상승 시험법으로 가장 널 리 사용되는 것은 어느 것인가?

① 구속시험
② 절연내역 시험법
③ 반환부하법
④ 무부하 시험법

28 금속제 가요전선관 공사 방법의 설명으로 옳은 것은?

① 가요전선관과 박스와의 직각 부분에 연결 하는 부속품은 앵글 박스 커넥터이다.
② 가요전선관과 금속관과의 접속에 사용하는 부속품은 스트레이트 박스 커넥터이다.
③ 가요전선관과 상호접속에 사용하는 부속품 은 콤비네이션 커플링이다.
④ 스위치 박스에는 콤비네이션 커플링을 사 용하여 가요전선관과 접속한다.

29 어떤 도체의 길이를 3배로 증가시키고 단면적은 $\frac{1}{4}$로 했을 때 저항은 원래 저항보다 몇 배로 증가하는가?

① 3배 　　② 12배
③ 6배 　　④ 9배

30 직류 발전기에 있어서 전기자 반작용이 생기는 요인이 되는 전류는?

① 계자권선의 전류
② 규소 강판에 의한 전류
③ 동선에 의한
④ 전기자 권선에 의한 전류

31 고압 가공전선로의 전선의 조수가 3조일 때 완금의 길이는 몇 [mm]인가?

① 900
② 1400
③ 1800
④ 2400

32 패러데이 법칙과 관계 없는 것은?

① 석출되는 물질의 양은 전류의 세기와 전기량의 곱으로 나타낸다.
② 화학당량이란 $\frac{원자량}{원자가}$를 말한다.
③ 전극에서 석출되는 물질의 양은 통과한 전기량에 비례한다.
④ 전해질이나 전극이 어떤 것이라도 같은 전기량이면 항상 같은 화학당량의 물질을 석출한다.

33 고압 가공전선로의 지지물로 철탑을 사용하는 경우 경간은 몇 [m] 이하이어야 하는가?

① 150
② 250
③ 400
④ 600

34 다음 중 단상 유도 전동기의 기동 방법 중 기동 토크가 가장 큰 것은?

① 반발 기동형
② 반발 유도형
③ 콘덴서 기동형
④ 분상 기동형

35 비유전율이 큰 산화티탄 등을 유전체로 사용한 것으로 극성이 없으며 가격에 비해 성능이 우수하여 널리 사용되고 있는 콘덴서의 종류는?

① 세라믹 콘덴서
② 마이카 콘덴서
③ 전해 콘덴서
④ 마일러 콘덴서

36 권선형에서 비례추이를 이용한 기동법은?

① Y-△ 기동법
② 기동 보상기법
③ 2차 저항법
④ 리액터 기동법

37 다선식 옥내배선인 경우 N(중성선)의 색별 표시는?

① 청색
② 갈색
③ 흑색
④ 녹색–황색

38 전기력선의 성질을 설명한 것으로 옳지 않은 것은?

① 전기력선은 서로 교차하지 않는다.
② 전기력선은 도체의 내부에 존재하지 않는다.
③ 전기력선은 양전하에서 시작하여 음전하로 끝난다.
④ 같은 전기력선은 서로 흡입작용한다.

39 반도체 사이리스터에 의한 전동기의 속도 제어 중 주파수 제어는?

① 초퍼 제어
② 컨버터 제어
③ 인버터 제어
④ 브리지 정류 제어

40 토지의 상황이나 기타 사유로 인하여 보통지선을 시설할 수 없을 때 전주와 전주 간 또는 전주와 지주 간에 시설할 수 있는 지선은?

① 궁지선
② 수평지선
③ 보통지선
④ Y지선

41 220[V]용 100[W] 전구와 200[W] 전구를 직렬로 연결하여 220[V]의 전원을 연결하면?

① 두 전구의 밝기가 같다.
② 100[W]의 전구가 더 밝다.
③ 200[W]의 전구가 더 밝다.
④ 두 전구 모두 안 켜진다.

42 녹아웃 펀치와 같은 용도로 배전반이나 분전반 등에 구멍을 뚫을 때 사용하는 것은?

① 프레스 툴(pressure tool)
② 클리퍼(cliper)
③ 드라이브이트 툴(driverit tool)
④ 홀소(hole saw)

43 200[V], 50[Hz], 8극 15[KW]의 3상 유도전동기에서 전부하 회전수가 720[rpm]이면 이 전동기의 2차 효율은?

① 86   ② 98
③ 96   ④ 100

44 전류에 의한 자기장의 세기를 구하는 비오-사바르의 법칙을 옳게 나타낸 것은?

① $\Delta H = \dfrac{r \Delta l \sin\theta}{4\pi r^2}$

③ $\Delta H = \dfrac{I \Delta l \sin\theta}{4\pi r}$

② $\Delta H = \dfrac{I^2 \Delta l^2 \sin\theta}{4\pi r^2}$

④ $\Delta H = \dfrac{I \Delta l \sin\theta}{4\pi r^2}$

45 가공전선로의 지선에 사용되는 애자는?

① 노브애자
② 현수애자
③ 구형애자
④ 인류애자

46 제벡 효과에 대한 설명으로 틀린 것은?

① 두 종류의 금속을 접속하여 폐회로를 만들고, 두 접속점에 온도의 차이를 주면 기전력이 발생하여 전류가 흐른다.
② 열기전력의 크기와 방향은 두 금속 점의 온도차에 따라서 정해진다.
③ 열전상(열전대)은 두 종류의 금속을 조합한 장치이다.
④ 전자 냉동기, 전자 온풍기에 응용된다.

47 유도전동기의 무부하 시 슬립은 얼마인가?

① 4　　　　② 1
③ 3　　　　④ 0

48 다음 중 콘덴서 접속법에 대한 설명으로 알맞은 것은?

① 직렬로 접속하면 용량이 커진다.
② 병렬로 접속하면 용량이 적어진다.
③ 직렬로 접속하면 용량이 적어진다.
④ 콘덴서는 직렬 접속만 가능하다.

49 전선을 접속할 때 전선의 강도를 몇 [%] 이상 감소시키지 않아야 하는가?

① 20[%]
② 10[%]
③ 40[%]
④ 30[%]

50 역저지 3단자에 속하는 것은 무엇인가?

① SCR
② SSS
③ TRIAC
④ SCS

51 히스테리시스 곡선의 ㉠ 가로축(횡축)과 ㉡ 세로축(종축)은 무엇을 나타내는가?

① ㉠ 자속 밀도　　㉡ 투자율
② ㉠ 자화의 세기　㉡ 자기장의 세기
③ ㉠ 자기장의 세기　㉡ 투자율
④ ㉠ 자기장의 세기　㉡ 자속 밀도

52 다음 정류 방식 중에서 맥동 주파수가 가장 많고 맥동률이 가장 작은 정류 방식은?

① 단상 반파식
② 3상 전파식
③ 3상 반파식
④ 단상 전파식

53 단위 길이당 권수 100회인 무한장 솔레노이드에 10[A]의 전류가 흐를 때 솔레노이드 내부의 자장[AT/m]은?

① 10
② 100
③ 1000
④ 10000

54 반파정류 회로에서 직류전압 100[V]를 얻는 데 필요한 변압기 2차 상전압은? (단, 부하는 순저항이며, 변압기 내 전압강하는 무시하고 정류기 내 전압강하는 5[V]로 한다.)

① 약 105[V]
② 약 100[V]
③ 약 222[V]
④ 약 233[V]

55 금속 덕트에 전광표시장치 · 출퇴표시등 또는 제어회로 등의 배선에 사용하는 전선만을 넣을 경우 금속덕트의 크기는 전선의 피복절연물을 포함한 단면적의 총합계가 금속 덕트 내 단면적의 몇 [%] 이하로 선정하여야 하는가?

① 10
② 20
③ 33
④ 50

56 코일이 접속되어 있을 때, 누설자속이 없는 이상적인 코일 간의 상호인덕턴스는?

① $M = \sqrt{L_1 + L_2}$
② $M = \sqrt{L_1 - L_2}$
③ $M = \sqrt{L_1 L_2}$
④ $M = \sqrt{\dfrac{L_1}{L_2}}$

57 220[V] 옥내 배선에서 백열전구를 노출로 설치할 때 사용하는 기구는?

① 리셉터클
② 테이블 탭
③ 콘센트
④ 코드 커넥터

58 전압을 구분하는 특고압, 고압, 저압 중 교류에서의 고압은?

① 1000[V]
② 1500[V]
③ 7100[V]
④ 15000[V]

59 자기 인덕턴스에 축적되는 에너지에 대한 설명으로 가장 옳은 것은?

① 자기 인덕턴스 및 전류에 반비례한다.
② 자기 인덕턴스에 반비례하고 전류의 제곱에 반비례한다.
③ 자기 인덕턴스 및 전류에 비례한다.
④ 자기 인덕턴스에 비례하고 전류의 제곱에 비례한다.

60 도로를 횡단하여 시설하는 지선의 높이는 지표상 몇 [m] 이상이어야 하는가?

① 4
② 5
③ 6
④ 6.5

시험 일자	시험 시간	문항 수
2023년 1회 시행	60분	60문항

수험번호 : _____

성   명 : _____

---

01 3[kW]의 전열기를 정격 상태에서 20분간 사용하였을 때의 열량은 몇 [kcal]인가?

① 430
② 520
③ 610
④ 860

02 고압전동기 철심의 강판 홈(slot)의 모양은?

① 반폐형
② 개방형
③ 반구형
④ 밀폐형

03 굵은 전선이나 케이블을 절단할 때 사용되는 공구는?

① 클리퍼
② 펜치
③ 나이프
④ 플라이어

04 유도전동기가 많이 사용되는 이유가 아닌 것은?

① 값이 저렴
② 취급이 어려움
③ 전원을 쉽게 얻음
④ 구조가 간단하고 튼튼함

05 $m_1=4\times10^{-5}$[Wb], $m_2=6\times10^{-3}$[Wb], $r=10$[cm]이면, 두 자극 m_1, m_2 사이에 작용하는 힘은 약 몇 [N]인가?

① 1.52
② 2.4
③ 24
④ 152

06 부흐홀츠 계전기의 설치 위치는?

① 콘서베이터 내부
② 변압기 주탱크 내부
③ 변압기의 고압측 부싱
④ 변압기 본체와 콘서베이터 사이

07 다음 중 교류의 특별고압은?

① 1000[V] 이하

② 1500[V] 이하

③ 1000[V] 초과, 7000[V] 이하

④ 7000[V] 초과

08 가정용 전등 전압이 200[V]이다. 이 교류의 최대값은 몇 [V]인가?

① 70.7

② 86.7

③ 141.4

④ 282.8

09 3상 유도전동기의 2차 저항을 2배로 하면 그 값이 2배로 되는 것은?

① 슬립

② 토크

③ 전류

④ 역률

10 합성수지관 공사의 특징 중 옳은 것은?

① 내열성

② 내한성

③ 내부식성

④ 내충격성

11 Y결선의 전원에서 각 상전압이 100[V]일 때 선간전압은 약 몇[V]인가?

① 100

② 150

③ 173

④ 195

12 다음 제동 방법 중 급정지하는 데 가장 좋은 제동 방법은?

① 발전제동

② 회생제동

③ 역상제동

④ 단상제동

13 하나의 콘센트에 둘 또는 세 가지의 기계기구를 끼워서 사용할 때 사용되는 것은?

① 노출형 콘센트

② 가이리스 소켓

③ 멀티탭

④ 아이언 플러그

14 10[Ω]의 저항과 R[Ω]의 저항이 병렬로 접속되고 10[Ω]의 전류가 5[A], R[Ω]의 전류가 2[A]이면 저항 R[Ω]은?

① 10

② 15

③ 20

④ 25

15 동기 전동기의 장점이 아닌 것은?

① 직류 여자가 필요하다.
② 전부하 효율이 양호하다.
③ 역률 1로 운전할 수 있다.
④ 동기 속도를 얻을 수 있다.

16 배전반 및 분전반의 설치장소로 적합하지 않는 곳은?

① 안정된 장소
② 밀폐된 장소
③ 개폐기를 쉽게 개폐할 수 있는 장소
④ 전기회로를 쉽게 조작할 수 있는 장소

17 전류의 방향과 자장의 방향은 각각 나사의 진행 방향과 회전방향에 일치한다와 관계가 있는 법칙은?

① 플레밍의 왼손 법칙
② 앙페르의 오른나사 법칙
③ 플레밍의 오른손 법칙
④ 키르히호프의 법칙

18 다음 중 옥내에 시설하는 저압 전로와 대지 사이의 절연저항 측정에 사용되는 계기는?

① 메거
② 어스테스터
③ 멀티테스터
④ 후크온메터

19 다음 그림은 직류발전기의 분류 중 어느 것에 해당되는가?

① 분권발전기
② 직권발전기
③ 자석발전기
④ 복권발전기

20 L1, L2 두 코일이 접속되어 있을 때, 누설자속이 없는 이상적인 코일 간의 상호인덕턴스는?

① $M = \sqrt{L_1 - L_2}$
② $M = \sqrt{L_1 + L_2}$
③ $M = \sqrt{L_1 \times L_2}$
④ $M = \sqrt{\dfrac{L_2}{L_1}}$

21 슬립 S=5[%], 2차 저항 r2=0.1[Ω]인 유도 전동기의 등가 저항 R[Ω]은 얼마인가?

① 0.4 ② 0.5
③ 1.9 ④ 2.0

22 저고압 가공전선이 철도 또는 궤도를 횡단하는 경우 높이는 궤도면상 몇[m] 이상이어야 하는가?

① 10 ② 8.5
③ 7.5 ④ 6.5

23 저항 8[Ω]과 코일이 직렬로 접속된 회로에 200[V]의 교류 전압을 가하면 20[A]의 전류가 흐른다. 코일의 리액턴스는 몇 [Ω]인가?

① 2
② 4
③ 6
④ 8

24 100[V], 10[A], 전기자저항 1[Ω], 회전수 1800[rpm]인 전동기의 역기전력은 몇 V인가?

① 90
② 100
③ 110
④ 186

25 전주를 건주할 경우에 A종 철근콘크리트주의 길이가 10[m]이면 땅에 묻는 표준 깊이는 최저 약 몇 [m]인가? (단, 설계 하중이 6.8kN 이하이다.)

① 2.5
② 3.0
③ 1.7
④ 2.4

26 I = 8+j6[A]로 표시되는 전류의 크기 I는 몇 [A]인가?

① 6
② 8
③ 10
④ 12

27 농형 유도전동기의 기동법이 아닌 것은?

① 2차 저항기법
② Y−Δ 기동법
③ 전전압 기동법
④ 기동보상기에 의한 기동법

28 물탱크의 물의 양에 따라 동작하는 자동스위치는?

① 부동스위치
② 압력스위치
③ 타임스위치
④ 3로스위치

29 입력으로 펄스신호를 가해주고 속도를 입력펄스의 주파수에 의해 조절하는 전동기는?

① 전기동력계
② 서보전동기
③ 스테핑 전동기
④ 권선형 유도전동기

30 삼각파 전압의 최대값이 Vm일 때 실효값은?

① V_m
② $\dfrac{V_m}{\sqrt{2}}$
③ $\dfrac{2V_m}{\pi}$
④ $\sqrt{2}V_m$

31 변압기 V결선의 특징으로 틀린 것은?

① 고장 시 응급처치 방법으로도 쓰인다.

② 단상변압기 2대로 3상 전력을 공급한다.

③ 부하증가가 예상되는 지역에 시설한다.

④ V결선 시 출력은 △결선 시 출력과 그 크기가 같다.

32 합성수지관 배선에서 경질비닐전선관의 굵기에 해당되지 않는 것은? (단, 관의 호칭을 말한다.)

① 14

② 16

③ 18

④ 22

33 대칭 3상 △결선에서 선전류와 상전류와의 위상 관계는?

① 상전류가 π/3 (rad) 앞선다.

② 상전류가 π/3 (rad) 뒤진다.

③ 상전류가 π/6 (rad) 앞선다.

④ 상전류가 π/6 (rad) 뒤진다.

34 가로 15[m], 세로 20[m], 천정의 높이 4[m], 작업면의 높이 1[m], 간접조명 방식인 호텔 연회장의 실지수는 약 얼마인가?

① 1.16

② 2.9

③ 3

④ 2.84

35 비유전율이 큰 산화티탄 등을 유전체로 사용한 것으로 극성이 없으며 가격에 비해 성능이 우수하여 널리 사용되고 있는 콘덴서의 종류는?

① 전해 콘덴서

② 세라믹 콘덴서

③ 마일러 콘덴서

④ 마이카 콘덴서

36 변압기에 대한 설명 중 틀린 것은?

① 전압을 변성한다.

② 전력을 발생하지 않는다.

③ 정격출력은 1차측 단자를 기준으로 한다.

④ 변압기의 정격용량은 피상전력으로 표시한다.

37 화약류 저장장소의 배선공사에서 전용 개폐기에서 화약류 저장소의 인입구까지는 어떤 공사를 하여야 하는가?

① 케이블을 사용한 옥측 전선로

② 금속관을 사용한 지중 전선로

③ 케이블을 사용한 지중 전선로

④ 금속관을 사용한 옥측 전선로

38 반도체 사이리스터에 의한 전동기의 속도 제어 중 주파수 제어는?

① 초퍼 제어

② 인버터 제어

③ 사이클로 컨버터 제어

④ 브리지 정류 제어

39 다음 설명 중에서 틀린 것은?

① 리액턴스는 주파수의 함수이다.

② 콘덴서는 직렬로 연결할수록 용량이 커진다.

③ 저항은 병렬로 연결할수록 저항값이 작아진다.

④ 코일은 직렬로 연결할수록 인덕턴스가 커진다.

40 전로에 지락이 생겼을 경우에 부하 기기, 금속제 외함 등에 발생하는 고장전압 또는 지락전류를 검출하는 부분과 차단기 부분을 조합하여 자동적으로 전로를 차단하는 장치는?

① 누전차단장치

② 과전류차단기

③ 누전경보장치

④ 배선용차단기

41 R=6[Ω], Xc=8[Ω]일 때 임피던스 Z =6−j8[Ω]으로 표시되는 것은 일반적으로 어떤 회로인가?

① RC 직렬회로

② RL 직렬회로

③ RC 병렬회로

④ RL 병렬회로

42 정격속도로 운전하는 무부하 분권발전기의 계자 저항이 60[Ω], 계자 전류가 1[A], 전기자 저항이 0.5[Ω]라 하면 유도 기전력은 약 몇 [V]인가?

① 30.5

② 50.5

③ 60.5

④ 80.5

43 후강 전선관의 관 호칭은(㉠) 크기로 정하여 (㉡)로 표시하는데, ㉠과 ㉡에 들어갈 내용으로 옳은 것은?

① ㉠ 안지름   ㉡ 홀수

② ㉠ 안지름   ㉡ 짝수

③ ㉠ 바깥지름   ㉡ 홀수

④ ㉠ 바깥지름   ㉡ 짝수

44 쿨롱의 법칙에서 2개의 점전하 사이에 작용하는 정전력의 크기는?

① 두 전하의 곱에 비례하고 거리에 반비례한다.

② 두 전하의 곱에 반비례하고 거리에 비례한다.

③ 두 전하의 곱에 비례하고 거리의 제곱에 비례한다.

④ 두 전하의 곱에 비례하고 거리의 제곱에 반비례한다.

45 일반적으로 정크션 박스 내에서 사용되는 전선 접속 방식은?

① 슬리브
② 이중너트
③ 절연테이프
④ 와이어커넥터

46 전기분해를 하면 석출되는 물질의 양은 통과한 전기량에 관계가 있다. 이것을 나타낸 법칙은?

① 옴의 법칙
② 쿨롱의 법칙
③ 앙페르의 법칙
④ 패러데이의 법칙

47 변압기의 2차측을 개방하였을 경우 1차측에 흐르는 전류는 무엇에 의하여 결정되는가?

① 저항
② 임피던스
③ 누설 리액턴스
④ 여자 어드미턴스

48 주상 변압기의 1차측 보호 장치로 사용하는 것은?

① 컷아웃 스위치
② 자동구분개폐기
③ 캐치홀더
④ 리클로저

49 자체 인덕턴스 40[mH]의 코일에 10[A]의 전류가 흐를 때 저장되는 에너지는 몇 [J]인가?

① 2
② 3
③ 4
④ 8

50 변압기의 용도가 아닌 것은?

① 교류 전압의 변환
② 주파수의 변환
③ 임피던스의 변환
④ 교류 전류의 변환

51 연피케이블을 직접 매설식에 의하여 차량 기타 중량물의 압력을 받을 우려가 있는 장소에 시설하는 경우 매설 깊이는 몇 [m] 이상이어야 하는가?

① 0.6
② 1.0
③ 1.2
④ 1.6

52 동기 발전기의 병렬 운전 중 주파수가 틀리면 어떤 현상이 나타나는가?

① 무효 전력이 생긴다.
② 무효 순환전류가 흐른다.
③ 유효 순환전류가 흐른다.
④ 출력이 요동치고 권선이 가열된다.

53 다음 중 큰 값일수록 좋은 것은?

① 접지저항
② 절연저항
③ 도체저항
④ 접촉저항

54 직류 발전기 전기자 반작용의 영향에 대한 설명으로 틀린 것은?

① 브러시 사이에 불꽃을 발생시킨다.
② 주 자속이 찌그러지거나 감소된다.
③ 전기자 전류에 의한 자속이 주 자속에 영향을 준다.
④ 회전 방향과 반대 방향으로 자기적 중성축이 이동된다.

55 저압 옥내 간선으로부터 분기하는 곳에 설치하여야 하는 것은?

① 과전압 차단기
② 과전류 차단기
③ 누전 차단기
④ 지락 차단기

56 RLC 병렬공진회로에서 공진주파수는?

① $\dfrac{1}{\pi\sqrt{LC}}$

② $\dfrac{1}{\sqrt{LC}}$

③ $\dfrac{2\pi}{LC}$

④ $\dfrac{1}{2\pi\sqrt{LC}}$

57 직류 분권전동기에서 운전 중 계자권선의 저항을 증가하면 회전속도의 값은?

① 감소한다.
② 증가한다.
③ 일정하다.
④ 관계없다.

58 소맥분, 전분 기타 가연성의 분진이 존재하는 곳의 저압 옥내 배선 공사 방법에 해당되는 것으로 짝지어진 것은?

① 케이블 공사, 애자 사용 공사
② 금속관 공사, 콤바인 덕트관, 애자 사용 공사
③ 케이블 공사, 금속관 공사, 애자 사용 공사
④ 케이블 공사, 금속관 공사, 합성수지관 공사

59 $i = I_m\sin\omega t$[A]인 사인파 교류에서 ωt가 몇 도일 때 순시값과 실효값이 같게 되는가?

① $30°$
② $45°$
③ $60°$
④ $90°$

60 ACSR 약호의 품명은?

① 경동연선
② 중공연선
③ 알루미늄선
④ 강심알루미늄 연선

시험 일자	시험 시간	문항 수
2022년 4회 시행	60분	60문항

수험번호 : _____

성   명 : _____

01 다음 중 큰 값일수록 좋은 것은?

① 접지저항
② 절연저항
③ 도체저항
④ 접촉저항

02 3상 변압기의 병렬운전 시 병렬운전이 불가능한 결선 조합은?

① Δ-Δ와 Y-Y
② Δ-Y와 Δ-Y
③ Δ-Δ와 Δ-Y
④ Δ-Δ와 Δ-Δ

03 금속덕트는 폭이 5[cm]를 초과하고 두께는 몇 [mm] 이상의 철판 또는 동등 이상의 세기를 가지는 금속제로 제작된 것이어야 하는가?

① 0.8
② 1.0
③ 1.2
④ 1.4

04 직류 발전기의 무부하 특성 곡선은?

① 부하전류와 무부하 단자전압과의 관계이다.
② 계자전류와 부하전류와의 관계이다.
③ 계자전류와 무부하 단자전압과의 관계이다.
④ 계자전류와 회전력과의 관계이다.

05 전기력선에 대한 설명으로 틀린 것은?

① 같은 전기력선은 흡입한다.
② 전기력선은 서로 교차하지 않는다.
③ 전기력선은 도체의 표면에 수직으로 출입한다.
④ 전기력선은 양전하의 표면에서 나와서 음전하의 표면에서 끝난다.

06 해안지방의 송전용 나전선에 가장 적당한 것은?

① 철선
② 강심알루미늄선
③ 동선
④ 알루미늄합금선

07 1[μF], 3[μF], 6[μF]의 콘덴서 3개를 병렬로 연결할 때 합성 정전용량은?

① 1.5[μF]
② 10[μF]
③ 18[μF]
④ 5[μF]

08 직류 직권전동기의 특징에 대한 설명으로 틀린 것은?

① 부하전류가 증가하면 속도가 크게 감소된다.
② 기동토크가 작다.
③ 무부하 운전이나 벨트를 연결한 운전은 위험하다.
④ 계자권선과 전기자권선이 직렬로 접속되어 있다.

09 금속제 케이블 트레이의 종류가 아닌 것은?

① 통풍채널형
② 사다리형
③ 크로스형
④ 바닥밀폐형

10 옴의 법칙을 바르게 설명한 것은?

① 전류의 크기는 도체의 저항에 비례한다.
② 전류의 크기는 도체의 저항에 반비례한다.
③ 전압은 전류에 반비례한다.
④ 전압은 전류의 2승에 비례한다.

11 구리 전선과 전기 기계기구 단자를 접속하는 경우에 진동 등으로 인하여 헐거워질 염려가 있는 곳에는 어떤 것을 사용하여 접속하여야 하는가?

① 정 슬리브를 끼운다.
② 평와셔 2개를 끼운다.
③ 코드 패스너를 끼운다.
④ 스프링 와셔를 끼운다.

12 플레밍의 오른손법칙에서 기전력을 뜻하는 손가락은?

① 엄지
② 검지
③ 중지
④ 약지

13 교류 전등 공사에서 금속관 내에 전선을 넣어 연결한 방법 중 옳은 것은?

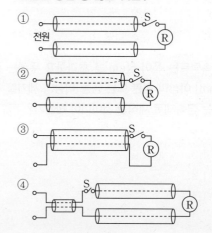

14 3권선 변압기에 대한 설명으로 옳은 것은?

① 한 개의 전기회로에 3개의 자기회로로 구성되어 있다.
② 3차권선에 조상기를 접속하여 송전선의 전압조정과 역률개선에 사용된다.
③ 3차권선에 단권변압기를 접속하여 송전선의 전압조정에 사용된다.
④ 고압배전선의 전압을 10[%] 정도 올리는 승압용이다.

15 저항 300[Ω]의 부하에서 90[kW]의 전력이 소비되었다면 이때 흐르는 전류는?

① 약 3.3[A]
② 약 17.3[A]
③ 약 30[A]
④ 약 300[A]

16 타여자 발전기와 같이 전압 변동률이 적고 자여자이므로 다른 여자 전원이 필요 없으며, 계자 저항기를 사용하여 전압 조정이 가능하므로 전기화학용 전원, 전지의 충전용, 동기기의 여자용으로 쓰이는 발전기는?

① 분권 발전기
② 직권 발전기
③ 과복권 발전기
④ 차동복권 발전기

17 저압 단상 3선식 회로의 중성선에는 어떻게 하는가?

① 다른 선의 퓨즈와 같은 용량의 퓨즈를 넣는다.
② 다른 선의 퓨즈의 2배 용량의 퓨즈를 넣는다.
③ 다른 선의 퓨즈의 1/2배 용량의 퓨즈를 넣는다.
④ 퓨즈를 넣지 않고 동선으로 직결한다.

18 공기 중에 1[m] 떨어져 평행으로 놓인 두 개의 무한히 긴 도선에 왕복 전류가 흐를 때, 단위 길이당 $18 \times 10^{-7}[N]$의 힘이 작용한다면 이때 흐르는 전류는 약 몇 [A]인가?

① 3
② 9
③ 27
④ 34

19 다음 그림과 같은 분권발전기에서 계자전류가 6[A], 전기자 전류가 100[A]라면 부하전류는 몇 [A]인가?

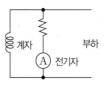

① 1.96
② 100
③ 94
④ 106

20 AC 380[V] 전동기와 AC 220[V] 전등을 배선하는 부하를 접속하는 경우 가장 적합한 결선 방식은?

① 단상 2선식
② 단상 3선식
③ 3상 4선식
④ 3상 3선식

21 다음 중 자기저항의 단위에 해당되는 것은?

① Ω
② Wb/AT
③ H/m
④ AT/Wb

22 $e=\sqrt{2}E\sin\omega t$[V]의 정현파 전압을 가했을 때 직류 평균값 $e_d=1.17E$[V]인 회로는?

① 단상반파 정류회로
② 단상전파 정류회로
③ 3상반파 정류회로
④ 3상전파 정류회로

23 흥행장에 시설하는 전구선이 아크 등에 접근하여 과열될 우려가 있을 경우 어떤 전선을 사용하는 것이 바람직한가?

① 비닐 피복전선
② 내열성 피복전선
③ 내약품성 피복전선
④ 내화학성 피복

24 수전단 발전소용 변압기 결선에 주로 사용하고 있으며 한쪽은 중성점을 접지할 수 있고 다른 한쪽은 제3고조파에 의한 영향을 없애주는 장점을 가지고 있는 3상 결선 방식은?

① Y−Y
② Δ−Δ
③ Y−Δ
④ V

25 자체 인덕턴스 L₁, L₂, 상호 인덕턴스 M인 두 코일을 같은 방향으로 직렬 연결한 경우 합성 인덕턴스는?

① $L_1 + L_2 + M$
② $L_1 + L_2 - M$
③ $L_1 + L_2 + 2M$
④ $L_1 + L_2 - 2M$

26 콘크리트 직매용 케이블 배선에서 일반적으로 케이블을 구부릴 때는 피복이 손상되지 않도록 그 굴곡부의 안쪽의 반경은 케이블의 외경의 몇 배로 하여야 하는가?

① 5배   ② 6배
③ 8배   ④ 12배

27 유입 변압기에 기름을 사용하는 목적이 아닌 것은?

① 열 방산을 좋게 하기 위하여
② 냉각을 좋게 하기 위하여
③ 절연을 좋게 하기 위하여
④ 효율을 좋게 하기 위하여

28 평균반지름 r[m]의 환상솔레노이드 I[A]의 전류가 흐를 때 내부자계가 H[A/m]이었다. 권수[N]은?

① $\dfrac{2\pi rH}{I}$ 　 ② $\dfrac{NI}{2\pi r}$

③ $\dfrac{NI}{2r}$ 　 ④ $\dfrac{2\pi r}{I}$

29 애자사용 공사를 건조한 장소에 시설하고자 한다. 사용 전압이 400[V] 미만인 경우 전선과 조영재 사이의 이격거리는 최소 몇 [cm] 이상이어야 하는가?

① 2.5cm 이상
② 4.5cm 이상
③ 6cm 이상
④ 12cm 이상

30 변압기의 규약효율은?

① $\dfrac{입력-손실}{입력}\times100$

② $\dfrac{출력}{출력+손실}\times100$

③ $\dfrac{출력}{입력}\times100$

④ $\dfrac{출력}{출력-손실}\times100$

31 교류 100[V]의 최댓값은 약 몇 [V]인가?

① 90
② 100
③ 111
④ 141

32 단락비가 1.25인 발전기의 %동기임피던스[%]는 얼마인가?

① 70 　 ② 80
③ 90 　 ④ 100

33 전선의 접속에 관한 설명으로 틀린 것은?

① 접속 부분의 전기저항을 증가시켜서는 안된다.
② 전선의 세기를 20[%] 이상 유지해야 한다.
③ 접속 부분은 납땜을 한다.
④ 절연은 원래의 절연효력이 있는 테이프로 충분히 한다.

34 RL 직렬회로에 직류전압 100[V]를 가했더니 전류가 20[A] 흘렀다. 여기에 교류전압 100[V], f=60[㎐]를 인가하였더니 전류가 10[A] 흘렀다. 유도성 리액턴스 X_L은 몇 [Ω]인가?

① 5 　 ② $5\sqrt{2}$
③ $5\sqrt{3}$ 　 ④ 10

35 유도전동기에서 원선도 작성시 필요하지 않은 시험은?

① 무부하시험
② 구속시험
③ 저항측정
④ 슬립측정

36 화약고 등의 위험장소에서 전기설비 시설에 관한 내용으로 옳은 것은?

① 화약고 내에 과전류 차단기를 설치한다.
② 전로의 대지 전압은 400[V] 이하로 한다.
③ 전기기계기구는 전폐형으로 한다.
④ 개폐기 및 과전류차단기에서 화약고 인입구까지 지중선로로 금속관 공사를 한다.

37 3상 유도전동기의 회전 방향을 바꾸기 위한 방법은?

① 3상의 3선 접속을 모두 바꾼다.
② 3상의 3선 중 2선의 접속을 바꾼다.
③ 3상의 3선 중 1선에 리액턴스를 연결한다.
④ 3상의 3선 중 2선에 같은 값의 리액턴스를 연결한다.

38 길이 10[㎝]의 도선이 자속밀도 1[Wb/㎡]의 평등 자장 안에서 자속과 수직방향으로 3[sec]동안에 12[m] 이동하였다. 이때 유도되는 기전력은 몇 [V]인가?

① 0.1[V] ② 0.2[V]
③ 0.3[V] ④ 0.4[V]

39 가공배전선로 시설에는 전선을 지지하고 각종 기기를 설치하기 위한 지지물이 필요하다. 이 지지물 중 가장 많이 사용되는 것은?

① 목주
② 철탑
③ 철주
④ 철근콘크리트주

40 10[℃], 5000[g]의 물을 40[℃] 올리기 위하여 1[kw]의 전열기를 쓰면 몇 분이 걸리는가? (단, 효율은 80[%]이다.)

① 15 ② 23
③ 13 ④ 5

41 농형 유도전동기의 기동법과 가장 거리가 먼 것은?

① 기동보상기법
② 2차저항 기동법
③ 전전압 기동법
④ Y−Δ 기동법

42 플로어덕트 배선의 사용전압은 몇 [V] 미만으로 제한되어지는가?

① 220 ② 400
③ 600 ④ 700

43 6600/220[V]인 변압기의 1차에 2850[V]를 가하면 2차 전압[V]은?

① 90 ② 95
③ 120 ④ 105

44 저항 9[Ω], 용량리액턴스 12[Ω]의 직렬 회로의 임피던스는 몇 [Ω]인가?

① 2 ② 15
③ 21 ④ 32

45 교류회로에서 유효전력을 (P), 무효전력을 (P_r), 피상전력을(P_a)이라 하면 역률($\cos\theta$)을 구하는 식은?

① $\dfrac{P}{P_a}$ ② $\dfrac{P_a}{P}$

③ $\dfrac{P}{P_r}$ ④ $\dfrac{P_r}{P}$

46 셀룰로이드, 성냥, 석유류 등 기타 가연성 위험 물질을 제조 또는 저장하는 장소의 배선으로 잘못된 배선은?

① 금속관 배선
② 합성수지관 배선
③ 플로어덕트 배선
④ 케이블 배선

47 권수 N[T]인 코일에 I[A]의 전류가 흘러 자속 Φ[Wb]가 발생할 때의 인덕턴스에 대한 설명 중 틀린 것은?

① 인덕턴스는 전류에 반비례한다.
② 인덕턴스는 권수에 비례한다.
③ 인덕턴스는 자속에 비례한다.
④ 인덕턴스는 전류에 비례한다.

48 자기소호 기능이 가장 좋은 소자는?

① SCR
② GTO
③ TRIAC
④ LASCR

49 일반적으로 분기회로의 개폐기 및 과전류 차단 기는 단락의 위험과 화재 및 인체에 대한 위험 성을 최소화하도록 시설된 경우 길이가 몇 [m] 이하의 곳에 시설하여야 하는가?

① 3[m] ② 4[m]
③ 5[m] ④ 8[m]

50 천장에 작은 구멍을 뚫어 그 속에 등기구를 매입시키는 방식으로 건축의 공간을 유효하게 하는 조명 방식은?

① 코브 방식
② 코퍼 방식
③ 밸런스 방식
④ 다운라이트 방식

51 전기 분해하여 금속의 표면에 산화피막을 만들어 이것을 유전체로 이용한 것은?

① 마일러 콘덴서
② 마이카 콘덴서
③ 전해 콘덴서
④ 세라믹 콘덴서

52 3상 유도전동기의 슬립의 범위는?

① 0〈S〈1
② −1〈S〈0
③ 1〈S〈2
④ 0〈S〈2

53 고압 이상에서 기기의 점검, 수리 시 무전압, 무전류 상태로 전로에서 단독으로 전로의 접속 또는 분리하는 것을 주목적으로 사용되는 수·변전기기는?

① 기중부하 개폐기
② 단로기
③ 전력퓨즈
④ 컷아웃 스위치

54 동기조상기가 전력용 콘덴서보다 우수한 점은 어느 것인가?

① 보수가 쉽다.
② 가격이 싸다.
③ 지상역률을 얻는다.
④ 손실이 적다.

55 다음 중 저저항 측정에 사용되는 브리지는?

① 휘트스톤 브리지
② 빈 브리지
③ 맥스웰 브리지
④ 켈빈 더블 브리지

56 사람이 쉽게 접촉하는 장소에 설치하는 누전차단기의 사용전압 기준은 몇 [V] 초과인가?

① 50
② 60
③ 150
④ 220

57 파형률과 파고율이 모두 1인 파형은?

① 삼각파
② 정현파
③ 구형파
④ 반원파

58 전주의 길이가 16[m]인 지지물을 건주하는 경우에 땅에 묻히는 최소 깊이는 몇 [m]인가? (단, 설계하중이 6.8[kN] 이하이다.)

① 1.5
② 2.0
③ 2.5
④ 3.5

59 전기자를 고정시키고 자극 N, S를 회전시키는 동기 발전기는?

① 회전 계자법
② 직렬 저항법
③ 회전 전기자법
④ 회전 정류자형

60 정전용량이 같은 콘덴서 2개를 병렬로 연결했을 때의 합성 정전용량은 직렬로 연결했을 때의 몇 배인가?

① 2
② 4
③ 6
④ 8

시험 일자	시험 시간	문항 수
2022년 3회 시행	60분	60문항

수험번호 : _____

성 명 : _____

---

01 "물질 중의 자유전자가 과잉된 상태"란?

① (−) 대전상태
② 발열상태
③ 중성상태
④ (+) 대전상태

02 직류 분권 발전기의 병렬운전의 조건에 해당되지 않는 것은?

① 극성이 같을 것
② 단자전압이 같을 것
③ 외부특성곡선이 수하특성일 것
④ 균압모선을 접속할 것

03 충전되어 있는 활선을 움직이거나 작업권 밖으로 밀어낼 때 사용되는 활선장구는?

① 와이어 통
② 데드엔드 커버
③ 애자 커버
④ 활선 커버

04 불연성 먼지가 많은 장소에 시설할 수 없는 저압 옥내 배선의 방법은?

① 금속관 배선
② 두께가 1.2㎜인 합성수지관 배선
③ 금속제 가요전선관 배선
④ 애자 사용 배선

05 어느 회로 소자에 일정한 크기의 전압으로 주파수를 증가시키면서 흐르는 전류를 관찰하였다. 주파수를 2배로 하였더니 전류의 크기가 2배로 되었다. 이 회로 소자는?

① 콘덴서
② 다이오드
③ 코일
④ 저항

06 변압기 명판에 나타내는 정격에 대한 설명이다. 틀린 것은?

① 변압기의 정격출력 단위는 [kW]이다.
② 변압기 정격은 2차측을 기준으로 한다.
③ 변압기의 정격은 용량, 전류, 전압, 주파수 등으로 결정된다.
④ 정격이란 정해진 규정에 적합한 범위 내에서 사용할 수 있는 한도이다.

07 자체 인덕턴스가 40[mH]와 90[mH]인 두 개의 코일이 있다. 두 코일 사이에 누설자속이 없다고 하면 상호인덕턴스는?

① 50[mH]
② 60[mH]
③ 65[mH]
④ 130[mH]

08 직류를 교류로 변환하는 장치로서 초고속 전동기의 속도 제어용 전원이나 형광등의 고주파 점등에 이용되는 것은?

① 인버터
② 컨버터
③ 변성기
④ 변류기

09 비정현파를 여러 개의 정현파의 합으로 표시하는 방법은?

① 키르히호프의 법칙
② 노튼의 법칙
③ 푸리에 분석
④ 테일러의 분석

10 직류 분권 전동기의 계자 저항을 운전 중에 증가시키는 경우 일어나는 현상으로 옳은 것은?

① 자속 증가
② 속도 감소
③ 부하 증가
④ 속도 증가

11 교류 전등 공사에서 금속관 내에 전선을 넣어 연결한 방법 중 옳은 것은?

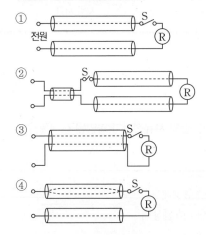

12 보극이 없는 직류기의 운전 중 중성점의 위치가 변하지 않는 경우는?

① 과부하일 때
② 전부하일 때
③ 중부하일 때
④ 무부하일 때

13 다음 중 애자사용공사에 사용되는 애자의 구비 조건과 거리가 먼 것은?

① 난연성
② 절연성
③ 내수성
④ 내유성

14 평형 3상 성형 결선에 있어서 선간전압(V_L)과 상전압(V_P)의 관계는?

① $V_L = V_P$

② $V_L = \sqrt{2}\,V_P$

③ $V_L = \dfrac{1}{\sqrt{3}}\,V_P$

④ $V_L = \sqrt{3}\,V_P$

15 합성수지관 공사에 대한 설명 중 옳지 않은 것은?

① 습기가 많은 장소 또는 물기가 있는 장소에 시설하는 경우에는 방습 장치를 한다.

② 관의 지지점 간의 거리는 3[m] 이상으로 한다.

③ 관 상호간 및 박스와는 관을 삽입하는 깊이를 관의 바깥지름의 1.2배 이상으로 한다.

④ 합성수지관 안에는 전선에 접속점이 없도록 한다.

16 다음 단상유도전동기에서 역률이 가장 좋은 것은?

① 콘덴서기동형

② 분상기동형

③ 반발기동형

④ 셰이딩코일형

17 저압 단상 3선식 회로의 중성선에는 어떻게 하는가?

① 다른 선의 퓨즈와 같은 용량의 퓨즈를 넣는다.

② 다른 선의 퓨즈의 2배 용량의 퓨즈를 넣는다.

③ 다른 선의 퓨즈의 1/2배 용량의 퓨즈를 넣는다.

④ 퓨즈를 넣지 않고 동선으로 직결한다.

18 1[m]에 저항이 20[Ω]인 전선의 길이를 2배로 늘리면 저항은 몇 [Ω]이 되는가? (단, 동선의 체적은 일정하다.)

① 10 ② 20

③ 40 ④ 80

19 전압 변동률 ε의 식은? (단, 정격전압V_n, 무부하 전압V_0이다.)

① $\varepsilon = \left(\dfrac{V_o - V_n}{V_n} \right) \times 100[\%]$

② $\varepsilon = \left(\dfrac{V_n - V_o}{V_n} \right) \times 100[\%]$

③ $\varepsilon = \left(\dfrac{V_n - V_o}{V_o} \right) \times 100[\%]$

④ $\varepsilon = \left(\dfrac{V_o - V_n}{V_o} \right) \times 100[\%]$

20 두 콘덴서 C_1, C_2가 직렬로 접속되어 있을 때의 합성정전용량은?

① $\dfrac{1}{C_1}+\dfrac{1}{C_2}$

② C_1+C_2

③ $\dfrac{C_1C_2}{C_1+C_2}$

④ $\dfrac{C_1+C_2}{C_1C_2}$

21 눈부신 정도로써 어느 방향에서 본 겉보기의 면적 대비 어느 방향의 광도를 의미하는 것은?

① 조도   ② 휘도

③ 광도   ④ 반사율

22 220[V] 옥내 배선에서 백열전구를 노출로 설치할 때 사용하는 기구는?

① 리셉터클

② 테이블 탭

③ 콘센트

④ 코드 커넥터

23 2대의 동기발전기 A, B가 병렬운전하고 있을 때 A기의 여자 전류를 증가시키면 어떻게 되는가?

① A기의 역률은 낮아지고 B기의 역률은 높아진다.

② A기의 역률은 높아지고 B기의 역률은 낮아진다.

③ A, B 양 발전기의 역률이 높아진다.

④ A, B 양 발전기의 역률이 낮아진다.

24 다음 중 강자성체가 아닌 것은?

① 니켈

② 철

③ 백금

④ 망간

25 유도전동기의 동기속도가 1200[rpm]이고, 회전수가 1176[rpm]일 때 슬립은?

① 0.06

② 0.04

③ 0.02

④ 0.01

26 고압 가공전선로의 지지물로 철탑을 사용하는 경우 경간은 몇 [m] 이하이어야 하는가?

① 150

② 300

③ 500

④ 600

27 권수비 30인 변압기의 저압측 전압이 8[V]인 경우 극성시험에서 가극성과 감극성의 전압차이는 몇 [V]인가?

① 24

② 16

③ 8

④ 4

28 다음 중 접지저항의 측정에 사용되는 측정기의 명칭은?

① 회로시험기
② 변류기
③ 검류기
④ 어스테스터

29 셀룰로이드, 성냥, 석유류 등 기타 가연성 위험물을 제조 또는 저장하는 장소의 배선으로 잘못된 배선은?

① 플로어덕트 배선
② 합성수지관 배선
③ 금속관 배선
④ 케이블 배선

30 2[kV]의 전압으로 충전하여 2[J]의 에너지를 축적하는 콘덴서의 정전용량은?

① 0.5[μF]   ② 1[μF]
③ 2[μF]   ④ 4[μF]

31 3상 유도전동기의 회전원리를 설명한 것 중 틀린 것은?

① 회전자의 회전속도가 증가하면 도체를 관통하는 자속수는 감소한다.
② 회전자의 회전속도가 증가하면 슬립도 증가한다.
③ 부하를 회전시키기 위해서는 회전자의 속도는 동기속도 이하로 운전되어야 한다.
④ 3상 교류전압을 고정자에 공급하면 고정자 내부에서 회전 자기장이 발생된다.

32 굵기가 같은 두 단선의 쥐꼬리 접속에서 와이어 커넥터를 사용하는 경우에는 심선을 몇 회 정도 꼰 다음 끝을 잘라내야 하는가?

① 2~3회
② 4~5회
③ 6~7회
④ 8~9회

33 전기 철도에 사용하는 직류전동기로 가장 적합한 전동기는?

① 분권전동기
② 직권전동기
③ 가동 복권전동기
④ 차동 복권전동기

34 전기력선에 대한 설명으로 틀린 것은?

① 같은 전기력선은 흡입한다.
② 전기력선은 서로 교차하지 않는다.
③ 전기력선은 도체의 표면에 수직으로 출입한다.
④ 전기력선은 양전하의 표면에서 나와서 음전하의 표면에서 끝난다.

35 슬립 S=5[%], 2차 저항 r_2=0.1[Ω]인 유도전동기의 등가 저항 R[Ω]은 얼마인가?

① 0.4   ② 0.5
③ 1.9   ④ 2.0

36 케이블을 구부리는 경우는 피복이 손상되지 않도록 하고 그 굴곡부의 곡률반경은 몇 배 이상이어야 하는가? (단, 연피 없다.)

① 4
② 6
③ 5
④ 12

37 일종의 전류 계전기로 보호 대상 설비에 유입되는 전류와 유출되는 전류의 차에 의해 동작하는 계전기는?

① 주파수 계전기
② 재폐로 계전기
③ 차동 계전기
④ 전류 계전기

38 1[kW]의 전열기를 사용하여 10[℃], 50[L]의 물을 46[℃]로 올리는 데 3시간이 걸렸다면 효율은 몇 [%]인가?

① 약 65%
② 약 70%
③ 약 75%
④ 약 80%

39 선간 전압이 380[V]인 전원에 Z=8+j6[Ω]의 부하를 Y결선으로 접속했을 때 선전류는 약 몇 [A]인가?

① 12
② 22
③ 28
④ 38

40 플레밍의 오른손 법칙에서 기전력을 뜻하는 손가락은?

① 엄지
② 검지
③ 중지
④ 약지

41 금속전선관 중 후강전선관은 16[mm]에서 104[mm]까지 총 몇 종류가 사용되는가?

① 6종
② 8종
③ 10종
④ 12종

42 2대의 변압기로 V결선하여 3상 변압하는 경우 변압기 이용률[%]은?

① 57.8
② 66.6
③ 86.6
④ 100

43 무대, 무대 마루 밑, 오케스트라 박스, 영사실, 기타 사람이나 무대 도구가 접촉할 우려가 있는 장소에 시설하는 저압옥내 배선, 전구선 또는 이동 전선은 최고 사용전압이 몇 [V] 미만이어야 하는가?

① 100
② 200
③ 400
④ 700

44 다음 중 도전율을 나타내는 단위는?

① $\Omega \cdot m$　　　② $\mho$

③ $\mho / m$　　　④ $\mho \cdot m$

45 정격전압 250[V], 정격출력 50[Kw]의 외분권 복권 발전기가 있다. 분권계자 저항이 25[Ω]일 때 전기자 전류는?

① 100[A]

② 210[A]

③ 2000[A]

④ 2010[A]

46 금속덕트 배선에 사용하는 금속덕트의 철판 두께는 몇 [mm] 이상이어야 하는가?

① 0.8　　　② 1.2

③ 1.5　　　④ 1.8

47 슬립 4[%]인 유도전동기의 등가 부하 저항은 2차 저항의 몇 배 인가?

① 5　　　② 19

③ 20　　　④ 24

48 저항 $10\sqrt{3}$[Ω], 유도리액턴스 10Ω인 직렬회로에 교류 전압을 인가할 때 전압과 이 회로에 흐르는 전류와의 위상차는 몇 도인가?

① 60°　　　② 45°

③ 30°　　　④ 0°

49 두 금속을 접속하여 여기에 전류를 흘리면, 줄열 외에 그 접점에서 열의 발생 또는 흡수가 일어나는 현상은?

① 줄 효과　　　② 홀 효과

③ 제벡 효과　　　④ 펠티에 효과

50 타여자 발전기와 같이 전압 변동률이 적고 자여자이므로 다른 여자 전원이 필요 없으며, 계자 저항기를 사용하여 전압 조정이 가능하므로 전기화학용 전원, 전지의 충전용, 동기기의 여자용으로 쓰이는 발전기는?

① 분권 발전기

② 직권 발전기

③ 과복권 발전기

④ 차동복권 발전기

51 한 수용 장소의 인입선에서 분기하여 지지물을 거치지 아니하고 다른 수용 장소의 인입구에 이르는 부분의 전선을 무엇이라 하는가?

① 가공전선

② 연접인입선

③ 가공인입선

④ 가공지선

52 다음 중 저항의 온도계수가 부(−)의 특성을 가지는 것은?

① 텅스텐

② 서미스터

③ 경동선

④ 백금선

53 다음 중 3로 스위치를 나타내는 그림 기호는?

① ●$_{EX}$

② ●$_3$

③ ●$_{2P}$

④ ●$_{15A}$

54 동기 전동기의 특징과 용도에 대한 설명으로 잘못된 것은?

① 진상, 지상의 역률 조정이 된다.

② 속도 제어가 원활하다.

③ 시멘트 공장의 분쇄기 등에 사용된다.

④ 난조가 발생하기 쉽다.

55 사용전압 400[V] 이상, 건조한 장소로 점검할 수 있는 은폐된 곳에 저압 옥내배선 시 공사할 수 있는 방법은?

① 합성수지 몰드공사

② 금속 몰드공사

③ 버스 덕트공사

④ 라이팅 덕트공사

56 플레밍의 오른손 법칙에서 셋째 손가락의 방향은?

① 운동 방향

② 자속밀도의 방향

③ 유도 기전력의 방향

④ 자력선의 방향

57 자기 인덕턴스 10[mH]의 코일에 50[Hz], 314[V]의 교류전압을 가했을 때 몇 [A]의 전류가 흐르는가? (단, 코일의 저항은 없는 것으로 하며, π=3.14로 계산한다.)

① 10

② 31.4

③ 62.8

④ 100

58 지선의 중간에 넣는 애자는?

① 저압 핀 애자

② 구형애자

③ 인류애자

④ 내장애자

59 사람이 쉽게 접촉하는 장소에 설치하는 누전차단기의 사용전압 기준은 몇 [V]인가?

① 50

② 110

③ 150

④ 220

60 $e=100\sqrt{2}\sin\left(100pt-\dfrac{\pi}{3}\right)[V]$인 정현파 교류전압의 주파수는 얼마인가?

① 50[Hz]

② 60[Hz]

③ 100[Hz]

④ 314[Hz]

최신 기출문제
정답 & 해설

최신 기출문제 | 정답 & 해설

최신 기출문제 01회

01 ①	02 ④	03 ①	04 ②	05 ④
06 ①	07 ②	08 ①	09 ③	10 ④
11 ③	12 ④	13 ④	14 ①	15 ②
16 ①	17 ④	18 ④	19 ①	20 ③
21 ②	22 ①	23 ①	24 ③	25 ③
26 ④	27 ②	28 ④	29 ①	30 ②
31 ③	32 ①	33 ②	34 ①	35 ③
36 ③	37 ③	38 ②	39 ③	40 ③
41 ③	42 ④	43 ③	44 ①	45 ②
46 ②	47 ④	48 ③	49 ④	50 ①
51 ②	52 ④	53 ②	54 ②	55 ③
56 ③	57 ④	58 ②	59 ①	60 ①

01 ①

대전 : 전기를 띄게 되는 현상
- +대전 : 자유전자가 부족
- −대전 : 자유전자가 과잉

02 ④

직류발전기 병렬운전조건
- 극성이 같을 것
- 단자전압이 같을 것
- 외부특성곡선이 수하특성일 것
- 균압모선을 접속할 것(직권과 복권만 필요)

03 ①
- 과전류 계전기(OCR) : 일정 값 이상의 전류가 흘렀을 때 동작(=과부하 계전기)
- 과전압 계전기(OVR) : 일정 값 이상의 전압이 걸렸을 때 동작
- 부족 전압 계전기(UVR) : 일정 값 이하로 교류전압이 떨어졌을 때 동작
- 비율 차동 계전기(PDR) : 발전기나 변압기 내부 고장을 보호하기 위하여 사용

04 ②

정미소, 제분소, 시멘트 공장 등과 같은 먼지가 많아서 전기 공작물의 열방산을 방해하거나, 절연성을 열화 시키거나, 개폐 기구의 기능을 떨어뜨릴 우려가 있는 곳의 저압 옥내 배선은 애자 사용 공사, 합성수지관 공사(두께 2[mm] 이상), 금속전선관 공사, 금속제 가요전선관 공사, 금속 덕트 공사, 버스 덕트 공사 또는 케이블 공사에 의하여 시설한다.

05 ④

전기력선 수 $=\dfrac{Q}{\varepsilon}$ (단, 공기 중은 $\dfrac{Q}{\varepsilon_0}$)

06 ①

변압기의 정격 특징
- 변압기의 정격출력 단위는 [VA]이다.
- 변압기 정격은 2차측을 기준으로 한다.
- 변압기의 정격은 용량, 전류, 전압, 주파수 등으로 결정된다.
- 정격이란 정해진 규정에 적합한 범위 내에서 사용할 수 있는 한도이다.

07 ②

상호 인덕턴스 $M=K\sqrt{L_1 \times L_2}=\sqrt{40 \times 10^{-3} \times 90 \times 10^{-3}}$
단위가 $[mH]$라 $[m]$는 생략 가능
$M=\sqrt{40 \times 90}=60$

08 ①

정류기 : 교류를 직류로 변환
인버터 : 직류를 교류로 변환

09 ③

푸리에 법칙 = 비정현파 풀이, 분석, 정리, 해석

10 ④
- 직류전동기의 회전 속도 $N=K \times \dfrac{\perp E}{\varnothing}=K \times \dfrac{V-I_a R_a}{\varnothing}$
- 계자 제어 : 자속을 조정하여 속도를 제어
  - 자속이 증가하면 속도는 감소
  - 자속이 감소하면 속도는 증가
  - 계자 전류가 증가하면 속도는 감소
  - 계자 전류가 감소하면 속도는 증가
  - 계자 저항이 증가하면 속도는 증가
  - 계자 저항이 감소하면 속도는 감소

11 ③

교류회로에서는 1회로의 전선 모두를 동일관 내에 넣는 것이 원칙이다.

12 ④
- 단상반파정류 $E_{DC}=0.45E_{AC}$
- 단상전파정류 $E_{DC}=0.9E_{AC}$
- 3상반파정류 $E_{DC}=1.17E_{AC}$
- 3상반파정류 $E_{DC}=1.35E_{AC}$

13 ④

애자의 구비조건 : 절연성, 내수성, 난연성

14 ①

$R=\dfrac{V}{I}=\dfrac{24}{6}, \ G=\dfrac{1}{R}=\dfrac{1}{4}=0.25$

15 ②

합성수지관의 지지점 간의 거리는 1.5[m] 이하이다.

16 ①

- 단상유도전동기 기동토크 큰 순서 : 반발기동 〉 반발유도 〉 콘덴서기동 〉 분상기동 〉 세이딩코일
- 역률이 좋다=콘덴서 기동기

17 ④

저압 단상 3선식 회로의 중성선에는 퓨즈를 넣지 않는다.

18 ④

저항은 길이의 제곱배 $R=n^2$이다.
(단, 체적일정 면적을 길이 배수만큼 감소라는 말 포함)

19 ①

전압변동률 $\varepsilon=\left(\dfrac{V_O-V_n}{V_n}\right)\times100[\%]$

V_n : 정격전압 V_0 : 무부하전압

20 ③

합성정전용량 $C_T=\dfrac{C_1\times C_2}{C_1+C_2}$

21 ②

눈부심의 정도는 휘도로, 눈부심은 어느 방향에 봐도 눈부심이 있다.

22 ①

리셉터클 : 백열전구를 노출로 설치할 때 필요

23 ①

자신의 여자전류를 증가하면 자신의 역률은 나빠지지만 상대방의 역률은 좋아진다.

24 ③

강자성체 : 니켈, 코발트, 철, 망
상자성체 : 백금, 산소, 알루미늄, 텅스텐
반자성체 : 금, 은, 구리, 아연, 안티몬, 비스무트

25 ③

슬립 $S=\dfrac{N_S-N}{N_S}\times100=\dfrac{1200-1175}{1200}\times100[\%]=2[\%]$

N_S : 동기속도 N : 회전속도

26 ④

고압 지지물의 경간

- 목주, A종 철주, A종 철근콘크리트주 : 150[m]
- B종 철주, B종 철근콘크리트주 : 250[m]
- 철탑 : 600[m]

27 ②

저압측 전압은 2차측 전압으로
권수비 $a=\dfrac{N_1}{N_2}=\dfrac{V_1}{V_2}=\dfrac{E_1}{E_2}=\sqrt{\dfrac{Z_1}{Z_2}}=\sqrt{\dfrac{R_1}{R_2}}=\dfrac{I_2}{I_1}$ 를 이용해
$V_1=aV_2=30\times8=240$
감극성 $V=V_1-V_2=240-8=232$
가극성 $V=V_1+V_2=240+8=248$
감극성 가극성 차이는 16[V]

28 ④

접지저항측정기의 명칭은 접지저항계 또는 어스테스터이다.

29 ①

셀룰로이드, 성냥, 석유 등 타기 쉬운 위험한 물질을 제조하거나 저장하는 곳은 합성수지관 공사(두께 2[mm] 이상), 금속 전선관 공사 또는 케이블 공사에 의하여 시설한다.

30 ②

축적된 콘덴서의 에너지 $W=\dfrac{1}{2}QV=\dfrac{1}{2}CV^2$

$C=\dfrac{2W}{V^2}=\dfrac{2\times2}{2000^2}=1\times10^{-6}$

31 ③

- 변압기 : 전압을 변환
- 정류기 : 교류를 직류로 변환
- 인버터 : 직류를 교류로 변환

32 ①

쥐꼬리 접속은 심선을 2~3회 정도 꼰 후 자른다.

33 ②

직권전동기는 속도변동률이 심하나 기동토크는 크다. 그래서 주로 전기철도에 사용한다.

34 ①

전기력선의 성질

- 전기력선은 양(정)전하에서 시작하여 음(부)전하로 끝난다.
- 전기력선은 높은 곳에서 낮은 곳으로 흐른다.
- 전기력선은 도체 내부에는 존재하지 않는다.
- 전기력선은 등전위면과 수직 교차한다.
- 전기력선은 서로 교차하지 않는다.
- 전기력선 총수는 $\dfrac{Q}{\varepsilon}$개다(단, 공기 중 전기력선 총수는 $\dfrac{Q}{\varepsilon_0}$개다).

35 ③

등가저항
$R=\dfrac{(1-S)}{S}\times r_2=\dfrac{(1-0.05)}{0.05}\times0.1=1.9$

36 ③

- 케이블의 구부리는 굴곡부의 곡률 반지름은 연피가 없는 케이블은 바깥지름의 5배 이상으로 한다.
- 케이블의 구부리는 굴곡부의 곡률 반지름은 연피가 있는 케이블은 바깥지름의 12배 이상으로 한다.

37 ③

변압기 내부고장보호

- 차동 계전기 : 전류의 차로 동작하여 보호
- 비율차동 계전기 : 전류의 차의 비율을 이용
- 부흐홀츠 계전기 : 증기를 검출하여 보호. 설치위치는 변압기 주탱크와 콘서베이터 사이에 설치

38 ②

$$0.24Pt\eta = McT$$

$$\eta = \frac{McT}{0.24Pt} \times 100 = \frac{50 \times 1000 \times (46-10)}{0.24 \times 1000 \times 3 \times 3600} \times 100 = 69.4[\%]$$

- η : 효율
- M : 질량(1L는 1000g)
- c : 비열(물의 비열은 1)
- T : 온도차
- P : 전력
- t : 시간

39 ②

$$I_L = I_P$$

$$I_L = \frac{\frac{V_L}{\sqrt{3}}}{Z크기} = \frac{\frac{380}{\sqrt{3}}}{10} = 21.94$$

$$(Z크기 = \sqrt{8^2 + 6^2})$$

40 ③

- 플레밍의 왼손법칙
  F : 힘(엄지), B : 자속밀도(검지), I : 전류(중지)
- 플레밍의 오른손법칙
  F : 힘(엄지), B : 자속밀도(검지), E : 기전력(중지)

41 ③

금속전선관은 10종으로 구성된다.

42 ③

- 변압기의 이용률 = 86.6
- 변압기의 출력비 = 57.7

43 ③

사용전압은 400[V] 이하이다.

44 ①

환상솔레노이드 $H = \frac{NI}{2\pi r}$

원형코일 $H = \frac{NI}{2r}$

무한장직선 $H = \frac{I}{2\pi r} = \frac{2\pi}{2\pi \times 1} = 1$

45 ②

전기자전류 $I_a = $ 계자전류$I_f + $ 부하전류$I = 10 + 200 = 210$

계자전류 $I_f = \frac{V}{R_f} = \frac{250}{25} = 10$

부하전류 $I = \frac{P}{V} = \frac{50000}{250} = 200$

46 ②

금속덕트의 두께는 1.2[mm]이상이어야 한다.

47 ④

$$R = \frac{(1-S)}{S} \times r_2 = \frac{(1-0.04)}{0.04} \times r_2 = 24r_2$$

48 ③

$$\theta = tan^{-1} \times \frac{허수}{실수} = tan^{-1} \times \frac{X_L}{R} = tan^{-1} \times \frac{10}{10\sqrt{3}} = 30°$$

49 ④

제벡 효과 : 서로 다른 두 금속, 온도 차
펠티에 효과 : 서로 다른 두 금속, 열의 흡수, 방출
톰슨 효과 : 동일한 두 금속, 열의 흡수, 방출

50 ①

분권 발전기는 타여자 발전기와 특성이 같다.

51 ②

- 가공인입선 : 가공전선로의 지지물에서 분기하여 다른 지지물을 거치지 아니하고 수용 장소의 붙임점에 이르는 가공전선을 말한다. 기공인입선 에는 저압 가공인입선과 고압 가공 인입선이 있다.
- 연접인입선 : 한 수용장소의 인입선에서 분기하여 다른 지지물을 거치지 아니하고 다른 수용가의 인입구에 이르는 부분의 전선을 말한다.

52 ④

비오–사바르의 법칙 : 전류와 자기장의 세기

$$\Delta H = \frac{I \Delta l sin\theta}{4\pi r^2}$$

53 ②

●₃ : 3로스위치의 기호

54 ②

동기 전동기의 특징
- 진상, 지상의 역률 조정이 된다.
- 난조가 발생할 수 있다.
- 속도 제어가 원활하지 않다.

55 ③

400V 이상 건조한 장소 : 애자사용공사, 금속덕트, 버스덕트공사

56 ③

- 플레밍의 왼손법칙
  F : 힘(엄지), B : 자속밀도(검지), I : 전류(중지)
- 플레밍의 오른손법칙
  F : 힘(엄지), B : 자속밀도(검지), E : 기전력(중지)

57 ④

$$I = \frac{V}{X_L} = \frac{V}{\omega L} = \frac{V}{2\pi f L} = \frac{314}{2 \times 3.14 \times 50 \times 10 \times 10^{-3}} = 100$$

58 ②

- 현수애자 : 가공전선로에서 전선을 잡아당겨 지지하는 애자
- 구형애자 : 지선의 중간에 사용하는 애자(=지선애자)

59 ①

누전차단기의 사용전압은 50[V]이다.(KEC개정)

60 ①

순시값 $v = V_m sin\omega t$

$\omega = 2\pi f$

$f = \frac{\omega}{2\pi} = \frac{100\pi}{2\pi} = 50$

각속도 ω(오메가)

01	④	02	①	03	②	04	②	05	④
06	②	07	①	08	①	09	③	10	①
11	①	12	④	13	②	14	①	15	①
16	④	17	②	18	③	19	②	20	③
21	①	22	①	23	④	24	③	25	②
26	②	27	④	28	②	29	①	30	④
31	④	32	①	33	③	34	①	35	②
36	④	37	①	38	④	39	①	40	②
41	①	42	③	43	③	44	①	45	④
46	④	47	①	48	③	49	④	50	④
51	④	52	②	53	③	54	③	55	③
56	②	57	③	58	④	59	④	60	③

01 ④

- 단상유도전동기 기동토크 큰 순서 : 반발기동 〉 반발유도 〉 콘덴서기동 〉 분상기동 〉 세이딩코일
- 역률이 좋다=콘덴서 기동기

02 ①

- 전선 피박기 : 활선 상태 시 전선의 피복을 벗기는 공구
- 와이어 통 : 활선 상태 시 전선의 이동을 시키는 공구

03 ②

- 평행하는 두 도체에는 전류의 방향에 따라 힘이 작용한다.
  - 전류가 같은 방향 : 흡인력
  - 전류가 다른 방향(왕복 도체) : 반발력
- 평행 도체에 작용하는 힘의 공식

$$F=\frac{\mu_0 I_1 I_2}{2\pi r}=\frac{4\pi\times10^{-7}I_1 I_2}{2\pi r}=\frac{2\times10^{-7}I_1 I_2}{r}$$

04 ②

원선도를 그리는 데 필요한 것 : 저항, 무부하, 구속

05 ④

박스형 커넥터를 사용하면 접속이 필요 없다.

06 ②

$$G=\frac{1}{R}$$

$$R=\frac{1}{G}=5$$

2개가 직렬이므로 $R=R+R=10$

$V=IR=3\times10=30$

07 ①

타여자 발전기 : 계자와 전기자가 전기적으로 분리(계자에 외부전원을 공급)

08 ①

- 멀티탭 : 하나의 콘센트에 둘 또는 세가지 기구를 사용
- 테이블탭 : 코드의 길이를 연장하여 사용

09 ③

변압기 전압변동률

$$\varepsilon=\frac{V_{20}-V_{2n}}{V_{2n}}\times100$$

$\varepsilon=pCos\theta+qSin\theta=2\times0.8+3\times0.6=3.4$

p : 퍼센트저항강하 / q : 퍼센트리액턴스강하

10 ①

내부는 존재하지 않는다.

11 ①

농형 유도전동기 기동법

- 전전압기동법 : 5[kw] 이하에 사용
- $Y-\Delta$기동법 : 10~15[kw] 이하에 사용
- 기동보상기법 : 15[kw] 초과에 사용
- 리액터 기동법 : 전동기 전원에 직렬리액터 연결하여 기동, 중용량 및 대용량에 적합

12 ④

- 일반가정 : 3분
- 호텔 : 1분

13 ②

직류 스태핑 모터 : 교류 동기 서보 모터에 비하여 효율이 훨씬 좋고 큰 토크를 발생하여 입력되는 각 전기신호에 따라 규정된 각도만큼씩 회전하며 회전자는 축 방향으로 자화된 영구자석으로서 보통 50개 정도의 톱니로 만들어져 있는 것

14 ①

$$X_L=\omega L=2\pi f L$$

$$X_C=\frac{1}{\omega C}=\frac{1}{2\pi f C}$$

$$I=\frac{V}{X_L}=\frac{V}{\omega L}=\frac{V}{2\pi f L}$$

$$I=\frac{V}{X_C}=\frac{V}{\frac{1}{\omega C}}=\frac{V}{\frac{1}{2\pi f C}}$$

15 ①

$$R=\frac{(1-S)}{S}\times r_2=\frac{(1-0.04)}{0.04}\times r_2=24r_2$$

16 ④

- 게이지 : 측정공구이다.
- 마이크로미터 : 전선의 굵기, 철판, 구리판 등의 두께를 측정하는 것이다.
- 와이어 게이지 : 전선의 굵기를 측정하는 것으로, 측정할 전선을 홈에 끼워서 맞는 곳의 숫자로 전선의 굵기를 측정한다.
- 버니어 캘리퍼스 : 둥근 물체의 외경이나 파이프 등의 내경과 깊이를 측정하는 것이다.

17 ②

기전력 $E = \dfrac{PZ\emptyset N}{60a} = \dfrac{10 \times 400 \times 0.02 \times 600}{60 \times 2} = 400$

- P : 극수
- Z : 도체수
- $\emptyset$: 자속수
- N : 회전수
- a : 병렬회로수

18 ③

$Z = \dfrac{V}{I} = \dfrac{50}{8+j6} = 4 - j3$

19 ②

스프링 와셔 : 전선 단자 접속 시 진동 등 헐거워질 우려가 있는 곳에 사용하며, 이중너트라고도 불림

20 ③

권수비 $a = \dfrac{V_1}{V_2} = \dfrac{N_1}{N_2} = \sqrt{\dfrac{R_1}{R_2}} = \sqrt{\dfrac{Z_1}{Z_2}} = \dfrac{I_2}{I_1}$

$a = \dfrac{6000}{200} = 30$

21 ①

엔트런스 캡 : 저압가공 인입선 입구에 사용, 빗물 침입 방지

22 ①

인덕턴스 L은 전류가 전압보다 $\dfrac{\pi}{2}$ 만큼 느리다.

콘덴서 C는 전류가 전압보다 $\dfrac{\pi}{2}$ 만큼 빠르다.

23 ④

전력 생산은 발전소의 역할이다.

24 ③

평균값 $V_a = \dfrac{2V_m}{\pi}$

최대값 $V_m = \dfrac{\pi V_a}{2} = \dfrac{3.14 \times 220}{2} = 345.4$

25 ②

- 노멀밴드 : 매입 배관의 직각 굴곡부분에 사용
- 유니버설 엘보 : 노출 배관의 직각 굴곡부분에 사용

26 ②

	중권(병렬권)	파권(직렬권)
병렬회로수	a=p (다중일 때 a=mp)	a=2

27 ④

종축=세로축=자속밀도 B
종축(세로축)과 만나는 점 =잔류자기 B,
횡축=가로축=자계의 세기 H
횡축(가로축)과 만나는 점 =보자력 H,

28 ②

사이리스터의 종류

- SCR : 역저지 3단자(단방향 3단자)
- GTO : 게이트 턴오프 스위치, 역저지 3단자(단방향 3단자), 자기소호 가능
- TRIAC : 양방향 3단자
- DIAC : 양방향 2단자
- SSS : 양방향 2단자
- SCS : 단방향 4단자

29 ①

교류차단기의 종류

- 유입차단기 : OCB 매질은 절연유
- 자기차단기 : MBB 매질은 자기력
- 가스차단기 : GCB 매질은 SF_6가스(육 불황성 가스)
- 기중차단기 : ACB 매질은 자연공기
- 공기차단기 : ABB 매질은 압축공기
- 진공차단기 : VCB 매질은 진공

30 ④

동기속도 $N_S = \dfrac{120f}{P}$

$P = \dfrac{120f}{N_S} = \dfrac{120 \times 60}{1800} = 4$

31 ④

Y 결선=성형결선

$V_L = \sqrt{3} V_P$

$I_L = I_P$

- V_L : 선간전압
- V_P : 상전압
- I_L : 선간전류
- I_P : 상전류

32 ④

- 천장은폐배선 : ————————
- 노출배선 : - - - - - - - - - - - - -
- 바닥은폐배선 : — — — — — — —
- 바닥면노출배선 : —··—··—··—··—
- 지중매설배선 : —·—·—·—·—·—

33 ③

변압기유 = 절연유의 구비 조건

- 절연내력이 클 것
- 비열이 클 것
- 냉각효과가 클 것
- 인화점이 높을 것
- 응고점이 낮을 것
- 고온에서 산화되지 않을 것
- 절연재료와 화학작용을 일으키지 않을 것
- 점도가 낮을 것
- 유동성이 클 것

34 ①

$F = BIl Sin\theta = 2 \times 5 \times 0.6 \times sin60 = 5.2$

35 ②

스위치는 전압측 전선에 설치하여야 한다.

36 ④

변압기의 원리 : 전자유도 작용

37 ①

전력량 $W=Pt=VIt=I^2Rt=\dfrac{V^2}{R}t[J]=[W\cdot S]$

38 ④

오스터 : 금속관 나사 내기

39 ①

등전위면과 전기력선은 수직으로 교차한다.

40 ②

가공인입선 : 가공인입선에서 다른 지지물 거치지 않고 수용장소로(가공인입선+수용장소)
연접인입선 : 수용장소에서 다른 지지물 거치지 않고 수용장소로(수용장소+수용장소)

41 ①

동기 발전기 병렬운전조건
• 기전력의 파형이 같을 것. 다르면 무효순환전류가 흐름
• 기전력의 크기가 같을 것. 다르면 무효순환전류가 흐름
• 기전력의 주파수가 같을 것. 다르면 난조가 발생
• 기전력의 위상이 같을 것. 다르면 동기화전류가 흐름
• 기전력의 상회전이 같을 것. 다르면 동기화검정등 점등

42 ③

• 1마력[HP]=746[W]
• 5마력=746×5=3730[W]

43 ③

펌프 플라이어는 금속관 공사에서 로크너트를 죌 때 사용하거나 또는 전선의 슬리브 접속 시에 사용한다.

44 ③

• 단상반파 $E_{DC}=0.45E=200\times0.45=90$
• 단상전파 $E_{DC}=0.9E$
• 3상반파 $E_{DC}=1.17E$
• 3상전파 $E_{DC}=1.45E$

45 ④

쿨롱의 법칙 : 자기력은 두 자극의 세기의 곱에 비례, 거리의 제곱에 반비례
$F=\dfrac{1}{4\pi\mu_0}\times\dfrac{m_1m_2}{r^2}[N]=6.33\times10^4\times\dfrac{m_1m_2}{r^2}$

46 ④

전기자 반작용
• 전기자 전류에 의해 주자속이 영향을 미침
• 영향 : 전기적 중성축 이동, 주자속 감소, 브러시에 불꽃
• 무부하면 전기자 전류가 안 흐름

47 ①

과전류차단기 시설제한
• 접지공사의 접지도체
• 다선식 선로의 중성선
• 변압기 중성점 접지공사를 한 저압가공전선로의 접지측 전선
• 접지 및 중성선이란 말이 들어가면 설치 못함

48 ③

규약효율
• 발전기=$\dfrac{출력}{출력+손실}\times100[\%]$
• 전동기=$\dfrac{입력-손실}{입력}\times100[\%]$
• 변압기는 발전기와 같음

49 ④

저항의 직렬접속
• 두 개 이상의 서로 다른 저항의 합성저항 구하기
• $R_T=R_1+R_2+R_3$

50 ③

• 대전 : 전기를 띠게 되는 현상
• +대전 : 자유전자가 부족 , −대전 : 자유전자가 과잉

51 ④

직류전동기 회전 방향 변경 : 계자의 극성을 바꾸거나 전류의 방향 변경

52 ②

• 광원 높이
  − 직접조명 : $H=\dfrac{2}{3}H_0$(천장과 조명은 $\dfrac{H_0}{3}$)
  − 간접조명 : $H=H_0$(천장과 조명은 $\dfrac{H_0}{5}$)
• 광원 간격
  − 광원 상호 : $S\leq1.5H=1.5\times2.4=3.6$
  − 벽과 광원 : $S_0\leq\dfrac{H}{2}$(벽측 사용 안 함)
  − 벽과 광원 : $S_0\leq\dfrac{H}{3}$(벽측 사용)

53 ④

$F=\dfrac{2\times I_1\times I_2}{r}\times10^{-7}$

• 같은 방향 : 흡인력
• 다른 방향 : 반발력

54 ③

	중권(병렬권)	파권(직렬권)
병렬회로수	a=p (다중일 때 a=mp)	a=2

55 ③

• 전력 $P=VI=I^2R=\dfrac{V^2}{R}=30^2\times0.15=135$
• 저항 $R=\dfrac{P}{I^2}=\dfrac{60}{20\times20}=0.15$

56 ②

전선의 조수	저압	고압	특고압
2	900[mm]	1400[mm]	1800[mm]
3	1400[mm]	1800[mm]	2400[mm]

57 ③

상호인덕턴스 $M = K\sqrt{L_1 \times L_2}$

결합계수 $K = \dfrac{M}{\sqrt{L_1 \times L_2}} = \dfrac{150}{\sqrt{160 \times 250}} = 0.75$

58 ④

전선의 접속 요건
- 접속 시 전기적 저항을 증가시키지 않는다.
- 접속 부위의 기계적 강도를 20[%] 이상 감소시키지 않는다(80[%] 이상 유지).
- 접속점의 절연이 약화되지 않도록 테이핑 또는 와이어 커넥터로 절연한다.
- 전선의 접속은 박스 안에서 하고, 접속점에 장력이 가해지지 않도록 한다.

59 ④

- 강자성체 : 니켈, 코발트, 철, 망
- 상자성체 : 백금, 산소, 알루미늄, 텅스텐
- 반자성체 : 금, 은, 구리, 아연, 안티몬, 비스무트

60 ③

링리듀서 : 아울렛 박스의 녹 아웃 지름이 관지름보다 클 때 사용

최신 기출문제 03회

01	①	02	④	03	①	04	③	05	③
06	④	07	②	08	④	09	②	10	②
11	④	12	②	13	①	14	①	15	③
16	②	17	②	18	④	19	③	20	①
21	③	22	①	23	④	24	③	25	④
26	④	27	①	28	④	29	④	30	②
31	①	32	③	33	③	34	③	35	④
36	①	37	④	38	③	39	③	40	④
41	④	42	②	43	①	44	①	45	④
46	④	47	①	48	④	49	③	50	③
51	③	52	①	53	②	54	①	55	②
56	③	57	①	58	③	59	②	60	③

01 ①

$Z = R + j(X_L - X_C)$

$|Z| = \sqrt{R^2 + (X_L - X_C)^2} = \sqrt{4^2 + (8-5)^2} = 5$

$I = \dfrac{V}{|Z|} = \dfrac{100}{5} = 20[A]$

X_L이 더 크므로 유도성 성분임

02 ④

변압기 내부고장보호
- 차동계전기 : 전류의 차로 동작하여 보호
- 비율차동계전기 : 전류의 차의 비율을 이용
- 부흐홀츠계전기 : 증기를 검출하여 보호, 설치 위치는 변압기 주탱크와 콘서베이터 사이에 설치

03 ①

셀룰로이드, 성냥, 석유 등 타기 쉬운 위험한 물질을 제조하거나 저장하는 곳은 합성수지관공사(두께2[mm] 이상), 금속전선관공사 또는 케이블공사에 의하여 시설한다.

04 ③

전속밀도

$D = \dfrac{Q}{A} = \dfrac{Q}{4\pi r} = \varepsilon E$

$E = \dfrac{D}{\varepsilon} = \dfrac{D}{\varepsilon_o \varepsilon_S} = \dfrac{2 \times 10^{-6}}{8.855 \times 10^{-12} \times 2.5} = 9 \times 10^4$

05 ③

2차 저항기법은 권선형 유도전동기의 기동법이다.

오답 피하기

농형 유도전동기 기동법
- 전전압기동법 : 5[kw] 이하에 사용
- $Y-\Delta$기동법 : 10~15[kw] 이하에 사용
- 기동보상기법 : 15[kw] 초과에 사용
- 리액터 기동법 : 전동기 전원에 직렬리액터 연결하여 기동, 중용량 및 대용량에 적합

06 ④

- 변류기 : CT
- 변압기 : PT
- 계기용 변성기 : MOF

07 ②

$Q = I_t = 5 \times 10 \times 60 = 3000$

08 ④

조명 방식	상	하
직접조명	0∼10[%]	90∼100[%]
반직접조명	10∼40[%]	60∼90[%]
전반확산조명	40∼60[%]	40∼60[%]
반간접조명	60∼90[%]	10∼40[%]
간접조명	90∼100[%]	0∼10[%]

09 ②

- 발전제동 : 제동 시 전원을 개방하여 발전기로 이용한 전력을 제동용 저항에 열로 소비시켜 정지
- 회생제동 : 제동 시 전원을 개방 안 하고 발전기로 이용하여 발전전력을 다시 전원으로 돌려보내 정지
- 역전제동(=역상제동 =플러깅) : 제동 시 역회전으로 접속하여 정지. 급정지 시 사용

10 ②

열량이란 전류에 의하여 작용하는 열의 양이다.

$$H = 0.24W = 0.24Pt = 0.24VIt = 0.24I^2Rt = 0.24\frac{V^2}{R}t$$

11 ④

Y종	A종	E종	B종	F종	H종	C종
90°	105°	120°	130°	155°	180°	180° 초과

12 ②

$\varepsilon = \varepsilon_0 \varepsilon_s$

- 공기 중 유전율 $\varepsilon_0 = 8.855 \times 10^{-12}$
- 비유전율 ε_s=공기 중. 진공 중이라는 말이 들어가면 무조건 1

13 ①

금속관 나사조임은 5턱

14 ①

동기 조상기의 역할

- 과여자로 운전하면 진상전류를 취하여 콘덴서로 작용
- 부족여자로 운전하면 지상전류를 취하여 리액터로 작용

15 ③

지지물의 종류

- 목주
- 철주
- 철근콘크리트주(가장 많이 사용)
- 철탑

16 ②

- $Y \rightarrow \Delta$ 변환

$Z_\Delta = 3Z_Y = 3 \times 15 = 45$

- $\Delta \rightarrow Y$ 변환

$Z_Y = \frac{1}{3}Z_\Delta$

17 ②

정류기 : 교류를 직류로 변환

18 ④

전장 〳 설계하중	6.8[kN] 초과 9.8[kN] 이하
14[m] 미만	−
14[m] 이상 ~ 15[m]이하	전장×$\frac{1}{6}$+0.3 이상
15[m] 초과 ~ 16[m]이하	2.5[m]+0.3 이상
16[m] 초과 ~ 18[m]이하	−
18[m] 초과 ~ 20[m]이하	

19 ③

직류발전기 병렬운전조건

- 각 발전기의 단자전압이 같을 것
- 극성이 일치할 것
- 외부특성이 수하특성일 것
- 균압환 설치할 것(균압환은 직권과 복권만 설치)

20 ①

실수는 실수끼리 허수는 허수끼리 계산

$Z_T = 6 + j8$

$|Z| = \sqrt{6^2 + 8^2} = 10$

21 ③

동기발전기 병렬운전조건

- 기전력의 파형이 같을 것. 다르면 무효순환전류가 흐름
- 기전력의 크기가 같을 것. 다르면 무효순환전류가 흐름
- 기전력의 주파수가 같을 것. 다르면 난조가 발생
- 기전력의 위상이 같을 것. 다르면 동기화전류가 흐름
- 기전력의 상회전이 같을 것. 다르면 동기화검정등 점등

22 ①

가연성 가스 또는 인화성 물질의 증기가 새거나 체류하여 전기 설비가 발화원이 되어 폭발할 우려가 있는 곳(프로판 가스 등의 가연성 액화가스를 다른 용기에 옮기거나 나누는 등의 작업을 하는 곳. 에탄올, 메탄올 등의 인화성 액체를 옮기는 곳 등)의 장소에서는 금속전선관 공사 또는 케이블 공사에 의하여 시설하여야 한다.

23 ④

V결선의 출력비 : 57.7[%]

24 ③

순시값 $v = V_m \sin\omega t = 2\sqrt{2}\sin 377t$

25 ④

단자의 깊이에 2/3의 위치에만 삽입할 경우 빠질 우려가 있다.

26 ②

변압기유 열화방지
- 브리더 : 공기중의 습기를 흡수
- 콘서베이터 : 공기가 변압기의 외함 속으로 들어갈 수 없음. 기름의 열화를 방지
- 질소가스봉입 : 콘서베이터 유면에 질소가스봉입

27 ④

- 패러데이 법칙 : 석출되는 물질의 양은 전기량과 비례, 화학당량과 비례
  $$w = KQ = KIt$$
- 화학당량 $K = \dfrac{원자량}{원자가}$
  $$t = \frac{w}{KI} = \frac{1000}{0.3293 \times 10^{-3} \times 200} = 15183[\text{sec}]$$
- $15183 \div 60 \div 60 = 4.22[h]$

28 ④

금속덕트 공사 시공 방법
- 옥내에서 건조한 노출 장소와 점검 가능한 은폐 장소에 시설할 수 있다.
- 지지점 간의 거리는 3[m] 이하로 견고하게 지지하고, 뚜껑이 쉽게 열리지 않도록 하며, 덕트의 끝 부분은 막는다.
- 절연전선을(인입용, 옥외용 제외) 사용하고, 덕트 내에서는 전선이 접속점을 만들어서는 안 된다.
- 덕트의 외함 및 부속품에는 접지공사를 해야 한다.
- 금속덕트에 수용하는 전선은 절연물을 포함하는 단면적의 합이 금속덕트 내 단면적의 20[%] 이하가 되도록 한다(단, 전광사인 장치, 출퇴표시 등, 기타 이와 유사한 장치 또는 제어회로 등의 배선에 사용하는 전선만을 넣는 경우에는 50[%] 이하로 할 수 있다).

29 ④

- 1차 전지 : 망간
- 2차 전지 : 니켈카드뮴

30 ②

$$\cos\theta = \frac{R}{|Z|} = \frac{p}{\sqrt{p^2 + q^2}}$$

31 ①

SF_6가스는 '공기보다 좋다'라는 말이 들어가야 한다.

32 ③

전기자 반작용
- 전기자전류에 의해 주자속의 영향을 미치는 현상
- 전류와 전압이 동일할 때 : 횡축 반작용(=교차 자화 작용)
- 전류가 전압보다 $\dfrac{\pi}{2}$만큼 느릴 때(뒤질 때) : 감자 작용(=직축 반작용)
- 전류가 전압보다 $\dfrac{\pi}{2}$만큼 빠를 때(앞설 때) : 증자 작용(=자화 작용)

33 ③

사용 전압은 400[V]이다.

34 ③

$3 \times 60 = 180$

오답 피하기

맥동 주파수
- 단상 반파 : f
- 단상 전파 : 2f
- 3상 반파 : 3f
- 3상 전파 : 6f

35 ④

- 직렬
  $$R_T = R_1 + R_2 = 2 + 3 = 5$$
- 병렬
  $$R_T = \frac{R_1 \times R_2}{R_1 + R_2} = \frac{2 \times 3}{2 + 3} = 1.2$$

36 ②

합성수지관의 지지점 거리는 1.5[m] 이하이어야 한다.

37 ④

정류기 : 교류를 직류로 변환

38 ③

- 트위스트 접속 : 6[mm²]의 가는 단선을 접속할 때 사용
- 브리타니아 접속 : 10[mm²]:3.2[mm]의 굵은 단선을 접속할 때 사용. 첨선과 조인트선 이용

39 ③

패러데이 법칙 : 석출되는 물질의 양은 전기량과 비례 화학당량과 비례한다
$$w = KQ = KIt$$
화학당량 $K = \dfrac{원자량}{원자가} = \dfrac{58.70}{2} = 29.35$

40 ④

곡선의 최저점(전기자 전류 최소)은 $\cos\theta = 1$

41 ④

스트리퍼 : 전선의 피복을 벗기는 공구

42 ③

철손 P_i : 철심에서 생기는 히스테리시스손+와류손을 의미
- 히스테리시스손 P_h : 철심의 재질에 의해 생기는 손실 / 손실 방지는 규소강판
- 와류손 P_e : 자속에 의해 철심의 맴돌이전류로 생기는 손실 / 손실 방지는 성층 철심

43 ①

콘덴서의 병렬접속
$$C_T = C_1 + C_2 + C_3 = 1 + 3 + 6 = 10$$

44 ①

전압을 표시하는 명판이 있으면 확인이 쉽다.

45 ④

전류를 아무리 많이 공급하여도 일정 이상 강해지지 않는다.

46 ④

단락비가 큰 기계의 특징
- 퍼센트 동기임피던스가 작다.
- 전압 강하가 작다.
- 전기자 반작용이 작다.
- 설계 시 기계 규모가 커진다.
- 가격이 비싸진다.
- 과부하 내량이 크다.
- 동기임피던스가 작다.
- 전압 변동률이 작다.
- 공극이 크다.
- 중량이 무겁다.
- 안정도가 좋다.
- 송전선의 충전 용량이 커진다.

47 ①

원형코일의 자기장세기
$$H = \frac{NI}{2r} = \frac{10 \times 20}{0.1 \times 2} = 1000$$

48 ④

애자사용공사
- 전선 상호 간 거리 400[V] 이하 : 6[cm] 이상
- 전선 상호 간 거리 400[V] 초과 : 6[cm] 이상
- 전선과 조영재 사이 거리 400[V] 이하 : 2.5[cm] 이상
- 전선과 조영재 사이 거리 400[V] 초과 : 4.5[cm] 이상
  건조는 2.5[cm] 이상

49 ③

$$E_{DC} = 0.45 E_{AC} = 0.45 \times 200 = 90$$
$$I_{DC} = \frac{E_{DC}}{R} = \frac{90}{10} = 9$$

50 ③

구형파는 비정현파이고, 비정현파의 구성은 직류분, 기본파, 고조파로 이루어진다.

51 ③

유니언 커플링 : 돌려 끼울 수 없는 금속관의 접속

52 ①

콘덴서의 종류
- 가변콘덴서 : 용량이 변화, 바리콘이라고 불린다.
- 마일러 콘덴서 : 원통형으로 감아져 있다. 절연저항이 양호
- 마이카 콘덴서 : 표준콘덴서로 불린다. 절연저항이 높고 우수하다.
- 세라믹 콘덴서 : 비유전율이 크다. 가격대비 성능이 우수, 산화티탄자기
- 전해 콘덴서 : 극성을 가지고 있다. 교류에 사용할 수 없다.

53 ②

제동권선은 난조방지에 효과적이다.

54 ①

자기저항
$$R = \frac{\ell}{\mu A}$$
$$R = \frac{F}{\varnothing} = \frac{NI}{\varnothing}[AT/wb]$$

55 ②

부식성 가스 등이 있는 장소에는 개폐기, 콘센트 및 과전류 차단기를 시설하여서는 안 된다.

56 ③

정현파는 왜형율이 없음

57 ③

교류 차단기의 종류
- 유입차단기 : OCB 매질은 절연유
- 자기차단기 : MBB 매질은 자기력
- 가스차단기 : GCB 매질은 SF₆가스(육 불황성 가스)
- 기중차단기 : ACB 매질은 자연공기
- 공기차단기 : ABB 매질은 압축공기
- 진공차단기 : VCB 매질은 진공

58 ③

앙페르의 오른나사 법칙 : 전류와 자기장의 방향

59 ②

- 기계적 출력 P_0=2차 입력 P_2−2차 동손 P_{c2}
- 슬립의 관계식 이용 $P_2 : P_{c2} : P_0 = 1 : s : (1-s)$

60 ③

시설제한규정
- 인입선에서의 분기하는 점에서 100[m]를 넘는 지역에 이르지 않아야 한다.
- 폭 5[m]를 넘는 도로를 횡단하지 않아야 한다.
- 연접 인입선은 옥내를 관통하면 안 된다.
- 고압 연접인입선은 시설할 수 없다.
- 지름 2.6[mm] 이상의 경동선 또는 이와 동등한 세기 및 굵기의 전선이어야 한다.

최신 기출문제 04회

01 ④	02 ②	03 ①	04 ②	05 ④
06 ④	07 ②	08 ④	09 ②	10 ①
11 ④	12 ③	13 ①	14 ④	15 ④
16 ②	17 ②	18 ①	19 ①	20 ②
21 ①	22 ②	23 ①	24 ②	25 ③
26 ①	27 ③	28 ②	29 ②	30 ②
31 ②	32 ③	33 ②	34 ④	35 ②
36 ③	37 ③	38 ②	39 ①	40 ①
41 ②	42 ②	43 ②	44 ①	45 ②
46 ④	47 ③	48 ③	49 ③	50 ①
51 ②	52 ②	53 ③	54 ②	55 ④
56 ②	57 ②	58 ③	59 ①	60 ①

01 ④

패러데이 법칙 : 유도기전력의 크기

$$e = N \times \frac{\Delta\varnothing}{\Delta t} = L \times \frac{\Delta i}{\Delta t} = 200 \times \frac{0.4}{0.1} = 800$$

02 ②

회전속도 $N = (1-s)N_s$

03 ①

과전류차단기 시설제한

- 접지공사의 접지도체
- 다선식 선로의 중성선
- 변압기 중성점 접지공사를 한 저압가공선로의 접지측 전선
- 접지 및 중성선이라는 말이 들어가면 설치 못함

04 ②

$$P = \downarrow E \times I_a = 100 \times 100 = 10000$$
$$\downarrow E = V - I_a R_a = 120 - 100 \times 0.2 = 100$$

05 ④

- 피상전력 $P_a = VI[VA]$
- 유효전력 $P = VI\cos\theta[W] = 220 \times 2.5 \times 0.75 = 412.5$
- 무효전력 $P_r = VI\sin\theta[var]$

06 ④

- 트위스트 접속 : $6[mm^2]$의 가는 단선을 접속할 때 사용
- 브리타니아 접속 : $10[mm^2] = 3.2[mm]$의 굵은 단선을 접속할 때 사용, 첨선과 조인트선 이용

07 ②

동기전동기의 특징

- 정속도 전동기 → 압축기, 분쇄기, 송풍기에 사용
- 속도(회전수)를 조정할 수 없음
- 기동 시 토크는 0
- 역률이 조정 가능
- 역률을 1로 운전 가능
- 난조 발생의 우려가 있음
- 여자용 직류전원 필요
- 저속도 대용량기에 적합

08 ④

$$R_T = \frac{6 \times 4}{6 \times 4} + 2.6 = 5$$
$$I = \frac{V}{R} = \frac{10}{5} = 2$$
$$I_{4\Omega} = \frac{6}{4+6} \times 2 = 1.2$$

09 ②

피쉬 테이프 : 전선관에 전선을 넣을 때 사용하는 평각 강철선

10 ①

2전력계법

$$P = P_1 + P_2$$

11 ④

3상 변압기 병렬운전 결선 조건

- 병렬운전가능
  $\Delta - \Delta$와 $\Delta - \Delta$
  $Y - Y$와 $Y - Y$
  $Y - \Delta$와 $Y - \Delta$
  $\Delta - Y$와 $\Delta - Y$
  $\Delta - \Delta$와 $Y - Y$
  $\Delta - Y$와 $Y - \Delta$
- Δ와 Y가 짝수 개수만 가능

12 ③

WP는 워터프로텍터의 뜻을 지닌다.

13 ①

$$P_m = (1-s)P_2 = (1-0.03) \times 59 = 57.23$$
- 2차 입력 = 1차 출력
- 1차 출력 = 1차 입력-손실=60-1=59

14 ④

$\mu = 10^{-6}$

15 ④

지지물의 종류

- 목주
- 철주
- 철근콘크리트주(가장 많이 사용)
- 철탑

406 최신 기출문제 정답 & 해설

16 ②

동기발전기 병렬운전조건
- 기전력의 파형이 같을 것. 다르면 무효순환전류가 흐름
- 기전력의 크기가 같을 것. 다르면 무효순환전류가 흐름
- 기전력의 주파수가 같을 것. 다르면 난조가 발생
- 기전력의 위상이 같을 것. 다르면 동기화전류가 흐름
- 기전력의 상회전이 같을 것. 다르면 동기화검정등 점등

17 ②

- 제백 효과(Seebeck Effect) : 서로 다른 두 금속을 접속하고, 접속점에 서로 다른 온도차를 주면 회로에 열기전력을 일으키는 현상
- 펠티에 효과(Peltier Effect) : 서로 다른 두 금속을 접속하고, 한쪽 금속에서 다른 쪽 금속에 전류를 흘리면 열의 발생 또는 흡수가 일어나는 현상
- 톰슨 효과(Thomson Effect) : 동일한 두 금속을 접속하고, 막대기의 양 끝에 전위차가 가해지면 양 끝에 열의 발생 또는 흡수가 일어나는 현상

18 ①

턴 오프
- SCR을 턴 오프하려면 애노드 전류를 유지전류 이하로 낮춘다.
- 유지전류 : SCR을 도통 상태로 유지하기 위한 최소의 애노드전류(래칭전류보다 항상 작음)
- 애노드(전원전압)의 극성을 부(−) 또는 0으로 한다.

19 ①

전장 \ 설계하중	6.8[kN] 이하
14[m] 미만	전장×$\frac{1}{6}$ 이상
14[m] 이상 ~ 15[m] 이하	
15[m] 초과 ~ 16[m] 이하	2.5[m] 이상
16[m] 초과 ~ 18[m] 이하	2.8[m] 이상
18[m] 초과 ~ 20[m] 이하	

20 ②

- A상, B상, C상으로 3상
- A1~A4로 극은 4극
- A4, B4, C4가 하나로 결선되어 Y결선임

21 ①

동일 저항 여러 개의 합성 저항
$$R_T = \frac{R}{n} = \frac{10}{5} = 2$$

22 ②

- 수도관을 접지극으로 사용 : 전기 저항값이 3[Ω] 이하일 때 사용 가능
- 건축물 및 구조물의 철골을 접지극으로 사용 : 전기 저항값이 2[Ω] 이하일 때 사용 가능

23 ①

무한장솔레노이드의 자계의 세기
$H = nI = 1000 \times 1 = 1000$
n : 단위길이(1m)당 감은 횟수
단, 무한장솔레노이드의 외부는 0

24 ②

- 계자 : 자속을 발생하는 부분
- 전기자 : 자속을 끊어 기전력을 유기시키는 부분, 전기자 철심과 권선(코일)으로 구성
- 정류자 : 발생한 교류전기를 직류전기로 변환시킴

25 ③

가공인입선 : 가공전선로의 시설물에서 분기하여 다른 지지물을 거치지 아니하고 수용 장소의 붙임점에 이르는 가공전선을 말한다. 가공인입선에는 저압 가공인입선과 고압 가공인입선이 있다.

26 ①

$$E = \frac{pZ\varnothing N}{60a} = K\varnothing N \text{에서}$$
$$N = K\frac{\downarrow E}{\varnothing} = K\frac{V - I_a R_a}{\varnothing}[rpm]$$

27 ③

$$R = \frac{V}{I}$$
$$G = \frac{1}{R}$$

28 ②

쥐꼬리 접속
- 박스 안 가는 전선을 접속할 때 사용
- 같은 굵기 단선 접속, 다른 굵기 단선 접속, 연선 쥐꼬리 접속이 있음
- 쥐꼬리 접속은 와이어커넥터를 이용하면 절연테이프 사용 안 해도 됨

29 ②

$e = p\cos\theta + q\sin\theta = 3 \times 0.8 + 4 \times 0.6 = 4.8$
- p : 퍼센트 저항 강하
- q : 퍼센트 리액턴스 강하
- $1 = \sqrt{\cos\theta^2 + \sin\theta^2}$
- $\sin\theta = \sqrt{1^2 - \cos\theta^2} = \sqrt{1^2 - 0.8^2} = 0.6$

30 ②

- 가동접속 : 인덕턴스의 방향이 같은 방향이다.
  $L_T = L_1 + L_2 + 2M$
- 차동접속 : 인덕턴스의 방향이 다른 방향이다.
  $L_T = L_1 + L_2 - 2M$

31 ②

자동화재탐지설비는 수신기, 발신기, 중계기로 구성된다.

32 ③

직류분권발전기 : 전압변동률이 적고 다른 여자 전원이 필요 없다.

33 ②

- 전력 P[W]
  $$P = VI = I^2 R = \frac{V^2}{R}[W]$$
- 전력량 W[J]
  $$W = Pt = VIt = I^2 Rt = \frac{V^2}{R}t[J] = [W.s]$$
- 열량 H[Cal]
  $$H = 0.24W = 0.24Pt = 0.24VIt = 0.24I^2 Rt = 0.24\frac{V^2}{R}t$$

34 ④

$0<S<1$
- 정지 시(기동 시) S=1
- 무부하 시 S=0

35 ②

- 보통지선 : 일반적인 것으로 전주 길이의 약 1/2 거리에 지선용 근가를 매설하여 설치
- 수평지선 : 보통지선을 시설할 수 없을 때 전주와 전주 간, 또는 전주와 지주 간에 설치
- 공동지선 : 두 개의 지지물에 공동으로 시설하는 지선
- Y지선 : 다단 완금일 경우, 장력이 클 경우, H주일 경우에 보통지선을 2단으로 설치하는 것
- 궁지선 : 장력이 적고 타 종류의 지선을 시설할 수 없는 경우에 설치

36 ②

전기자반작용
- 전기자전류에 의해 주자속의 영향을 미치는 현상
- 전류와 전압이 동상일 때 : 횡축반작용=교차자화작용
- 전류가 전압보다 $\frac{\pi}{2}$만큼 느릴 때(뒤질 때) : 감자작용=직축반작용
- 전류가 전압보다 $\frac{\pi}{2}$만큼 빠를 때(앞설 때) : 증자작용=자화작용

37 ②

원자핵 : 양성자 + 중성자

38 ②

비율차동 계전기 : 전류 차의 일정 비율 이상으로 작동

39 ①

- OW : 옥외용 비닐절연전선
- DV 2R : 인입용 비닐절연전선 2꼬임
- DV 3R : 인입용 비닐절연전선 3꼬임

40 ①

$$R_T = \frac{R_1 \times R_2}{R_1 + R_2}$$
$$R_T = \frac{1}{\frac{1}{R_1} + \frac{1}{R_2}}$$
$$G = \frac{1}{R}$$

41 ②

- 전등 1개를 2개의 장소에서 점멸하려면 3로 스위치 2개 필요
- 전등 1개를 3개의 장소에서 점멸하려면 3로 2개, 4로 1개 필요

42 ②

$$a = \frac{V_1}{V_2} = \frac{N_1}{N_2} = \sqrt{\frac{R_1}{R_2}} = \sqrt{\frac{Z_1}{Z_2}} = \frac{I_2}{I_1} = \frac{80}{320} = 0.25$$
$$V_1 = aV_2 = 0.25 \times 100 = 25$$

43 ②

공진은 $\omega L = \frac{1}{\omega C}$

$\omega = 2\pi f$에서

$$\omega\omega = \frac{1}{LC}$$
$$\omega^2 = \frac{1}{LC}$$
$$\omega = \frac{1}{\sqrt{LC}}$$
$$2\pi f = \frac{1}{\sqrt{LC}}$$
$$f = \frac{1}{2\pi\sqrt{LC}} = \frac{1}{2 \times 3.14 \times \sqrt{35 \times 10^{-3} \times 300 \times 10^{-6}}} = 50$$

44 ①

클리퍼 : 펜치로 자르기 힘든 굵은 전선을 절단하는 공구

45 ②

전기자 반작용 방지 대책 : 보상 권선(가장 효과적), 보극 설치

46 ④

축전지 용량[Ah] = 전류×시간 = 10X6=60[Ah]

47 ③

- 최고허용온도

Y종	A종	E종	B종	F종	H종	C종
90°	105°	120°	130°	155°	180°	180° 초과

- 상승한도온도 = 최고허용온도에서 −40°

48 ③

전류와 자기장의 방향은 앙페르의 오른나사 법칙이다.

49 ③

토크
$$T = 0.975 \times \frac{P[W]}{N}$$
$$T = 975 \times \frac{P[kW]}{N} = 975 \times \frac{50}{1800} = 27.08$$

50 ①

과전류계전기(OCR) : 일정 이상의 전류가 흘렀을 때 검출하여 차단

51 ②

$$R = \rho \frac{nl}{\frac{1}{n}A} = n\rho \frac{l}{A}$$

52 ②

실지수 $= \frac{X \times Y}{H(X+Y)} = \frac{20 \times 18}{3(20+18)} = 3.16$
- H : 작업면으로부터 광원 높이
- X : 가로 길이
- Y : 세로길이

53 ③

- 도전율의 기호 : σ
- 도전율의 단위 : [℧/m] 모오 퍼 미터

54 ②

도로횡단 5m 이상 : 지선, 저압가공인입선, 가공통신선

55 ④

허용전류 : 도체에 안전하게 흘릴 수 있는 전류

56 ②

휘도는 눈부심이다.

57 ②

동손은 부하손이라고 불린다.

58 ③

총소선수 $N=3n(n+1)+1$
n : 중심 소선 뺄 층수
- 1층 : 7
- 2층 : 19
- 3층 : 37
- 4층 : 61

59 ①

영구자석은 잔류자기와 보자력이 모두 커야 한다.

60 ①

- 전선 상호 간 거리 400[V] 이하 : 6[cm] 이상
- 전선 상호 간 거리 400[V] 초과 : 6[cm] 이상
- 전선과 조영재 사이 거리 400[V] 이하 : 2.5[cm] 이상
- 전선과 조영재 사이 거리 400[V] 초과 : 4.5[cm] 이상
  건조는 2.5[cm] 이상

최신 기출문제 05회

01 ②	02 ③	03 ④	04 ②	05 ①
06 ④	07 ②	08 ①	09 ③	10 ④
11 ③	12 ④	13 ④	14 ④	15 ①
16 ④	17 ②	18 ④	19 ③	20 ②
21 ③	22 ④	23 ①	24 ③	25 ④
26 ①	27 ③	28 ④	29 ①	30 ③
31 ②	32 ③	33 ①	34 ④	35 ④
36 ①	37 ③	38 ④	39 ③	40 ①
41 ②	42 ①	43 ②	44 ③	45 ④
46 ①	47 ③	48 ④	49 ③	50 ①
51 ③	52 ④	53 ②.	54 ③	55 ②
56 ①	57 ④	58 ④	59 ①	60 ②

01 ②

- 고장구분개폐기(ASS) : 한 개 수용가의 사고가 다른 수용가에 피해를 최소화하기 위한 방안으로 대용량 수용가에 한하여 설치
- 선로개폐기(LS) : 책임분계점에서 보수 점검 시 전로를 구분하기 위한 개폐기, 무부하상태로 개방, 단로기와 같은 목적
- 부하개폐기(LBS) : 수변전 인입구개폐기, 전력퓨즈 용단 시 결상 방지
- 기중부하개폐기(IS) : 수전용량 300KVA 이하 인입개폐기로 사용

02 ③

$Y \rightarrow \Delta = 3Y$
$\Delta \rightarrow Y = \dfrac{1}{3}\Delta$

03 ④

- 접착제 사용 : 0.8
- 접착제 사용 안 함 : 1.2배

04 ②

$$F = \frac{\mu_0 I_1 I_2}{2\pi r} = \frac{4\pi \times 10^{-7} I_1 I_2}{2\pi r} = \frac{2 \times 10^{-7} I_1 I_2}{r}$$

$$= \frac{2 \times 10^{-7} \times 10 \times 10}{0.05} = 0.0004 = 4 \times 10^{-4}$$

05 ①

스테핑모터
- 입력펄스신호에 따라 일정 각도로 회전
- 기동 및 정지 특성 우수
- 특수기계의 속도, 거리, 방향 등의 정확한 제어
- 공장기계, 수치제어, 로봇 등 서보기구에 사용

06 ④

도로 5m 이상 : 저압가공인입선, 지선, 도로를 따라, 가공통신선

07 ②

$$T = 0.975 \times \frac{P|w|}{N}$$

$$T = 975 \times \frac{P|kw|}{N} = 975 \times \frac{50}{1800} = 27.08$$

08 ①

- 전기력선은 양(정)전하에서 시작하여 음(부)전하로 끝난다.
- 전기력선은 높은 곳에서 낮은 곳으로 흐른다.
- 전기력선은 도체 내부에는 존재하지 않는다.
- 전기력선은 등전위면과 수직 교차한다.
- 전기력선은 서로 교차하지 않는다.
- 전기력선 총수는 $\dfrac{Q}{\varepsilon}$개다(단, 공기 중 전기력선 총수는 $\dfrac{Q}{\varepsilon_0}$개다).

09 ③

교통신호등은 사용전압이 300[V] 이하이다.

10 ④

부호홀츠계전기 설치 위치 : 변압기 주탱크와 콘서베이터 사이

11 ③

소맥분, 전분, 유황 기타의 가연성의 먼지로서 공중에 떠다니는 상태에서 착화하였을 때, 폭발의 우려가 있는 곳의 저압 옥내 배선은 합성수지관 배선, 금속전선관 배선, 케이블 배선에 의하여 시설한다.

12 ④

지지점 간 거리
- 1m 이하 : 가요전선관, 캡타이어케이블
- 1.5m 이하 : 합성수지관, 각종 몰드
- 2m 이하 : 금속관, 케이블, 라이팅덕트, 애자사용공사
- 3m 이하 : 버스덕트, 금속덕트

13 ④

$v = \dfrac{12}{3}[m/s]$

$E = Blv\sin\theta = 1 \times 0.1 \times 4 \times \sin 90 = 0.4$

14 ③

특별저압(Extra Low Voltage)이란, 인체에 위험을 초래하지 않을 정도의 저압을 말하며, 2차 전압이 교류(AC) 50V, 직류(DC) 120V 이하로 SELV(안전특별저압, 비접지회로 구성) 및 PELV(보호특별저압, 접지회로 구성)는 1차와 2차가 전기적으로 절연된 회로, FELV(기능적 특별저압)는 1차와 2차가 전기적으로 절연되지 않은 회로를 말한다.

15 ①

$a = \dfrac{N_1}{N_2} = \dfrac{V_1}{V_2} = \sqrt{\dfrac{R_1}{R_2}} = \sqrt{\dfrac{Z_1}{Z_2}} = \dfrac{I_2}{I_1} = \dfrac{6000}{200} = 30$

16 ④

비사인파 구성 : 기본파, 고조파, 직류분

17 ②

L1 : 갈, L2 : 흑, L3 : 회, N : 청, PE : 녹-황

18 ④

사이리스터의 종류
- SCR : 역저지 3단자(단방향 3단자)
- GTO : 게이트 턴오프 스위치, 역저지 3단자(단방향 3단자) 자기소호 가능
- SUS : 단방향 3단자
- SBS : 양방향 3단자
- TRIAC : 양방향 3단자
- DIAC : 양방향 2단자
- SSS : 양방향 2단자
- SCS : 단방향 4단자

19 ③

$R = \dfrac{F}{\varnothing} = \dfrac{NI}{\varnothing}$

$\varnothing = \dfrac{F}{R} = \dfrac{NI}{R} = \dfrac{5000}{2000} = 2.5$

20 ②

- 쥐꼬리 : 박스 내 가는 전선
- 트위스트 : $6mm^2$ 이하 가는 단선
- 브리타니아 : $10mm^2$ 이상 굵은 단선

21 ③

- 반발기동형〉반발유도형〉콘덴서기동형〉분상기동형〉셰이딩코일형
- 역률이 좋다=콘덴서기동형

22 ④

- 가변콘덴서 : 용량이 변화, 바리콘
- 마일러콘덴서 : 원통형, 절연저항이 양호
- 마이카콘덴서 : 절연저항이 높고 우수, 표준콘덴서
- 세라믹콘덴서 : 산화티탄, 가성비 우수, 가장 많이 사용
- 전해콘덴서 : 극성이 있음, 교류 불가

23 ①

전장 \ 설계하중	6.8[kN] 이하
14[m] 미만	전장×$\dfrac{1}{6}$ 이상
14[m] 이상 ~ 15[m] 이하	
15[m] 초과 ~ 16[m] 이하	2.5[m] 이상
16[m] 초과 ~ 18[m] 이하	2.8[m] 이상
18[m] 초과 ~ 20[m] 이하	

24 ③

실효값$= \dfrac{V_m}{\sqrt{2}} = \dfrac{345.4}{\sqrt{2}} = 244.23$

평균값$= \dfrac{2V_m}{\pi}$

최대값$= \dfrac{\pi V_a}{2} = \dfrac{3.14 \times 220}{2} = 345.4$

25 ④

변압기유 = 절연유의 구비조건
- 절연내력이 클 것
- 비열이 클 것
- 냉각효과가 클 것
- 인화점이 높을 것
- 응고점이 낮을 것
- 고온에서 산화되지 않을 것
- 절연재료와 화학작용을 일으키지 않을 것
- 점도가 낮을 것
- 유동성이 클 것

26 ①

클리퍼 : 펜치로 자르기 힘든 굵은 전선을 절단하는 공구

27 ②

$$V = \frac{Q}{4\pi\varepsilon}\left(\frac{1}{r} - \frac{1}{r'}\right) = \frac{2 \times 10^{-5}}{4 \times 3.14 \times 8.855 \times 10^{-12}}\left(\frac{1}{2} - \frac{1}{1}\right) = 90$$

28 ③

$$실측효율 = \frac{출력}{입력} \times 100$$

$$발전기\ 규약효율 = \frac{출력}{출력+손실} \times 100$$

$$전동기\ 규약효율 = \frac{입력-손실}{입력} \times 100$$

29 ①

방폭이 들어가니 당연히 방폭형이 필요하다.

30 ③

$$R = \frac{1-S}{S} \times r_2 = \frac{1-0.05}{0.05} \times 0.1$$

31 ②

무한장솔레노이드
$$H = nI = 4000 \times 10 \times 10^{-3} = 40$$
n은 단위길이당 감은 횟수 1$[m]$

32 ③

$$a = \sqrt{\frac{r_1}{r_2}}$$
$$r_1 = a^2 r_2 = 60^2 \times 0.1 = 360$$

33 ①

조명 방식	상	하
직접조명	0~10[%]	90~100[%]
반직접조명	10~40[%]	60~90[%]
전반확산조명	40~60[%]	40~60[%]
반간접조명	60~90[%]	10~40[%]
간접조명	90~100[%]	0~10[%]

34 ②

플레밍의 왼손 법칙 : 전동기의 원리
- F(힘) : 엄지
- B(자속밀도) : 검지
- I(전류) : 중지

35 ④

$$V - I_a R_a = 100 - 10 \times 1 = 90$$

36 ①

- 강자성체 : 니켈, 코발트, 철, 망간
- 상자성체 : 알루미늄, 백금, 산소, 텅스텐
- 반자성체 : 금, 은, 구리, 아연, 안티몬, 비스무트

37 ②

- 회전전기자 : 계자 고정
- 회전계자형 : 전기자 고정

38 ④

계통 구분	피뢰기 정격전압	
	공칭전압[kW]	정격전압[kW]
유효접지	345	288
	154	144
	22.9	18
비유효접지	22	24
	6.6	7.5

39 ③

$$H = \frac{NI}{2r} = \frac{10 \times 20}{2 \times 0.1} = 1000$$

40 ①

동기발전기 병렬운전 조건

기전력의 파형이 같을 것		무효순환전류
기전력의 크기가 같을 것		무효순환전류
기전력의 주파수가 같을 것	다르면	난조 발생
기전력의 위상이 같을 것		동기화전류
기전력의 상회전이 같을 것		동기화검정등점등

41 ②

- 면테이프 : 거즈테이프, 고무혼합물을 양면에 합침
- 고무테이프 : 표면에 고무풀 칠함, 적당한 격리물 넣음
- 비닐테이프 : 염화비닐콤파운드, 색상 다양
- 리노테이프 : 점착성 없음, 절연성, 내온성, 내우성 있음, 연피케이블에 사용
- 자기융착테이프 : 2배 정도 늘여 감음, 비닐외장케이블, 클로로플렌 케이블 사용

42 ①

- 직렬 : 4R
- 병렬 : r/4

43 ②

$$\frac{\text{홈수}}{\text{극수} \times \text{상수}} = \frac{36}{6 \times 3} = 2$$

44 ③

- 홀쏘 : 구멍 뚫기
- 오스터 : 금속관 나사 내기
- 파이프 렌치 : 금속관 조임

45 ④

$$F = \frac{1}{4\pi\mu} \times \frac{m_1 m_2}{r^2} = 6.33 \times 10^4 \times \frac{m_1 m_2}{r^2}$$
$$= 6.33 \times 10^4 \times \frac{4 \times 10^{-5} \times 6 \times 10^{-3}}{0.1^2} = 1.52$$

46 ①

- $\Delta - Y$: 승압
- $Y - \Delta$: 강압

47 ③

$$e = N \times \frac{\Delta\varnothing}{\Delta t} = L \times \frac{\Delta I}{\Delta t} = 150 \times \frac{1}{2} = 75$$

48 ④

- 브리더 : 습기 흡수
- 콘서베이터 : 공기와 접촉을 차단
- 질소 봉입 : 콘서베이터 유면 위에 질소 봉입

49 ②

전로의 사용전압 250 이하, 전선인장강도 1.38KN 이상 지름 2mm 이상 경동선, 전선과 지지하는 기둥 이격거리는 2.5cm 이상

50 ①

- 분류기 : 전류계 측정 범위를 넓히기 위해 전류계와 병렬로 접속하는 저항
- 배율기 : 전압계 측정 범위를 넓히기 위해 전압계와 직렬로 접속하는 저항

51 ③

기동 시 계자권선을 단락시키면 고전압에 의한 절연 파괴를 방지한다.

52 ①

접지, 중성선이라는 말이 들어가면 과전류 차단기 시설 금지

53 ②

기전력의 파형이 같을 것		무효순환전류
기전력의 크기가 같을 것		무효순환전류
기전력의 주파수가 같을 것	다르면	난조 발생
기전력의 위상이 같을 것		동기화전류
기전력의 상회전이 같을 것		동기화검정등점등

54 ③

구비조건

- 충격방전개시전압이 낮을 것
- 제한전압이 낮을 것
- 뇌 전류 방전 능력이 클 것
- 속류차단 확실, 반복동작 가능
- 구조가 견고할 것

55 ②

- 제백 효과(Seebeck Effect) : 서로 다른 두 금속을 접속하고, 접속점에 서로 다른 온도차를 주면 회로에 열기전력을 일으키는 현상
- 펠티에 효과(Peltier Effect) : 서로 다른 두 금속을 접속하고, 한쪽 금속에서 다른 쪽 금속에 전류를 흘리면 열의 발생 또는 흡수가 일어나는 현상
- 톰슨 효과(Thomson Effect) : 동일한 두 금속을 접속하고, 막대기의 양 끝에 전위차가 가해지면 양 끝에 열의 발생 또는 흡수가 일어나는 현상

56 ①

사이리스터의 종류

- SCR : 역저지 3단자(단방향 3단자)
- GTO : 게이트 턴오프 스위치, 역저지 3단자(단방향 3단자), 자기소호 가능
- TRIAC : 양방향 3단자
- DIAC : 양방향 2단자
- SSS : 양방향 2단자
- SCS : 단방향 4단자

57 ④

비오-사바르의 법칙 : 전류와 자기장의 세기

$$\Delta H = \frac{I \Delta l \sin\theta}{4\pi r^2}$$

58 ④

누설전류가 $\dfrac{\text{최대공급전류}}{2000}$ 를 초과하지 않아야 한다.

59 ①

$$L = \frac{N\varnothing}{I} = \frac{200 \times 0.025}{5} = 1$$

60 ②

100*3=300 50*2=100 30*2=60
300+100+60=460

01 ①	02 ①	03 ④	04 ④	05 ③
06 ③	07 ③	08 ③	09 ②	10 ④
11 ②	12 ④	13 ④	14 ②	15 ②
16 ②	17 ③	18 ②	19 ①	20 ③
21 ①	22 ①	23 ②	24 ③	25 ①
26 ①	27 ③	28 ①	29 ②	30 ②
31 ②	32 ①	33 ①	34 ①	35 ②
36 ③	37 ④	38 ④	39 ②	40 ①
41 ①	42 ②	43 ④	44 ②	45 ②
46 ②	47 ①	48 ④	49 ④	50 ①
51 ①	52 ③	53 ③	54 ④	55 ③
56 ④	57 ①	58 ①	59 ②	60 ②

01 ①

$$L = \frac{N\varnothing}{I}$$

02 ①

- 지속단락전류 제한 : 동기리액턴스
- 돌발단락전류 제한 : 누설리액턴스

03 ④

가공전선로의 지지물에 취급자가 오르고 내리는 데 사용하는 발판볼트 등을 지표상 1.8[m] 미만에 시설하여서는 안 된다.

04 ④

- 인버터 : 직류를 교류로 변환
- 정류자 : 교류를 직류로 변환

05 ③

$$I = \frac{nE}{nr + R} = \frac{30 \times 1.5}{0.15 \times 30 + 1} = 8.18$$

06 ③

전동기 기동장치는 기동 시에 흐르는 기동전류를 낮게 하기 위해 사용된다.

07 ③

$$F = \frac{\mu_0 I_1 I_2}{2\pi r} = \frac{4 \times 10^{-7} I_1 I_2}{2\pi r} = \frac{2 \times 10^{-7} I_1 I_2}{r}$$

$$4 \times 10^{-7} = \frac{2 \times 10^{-7} I_1 I_2}{1}$$

$$I = \sqrt{2}$$

08 ③

- 파고율 $= \dfrac{\text{최대값}}{\text{실효값}}$
- 파형율 $= \dfrac{\text{실효값}}{\text{평균값}}$

09 ②

$$P = EI = 100 \times 100 = 10,000$$

$$E = V - I_a R_a = 120 - 100 \times 0.2 = 100$$

10 ④

금속 덕트에 수용하는 전선은 절연물을 포함하는 단면적의 합이 금속 덕트 내 단면적의 20[%] 이하가 되도록 한다(단, 전광사인 장치, 출퇴표시 등, 기타 이와 유사한 장치 또는 제어회로 등의 배선에 사용하는 전선만을 넣는 경우에는 50[%] 이하로 할 수 있다).

11 ②

콘덴서의 축적된 에너지

$$W = \frac{1}{2}QV = \frac{1}{2}CV^2$$

12 ④

제동권선 : 난조 방지

13 ④

철도 및 궤도는 6.5[m]

14 ②

농형 유도전동기 기동법
- 전전압 기동법 : 5[kw] 이하에 사용
- $Y - \Delta$ 기동법 : 10~15[kw] 이하에 사용
- 기동 보상기법 : 15[kw] 초과에 사용
- 리액터 기동법 : 전동기 전원에 직렬 리액터를 연결하여 기동, 중용량 및 대용량에 적합

오답 피하기

2차 저항 기법 : 권선형 유도전동 기기의 기동법

15 ②

- 제백 효과(Seebeck Effect) : 서로 다른 두 금속을 접속하고, 접속점에 서로 다른 온도차를 주면 회로에 열기전력을 일으키는 현상
- 펠티에 효과(Peltier Effect) : 서로 다른 두 금속을 접속하고, 한쪽 금속에서 다른 쪽 금속에 전류를 흘리면 열의 발생 또는 흡수가 일어나는 현상
- 톰슨 효과(Thomson Effect) : 동일한 두 금속을 접속하고, 막대기의 양 끝에 전위차가 가해지면 양 끝에 열의 발생 또는 흡수가 일어나는 현상

16 ②

$$N = (1-s)N_s$$

17 ③

피시 테이프 : 전선관에 전선을 넣을 때 사용하는 평각 강철선

18 ②

전기자 반작용 방지 : 보상권선, 보극, 중성점 위치 변경

19 ①

- 자기저항 : AT/wb
- 기자력 : AT
- 자기장의 세기 : AT/m
- 자극의 세기 : wb

20 ③

공사별 지지점 간의 거리
- 1[m] 이하 : 가요전선관, 캡타이어케이블
- 1.5[m] 이하 : 합성수지관, 각종 몰드
- 2[m] 이하 : 금속관, 케이블, 애자사용공사, 라이팅덕트
- 3[m] 이하 : 버스덕트, 금속덕트

21 ①

자유전자 : 원자핵의 구속력을 벗어나서 물질 내에서 자유로이 이동이 가능한 전자

22 ①

$Y - \Delta$ 결선 : 강압용, 중성점 접지 가능, 3고조파 제거

23 ②

진동 등으로 헐거워진다 → 스프링 와셔 또는 이중너트

24 ③

R–L–C직렬공진 조건 $\omega L = \dfrac{1}{\omega C}$로 최대전류는 $\omega^2 LC = 1$

25 ①

역상제동 = 역전제동 = 플러깅 : 급정지에 효과적

26 ①

계통접지 : TN 방식, TT 방식, IT 방식

27 ③

비유전율
- 공기 : 1
- 종이 : 2~2.5
- 운모 : 4.5~7.5
- 산화티탄자기 : 100

28 ①

3상 교류를 2상 교류로 변환 : 스코트결선, 메이어결선, 우드브리지결선

29 ②

리머 : 금속관 다듬기

30 ②

$\varepsilon = p\cos\theta + q\sin\theta = 3 \times 0.8 + 4 \times 0.6 = 4.8$
- p : 퍼센트 저항 강하
- q : 퍼센트 리액턴스 강하
  $1 = \sqrt{\cos\theta^2 + \sin\theta^2}$

31 ②

키르히호프의 제2법칙(= 키르히호프의 전압 법칙) : 임의의 폐회로에서 기전력의 합은 전압강하의 합과 같다.

32 ③

- 전압 제어 : 정토크 제어
- 계자 제어 : 정출력 제어

33 ①

전기저항을 20[%] 이상 감소시키지 말아야 한다(80[%] 이상 유지).

34 ①

패러데이 법칙 : 석출되는 물질의 양은 전기량과 비례 화학당량과 비례한다.
$w = KQ = KIt$

화학당량 $K = \dfrac{\text{원자량}}{\text{원자가}}$

35 ②

무부하 포화곡선 : 계자전류와 유도기전력의 관계

36 ③

- 전선 상호 간 거리 400[V] 이하 : 6[cm] 이상
- 전선 상호 간 거리 400[V] 초과 : 6[cm] 이상

37 ④

$\dfrac{NI}{2r} = \dfrac{10 \times 10}{2 \times 0.25} = 200$

38 ④

파이프커터 : 금속관 절단

39 ③

앙페르의 오른나사 법칙 : 전류와 자기장의 방향

40 ①

- SCR : 역저지 3단자(단방향 3단자)
- GTO : 게이트 턴오프 스위치, 역저지 3단자(단방향 3단자) 자기소호 가능
- SUS : 단방향 3단자
- SBS : 양방향 3단자
- TRIAC : 양방향 3단자
- DIAC : 양방향 2단자
- SSS : 양방향 2단자
- SCS : 단방향 4단자

41 ①

테이프 종류
- 면테이프 : 거즈 테이프라고도 함, 고무혼합물을 양면에 합침
- 고무테이프 : 고무풀을 칠함, 적당한 격리물을 넣어 감음
- 비닐테이프 : 염화비닐콤파운드, 색상이 다양
- 리노테이프 : 점착성 없음, 절연성, 내온성, 내유성 있음, 연피케이블에 사용
- 자기융착테이프 : 약 2배정도 늘여 감음, 내오존성, 내수성, 내약품성, 내온성 우수, 비닐외장케이블, 클로로플렌 외장케이블에 사용

42 ②

$B = \dfrac{\varnothing}{A} = \mu H = 4 \times 10^{-7} \times 10 \times H$로 자속밀도는 비투자율만큼 증가

43 ④

2차효율 $= \dfrac{\text{2차출력}}{\text{2차입력}} = \dfrac{\text{회전속도}}{\text{동기속도}} = (1-s)$

44 ②

- 케이블의 구부리는 굴곡부의 곡률 반지름은 연피가 없는 케이블은 바깥지름의 5배 이상으로 한다.
- 케이블의 구부리는 굴곡부의 곡률 반지름은 연피가 있는 케이블은 바깥지름의 12배 이상으로 한다.

45 ②

서미스터 : 온도 변화에 대해 저항값이 민감하게 변하는 지항기

46 ②

동기속도

$$N_s = \frac{120f}{p}$$

$$p = \frac{120f}{N_s} = \frac{120 \times 60}{1800} = 4$$

47 ④

링리듀서 : 아울렛 박스의 녹 아웃 지름이 관지름보다 클 때 사용

48 ④

$$V = \frac{V_m}{\sqrt{2}} = 0.707 V_m$$

$$V_m = \sqrt{2}V = \sqrt{2} \times 200 = 282$$

49 ④

전장＼설계하중	6.8[kN] 이하
14[m] 미만	전장×$\frac{1}{6}$ 이상
14[m] 이상 ~ 15[m] 이하	
15[m] 초과 ~ 16[m] 이하	2.5[m] 이상
16[m] 초과 ~ 18[m] 이하	2.8[m] 이상
18[m] 초과 ~ 20[m] 이하	

50 ①

철손=히스테리시스손+와류손

$$P_i = P_h + P_e$$

- 히스테리시스손 $P_h = k_h f B_m^{1.6}$
- 와류손 $P_e = k_e (t f B_m)^2$

변압기 유도기전력 $E = 4.44 f N \varnothing = 4.44 f N B A$에서

전압이 일정이므로 $f \propto \frac{1}{B}$

와류손은 변화지 않으나 히스테리시스손이 감소하므로 철손 감소

51 ①

메거 : 절연저항 측정

52 ③

$$Y = \frac{1}{Z} = \frac{1}{\sqrt{\frac{1}{6^2} + \frac{1}{8^2}}} = 4.8$$

53 ③

공사별 지지점 간의 거리

- 1[m] 이하 : 가요전선관, 캡타이어케이블
- 1.5[m] 이하 : 합성수지관, 각종 몰드
- 2[m] 이하 : 금속관, 케이블, 애자사용공사, 라이팅덕트
- 3[m] 이하 : 버스덕트, 금속덕트

54 ④

- 직렬접속
$$C_T = \frac{C_1 \times C_2}{C_1 + C_2}$$
- 병렬접속
$$C_T = C_1 + C_2$$

55 ③

전압제어 방식 : 일그너, 쵸퍼, 워드-레오너드, 직병렬제어

56 ④

쥐꼬리 접속 : 박스 내에서 가는 전선을 접속

57 ①

같은 전하는 반발력이, 다른 전하는 흡인력이 작용한다.

58 ①

위상차는 30°이다.

59 ②

- 보통지선 : 일반적인 것으로 전주길이의 약 1/2 거리에 지선용 근가를 매설하여 설치
- 수평지선 : 보통지선을 시설할 수 없을 때 전주와 전주 간, 또는 전주와 지주 간에 설치
- 공동지선 : 두 개의 지지물에 공동으로 시설하는 지선
- Y지선 : 다단 완금일 경우, 장력이 클 경우, H주일 경우에 보통지선을 2단으로 설치하는 것
- 궁지선 : 장력이 적고 타 종류의 지선을 시설할 수 없는 경우에 설치하는 것

60 ②

- 접지저항계 : 어스테스터
- 접지저항 측정법 : 콜라우시브리지법

01 ①	02 ②	03 ①	04 ④	05 ④
06 ①	07 ②	08 ③	09 ②	10 ①
11 ①	12 ④	13 ③	14 ④	15 ③
16 ④	17 ②	18 ③	19 ①	20 ③
21 ①	22 ③	23 ③	24 ①	25 ③
26 ③	27 ③	28 ①	29 ②	30 ④
31 ①	32 ①	33 ④	34 ①	35 ①
36 ④	37 ①	38 ④	39 ③	40 ②
41 ①	42 ④	43 ③	44 ④	45 ③
46 ④	47 ④	48 ③	49 ①	50 ①
51 ④	52 ②	53 ③	54 ④	55 ④
56 ③	57 ①	58 ②	59 ④	60 ②

01 ①

자유전자가 부족하거나(+대전) 과잉이어서 (−대전) 전기를 띄는 현상을 대전이라고 한다.

02 ②

동기전동기의 전기자 반작용
- 전류와 전압이 동상일 때 : 횡축반작용 = 교차자화작용
- 전류가 전압보다 $\frac{\pi}{2}$만큼 느릴 때(뒤질 때) : 증자작용 = 자화작용
- 전류가 전압보다 $\frac{\pi}{2}$만큼 빠를 때(앞설 때) : 감자작용 = 직축반작용

03 ①

- 게이지 : 측정 공구이다.
- 마이크로미터 : 전선의 굵기, 철판, 구리판 등의 두께를 측정하는 것이다.
- 와이어 게이지 : 전선의 굵기를 측정하는 것으로, 측정할 전선을 홈에 끼워서 맞는 곳의 숫자로 전선의 굵기를 측정한다.
- 버니어 캘리퍼스 : 둥근 물건의 외경이나 파이프 등의 내경과 깊이를 측정하는 것이다.

04 ④

변압기 내부고장보호
- 차동 계전기 : 전류의 차를 이용하여 계전기 동작
- 비율차동 계전기 : 전류 차의 비율을 이용하여 계전기 동작
- 부흐홀츠 계전기 : 유증기를 검출하여 차단(변압기 주탱크와 콘서베이터 사이)

05 ④

$V = \dfrac{W}{Q}$, $W = V \cdot Q = 5[V] \cdot 25[C] = 125[J]$

06 ①

- 트위스트 접속 : $6[mm^2]$의 가는 단선을 접속할 때 사용
- 브리타니아 접속 : $10[mm^2]=3.2[mm]$의 굵은 단선을 접속할 때 사용, 첨선과 조인트선 이용

07 ②

$\varepsilon = \dfrac{V_O - V_n}{V_n} \times 100[\%]$
- V_n : 정격전압
- V_0 : 무부하전압

08 ③

배율기 : 전압계의 측정 범위를 넓히기 위해 전압계와 직렬로 접속하는 저항기

09 ②

철손 P_i : 철심에서 생기는 히스테리시스손+와류손을 의미
- 히스테리시스손 P_h : 철심의 재질에 의해 생기는 손실 / 손실 방지는 규소강판
- 와류손 P_e : 자속에 의해 철심의 맴돌이전류로 생기는 손실 / 손실 방지는 성층철심

10 ①

테이프
- 면테이프 : 거즈 테이프라고도 함, 고무혼합물을 양면에 합침
- 고무테이프 : 고무풀을 칠함, 적당한 격리물을 넣어 감음
- 비닐테이프 : 염화비닐콤파운드, 색상이 다양
- 리노테이프 : 점착성 없음, 절연성, 내온성, 내유성 있음, 연피케이블에 사용

11 ①

- 직렬접속 시 합성정전용량
$C_T = \dfrac{1}{\dfrac{1}{C_1} + \dfrac{1}{C_2}}$
- 병렬접속시 합성정전용량
$C_T = C_1 + C_2$

12 ④

기전력의 파형이 같을 것		무효순환전류
기전력의 크기가 같을 것		무효순환전류
기전력의 주파수가 같을 것	다르면	난조 발생
기전력의 위상이 같을 것		동기화전류
기전력의 상회전이 같을 것		동기검정등점등

13 ③

실지수 $= \dfrac{X \times Y}{H(X+Y)} = \dfrac{20 \times 18}{3 \times (20+18)} = 3.15$
- H : 작업면부터 광원까지의 높이
- X : 방의 가로 길이
- Y : 방의 세로 길이

14 ④

주요 금속의 전도율 순서
은 〉구리 〉금 〉알루미늄 〉텅스텐 〉아연 〉니켈 〉철 〉백금 〉주석 〉납

15 ③

동기 조상기의 역할
- 과여자로 운전하면 진상전류를 취하여 콘덴서로 작용
- 부족여자로 운전하면 지상전류를 취하여 리액터로 작용

16 ④

공사별 지지점 간의 거리
- 1[m] 이하 : 가요전선관, 캡타이어케이블
- 1.5[m] 이하 : 합성수지관, 각종 몰드
- 2[m] 이하 : 금속관, 케이블, 애자사용공사, 라이팅덕트
- 3[m] 이하 : 버스덕트, 금속덕트

17 ②

단락비가 큰 기계의 특징
- 퍼센트 동기임피던스가 작다.
- 전압 강하가 작다.
- 전기자 반작용이 작다.
- 설계 시 기계 규모가 커진다.
- 가격이 비싸진다.
- 과부하 내량이 크다.
- 동기임피던스가 작다.
- 전압 변동률이 작다.
- 공극이 크다.
- 중량이 무겁다.
- 안정도가 좋다.
- 송전선의 충전 용량이 커진다.

18 ③

$1[HP] = 746[W]$
$5 \times 746 = 3730[W]$

19 ①

직류 전동기에서 분권 전동기와 타여자 전동기는 정속도 전동기이다.

20 ③

- 수도관을 접지극으로 사용 : 전기 저항값이 3[Ω] 이하일 때 사용 가능
- 건축물 및 구조물의 철골을 접지극으로 사용 : 전기 저항값이 2[Ω] 이하일 때 사용 가능

21 ①

G는 저항의 역수로 $G = \dfrac{1}{R}$

$R = \dfrac{V}{I}$이므로, $G = \dfrac{I}{V}$

22 ③

케이블 기호
- V : 비닐
- R : 고무
- B : 부틸
- N : 네온
- E : 폴리에틸렌
- C : 클로로플렌 = 가교 폴리에틸렌
- 앞에 숫자는 전압을 의미하고, 뒤에 영어가 케이블 기호이므로 폴리에틸렌 절연 비닐시스 케이블은 폴리에틸렌 : E와 비닐 : V가 들어가야 함.

23 ③

변압기유 = 절연유의 구비조건
- 절연내력이 클 것
- 비열이 클 것
- 냉각효과 클 것
- 인화점이 높을 것
- 응고점이 낮을 것
- 고온에서 산화되지 않을 것
- 절연재료와 화학작용을 일으키지 않을 것
- 점도가 낮을 것
- 유동성이 클 것

24 ①

과전류 차단기 시설금지 장소
- 접지공사의 접지도체
- 다선식 선로의 중성선
- 변압기 중성점 접지공사를 한 저압가공선로의 접지측 전선
- 접지 및 중성선이라는 말이 들어가면 설치 못함

25 ③

$$a = \frac{N_1}{N_2} = \frac{V_1}{V_2} = \sqrt{\frac{R_1}{R_2}} = \sqrt{\frac{Z_1}{Z_2}} = \frac{I_2}{I_1}$$

$$N_2 = \frac{N_1}{a}$$

$$V_2 = \frac{V_1}{a} = \frac{6600}{30} = 220$$

$$R_2 = \frac{R_1}{a^2}$$

$$Z_2 = \frac{Z_1}{a^2}$$

$$I_2 = aI_1$$

26 ③

$$I = \frac{Q}{t} = \frac{20}{2} = 10[A]$$

27 ③

온도시험
- 실부하법
- 반환 부하법 : 고압측에 임피던스 전압의 2배 가함
- 단락시험법

28 ①

가요전선관 부품
- 스플릿 커플링 : 가요전선관 + 가요전선관 접속
- 플렉시블 커플링 : 가요전선관 + 가요전선 접속
- 스트레이트 박스 커넥터(가요전선관이 일자인 경우 사용) : 가요전선관 + 박스 접속
- 앵글 박스 커넥터(구부러진 가요전선관에 사용) : 가요전선관 + 박스 접속
- 콤비네이션 커플링 : 가요전선관 + 금속전선관 접속

29 ②

$$R_1 = \rho \frac{3l}{\frac{1}{4}A} = 12\rho$$

30 ④

- 전기자 전류에 의하여 계자자속에 영향을 미치는 현상
- 전기자 반작용의 영향
  - 주자속의 감소
  - 중성축의 이동 : 회전 방향으로 이동(발전기), 회전 반대 방향으로 이동(전동기)
  - 브러시에 불꽃 발생
- 전기자 반작용 방지대책
  - 보상권선 설치 : 보상권선은 전기자권선의 전류 방향과 반대로 설치
  - 보극 설치
  - 중성축의 이동

31 ③

전선의 조수	저압	고압	특고압
2	900[mm]	1400[mm]	1800[mm]
3	1400[mm]	1800[mm]	2400[mm]

32 ①

패러데이 법칙 : 석출되는 물질의 양은 전기량과 비례 화학당량과 비례한다.

$w = KQ = KIt$

화학당량 $K = \dfrac{원자량}{원자가}$

33 ④

고압 지지물의 경간
• 목주, A종 철주, A종 철근콘크리트주 : 150[m]
• B종 철주, B종 철근콘크리트주 : 250[m]
• 철탑 : 600[m]

34 ①

• 기동토크 큰 순서
 – 반발 기동형 〉 반발 유도형 〉 콘덴서 기동형 〉 분상 기동형 〉 셰이딩 코일형
 – 반반콘분셰로 외우기
• 기동토크 작은 순서
 – 큰순서와 반대로
 – 역률이 좋다 = 콘덴서 기동형

35 ①

세라믹 콘덴서 : 비유전율이 큼, 가격대비 성능이 우수, 산화티탄자기

36 ③

2차 저항 제어법
• 권선형 유도전동기에 사용
• 비례추이를 응용한 것
• 저항을 조정하여 슬립을 변화시켜 속도를 제어

37 ①

• L1상 : 갈색
• L2상 : 흑색
• L3상 : 회색
• N(중성선) : 청색
• PE(보호도체) : 녹색–황색

38 ④

전기력선의 성질
• 전기력선은 양(정)전하에서 시작하여 음(부)전하로 끝난다.
• 전기력선은 높은 곳에서 낮은 곳으로 흐른다.
• 전기력선은 도체 내부에는 존재하지 않는다.
• 전기력선은 등전위면과 수직 교차한다.
• 전기력선은 서로 교차하지 않는다.
• 전기력선 총수는 $\dfrac{Q}{\varepsilon}$개다(단, 공기 중 전기력선 총수는 $\dfrac{Q}{\varepsilon_0}$개다).

39 ③

• 교류를 직류로 변환 : 컨버터(순변환 장치)
• 직류를 교류로 변환 : 인버터(역변환 장치)
• 교류를 교류로 변환 : 사이클로 컨버터(주파수 변환기)
• 직류를 직류로 변환 : 초퍼

40 ②

• 보통지선 : 일반적인 것으로 전주길이의 약 1/2 거리에 지선용 근가를 매설하여 설치
• 수평지선 : 보통지선을 시설할 수 없을 때 전주와 전주 간, 또는 전주와 지주 간에 설치
• 공동지선 : 두 개의 지지물에 공동으로 시설하는 지선
• Y지선 : 다단 완금일 경우, 장력이 클 경우, H주일 경우에 보통지선을 2단으로 설치하는 것
• 궁지선 : 장력이 적고 타 종류의 지선을 시설할 수 없는 경우에 설치하는 것

41 ②

100[W] 전구의 저항은 200[W] 전구의 2배이다.

$P = \dfrac{V^2}{R}$, $R_{100} = \dfrac{V^2}{100[W]}$, $R_{200} = \dfrac{V^2}{200[W]}$

직렬접속 시 전류는 일정하고 저항이 클수록 더 큰 전압이 걸리므로 100[W] 전구가 200[W] 전구보다 더 많은 전력을 사용한다.

42 ④

• 클리퍼 : 펜치로 자르기 힘든 굵은 전선을 절단하는 공구
• 홀쏘 : 배전반 및 분전반에 구멍을 뚫을 때 사용
• 녹아웃 펀치 : 홀쏘와 같은 용도로 배전반 및 분전반에 구멍을 뚫을 때 사용
• 프레셔 툴 : 솔더리스커넥터 또는 터미널을 압착시킴
• 드라이브 이트 : 힐티총이라고 불리고, 화약의 폭발력으로 콘크리트의 드라이브 핀을 박을 때 사용

43 ③

$\eta_2 = \dfrac{2차출력}{2차입력} = \dfrac{회전자속도}{동기속도} = \dfrac{720}{750} \times 100 = 96$

동기속도 $N_s = \dfrac{120f}{p} = \dfrac{120 \times 50}{8} = 750$

44 ④

비오–사바르의 법칙 : 도체의 미소 부분 전류에 의해 발생되는 자기장의 세기를 알아내는 법칙

45 ③

지선에 사용되는 애자
• 현수애자 : 가공전선로에서 전선을 잡아당겨 지지하는 애자
• 구형애자 : 지선의 중간에 사용하는 애자(=지선애자)

46

제백 효과 : 서로 다른 두 금속을 접속하고, 접속점에 서로 다른 온도차를 주면 회로에 열기전력을 일으키는 현상을 말한다. 열전온도계에 사용됨

47 ④

슬립 동기속도와 회전자속도의 차에 대한 비

$s = \dfrac{N_s - N}{N_s} \times 100[\%]$

0〈s〈1 : 정지 시(기동 시) s=1, 무부하 시 s=0

48 ③

직렬접속 시 합성정전용량

$$C_T = \frac{C_1 \times C_2}{C_1 + C_1}$$

이기 때문에 직렬접속할수록 콘덴서 용량은 적어진다.

49 ①

전선의 접속 요건

- 접속 시 전기적 저항을 증가시키지 않는다.
- 접속 부위의 기계적 강도를 20[%] 이상 감소시키지 않는다(80[%] 이상 유지).
- 접속점의 절연이 약화되지 않도록 테이핑 또는 와이어 커넥터로 절연한다.
- 전선의 접속은 박스 안에서 하고, 접속점에 장력이 가해지지 않도록 한다.

50 ①

사이리스터 종류

- SCR : 역저지 3단자(단방향 3단자)
- GTO : 게이트 턴오프 스위치, 역저지 3단자(단방향 3단자) 자기소호 가능
- SUS : 단방향 3단자
- SBS : 양방향 3단자
- TRIAC : 양방향 3단자
- DIAC : 양방향 2단자
- SSS : 양방향 2단자
- SCS : 단방향 4단자

51 ④

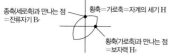

52 ②

맥동 주파수

단상반파 : f
단상전파 : 2f
3상반파 : 3f
3상전파 : 6f

53 ③

무한장솔레노이드의 자계의 세기
$$H = nI = 1 \times 100 \times 10 = 1000$$
- n = 단위 길이당($1m$) 감은 횟수

54 ④

단상반파 정류
$$E_{dc} = 0.45 E_{ac}$$
$$E_{ac} = \frac{E_{dc} + e}{0.45} = \frac{100 + 5}{0.45} = 233$$

55 ④

금속 덕트에 수용하는 전선은 절연물을 포함하는 단면적의 합이 금속 덕트 내 단면적의 20[%] 이하가 되도록 한다(단, 전광사인장치, 출퇴표시등, 기타 이와 유사한 장치 또는 제어회로 등의 배선에 사용하는 전선만을 넣는 경우에는 50[%] 이하로 할 수 있다).

56 ③

상호인덕턴스 공식
$$M = \frac{N_2 \varnothing}{I_1} = \frac{N_1 \varnothing}{I_2}$$
$$M = K \times \sqrt{L_1 \times L_2}$$
결합계수 $K = \dfrac{M}{\sqrt{L_1 \times L_2}}$
누설자속이 없다 $K = 1$

57 ①

리셉터클 : 백열전구를 노출로 설치할 때 필요

58 ②

- 교류 : 저압은 1000[V] 이하, 고압은 저압 넘고 7000[V] 이하, 특고압은 7000[V] 초과
- 직류 : 저압은 1500[V] 이하, 고압은 저압 넘고 7000[V] 이하, 특고압은 7000[V] 초과

59 ④

코일의 축적된 에너지
$$W = \frac{1}{2} LI^2$$

60 ②

- 지선의 안전율은 2.5 이상, 허용 인장하중의 최저는 4.31[kN]으로 한다.
- 지선에 연선을 사용할 경우, 소선은 3가닥 이상으로 지름 2.6[mm] 이상의 금속선을 사용한다.
- 지중 부분 및 지표상 30[cm]까지의 부분에는 내식성이 있는 것 또는 아연도금을 한 철봉을 사용하고 쉽게 부식되지 아니하는 근가에 견고하게 붙여야 한다.
- 도로를 횡단하는 지선의 높이는 지표상 5[m] 이상으로 한다.

최신 기출문제 08회

01	④	02	②	03	①	04	②	05	①
06	④	07	④	08	④	09	①	10	③
11	③	12	③	13	③	14	④	15	①
16	②	17	②	18	①	19	④	20	③
21	③	22	④	23	③	24	①	25	③
26	③	27	①	28	①	29	③	30	②
31	④	32	③	33	③	34	④	35	②
36	③	37	③	38	③	39	②	40	①
41	①	42	③	43	③	44	④	45	④
46	④	47	③	48	①	49	③	50	②
51	②	52	④	53	②	54	④	55	②
56	④	57	②	58	④	59	③	60	④

01 ④

줄의 법칙 : 전류의 열작용

$H=0.24Pt=0.24VIt=0.24I^2Rt=0.24\dfrac{V^2}{R}t=0.24\times3\times20\times60=864$

02 ②

- 저압은 반폐형
- 고압은 개방형

03 ①

클리퍼 : 펜치로 자르기 힘든 굵은 전선을 절단하는 공구

04 ②

유도전동기는 취급이 어렵다.

05 ①

$F=\dfrac{1}{4\pi\mu}\times\dfrac{m_1\times m_2}{r^2}=6.33\times10^4\times\dfrac{m_1\times m_2}{r^2}$

$=6.33\times10^4\times\dfrac{4\times10^{-5}\times6\times10^{-3}}{0.1^2}=1.52$

06 ④

부흐홀츠계전기 설치 위치 : 변압기 주탱크와 콘서베이터 사이

07 ④

종별	직류	교류
저압	1,500[V] 이하	1,000[V] 이하
고압	저압 넘고 7,000[V] 이하	저압 넘고 7,000[V] 이하
특고압	7,000[V] 초과	7,000[V] 초과

08 ④

최대값 $V_m=\sqrt{2}V=\sqrt{2}\times200=282$

09 ①

비례추이 : 2차 저항을 증가하면 슬립도 2차 저항만큼 증가됨

10 ③

- 염화비닐 수지로 만든 것으로 금속관에 비하여 가격이 싸다.
- 절연성과 내부식성이 우수하고, 재료가 가볍기 때문에 시공이 편리하다.
- 관 자체가 비자성체이므로 접지할 필요가 없고, 피뢰기·피뢰침의 접지 선 보호에 적당하다.
- 열에 약할뿐 아니라 충격강도가 떨어지는 결점이 있다.

11 ③

선간전압 $V_L=\sqrt{3}V_P=\sqrt{3}\times100=173$

12 ③

역상제동=역전제동=플러깅 : 급정지하는 데 좋음

13 ③

멀티탭 : 하나의 콘센트의 둘 또는 세 가지 기계기구를 끼워 사용

14 ④

$I=I_1+I_2=5+2=7$

$I_1=\dfrac{R_2}{R_1+R_2}\times I=\dfrac{25}{10+25}\times7=5$

15 ①

동기 전동기는 직류 여자가 필요하다는 단점이 있다.

16 ②

밀폐된 장소는 분전반 및 배전반을 조작하기 어렵다.

17 ②

앙페르의 오른나사 법칙 : 전류와 자기장의 방향

18 ①

절연저항 측정기구 : 절연저항계, 메거

19 ④

복권발전기 : 직권과 분권을 결합시킨 것

20 ③

상호인덕턴스
$M=\sqrt{L_1\times L_2}$

21 ③

등가저항
$R=\dfrac{(1-s)}{s}r_2=\dfrac{(1-0.05)}{0.05}\times0.1=1.9$

22 ④

철도 또는 궤도 횡단 : 6.5[m] 이상

23 ③

$|Z|=\sqrt{R^2+X_L^2}=\sqrt{8^2+6^2}$

$I=\dfrac{V}{|Z|}=\dfrac{V}{\sqrt{R^2+X_L^2}}=\dfrac{200}{\sqrt{8^2+6^2}}=20$

24 ①

$\downarrow E=V-I_aR_a=100-10\times1=90$

25 ③

전장 \ 설계하중	6.8[kN] 이하
14[m] 미만	전장×$\frac{1}{6}$ 이상
14[m] 이상 ～ 15[m] 이하	전장×$\frac{1}{6}$ 이상
15[m] 초과 ～ 16[m] 이하	2.5[m] 이상
16[m] 초과 ～ 18[m] 이하	2.8[m] 이상
18[m] 초과 ～ 20[m] 이하	2.8[m] 이상

26 ③

$|I| = \sqrt{8^2 + 6^2} = 10$

27 ①

농형 유도전동기 기동법
- 전전압기동법 : 5[kw] 이하에 사용
- $Y-\Delta$기동법 : 10～15[kw] 이하에 사용
- 기동보상기법 : 15[kw] 초과에 사용
- 리액터 기동법 : 전동기 전원에 직렬리액터 연결하여 기동, 중용량 및 대용량에 적합

28 ①

부동스위치 = 플루트 리스 스위치

29 ③

스테핑 전동기 : 각 전기신호에 따라 규정된 각도만큼씩 회전하며 회전자는 축 방향으로 자화된 영구자석으로서 톱니 형태로 만들어져 있음

30 ②

실효값

$V = \frac{V_m}{\sqrt{2}}$

31 ④

V결선의 출력비는 57.7[%]이다.

32 ④

경질비닐관 호칭 : 14, 16, 22, 28, 36, 42, 54, 70, 82, 100

33 ③

Δ결선 $I_4 = \sqrt{3}I_p \angle -\frac{\pi}{6}$

상전류가 $\pi/6$ (rad) 앞선다.

34 ④

실지수$= \frac{X \times Y}{H(X+Y)} = \frac{15 \times 20}{3 \times (15+20)} = 2.85$
- H : 작업면부터 광원까지의 높이
- X : 방의 가로 길이
- Y : 방의 세로 길이

35 ②

세라믹 콘덴서 : 비유전율이 큼, 가격대비 성능이 우수, 산화티탄자기

36 ③

정격출력은 2차측 단자를 기준으로 한다.

37 ③

전용 개폐기 또는 과전류 차단기에서 화약류 저장소의 인입구까지는 케이블을 사용하여 지중 전로로 한다.

38 ③

사이클로 컨버터 : 주파수 및 전압의 크기까지 바꾸는 것

39 ②

콘덴서의 직렬연결

$C = \frac{C_1 \times C_2}{C_1 + C_2}$

40 ①

누전차단장치 : 지락전류를 검출하여 차단

41 ①

RC 직렬회로

$Z = R - jX_c$

42 ③

$E = V + I_a R_a = 60 + 1 \times 0.5 = 60.5$

$I_f = \frac{V}{R_f}$

$V = I_f R_f = 60 \times 1 = 60$

43 ③

후강 전선관 : 안지름에 짝수로 표시

44 ④

쿨롱의 법칙 : 전기력은 두 전하의 곱에 비례, 거리의 제곱에 반비례

45 ④

쥐꼬리 접속
- 박스 안 가는 전선을 접속할 때 사용
- 같은 굵기 단선 접속, 다른 굵기 단선 접속, 연선 쥐꼬리 접속이 있음
- 쥐꼬리 접속은 와이어커넥터를 이용하면 절연테이프를 사용 안 해도 됨

46 ④

패러데이 법칙 : 석출량은 전기량과 비례 화학당량과 비례

47 ④

여자 어드미턴스에 의해 여자전류만 흐름

48 ①

컷아웃 스위치(COS) : 변압기 1차측 각 상마다 취부하여 변압기의 보호와 개폐를 위한 것

49 ①

코일의 저장된 에너지

$W = \frac{1}{2}LI^2 = \frac{1}{2} \times 40 \times 10^{-3} \times 10^2 = 2$

50 ②

주파수는 변환할 수 없다.

51 ②
- 압력받을 경우 : 1[m] 이상
- 기타 : 0.6[m] 이상

52 ④

기전력의 파형이 같을 것		무효순환전류
기전력의 크기가 같을 것		무효순환전류
기전력의 주파수가 같을 것	다르면	난조 발생
기전력의 위상이 같을 것		동기화전류
기전력의 상회전이 같을 것		동기화검정등점등

53 ②

절연저항 : 전기가 통하지 않게 하는 것

54 ④

중성축의 이동 : 발전기는 회전 방향, 전동기는 회전 반대 방향

55 ②

간선에는 무조건 과전류 차단기를 설치한다.

56 ④

공진주파수

$$f = \frac{1}{2\pi\sqrt{LC}}$$

57 ②
- 자속이 증가하면 속도는 감소
- 자속이 감소하면 속도는 증가
- 계자전류가 증가하면 속도는 감소
- 계자전류가 감소하면 속도는 증가
- 계자저항이 증가하면 속도는 증가
- 계자저항이 감소하면 속도는 감소

58 ④

소맥분, 전분, 유황 기타의 가연성의 먼지로서 공중에 떠다니는 상태에서 착화하였을 때, 폭발의 우려가 있는 곳의 저압 옥내 배선은 합성수지관 배선, 금속전선관 배선, 케이블 배선에 의하여 시설한다.

59 ②

45°일 때 같아진다.

60 ④

ACSR : 강심 알루미늄 연선

최신 기출문제 09회

01 ②	02 ③	03 ③	04 ③	05 ①
06 ③	07 ②	08 ②	09 ③	10 ②
11 ④	12 ③	13 ④	14 ②	15 ②
16 ①	17 ④	18 ①	19 ③	20 ③
21 ④	22 ②	23 ②	24 ③	25 ③
26 ①	27 ④	28 ①	29 ③	30 ②
31 ④	32 ②	33 ②	34 ③	35 ④
36 ③	37 ②	38 ④	39 ④	40 ③
41 ②	42 ②	43 ②	44 ②	45 ①
46 ③	47 ④	48 ②	49 ①	50 ④
51 ②	52 ②	53 ①	54 ③	55 ④
56 ①	57 ③	58 ③	59 ①	60 ②

01 ②

절연저항 : 전기를 통하지 않게 하는 저항

02 ③

3상 변압기 병렬운전 결선 조건
- 병렬운전 가능

  $\Delta-\Delta$와 $\Delta-\Delta$

  $Y-Y$와 $Y-Y$

  $Y-\Delta$와 $Y-\Delta$

  $\Delta-Y$와 $\Delta-Y$

  $\Delta-\Delta$와 $Y-Y$

  $\Delta-Y$와 $Y-\Delta$
- Δ와 Y가 짝수 개수만 가능

03 ③

금속덕트는 폭 4[cm] 이상, 두께 1.2[mm] 이상의 철판이어야 한다.

04 ③

무부하 특성 곡선 : 유도기전력(무부하단자전압)과 계자전류의 관계

05 ①

전기력선성질
- 전기력선은 양(정)전하에서 시작하여 음(부)전하로 끝난다.
- 전기력선은 높은 곳에서 낮은 곳으로 흐른다.
- 전기력선은 도체 내부에는 존재하지 않는다.
- 전기력선은 등전위면과 수직 교차한다.
- 전기력선은 서로 교차하지 않는다.
- 전기력선 총수는 $\frac{Q}{\varepsilon}$개다(단, 공기 중 전기력선 총수는 $\frac{Q}{\varepsilon_0}$개다).

06 ③
- 해안지방은 피복이 어차피 부식되어 나전선을 사용
- 구리선이 전기가 잘 통하여 구리선(동선) 사용

07 ②

서로 다른 정전용량이 3개 이상 시 병렬접속의 합성 정전용량
$C_T = C_1 + C_2 + C_3 = 1 + 3 + 9 = 10$

08 ②

- 부하에 따라 자속이 비례하여, 부하의 변화에 따라 속도가 반비례
- 무부하가 되면 회전속도가 급격히 상승하여 위험하므로 벨트운전이나 무부하운전 금지
- 전기철도 및 크레인 전동차에 적합함

09 ③

케이블 트레이의 종류
- 사다리형 : 가장 일반적인 형태로 같은 방향의 양 측면 레일을 여러 개의 가로대로 연결한 조립 금속구조
- 통풍채널형 : 바닥통풍형, 바닥밀폐형 또는 이 두 가지 복합채널 부품으로 구성된 조립 금속구조
- 바닥밀폐형 : 직선 방향 측면 레일에서 바닥에 구멍이 없는 조립 금속구조

10 ②

옴의 법칙 : 전류는 전압에 비례, 저항에 반비례

11 ④

진동 등으로 헐거워질 염려가 있다 → 이중너트, 스프링와셔

12 ③

플레밍의 오른손법칙 : 발전기의 원리
- F : 힘(엄지)
- B : 자속밀도(검지)
- E : 기전력(중지)

13 ③

금속관에 전선은 한번에 넣는 것이 좋다

14 ②

3권선 변압기
- 1개의 철심에 3개의 권선이 감긴 변압기
- 용도
  - 3차권선에 조상기를 접속하여 1차측 역률을 개선하는 선로조상기로 사용
  - 3차권선으로부터 발전소나 변전소에 구내전력을 공급
  - 두 개의 권선을 1차로 하여 서로 다른 계통의 전력을 받아 나머지 권선을 2차로 하여 전력공급

15 ②

$$P = VI = I^2R = \frac{V^2}{R}$$

$$I^2 = \frac{P}{R}$$

$$I = \sqrt{\frac{P}{R}} = \sqrt{\frac{90 \times 10^3}{300}} = 17.3$$

16 ①

타여자기와 특성이 같은 건 분권기이다.

17 ④

과전류차단기 시설 제한 : 접지라는 말과 중성선에는 과전류 차단기(퓨즈) 시설 금지

18 ①

평행도체에 작용하는 힘

$$F = \frac{\mu_0 \times I_1 \times I_2}{2\pi r} = \frac{4\pi \times 10^{-7} \times I_1 \times I_2}{2\pi r} = \frac{2 \times 10^{-7} \times I_1 \times I_2}{r}$$

$$I^2 = \frac{rF}{2 \times 10^{-7}}$$

$$I = \sqrt{\frac{rF}{2 \times 10^{-7}}} = \sqrt{\frac{1 \times 18 \times 10^{-7}}{2 \times 10^{-7}}} = 3$$

19 ③

전류식
$$I_a = I + I_f$$
$$I = I_a - I_f = 100 - 6 = 94$$

20 ③

- 단상 2선식 : 220[V] 전기 얻음
- 단상 3선식 : 110[V], 220[V] 전기 얻음
- 3상 3선식 : 380[V] 전기 얻음
- 3상 4선식 : 220[V], 380[V] 전기 얻음

21 ④

$$자기저항 \ R = \frac{\ell}{\mu A} = \frac{NI}{\varnothing}[AT/wb]$$

22 ③

- 단상반파 정류 : $E_{dc} = 0.45E_{ac}$
- 단상전파 정류 : $E_{dc} = 0.9E_{ac}$
- 3상반파 정류 : $E_{dc} = 1.17E_{ac}$
- 3상전파 정류 : $E_{dc} = 1.35E_{ac}$

23 ②

열이 많이 발생하니 내열성이 있어야 한다.

24 ③

Y-Δ : 강압용

25 ③

- 가동접속 : 인덕턴스의 방향이 같은 방향이다.
  $$L_T = L_1 + L_2 + 2M$$
- 차동접속 : 인덕턴스의 방향이 다른 방향이다.
  $$L_T = L_1 + L_2 - 2M$$

26 ①

- 케이블의 구부리는 굴곡부의 곡률 반지름은 연피가 없는 케이블은 바깥지름의 5배 이상으로 한다.
- 케이블의 구부리는 굴곡부의 곡률 반지름은 연피가 있는 케이블은 바깥지름의 12배 이상으로 한다.

27 ④

변압기 기름을 절연 및 냉각효과를 위해 사용한다.

28 ①

환상솔레노이드의 자계의 세기

$$H = \frac{NI}{2\pi r} = \frac{NI}{\ell(자로)}$$

$$N = \frac{2\pi r H}{I} = \frac{\ell H}{I}$$

29 ①

- 전선 상호 간 거리 400[V] 이하 : 6[cm] 이상
- 전선 상호 간 거리 400[V] 초과 : 6[cm] 이상
- 전선과 조영재 사이 거리 400[V] 이하 : 2.5[cm] 이상
- 전선과 조영재 사이 거리 400[V] 초과 : 4.5[cm] 이상
  - 건조는 2.5[cm] 이상

30 ②

- 발전기의 규약효율

$$\eta_G = \frac{출력}{출력 + 손실} \times 100[\%]$$

- 전동기의 규약효율

$$\eta_m = \frac{입력 - 손실}{입력} \times 100[\%]$$

- 변압기는 발전기의 규약효율과 같음

31 ④

최대값

$$V_m = \sqrt{2}V = 0.707 \div V = \sqrt{2} \times 100 = 141$$

32 ②

$$\%Z = \frac{1}{K_s} \times 100[\%] = \frac{1}{1.25} \times 100[\%] = 80$$

33 ②

전선의 접속 요건

- 접속 시 전기적 저항을 증가시키지 않는다.
- 접속 부위의 기계적 강도를 20[%] 이상 감소시키지 않는다(80[%] 이상 유지).
- 접속점의 절연이 약화되지 않도록 테이핑 또는 와이어 커넥터로 절연한다.
- 전선의 접속은 박스 안에서 하고, 접속점에 장력이 가해지지 않도록 한다.

34 ③

- 직류에는 유도성 리액턴스가 없다.

$$R = \frac{V}{I} = \frac{100}{20} = 5$$

- 교류에는 유도성 리액턴스 있다.

$$|Z| = \sqrt{R^2 + X_L{}^2} = \sqrt{5^2 + (5\sqrt{3})^2} = 10$$

$$\cdot I = \frac{V}{|Z|} = 10$$

35 ④

원선도 시험 : 저항측정, 무부하시험, 구속시험

36 ③

- 화약류 저장소 안에는 전기설비를 시설하지 아니하는 것이 원칙으로 되어 있다. 다만, 백열 전등, 형광등 또는 이들에 전기를 공급하기 위한 전기설비만을 금속 전선관공사 또는 케이블 공사에 의하여 시설할 수 있다.
- 전로의 대지 전압은 300[V] 이하로 한다.
- 전기기계기구는 전폐형으로 한다.
- 화약류 저장소 이외의 곳에 전용 개폐기 및 과전류 차단기를 시설하여 취급자 이외의 사람이 조작할 수 없도록 시설하고, 또한 지락 차단장치 또는 지락 경보장치를 시설한다.
- 전용 개폐기 또는 과전류 차단기에서 화약류 저장소의 인입구까지는 케이블을 사용하여 지중 전로로 한다.

37 ②

유도전동기의 회전방향 바꾸기 : 3선중 2선의 접속 바꾸기

38 ④

플레밍의 오른손법칙 : 발전기의 원리

- F : 힘(엄지)
- B : 자속밀도(검지)
- E : 기전력(중지)

$$E = B\ell v \sin\theta = 1 \times 0.1 \times 4 \times \sin 90 = 0.4$$

$$v : 속도$$

39 ④

지지물의 종류

- 목주
- 철주
- 철근콘크리트주(가장 많이 사용)
- 철탑

40 ③

$$McT = 0.24Pt\eta$$

$$t = \frac{McT}{0.24P\eta} = \frac{5000 \times 1 \times (40 - 10)}{0.24 \times 1000 \times 0.8} = 781[sec] \div 60 = 13[min]$$

41 ②

농형 유도전동기 기동법

- 전전압기동법 : 5[kw] 이하에 사용
- $Y - \Delta$ 기동법 : 10~15[kw] 이하에 사용
- 기동보상기법 : 15[kw] 초과에 사용
- 리액터 기동법 : 전동기 전원에 직렬리액터 연결하여 기동, 중용량 및 대용량에 적합

42 ②

사용전압은 400[V] 이하이다.

43 ②

권수비

$$a = \frac{V_1}{V_2} = \frac{N_1}{N_2} = \sqrt{\frac{R_1}{R_2}} = \sqrt{\frac{Z_1}{Z_2}} = \frac{I_2}{I_1}$$

$$a = \frac{6600}{220} = 30$$

$$V_2 = \frac{V_1}{a} = \frac{2850}{30} = 95$$

44 ②

$Z = R - jX_c$
$|Z| = \sqrt{R^2 + X_c^2} = \sqrt{9^2 + 12^2} = 15$

45 ①

$\cos\theta = \dfrac{P}{P_a} = \dfrac{VI\cos\theta}{VI}$

46 ③

셀룰로이드, 성냥, 석유 등 타기 쉬운 위험한 물질을 제조하거나 저장하는 곳은 합성수지관 공사(두께2[mm] 이상), 금속전선관 공사 또는 케이블 공사에 의하여 시설한다.

47 ④

$N\varnothing = LI$
$L = \dfrac{N\varnothing}{I}$

48 ②

GTO : 게이트 턴오프 스위치, 역저지 3단자(단방향 3단자) 자기소호 가능

49 ①

단락의 위험과 화재 및 인체에 대한 위험성을 최소화하도록 시설된 경우는 3[m] 이내에 설치한다.

50 ④

다운라이트 방식 : 천장에 작은 구멍을 뚫어 그 속에 등기구를 매입시킴

51 ③

전해콘덴서 : 금속표면에 산화피막 만듦, 극성 있음

52 ①

유도전동기 슬립 범위 : 0 〈 S 〈 1

53 ②

단로기(DS) : 공칭전압 3.3[kV] 이상전로에 사용되며 기기의 보수점검 시 또는 회로 접속 변경을 하기 위해 사용하지만 부하전류는 개폐할 수 없는 기기

54 ③

동기 조상기의 역할
• 과여자로 운전하면 진상전류를 취하여 콘덴서로 작용
• 부족여자로 운전하면 지상전류를 취하여 리액터로 작용

55 ④

켈빈 더블 브리지 : 저저항 측정에 사용

56 ①

누전차단기 사용전압은 50[V]이다(KEC개정).

57 ③

구형파는 파고율, 파형률이 1이다.

58 ③

전장 설계하중	6.8[kN] 이하
14[m] 미만	전장×$\dfrac{1}{6}$ 이상
14[m] 이상 ~ 15[m] 이하	
15[m] 초과 ~ 16[m] 이하	2.5[m] 이상
16[m] 초과 ~ 18[m] 이하	2.8[m] 이상
18[m] 초과 ~ 20[m] 이하	

59 ①

• 회전 계자법 : 전기자 고정 계자를 회전
• 회전 전기자법 : 계자를 고정 전기자를 회전

60 ②

• 동일 콘덴서 여러 개를 병렬로 접속 시
$C_T = nC = 2 \times 1 = 2$
• 동일 콘덴서 여러 개를 직렬로 접속 시
$C_T = \dfrac{C}{n} = \dfrac{1}{2} = 0.5$

01 ①	02 ④	03 ①	04 ②	05 ①
06 ①	07 ②	08 ①	09 ③	10 ④
11 ③	12 ④	13 ④	14 ④	15 ②
16 ①	17 ④	18 ④	19 ①	20 ③
21 ②	22 ①	23 ①	24 ③	25 ③
26 ④	27 ②	28 ④	29 ①	30 ②
31 ③	32 ①	33 ②	34 ①	35 ③
36 ③	37 ③	38 ②	39 ②	40 ③
41 ③	42 ③	43 ③	44 ③	45 ②
46 ②	47 ④	48 ③	49 ④	50 ①
51 ②	52 ②	53 ②	54 ②	55 ③
56 ③	57 ④	58 ②	59 ①	60 ①

01 ①

- 대전 : 전기를 띄게 되는 현상
- +대전 : 자유전자가 부족, −대전 : 자유전자가 과잉

02 ④

직류발전기 병렬운전 조건
- 극성이 같을 것
- 단자전압이 같을 것
- 외부특성곡선이 수하특성일 것
- 균압모선을 접속할 것(직권과 복권만 필요)

03 ①

- 전선 피박기 : 활선 상태 시 전선의 피복을 벗기는 공구
- 와이어 통 : 활선 상태 시 전선의 이동을 시키는 공구

04 ②

정미소, 제분소, 시멘트 공장 등과 같은 먼지가 많아서 전기 공작물의 열방산을 방해하거나, 절연성을 열화 시키거나, 개폐 기구의 기능을 떨어뜨릴 우려가 있는 곳의 저압 옥내 배선은 애자 사용 공사, 합성수지관 공사(두께 2[mm] 이상), 금속전선관 공사, 금속제 가요전선관 공사, 금속 덕트 공사, 버스 덕트 공사 또는 케이블 공사에 의하여 시설한다.

05 ①

$$X_L = \omega L = 2\pi f L$$
$$X_C = \frac{1}{\omega C} = \frac{1}{2\pi f C}$$
$$I = \frac{V}{X_L} = \frac{V}{\omega L} = \frac{V}{2\pi f L}$$
$$I = \frac{V}{X_C} = \frac{V}{\frac{1}{\omega C}} = \frac{V}{\frac{1}{2\pi f C}}$$

06 ①

변압기의 정격 특징
- 변압기의 정격출력 단위는 [VA]이다.
- 변압기 정격은 2차측을 기준으로 한다.
- 변압기의 정격은 용량, 전류, 전압, 주파수 등으로 결정된다.
- 정격이란 정해진 규정에 적합한 범위 내에서 사용할 수 있는 한도이다.

07 ②

상호인덕턴스 $M = K\sqrt{L_1 \times L_2} = \sqrt{40 \times 10^{-3} \times 90 \times 10^{-3}}$
단위가 [mH]라 [m]는 생략 가능
$M = \sqrt{40 \times 90} = 60$

08 ①

- 정류기 : 교류를 직류로 변환
- 인버터 : 직류를 교류로 변환

09 ③

푸리에 법칙 = 비정현파 풀이, 분석, 정리, 해석

10 ④

- 직류전동기의 회전속도 $N = K \times \frac{\downarrow E}{\varnothing} = K \times \frac{V - I_a R_a}{\varnothing}$
- 계자제어 : 자속을 조정하여 속도를 제어
  - 자속이 증가하면 속도는 감소
  - 자속이 감소하면 속도는 증가
  - 계자 전류가 증가하면 속도는 감소
  - 계자 전류가 감소하면 속도는 증가
  - 계자 저항이 증가하면 속도는 증가
  - 계자 저항이 감소하면 속도는 감소

11 ③

교류회로에서는 1회로의 전선 모두를 동일관 내에 넣는 것을 원칙으로 한다.

12 ④

- 전기자 반작용 : 전기자 전류에 의해 주자속이 영향을 미침
- 영향 : 전기적 중성축 이동 / 주자속 감소 / 브러시에 불꽃
- 무부하면 전기자 전류가 안 흐름

13 ④

애자의 구비조건 : 절연성, 내수성, 난연성

14 ④

Y 결선 = 성형 결선
$V_L = \sqrt{3} V_P$
$I_L = I_P$
- V_L : 선간전압
- V_P : 상전압
- I_L : 선간전류
- I_P : 상전류

15 ②

합성수지관의 지지점 간의 거리는 1.5[m] 이하이다.

16 ①

- 단상유도전동기 기동토크 큰 순서 : 반발기동 〉 반발유도 〉 콘덴서기동 〉 분상기동 〉 세이딩코일
- 역률이 좋다 = 콘덴서기동

17 ④

과전류차단기 시설 제한 : 중성선, 접지라는 말이 들어가면 안 됨

18 ④

저항은 길이의 제곱배 $R = n^2$ (단, 체적일정 면적을 길이 배수만큼 감소라는 말 포함)

19 ①

전압변동률 $\varepsilon = \left(\dfrac{V_O - V_n}{V_n}\right) \times 100[\%]$

V_n : 정격전압 V_0 : 무부하전압

20 ③

합성정전용량 $C_T = \dfrac{C_1 \times C_2}{C_1 + C_2}$

21 ②

눈부심의 정도는 휘도로, 눈부심은 어느 방향에 봐도 눈부심이 있다.

22 ①

리셉터클 : 백열전구를 노출로 설치할 때 필요

23 ①

자신의 여자전류를 증가하면 자신의 역률은 나빠지지만 상대방의 역률은 좋아진다.

24 ③

• 강자성체 : 니켈, 코발트, 철, 망
• 상자성체 : 백금, 산소, 알루미늄, 텅스텐
• 반자성체 : 금, 은, 구리, 아연, 안티몬, 비스무트

25 ③

슬립 $S = \dfrac{N_S - N}{N_S} \times 100 = \dfrac{1200 - 1175}{1200} \times 100[\%] = 2[\%]$

N_S : 동기속도 N : 회전속도

26 ④

고압 지지물의 경간
• 목주, A종 철주, A종 철근콘크리트주 : 150[m]
• B종 철주, B종 철근콘크리트주 : 250[m]
• 철탑 : 600[m]

27 ②

저압측 전압은 2차측 전압으로

권수비 $a = \dfrac{N_1}{N_2} = \dfrac{V_1}{V_2} = \dfrac{E_1}{E_2} = \sqrt{\dfrac{Z_1}{Z_2}} = \sqrt{\dfrac{R_1}{R_2}} = \dfrac{I_2}{I_1}$ 를 이용해

$V_1 = aV_2 = 30 \times 8 = 240$
감극성 $V = V_1 - V_2 = 240 - 8 = 232$
가극성 $V = V_1 + V_2 = 240 + 8 = 248$
감극성 가극성 차이는 16[V]

28 ④

접지저항측정기의 명칭은 접지저항계 또는 어스테스터이다.

29 ①

셀룰로이드, 성냥, 석유 등 타기 쉬운 위험한 물질을 제조하거나 저장하는 곳은 합성수지관 공사(두께 2[mm] 이상), 금속전선관 공사 또는 케이블 공사에 의하여 시설한다.

30 ②

축적된 콘덴서의 에너지 $W = \dfrac{1}{2}QV = \dfrac{1}{2}CV^2$

$C = \dfrac{2W}{V^2} = \dfrac{2 \times 2}{2000^2} = 1 \times 10^{-6}$

31 ②

회전속도
$N = (1 - s)N_s$

32 ①

쥐꼬리접속은 2~3회 심선을 꼬고 자른다.

33 ②

직권전동기는 속도변동률이 심하나 기동토크는 크다. 그래서 주로 전기철도에 사용한다.

34 ①

전기력선의 성질
• 전기력선은 양(정)전하에서 시작하여 음(부)전하로 끝난다.
• 전기력선은 높은 곳에서 낮은 곳으로 흐른다.
• 전기력선은 도체 내부에는 존재하지 않는다.
• 전기력선은 등전위면과 수직 교차한다.
• 전기력선은 서로 교차하지 않는다.
• 전기력선 총수는 $\dfrac{Q}{\varepsilon}$ 개다(단 공기 중 전기력선 총수는 $\dfrac{Q}{\varepsilon_0}$ 개다).

35 ③

등가저항
$R = \dfrac{(1 - S)}{S} \times r_2 = \dfrac{(1 - 0.05)}{0.05} \times 0.1 = 1.9$

36 ③

• 케이블의 구부리는 굴곡부의 곡률 반지름은 연피가 없는 케이블은 바깥지름의 5배 이상으로 한다.
• 케이블의 구부리는 굴곡부의 곡률 반지름은 연피가 있는 케이블은 바깥지름의 12배 이상으로 한다.

37 ③

변압기 내부고장보호
• 차동 계전기 : 전류의 차로 동작하여 보호
• 비율차동 계전기 : 전류의 차의 비율을 이용
• 부흐홀츠 계전기 : 증기를 검출하여 보호, 설치 위치는 변압기 주탱크와 콘서베이터 사이

38 ②

$0.24Pt\eta = McT$

$\eta = \dfrac{McT}{0.24Pt} \times 100 = \dfrac{50 \times 1000 \times (46-10)}{0.24 \times 1000 \times 3 \times 3600} \times 100 = 69.4[\%]$

- η : 효율
- M : 질량(1L는 1000g)
- c : 비열(물의 비열은 1)
- T : 온도차
- P : 전력
- t : 시간

39 ②

$I_L = I_P$

$I_L = \dfrac{\frac{V_L}{\sqrt{3}}}{Z\text{크기}} = \dfrac{\frac{380}{\sqrt{3}}}{10} = 21.93$

$Z\text{크기} = \sqrt{8^2 + 6^2}$

40 ③

- 플레밍의 왼손 법칙
  F : 힘(엄지), B : 자속밀도(검지), I : 전류(중지)
- 플레밍의 오른손법칙
  F : 힘(엄지), B : 자속밀도(검지), E : 기전력(중지)

41 ③

금속전선관은 10종으로 구성된다.

42 ③

- 변압기의 이용률 = 86.6
- 변압기의 출력비 = 57.7

43 ③

사용전압은 400[V] 이하이다.

44 ③

- 도전율의 기호 : σ
- 도전율의 단위 : [℧/m] 모오 퍼 미터

45 ②

전기자전류 I_a = 계자전류 I_f + 부하전류 I = 10 + 200 = 210

- 계자전류 $I_f = \dfrac{V}{R_f} = \dfrac{250}{25} = 10$
- 부하전류 $I = \dfrac{P}{V} = \dfrac{50000}{250} = 200$

46 ②

금속덕트의 두께는 1.2[mm] 이상이어야 한다.

47 ④

$R = \dfrac{(1-S)}{S} \times r_2 = \dfrac{(1-0.04)}{0.04} \times r_2 = 24r_2$

48 ③

$\theta = \tan^{-1} \times \dfrac{\text{허수}}{\text{실수}} = \tan^{-1} \times \dfrac{X_L}{R} = \tan^{-1} \times \dfrac{10}{10\sqrt{3}} = 30°$

49 ④

- 제벡 효과 : 서로 다른 두 금속, 온도차
- 펠티에 효과 : 서로 다른 두 금속, 열의 흡수, 방출
- 톰슨 효과 : 동일한 두 금속, 열의 흡수, 방출

50 ①

분권 발전기는 타여자 발진기와 특성이 같다.

51 ②

- 가공인입선 : 가공전선로의 지지물에서 분기하여 다른 지지물을 거치지 아니하고 수용 장소의 붙임점에 이르는 가공전선을 말한다. 가공인입선에는 저압 가공인입선과 고압 가공인입선이 있다.
- 연접인입선 : 한 수용장소의 인입선에서 분기하여 다른 지지물을 거치지 아니하고 다른 수용가의 인입구에 이르는 부분의 전선을 말한다.

52 ②

서미스터 : 온도 변화에 대해 저항값이 민감하게 변하는 저항기

53 ②

●₃ : 3 로스위치의 기호

54 ②

진상, 지상의 역률 조정이 됨, 난조가 발생, 속도 제어가 원활하지 않음

55 ②

400V 이상 건조한 장소 : 애자 사용공사, 금속 덕트, 버스 덕트공사

56 ③

- 플레밍의 왼손 법칙
  F : 힘(엄지), B : 자속밀도(검지), I : 전류(중지)
- 플레밍의 오른손법칙
  F : 힘(엄지), B : 자속밀도(검지), E : 기전력(중지)

57 ④

$I = \dfrac{V}{X_L} = \dfrac{V}{\omega L} = \dfrac{V}{2\pi f L} = \dfrac{314}{2 \times 3.14 \times 50 \times 10 \times 10^{-3}} = 100$

58 ②

- 현수애자 : 가공전선로에서 전선을 잡아당겨 지지하는 애자
- 구형애자 : 지선의 중간에 사용하는 애자로 지선애자라고도 함

59 ①

누전차단기의 사용전압은 50[V]이다(KEC개정).

60 ①

순시값 $v = V_m \sin\omega t$

$\omega = 2\pi f$

$f = \dfrac{\omega}{2\pi} = \dfrac{100\pi}{2\pi} = 50$

각속도 ω(오메가)

MEMO

MEMO

MEMO